本书受到国家社会科学基金项目资助、云南省哲学社会科学学术著作出版专项经费资助出版。

国家社科基金丛书

GUOJIA SHEKE JIJIN CONGSHU

文化认同视角下的清代 《明史》修纂研究

Research on the Compilation of *Ming History* in Qing Dynasty from the Perspective of Cultural Identity

段润秀 著

人民出版社

目　录

导　论 ··· 001

第一章　清初至中叶文化认同的历史背景 ························· 009
一、入关前注重学习汉文化 ··· 010
二、明清易代之际文化冲突的凸显 ·· 014
三、清初至中叶文化认同的话语权 ·· 018
四、清初至中叶文化认同进一步深化 ···································· 031

第二章　清初至中叶清官方文化认同的建构 ····················· 038
一、享有"正统"的建构 ··· 038
二、延续"道统"的深刻蕴涵 ··· 064

第三章　清初至中叶清官方文化认同的实践 ····················· 085
一、吸纳汉族士子，主持各类书籍的编纂 ···························· 086
二、开科遴选汉族士子，让其参与政权管理 ······················· 098
三、多次征集图籍，重视文化建设 ·· 103

四、标榜程朱理学，确立官方统治思想……………………117
　　五、频开经筵讲习，探讨治国理政之道……………………135
　　六、屡次征召明遗民，缓和满、汉民族矛盾………………143
　　七、重视庙祭活动，含"道统与治统相维"意识…………160

第四章　《明史》修纂过程中对清朝文化认同的阐述………171
　　一、"正统"问题的讨论……………………………………172
　　二、"道统"问题的讨论……………………………………226
　　三、晚明党争的讨论…………………………………………237
　　四、明清易代之际士人"忠节"的评价……………………244

第五章　《明史》修纂方式所反映的清朝文化认同观念………260
　　一、史书体例的继承性………………………………………261
　　二、史料采择的严谨性………………………………………269
　　三、史实叙述的真实性………………………………………283
　　四、史事评价的合理性………………………………………291

第六章　清官方对《明史》纂修官群体的整合………………294
　　一、纂修官的遴选原则………………………………………295
　　二、纂修官的家世背景………………………………………303
　　三、纂修官之间的修史互动…………………………………316
　　四、纂修官的修史贡献………………………………………323

第七章　四库本《明史》对清朝文化认同的深化……………332
　　一、四库馆臣刊修《明史》之背景…………………………334
　　二、四库馆臣对《明史》之修订……………………………340
　　三、四库本《明史》之成就…………………………………346

四、四库本《明史》之不足 ………………………………… 348

第八章　从文化认同视角探讨《明史》修纂的影响及启示 … 355
　　一、文化认同对清代官修《明史》之影响 ………………… 356
　　二、文化认同对清代官修《明史》的启示 ………………… 369

结　　语 …………………………………………………………… 374
参 考 文 献 ………………………………………………………… 377
后　　记 …………………………………………………………… 384

导　论

　　民族认同、文化认同（cultural identity）、国家认同，是近几十年来备受关注和最具影响力的三个热点问题。

　　文化认同，它不仅是一个国家民族有别于其他国家民族的鲜明标志，而且还关涉到各个不同群体文化认同的感觉以及族群内部个体对群体文化的认同感和归属感。这种认同感和归属感来源于族群本身经历了长期的共同文化心理和文化精神积淀，并逐渐熔铸成一种相对持久稳定的民族文化精神和文化品格。因此，在探讨文化认同这一重大问题时，必须将民族、历史与文化有机地结合起来进行考察。关于文化认同的定义，冯天瑜主编的《中华文化辞典》中指出："一种肯定的文化价值判断。即指文化群体或文化成员承认群内新文化或群外异文化因素的价值效用符合传统文化价值标准的认可态度与方式。经过认同后的新文化或异文化因素将被接受、传播。"[1]因此，文化认同应包括三个方面的内涵：群体文化认同的感觉；个体涵养于群体文化的感觉；一种文化价值精神（标准）的认同。因此，文化认同是民族认同与国家认同的内核。

　　为什么要认同自身文化？一个民族或群体在漫长的历史发展过程中认

---

[1]　冯天瑜主编：《中华文化辞典》，武汉大学出版社2001年版，第20页。

文化认同视角下的清代《明史》修纂研究

同其传统文化的内在价值,并达成一种普遍为群体所接受的文化精神,觉得很有必要把它继承、弘扬下去,同时不断与其他文化进行调适、吸纳、丰富和创新,从而彰显出自身传统文化的永恒魅力和生命力。世界上民族众多,各国历史发展进程也不尽相同,且各民族在漫长的历史发展过程中长期积淀的文化,也就有了各自鲜明的民族特征、地域特色及个性特征,体现出世界民族文化的丰富多样性。不同类型的文化之间均可在交流互鉴发展中"各美其美,美美与共",从而寻求实现不同文化之间的和谐相处之道。

在当今全球化浪潮推动下,各国文化均面临来自多种不同文化的碰撞与挑战,如何既保持自身传统文化的特性,又兼顾与他国文化之间的交流互鉴与发展,自觉地利用其他文化的优秀因素来丰富自身文化内涵,这是各国需要面对和亟待解决的现实问题。对此,费孝通先生提出"文化自觉"的观点,他说:"可以说文化转型是当前人类共同的问题。所以我说'文化自觉'这个概念可以从小见大,从人口较少的民族看到中华民族以至全人类的共同问题。其意义在于生活在一定文化中的人对其文化有所'自知之明',明白它的来历、形成过程,所具有的特色和它的发展的趋向,自知之明就是为了加强对文化转型的自主能力,取得决定适应新环境、新时代文化选择的自主地位。"[①] 因此,文化认同和文化自觉,是现今一个值得关注和研究的历史与现实问题。

近几十年来,清史学界的部分研究成果,无疑使清代政治、军事、边疆治理等方面研究更为深入,视角颇为新颖,有值得借鉴之处,但也存在忽略或回避清朝统治下各民族之间不断融合与文化认同不断深入的历史事实。这种研究特点及研究倾向,显然不利于深入阐释清代某些与此相关的重大历史问题。与此同时,在一定程度上也淡化了清朝与宋、元、明之间在历史文化和政治制度上的一脉相承,这与清朝统治的实际情况相去甚远。

---

① 费孝通:《关于"文化自觉"的一些自白》,《学术研究》2003年第7期,第6页。

导 论

从清初至中叶，随着各民族之间交往的不断加深，文化也经历了不断的碰撞、斗争与交融过程。与此同时，清官方还在政治、思想文化领域内相继采取一系列措施，取得一举两得之效，清朝官方历史文化认同逐步深入，有效地巩固了清朝的统治。至乾隆中后期，乾隆帝最终完成了清朝延续南宋、元、明的"正统"与"道统"地位的双重建构，有力地回应了汉族历来根深蒂固的"夷夏之辨""夷夏之防"观念的藩篱和挑战，成功地实现了"多元一体"的文化格局，使之与清朝统治下的疆域大一统格局相得益彰，至此形成了史家津津乐道的"康乾盛世"。然而，清朝官方先后多次重申在文化上"求同存异"，多次下诏强调满族子弟要保留满族文化习俗、宗教信仰、满语、骑射等的迫切性和重要性，这是面对入关之后满族迅速汉化的事实，才不得不多次重申和强调。因此，必须立足于清代历史实际，避免单一的二元对立的研究方法，即无论单方面强调"满化"，还是单方面强调"汉化"，其背后都暗含着在满、汉民族关系问题上，谁主动融合，或谁被动融入而已，但满、汉民族之间长期在文化上相互习染和彼此影响，却是一个无须争辩的历史事实。

清初至中叶，伴随着满、汉民族矛盾从尖锐至缓和，满、汉文化之间也经历了斗争与逐渐融合的过程。因此，研究既要如实反映满、汉民族文化之间的碰撞、斗争的一面，也应客观、如实地反映满、汉民族文化融合的另一面。毋庸置疑，从清初至中叶，清朝文化认同显然占主流趋势，清朝与历代少数民族政权相比，对历史文化的认同显然要深入得多，其统治时间也更为长久。伴随着清朝统治的逐步巩固，满、汉民族矛盾逐渐缓和，"多元一体"的文化格局也初步确立起来，满、汉文化之间达到共生共存、相辅相成的局面。清朝在逐步确立"尊重差异，包容多样"的文化认同观念之后，清朝统治的合法性（legitimacy）建构才得以确立和完成。

从人类社会发展变迁史来看，文化认同一直是民族认同、国家认同的核心和重要基础，这在中国古代改朝换代之际尤其凸显。明清易代，清廷面

文化认同视角下的清代《明史》修纂研究

临诸多重大历史与现实问题，朝野上下关于"正统""道统""华夷之辨"的论辩，这些问题的实质就是深层的历史文化认同问题。清朝秉承易代修史的传统，在漫长的修史过程中，参与修史人数最多，几易其稿而后成，《明史》属于"二十四史"中最难成的一部正史。然而，修史过程中诸多问题的争论，从另一个侧面明显反映出清初至中叶文化认同的逐步深入，修史进程与官方就清朝享有"正统""道统"等重大问题的理论建构基本上同步。有鉴于此，本书深入研究清初至中叶文化认同的历史背景、清官方文化认同的建构及实践，重点阐述清代前期官方有意识地续接朱熹之后的"道统"谱系和南宋、元、明、清的"正统"谱系，彰显官方在清朝享有"正统"建构过程中深层的历史文化认同。继而从文化认同视角来透视清朝官修《明史》过程中的一些重大问题，由此彰显清朝与前代之间一脉相承的不容争辩之事实。从清初至中叶，伴随清朝统治的逐步巩固，《明史》修纂从难到易，从慢到快，官方与纂修人员逐渐克服困难与异议，基本"认同"了历史与现实问题，从而最终完成对明代历史的集体记忆与书写——《明史》。

近百年来，学人对《明史》修纂的研究主要体现在：相关资料搜集汇编、修撰过程、《明史》稿本的流变、殿本《明史》刊修之得失、重要监修总裁修史活动及贡献、万斯同修史的贡献、清初私家明史学与官修《明史》之间的密切关系、清代官修史书制度、《明史》与《明实录》之间的关系、四库本《明史》的价值及纂修官群体修史贡献、殿本《明史》标点勘误等方面，涉及问题比较深入且全面，取得了丰硕成果，但综合而言，稍显不足之处，主要体现在三个方面：

其一，缺乏从文化认同视角对清修《明史》进行研究。清朝在逐步巩固统一的多民族国家的过程中，对待多民族文化的态度，采取"尊重差异，包容多样"的文化政策，随着官方历史文化认同的不断深入，清朝统治进一步巩固。因此，清官方历史文化认同与《明史》编纂之间的互动关系，充分展现出清代政治与学术之间的密切关联，应该予以重新审视。

导　论

其二，缺乏对清修《明史》贯通性和综合性的深入研究，未将其置于清代社会政治和学术氛围当中进行考察，尤其对殿本《明史》成书过程及四库本《明史》得失等诸多问题也未作深入、系统的研究，造成许多悬而未决、难以定论的重大历史问题。

其三，缺乏对《明史》刊刻之后社会影响及历史经验的深入揭示。

以往的研究成果，无疑为本书的研究奠定了坚实基础，对以上三个方面进行深入、系统的考察，这正是本书的宗旨所在。入关之后，满、汉文化碰撞与交流不断加深，清朝采取诸多举措，努力推行"尊重差异，包容多样"的文化理念，逐步建构"多元一体"的文化格局，从文化心理上逐渐消解汉民族对清朝的敌视态度，实质性地超越了汉族根深蒂固的"夷夏之辨""夷夏大防"观念的挑战，清朝统治的合法性才得以确立。然而，清朝在巩固统治的过程中，曾经对汉族一些狭隘的民族主义及民族偏见进行严厉打击，甚至不惜禁毁了许多汉人的"违碍"书籍，尤其在乾隆中后期，明末清初许多私家南明史著述遭受彻底禁毁、抽毁、刊改的命运。清廷严厉钳制或控制思想文化领域内对清朝不利的言论，甚至不惜大兴"文字狱"，毫不手软地对"违碍"书籍的作者予以严惩，"文字狱"牵连人数较多，体现出清代学术屈服于政治的一种扭曲的运作模式。然而，清廷严厉的禁书手段和政策虽然带来了一些不好的影响，但仍未能阻止满、汉民族之间的融合与文化交流，这是一个不争的历史事实。有鉴于此，全书主要围绕清初至中叶清官方文化认同与《明史》修纂之间的互动关系，深入研究两者之间相互促进、相辅相成的渐进过程，进一步探讨清朝官方与纂修人员之间如何最终解决彼此的分歧，共同完成对明代历史的记忆与书写——《明史》。全书主要内容如下：

导论，概括全书的研究主旨，引出问题，统括全书。

第一章，清初至中叶文化认同的历史背景，主要围绕以下问题展开研究：入关前注重学习汉文化；明清易代之际文化冲突的凸显；清初至中叶文化认同的话语权;清初至中叶文化认同进一步深化。入关前,随着对汉文化学习的深入,官方逐步形成注重学习汉文化的风气与防止满族过度汉化的双重矛盾的文化心理。明清易代之际,面对某些汉族士子或明遗民根深蒂固的"夷夏大防""夷夏之辨"观念的挑战,清官方如何从文化认同层面着手调适和缓和满、汉矛盾?清初至中叶文化认同体现在哪些方面?随着清朝统治的逐步巩固,清朝官方如何逐步获得了士大夫认同?清官方如何逐步确立文化思想领域内的话语权?对这些问题的深入研究,有助于深入了解清初至中叶文化认同的发展趋势。

第二章,清初至中叶清官方文化认同的建构,主要围绕以下两个核心问题展开探讨:享有"正统"的建构,延续"道统"的蕴涵。清初至中叶,顺治帝、康熙帝、雍正帝、乾隆帝相继逐步完善清朝延续前代"正统"的理论建构,官方在论证清朝享有或延续前代"正统"的同时,重点强调清朝延续儒家文化"道统",极力推崇程朱理学,契合康熙帝"道统与治统相维"的思想。清官方随着疆域大一统格局的形成,逐步确立起"崇文右儒"的文化政策,并最终建构起与疆域大一统相适应的"多元一体"的文化格局,二者之间相互映衬,相得益彰。

第三章,清初至中叶清官方文化认同的实践,主要围绕八个方面进行深入探讨:吸纳汉族士子,主持各类书籍的编纂;开科遴选汉族士子,让其参与政权管理;多次征集图籍,重视文化建设;标榜程朱理学,确立官方统治思想;频开经筵讲习,探讨治国理政之道;屡次下诏征召明遗民,缓和满、汉民族矛盾;注重庙祭活动,含"道统与治统相维"意识,逐一详细地分析各项举措及其成效。

第四章,《明史》修纂过程中对清朝文化认同的阐述,重点围绕四个问题进行探析:"正统"问题的讨论;"道统"问题的讨论;晚明党争的讨论;明清易代之际士人"忠节"的评价。以期如实、客观地反映清朝文化认同与修史之间的互动,进一步深入探讨《明史》编纂过程与清代政治导向之间

导　论

"相向而行"的密切关联。

第五章，《明史》修纂方式所反映的清朝文化认同观念：主要围绕四个方面的问题进行探讨：史书体例的继承性；史料采择的严谨性；史实叙述的真实性；史事评价的合理性。反映中国古代史学的优良传统对清官修《明史》的影响，纂修官斟酌体例、考证史料、精益求精，力求如实、客观地反映有明一代历史的全貌，这在一定程度上确保了《明史》的质量。

第六章，清官方对《明史》纂修官群体的整合，深入分析纂修官遴选原则、纂修官的家世背景、纂修官之间的修史互动、纂修官的修史贡献，由此进一步探讨在清官方深层文化认同的背景下，官方与纂修官如何最终解决修史异议，从而最终共同完成对明代历史的记忆与书写——《明史》。

第七章，四库本《明史》对清朝文化认同的深化，重点围绕四个方面的问题进行探讨：四库馆臣刊修《明史》之背景；四库馆臣对《明史》之修订；四库本《明史》之成就；四库本《明史》之不足。乾隆时期，随着文化认同的进一步深入，乾隆帝下令四库馆臣依照《钦定辽金元三史国语解》，重新对《辽史》《金史》《元史》《明史》中对少数民族污蔑或不当用词进行修改，一定程度上体现乾隆帝"一视同仁"的民族平等观。但四库本《明史》仍然存在一些不足之处。如，乾隆帝之前已将明朝灭亡时间下延至顺治二年（1645）五月福王被执，先前已将《御批通鉴辑览》《明纪纲目》等官修史书进行修改，但仍未改动殿本《明史》关于明亡时间的定论，本书深入探讨个中内在的重要原因。

第八章，从文化认同视角探讨《明史》修纂的影响与启示，此章与导论相互呼应。目的在于总结、分析文化认同对《明史》修纂的影响及启示：清代作为中国历史上最后一个王朝，明显承袭或延续前代政治制度、思想文化，但也有其自身统治的特点。清代官方虽明文规定满族子弟要学习满语，保持满族的宗教信仰、饮食、骑射等习俗，禁止与汉族结婚等，恰好反映了入关后满族迅速汉化和八旗驻防战斗力不断下降的事实。对此，清朝统治者

文化认同视角下的清代《明史》修纂研究

十分担心满族过分汉化会导致亡国，才多次强调保有满族习俗的必要性和重要性。总体而言，清朝与中国历史上其他少数民族建立的政权相比，在文化认同上远远超越前代，才能实质性地突破汉族历来狭隘的"夷夏之辨""夷夏大防"观念的挑战。在军事上，完成了疆域大一统的政治格局，在文化上，逐步建立"多元一体"的文化格局，二者之间相互映衬，使得清朝统治长达二百七十余年之久。因此，在清史研究过程中，过分夸大"满洲特性"，认为"满洲特性"决定或影响着清代历史的走向，目的在于突出清朝与前代之特殊性，然而这种思想导向与清朝历史和统治实际相去甚远，未必成立。

综上所述，清朝借助修纂《明史》的契机，更好地凝聚了全社会的向心力，随着文化认同的进一步深入，又有力地推动了清朝统治合法性的建构，彰显出清代学术与政治之间的密切关系。因此，深入研究清修《明史》广泛涉及的诸多重大政治、学术和社会问题，分析满汉民族矛盾的变化、清初政权的逐步巩固、民族文化的认同与排异、清初文化政策的调整、《明史》成书后的社会影响和学术评价等，目的在于总结历史经验，以供借鉴。加强史学与社会互动关系探讨，提供个案研究，使史学更好地为现今国家统一、民族团结、社会安定和优秀文化的传承发挥其应有的作用和力量。

第一章　清初至中叶文化认同的历史背景

　　清入关之前，随着政权建设和管理的需要，开始逐步重视和利用汉人为其服务。这一时期，清廷非常注重学习汉文化，选用通晓满、汉文字人员，广泛地选择优秀汉文典籍，进行译介，进一步促进和加强满汉文化的沟通与交流。这一时期，统治者深入学习汉文化，目的在于从中吸取历代治乱兴衰的经验和教训，以供借鉴。然而，在逐步深入学习汉文化的过程中，官方的双重矛盾的文化心理日渐明显，即一方面既要注重学习汉文化，另一方面也要防范满族因过分汉化而导致亡国。入关之后，先前形成的双重矛盾的文化心理也显得更为强烈，成为萦绕在清朝统治者心头不便言明的文化心态。然而，尽管清朝统治者有双重矛盾的文化心理，但随着对汉文化了解的逐步加深，清朝统治也经历了由乱到治的历史进程，官方逐步注重任用儒臣修史以及推崇程朱理学，标志着清朝对汉文化认同的逐步深入。清初至中叶，伴随着清初各地风起云涌的抗清斗争，清廷最终平定各地战乱，实现和巩固国家的统一，完成了疆域大一统的政治格局，满、汉民族矛盾也逐渐缓和。伴随着文化认同的逐步深入，清官方相继完成清朝享有"正统""道统"的理论建构，从而进一步凝聚和巩固了统一的多民族国家。

　　清初至中叶，文化认同的历史背景是多方面的，而且多种因素之间互相渗透，反映出这一时期文化认同的基本趋向。现从五个方面予以梳理，以期把错综复杂的问题条理化和清晰化。

一、入关前注重学习汉文化

1583—1616年，努尔哈赤先后统一建州女真、扈伦四部（哈达部、辉发部、叶赫部、乌拉部）。1616年正月，努尔哈赤即位，改元天命，定国号为金，史称后金。设立四贝勒、五大臣同参政事。[①]建都赫图阿拉（兴京），继迁至辽阳（东京），（天命十年三月）后再迁至沈阳（清代尊称为盛京）。后金政权管辖的大致区域为："东起鸭绿江、图们江及乌苏里江以东滨海地区，西到大兴安岭，南近宁远（今辽宁兴城），北至黑龙江中游地域。"清史学者认为古勒寨之役是"明朝灭亡与清朝崛兴的历史起点"[②]。1626年8月，努尔哈赤病逝。《清太祖武皇帝实录》高度赞扬努尔哈赤一生的功绩："兴国开疆，以创王基。"努尔哈赤还创立了八旗制度，是清朝开国的奠基者。

天聪元年（1627），皇太极继位，继续努尔哈赤时期的扩张政策，不断开疆拓土，国力已经非常强盛，进一步统一、巩固东北全境，为后来入关奠定了坚实的政治、军事、经济基础。皇太极时期更加深入地学习汉文化，一方面既注重学习汉文化，另一方面又防止满族过分汉化，这种双重矛盾的文化心理也日益凸显。天聪三年（1629）夏四月丙戌，皇太极将文馆的职掌进一步分工明确化：翻译典籍；记载政事。据《皇清开国方略》记载：

> 夏四月丙戌朔，定文馆职司。初，太祖制国书，因心肇造，备列轨范。太宗躬秉神圣之资，复乐观古来典籍，以历代帝王之得失为鉴，并欲记注国家政事，以昭信史。命儒臣达海、库尔禅、

[①] 赵尔巽等：《太祖本纪》，《清史稿》卷一，中华书局1977年版，第9页。其中记载说："天命元年丙辰春正月壬申朔，上即位，改元天命，定国号曰：金。诸贝勒大臣上尊号曰：覆育列国英明皇帝。命次子代善为大贝勒，弟子阿敏为二贝勒，五子莽古尔泰为三贝勒，八子皇太极为四贝勒。命额亦都、费英东、何和里、扈尔汉、安费扬古为五大臣，同听国政。"

[②] 朱诚如主编，阎崇年分编：《清朝通史·太祖朝分卷·导言》，紫禁城出版社2003年版，第2页。另，乾隆八年（1743），乾隆帝赋诗盛赞古勒寨之役云："铁背山头歼杜松，手麾黄钺振军锋。于今四海无征战，留得艰难缔造踪。"

第一章　清初至中叶文化认同的历史背景

刚林、苏开、武巴什、扎素喀、古尔嘉珲、托布齐、瑚球、占巴（詹霸）十人，分为两直：翻译典籍，记注政事。①

皇太极十分注重学习汉族文化和政治制度，并任用汉族知识分子，在其统治期间，先后完成了一系列重大改革，为后来顺利入关，立下汗马功劳。有人认为"清王朝统一全中国绝非偶然，改制学汉则是成功的关键"②。显然，一语中的。天聪五年（1631）七月，皇太极仿明制设立六部，改巴克什为笔帖式。福格在《听雨丛谈》中说：

> 巴克什，亦作榜式，亦作把什，乃清语文儒谙悉事体之称。天聪五年七月，设立六部，改巴克什为笔帖式，其文馆大臣原有榜式之号者仍之。范文肃、宁文毅官大学士时，皆存榜式之名，有如武臣之巴图鲁也。笔帖式今清语作笔特和式，亦不称巴克什矣。③

阮葵生在《茶余客话》卷一中说："巴克什，汉语文儒也。国初大臣以文儒著称者甚众……皆赐巴克什之号。"④天聪八年（1634）四月，首开八旗子弟乡会试，提倡八旗子弟学习满文、蒙古文、汉文，通过考试，选取精通满、蒙、汉文举人，开启了后来科举考试中注重满文、蒙古文、汉文的学习和翻译技能考试的先例，彰显了对满、汉、蒙文字与文化的重视。尤其对精通满文、蒙古文、汉文的学者，特赐"巴克什"称号。据《钦定八旗通志》卷一百二《选举志一》记载：

> 天聪八年四月，命礼部考取通满洲、蒙古、汉书文义者，取中满洲习满书者刚林，敦多惠；满洲习汉书者，察不害、恩国泰；

---

① 阿桂等奉敕撰：《皇清开国方略》卷十二，《四库全书》本。
② 张广学：《汉译本上卷简介》，收入［美］A·W·恒慕义编，中国人民大学《清代名人传略》翻译组：《清代名人传略》上册第一卷，青海人民出版社1990年版，第11页。
③ 福格著，汪北平点校："巴克什"，《听雨丛谈》卷八，中华书局1984年版，第181页。
④ 阮葵生著，李保民校点："满文原始"，《茶余客话》卷一，上海古籍出版社2012年版，第1页。另，巴克什：满语，熟悉事务的人，清代作为掌管文案者的官称。

汉人习满书者，宜成格；汉人习汉书者，齐国儒、朱灿然、罗绣锦、梁正大、雷兴、马国柱、王来用；蒙古习蒙古书者，俄博特、石岱、苏鲁木共十六人，俱赐为举人，宴于礼部，各赐衣一袭，免人丁四名。①

然而，在注重学习汉文化和汉制的同时，皇太极也深刻总结了金朝灭亡的教训，认为金朝灭亡的根本原因在于金人抛弃了金太祖、金太宗创立的法度，学习汉人之陋习，忘其骑射特长，最终导致金朝灭亡的命运。天聪八年（1634），皇太极鉴于金朝覆亡的历史教训，开始扭转满族逐渐明显的汉化趋势，开始强调要保有满族习俗及制度，注重学习满语，满族不能放弃"国语"而学习其他民族的语言。并下令停止效仿汉文官名和汉文地名，改用新定的满语官名和城邑名，违背者被视为"不奉国法，恣行悖乱者也。察出，决不轻恕"。②充分体现了这一时期皇太极双重矛盾的文化心理：一方面非常注重学习汉文化，另一方面也极力保持满族的衣冠、语言、服饰、习俗等不能变，以金为鉴，防止过分汉化而导致亡国。虽然之前曾有明文禁止过分汉化，但其实并未采取任何措施中止或放弃学习汉文化。天聪九年（1635）五月己巳，皇太极下令文馆，用满文选译《宋史》《辽史》《金史》《元史》，禁止对汉文野史的翻译，以政治需要为准则，选择翻译汉文典籍，目的在于学以致用。③

天聪九年（1635），皇太极确定"满洲"族名。1636年，皇太极改国号"大清"，改元崇德，去汗号，改称皇帝。④天聪十年（1636）三月，将原来的文馆分为内国史院、内秘书院、内弘文院，职掌分工进一步明确化。皇太

---

① 《选举志一·八旗科第一·八旗乡会试缘起》，《钦定八旗通志》卷一百二，《四库全书》本。
② 《太宗文皇帝圣训》卷三，《四库全书》本。
③ 阿桂等奉敕撰："太宗文皇帝天聪三年己巳"，《皇清开国方略》卷二十，《四库全书》本。朝乾夕惕：语出自《周易·乾卦》："君子终日乾乾，夕惕若厉，无咎"，形容自己勤奋戒惧、兢兢业业，不敢稍有懈怠之意。
④ 阿桂等奉敕撰：《皇清开国方略》卷三十，《四库全书》本。

第一章　清初至中叶文化认同的历史背景

极十分重视对汉文典籍的翻译工作，尤其注重对历代帝王治乱得失的借鉴。下令用满文翻译大量的汉文典籍，为进一步改学汉制、学习汉文化奠定了坚实的基础，有力地促进了满、汉文化之间的沟通与交流。

皇太极本人十分喜欢读书，虽在军旅中，仍手不释卷，还令儒臣选译《三国志》《辽史》《金史》《元史》《性理大全》诸书以教满人，但同时又极为赞赏金世宗申令不许女真人褒衣博带以染汉习，防止女真人过分汉化。[①] 同时，皇太极还特别注重任用投降的汉将和汉臣。如，降清之后的洪承畴和范文程，鼎力辅佐皇太极，入关之后，又建言献策，为清朝定鼎中原作出了重要贡献。

皇太极时期，既注重学习汉制，加强对关外汉人的利用，优待汉族降兵、降将及文人，并从政治的实际需要出发，选译重要汉文文献，总结治国理政之道；与此同时，也注重防止满族过分汉化，这种双重矛盾的文化心理也深深地影响到了入关之后的统治者。随后八年，皇太极继续扩大统治疆域，巩固东北全境的统一，彻底结束了女真各部互相征伐、残杀的情况，进一步促进了满族内部自身的统一和发展。崇德八年（1643）九月二十一日，皇太极去世，庙号太宗。[美] A·W·恒慕义编：《清代名人传略》上册第一卷中对皇太极的贡献给予了很高的评价：

> 努尔哈赤死后，统一东北全境、创建清王朝者乃是其第八子皇太极。《皇太极》着重叙述他统一政权，向先进的汉族学习并取法汉族政权的过程。他在几年之间（1629—1636）完成一系列重大改革：改国号（易金为清），定族名（改建州女真为满洲），采用明廷的六部制度，开始重用汉族知识分子（见范文程），去"汗"号，改称皇帝。1643年他逝世之后，已为满洲入关代明创造出充分的条件。《皇太极》清楚地表明，清王朝统一全中国绝非偶

---

① 昭梿著，冬青点校："太宗读《金史》"，《啸亭杂录》卷一，上海古籍出版社2012年版，第1页。

然，而改制学汉则是成功的关键。①

同时，此时的明朝政局腐败，混乱不堪，党争迭起，李自成农民起义军攻破各地，势不可挡，所向披靡，于崇祯十七年（1644）三月二十九日，攻克北京，崇祯帝上吊自杀。由于农民起义军的阶级局限，没有远见卓识，未能控制大局，形势的发展越来越对清朝有利，清廷成功招降了吴三桂之后，迅速入山海关，定鼎中原，建立清朝。

二、明清易代之际文化冲突的凸显

1644年，李自成攻入北京，明崇祯帝在煤山上吊自杀，明朝灭亡。吴三桂引领清兵入关，李自成在北京四十余天后，败退陕西，清朝乘机定鼎北京。当时清廷所统治的区域仅为北京及华北地区，南明福王朱由崧、鲁王朱以海、唐王朱聿键、桂王朱由榔先后在南方建立小朝廷继续抗清，平定南明势力之后，又爆发"三藩之乱"，清廷花了近八年时间进行平叛，接着又收复台湾，一共历时四十余年之久，清廷为巩固统治耗费了大量的人力物力，体现出清朝得国易而守国难的特点。其主要原因在于：一方面，满族以少数民族入主中原，面临汉族根深蒂固的"夷夏之辨""夷夏大防"观念的强烈抵制和对抗，清初对各地的军事征服和下令"剃发易服"之举，招来汉族强烈地反抗；另一方面，入关之后，清廷为了维护满族贵族和八旗士兵的利益，鼓励八旗到处强行圈占民田，使各地百姓流离失所，致使社会矛盾进一步激化。

清初大规模的八旗圈地有三次：顺治元年（1644），清廷下令八旗军士可以圈占无主荒地；顺治二年（1645），圈占明朝贵族的田庄和许多民间房屋土地五万多顷；顺治四年（1647），圈地达十多万顷。顺治八年（1649），顺治帝颁布上谕，要求满族贵族停止圈地，将原来所圈占的土地悉数退还原

---

① 张广学：《汉译本上卷简介》，收入［美］A·W·恒慕义编，中国人民大学《清代名人传略》翻译组译：《清代名人传略》上册第一卷，青海人民出版社1990年版，第11页。

第一章　清初至中叶文化认同的历史背景

主，令其及时耕种。但由于八旗贵族和军士的强烈反对而未果。①

康熙八年（1651），康熙帝在铲除鳌拜集团之后，下诏八旗圈地永行停止。据《皇朝文献通考》卷五记载：

> 谕民间房地圈给旗下，嗣后永行停止。今年所圈房地，悉令给还民间。至旗人无地者，应否以古北等口边外空地拨给，令贝勒、大臣确议。诸臣会议言："圈拨民间田房，屡经停止。嗣有因旗下退出荒地，复行圈补者；有游牧等处投来人丁，复行圈拨者；有因圈补时，复圈接壤民地者；百姓失业堪悯。今张家口、杀虎口、喜峰口、古北口、独石口、山海关外，各有旷土。如宗室、官员及兵丁，有愿将庄丁地亩退出，取口外闲地耕种者，该都统给印文咨送，按丁拨给。"得旨，报可。②

这是康熙帝在铲除鳌拜势力集团之后的一项重要举措，不仅解决了八旗之间因争夺圈地而引起的各种纠纷与矛盾，而且还进一步缓和了清初以来因八旗圈地而引起的满、汉矛盾。康熙十九年（1680），又下令清查遗漏沉没旗地。③

此外，清初在各地推行"剃发易服"令，刺激汉族自尊心和文化危机感，于是激起了各地的抗清斗争，清朝动用大量的兵力才得以平定各地的抗清运动，时间经历了四十余年，清廷由此付出了沉重的平叛代价。然而，长达四十余年的艰难平乱战争中，统治者也深刻认识到清朝以武力夺取政权，但必须加强历史文化认同才能进一步巩固政权。清初，清朝统治者以征服者的姿态，在各地强制推行"剃发易服"令，强迫汉族改变原有的发式衣冠，强制推行满族的发式和衣冠，并将服从"剃发易服"与否，视为认同清

---

① 《世祖章皇帝圣训》卷四，《四库全书》本。
② 张廷玉等奉敕撰，后嵇璜、刘墉等奉敕撰，纪昀等校订：《皇朝文献通考》卷五，《四库全书》本。
③ 张廷玉等奉敕撰，后嵇璜、刘墉等奉敕撰，纪昀等校订：《皇朝文献通考》卷五，《四库全书》本。

文化认同视角下的清代《明史》修纂研究

廷与否的重要标志。如有反抗之人，即被视为叛逆，甚至招来杀身之祸。清初"剃发易服"和满族贵族圈地运动，造成农民流离失所，使得江南各地对汉文化生态产生了严重的危机感，士子故而对清廷的敌视逐渐增加，甚至在抗清斗争失败之后，仍然有一些明遗民不认同清朝的统治。明清易代，汉族士子对明朝灭亡产生极大的心灵震撼，他们秉持"夷夏之辨"的理念，"剃发易服"使他们深刻感受到文化上"以夷变夏"之阵痛，故而对清朝采取不认同、不合作的态度。顾炎武有"亡国"与"亡天下"之辨。他认为满族入关不仅仅是亡国（改朝换代），亡国只是"易姓改号"，而"亡天下"（文化传统灭亡）则是"仁义充塞，至于率兽食人，人将相食"。顾氏之辨，暗含清朝入主中原，其实就是"亡天下"。他于是提出了强有力的反清口号——"天下兴亡，匹夫有责"。明遗民誓死坚持、捍卫文化传统，就是把文化视同民族认同的内核所在。一些明遗民秉持气节，入清之后选择了不仕清朝、不与清朝合作的态度，有的甚至以死殉节，有的则消极避世。如，顺治二年（1645）六月，南明福王被执，徐汧殉国之前，其子徐枋号泣，欲与之一起赴死，徐汧谆谆告诫其儿子："吾不可以不死，若长为农夫以殁世可也。"①告诫其儿子不要出仕清朝，但可为农夫自处以殁世。乾隆四十一年（1776），赐谥明末殉国死难诸臣，其中徐汧、杨廷枢等谥"忠节"。②后来，徐枋不仕清朝，显然受其父徐汧告诫的影响所致。

随后，福王、鲁王、唐王旋即相继败亡。1647年，朱由榔在广东肇庆称帝，改元永历。1656年，李定国迎永历帝入滇，在五华山建皇宫，遂使边陲云南成为反清复明的重要基地。顺治十五年（1658），清兵分三路进攻云南，永历帝和末代黔国公沐天波逃往缅甸，后吴三桂进军追杀，迫使缅

---

① 孙静庵：《明遗民录》卷四十三，明文书局1912年版，第645页。
② 张廷玉等："附《明史》卷二百六十七考证后"，《明史》卷二百六十七（《四库全书》本）："乾隆四十一年赐谥诸臣：耿荫楼、薛一鹗以上通谥节愍；宋玫、高名衡、徐汧、杨廷枢以上通谥忠节；范淑泰通谥忠烈。"

第一章　清初至中叶文化认同的历史背景

王交出永历帝，并将永历帝在昆明处死。自此，南明势力彻底被推翻。1657年，李定国获胜，孙可望逃到长沙，后来投降清朝，清廷封孙可望为义王。孙可望奏请清廷命其剿灭叛乱，未获允许。[①]

　　清初，清廷忙于平定战乱，无暇顾及文化建设。为了保护满族贵族的既得利益，满族贵族圈地运动，强取豪夺，导致满、汉民族矛盾日益突出。顺治初年，满族贵族在政权中占据主导地位，汉族官员与满族官员出现同官不同酬的情况。顺治十年（1653）以后，顺治帝逐步开始尝试满汉联合分治的政治格局，以缓和满、汉民族矛盾，但仍然受到保守贵族的强烈不满和抵制，其所作尝试，也未能彻底地扭转满、汉民族尖锐矛盾。康熙九年（1670），康熙帝调整了顺治朝满族贵族排挤汉官的局面，改变清初满、汉官员同职不同酬的体制。据《圣祖御制文集》卷二记载："康熙九年闰二月三十日，谕吏部：朕思满、汉大小官员职掌相同，品级有异，应行画一。著议政王贝勒大臣会同定议，具奏，特谕。"[②]康熙十二年（1673），"三藩之乱"爆发，清廷花了近八年的时间平定叛乱，有力地维护了国家的统一。康熙二十二年（1683），清朝收复台湾，大一统的局面正式形成，清朝统治日益巩固。此时，汉族士子对清朝的敌视情绪也日趋化解，满、汉文化交流日益加深，为后来清朝"正统"的建构奠定了坚实的基础，并逐步确立"崇文右儒"的文化政策。康熙二十六年（1687），康熙帝总结前代君主未能选好储君的深刻教训，认为预立太子是国家根本，尤其注重对皇太子满、汉文化的全面教育。经人建议，选达哈塔、汤斌为太子师，让他们负责用满、汉文化教育皇太

[①] 注：孙可望为张献忠义子，后被李定国所败，投降了清朝，清朝封他为义王。吴伟业在《绥寇纪略》一书中对孙可望予以避讳，个中缘由，赵翼在《檐曝杂记》（中华书局1982年版，第110页）中谈得很清楚。他说："……是平东者，既能为献忠止杀，又能为献忠御侮，实盗贼中之贤者。梅村何以不著其姓名？按献忠爱将十人内尚有孙可望、白文选。今恭读《御批通鉴辑览》，乃知平东即孙可望，定北即能奇，而伪都督则白文选也。梅村不直书，盖可望为李定国所败，降于我朝，封义王，其子犹袭封慕义公。想梅村著此书时，可望正官于朝，不便明其出自盗贼，故讳之耳。白文选后随李定国死于缅甸。"

[②] 《圣祖仁皇帝御制文集》卷二，《四库全书》本。

子。康熙帝说明遴选他们为太子之师的缘由，是因为他们都"声望于外""向有闻誉"，认为满、汉民族之间虽然习俗不同，但"汉人学问胜满洲百倍"，同时又强调皇室子弟必须保有满族习俗、国语、骑射的重要性，认为这是国家立国之基和善后之策，因而谆谆告诫达哈塔在教育太子过程中注重勿染汉习，强调秉承祖宗"文武并行"的家训。他还提出自己也不习汉俗，认为满人放弃"骑射"，入于汉习，便与汉人无异。康熙帝与君臣之间的对话，充分体现了清朝官方由来已久的双重矛盾的文化心理：既要注重学习汉文化，同时又要保持满族习俗，甚至为满人过分汉化而担忧。①

清廷在逐步剪除南明残余势力之后，随即又平定"三藩之乱"，继而收复台湾。在血与火的斗争中，清廷统治者深刻认识到缓和满、汉民族矛盾，增加文化上的融合与认同，才能实现清朝的长治久安。因此，调整文化政策，进一步加强满、汉民族间文化融合与认同，成为摆在清廷面前亟待解决的迫切问题。

三、清初至中叶文化认同的话语权

清朝统治者逐渐认识到要想维护政权的长治久安，就必须牢固地确立儒家思想的精神统治，并尊奉程朱理学为官方统治思想，在文化上拥有话语权，方能在汉族士子心目中确立"圣主明君"的形象，建构清朝统治的合法性。然而，随着文化认同的逐步深入，清官方也十分强调保持满语、骑射等习俗的重要性和必要性，但不妨碍或阻止满族学习汉文化，反而极力促进汉族士子学习满语，从事汉文典籍的翻译工作，加强满、汉文化之间的沟通与交流。清朝统治者认识到想要在文化领域内拥有话语权，必须深入地学习、延续和创新传统文化，并从传统文化中寻求为清朝统治提供合法性的文化理论依据。因此，清朝统治者沿袭前代的做法，将孔庙从祀权牢牢掌握在自己

---

① 中国第一历史档案馆整理：《康熙起居注》，中华书局1984年版，第1639—1640页。

第一章 清初至中叶文化认同的历史背景

手中,以此控制文化舆论导向,这便是明证。

顺治二年(1645),江南平定,清朝统治者采纳汉臣范文程等的建议,实行开科取士,以获得士心支持。据《清史稿》卷五《范文程传》记载:"顺治二年,江南既定,文程上疏言:'治天下在得民心,士为秀民,士心得,则民心得矣。请再行乡、会试,广其登进。'从之。"①清廷对范文程的礼遇甚厚,范文程竭尽全力为清廷效力奔走。清初,大多数士子为了追求高官厚禄,或为了经世济民的理想,积极参加清廷的科举考试,入仕清廷。与此同时,清朝在政治机构中也尽量保持满、汉官员各占一定份额。顺治十四年(1657),顺治帝首开经筵讲习。终顺治一朝,经筵讲习虽只开设了一次,但它拉开了后来帝王注重通过经筵讲习学习汉文化的序幕,并逐步确立"崇文右儒"的基本国策。帝王通过经筵讲习,身体力行地学习儒家经典和程朱理学,从而搭建起与汉族士大夫群体沟通交流的平台。清初至中叶,统治者在文化认同上也经历了一个渐进深入的过程。

清初,由于历史与现实的原因,南明福王、鲁王、唐王、桂王相继在各地号召民众,进行反清斗争,不少人纷纷响应,南明历史延续十七年之久。福王、鲁王、唐王相继败亡后,桂王朱由榔由贵州进入云南,后吴三桂军队分三路进入云南,桂王逃至缅甸,吴三桂率军兵临缅甸,传檄迫使缅甸王交出朱由榔。顺治十七年(1660),吴三桂在昆明将朱由榔处死,结束了南明的历史。同年正月,清廷任命吴三桂为总管,移镇云南,封为"平南王"。康熙十二年(1673),吴三桂提出撤藩,以此试探清朝的态度,清廷内部主要产生两派意见:一派主张撤藩,一派主张不撤藩。在撤藩与不撤藩的关键问题上,康熙帝态度与明珠、韩菼等一致,力主撤藩,以减少清廷每年支出用于三藩的庞大资金。康熙十二年(1673),"三藩之乱"爆发,一时之间,半壁江山沦入三藩之手,清廷为此付出了重大的平叛代价。耗时近八年

---

① 赵尔巽等:《范文程传》,《清史稿》卷二百三十二,中华书局1977年版,第9353页。

的战争，锻炼了康熙帝，让他明白只有不断加强历史文化认同，才能让民众凝聚一心，才是巩固统治的关键和重心所在。

清朝入关之后，帝王的朱批奏折一般用满文、汉文两种誊录，随后规定部院各衙门中书笔帖式缺额，通过考试补授。所修书籍，如《实录》《玉牒》《圣训》等书，一律用汉文、满文、蒙文三种文字抄写，形成三种文字的合璧本。清朝用三种文字记录、保存文献，充分体现了清廷对汉、蒙的文化认同与尊重，充分体现了清朝"尊重差异，兼容并包"的文化策略。清廷大一统的政治格局下多民族文化之间的共存与融合，形成文化间互相促进、相辅相成的"多元一体"文化格局。应该说，清廷在文化认同上远超历代少数民族政权，体现出清朝深层的历史文化认同。清初，朝中大臣多是满族贵族，其中大多数不会讲汉语，也看不懂汉字。可到康熙朝，很多满族文人能够积极主动、如饥似渴地学习汉文化，并成为精通满、汉语言的臣僚，积极参与汉文典籍的翻译工作。康熙帝先后在皇宫内设立三个"书房"：南书房、翻书房、上书房，以下逐一介绍它们的功能：

南书房为康熙帝读书之所，侍讲、侍读官员专门从翰林院进行遴选，他们专门给康熙帝讲解经史，同时也兼及讨论时政。在南书房鼎盛时期，经筵日讲官草拟章奏等公文、颁布皇帝诏谕等工作，南书房作为康熙帝加强皇权的辅助机构，政治职能也日渐彰显，侍讲、侍读官员也深得康熙帝的倚赖与器重。

康熙十年（1670），康熙帝设立翻书房，则主要从事用满、蒙文译介汉文典籍，并先后译出许多满、蒙、汉文合璧本，为沟通和加强满、蒙、汉文化交流作出重要贡献。康熙帝在士子心目中树立起"圣主明君"形象，清朝统治日趋巩固，文化发展日益昌盛，各类典籍的编纂、翻译及刊刻也达到了顶峰。如，康熙十二年（1681），翻书房诸臣进呈宋儒真德秀《大学衍义》

第一章 清初至中叶文化认同的历史背景

译本,康熙帝赏赐翻译诸臣。①查《大学衍义》四十三卷,为宋儒真德秀的哲学著作。真德秀秉承朱熹理学,为理学取得正宗地位起到了很大的推动作用,其所编纂的《大学衍义》一书,成为元、明、清三代帝王必读之书,康熙帝称赞真德秀为朱熹后学中"力明正学"者。康熙朝,翻书房用满文、蒙文翻译介绍了四书、五经、佛教经典、各朝历史名著和文学名著等方面的汉文典籍,并刊刻颁行。②如此众多的汉文典籍的翻译,在中国翻译史上极其罕见,它不仅有利于满、蒙、汉文化的相互交流,而且体现了满文文献来源的多样化,其中绝大部分是满、汉两种文字合璧本,还有相当一部分满、蒙、汉三种文字合璧本,体现出文化上"多元一体"的格局。值得注意的是,清朝尤其注重满、蒙、汉文的分科考试,特别注重精通满文、蒙古文、汉文人才的培养和提拔。昭梿在《啸亭续录》卷一"内翻书房"中说:

> 崇德初,文皇帝患国人不识汉字,罔知治体,乃命达文成公海翻译《国语》《四书》及《三国志》各一部,颁赐耆旧,以为临政规范。及定鼎后,设翻书房于太和殿西廊下,拣择旗员中谙习清文者充之,无定员。凡《资治通鉴》《性理精义》《古文渊鉴》诸书,皆翻译清文以行。其深文奥义,无烦注释,自能明晰,为一时之盛。有户曹郎中和素者,翻译绝精,其翻《西厢记》《金瓶梅》诸书,疏栉字句,咸中綮肯,人皆争诵焉。③

由上可知,《国语》《三国志》《大学》《中庸》《论语》《孟子》《资治通鉴》《性理精义》《古文渊鉴》等书,都先后被翻译成满文本以流传,尤以和素翻译的《西厢记》《金瓶梅》诸书,语言流畅,为人称赞。由此可见,清朝文

---

① 《圣祖仁皇帝圣训》卷一,《四库全书》本。
② 康熙朝用满文翻译的汉文书籍非常多,如,(真德秀)《大学衍义》《朱子节义》《日讲五经解义》《日讲四书解义》《资治通鉴纲目》《亲征平定朔漠方略》《明太祖实录》《宋名臣言录》《菜根谭》《西游记》《金瓶梅》《御制满洲蒙古合璧清文鉴》《御选古文渊鉴》《精译六才子词》(王实甫著)、《西厢记》(王实甫)等。
③ 昭梿著,冬青校点:"内翻书房",《啸亭续录》卷一,上海古籍出版社2012年版,第355页。

文化认同视角下的清代《明史》修纂研究

献大多以满文、蒙古文、汉文形式保存,重要汉文文献,形成满、蒙、汉文合璧本,有利于进一步加强满、蒙、汉民族间文化的沟通与交流,体现了清朝对满、蒙、汉文的认同与重视,这是清代文化的一大特色。雍正帝还特别注重对满族翻译人才的培养,翻译科考试仿科举考试的三级程序:院试(选拔生员)→乡试(选拔举人)→会试(选拔进士),层层选拔满文翻译人才,以此保护满文的学习和书写。此外,雍正九年(1731),又下令仿照满族翻译举人、进士考试例,开科蒙古语翻译生员、举人、进士考试。据《钦定八旗通志》记载:

> 九年,奉上谕:看来蒙古旗下人能蒙古话,及能以蒙古字翻译者甚少。如此相沿日久,蒙古文字并蒙古话必渐至废弃。宜令蒙古旗下人,依照考试满洲翻译生员、举人、进士之例,考取蒙古翻译生员、举人、进士,在理藩院补用。如有读习汉书,情愿考试文生员、举人、进士者,令照常考试,著在别部院补用。如此,则蒙古旗下人举个奋发勤学,蒙古文字并蒙古话不至废弃,而理藩院亦收得人之效,著大学士会同理藩院议奏。又定八旗蒙古人等能翻译满洲、蒙古文字者,照考试满洲翻译之例,一体考试。①

清朝统治者不仅注重满族贵族子弟学习满文和翻译能力的培养,同时也注重保护蒙古子弟对蒙古字和蒙古话的学习和翻译能力的培养,通过开"满洲翻译科"考试以及"蒙古翻译科"考试,切实推行和维护满洲八旗和蒙古八旗子弟的利益,此举极大地保护了满、蒙、汉语言和文化之间的交互性和差异性,与文化上"尊重差异,包容多样"相结合,这应该是汉、满、蒙文化之间交流与互动的前提所在。此外,清朝官方不仅在满洲八旗子弟和蒙古八旗子弟中推广和激励学习满文和蒙古文,参与书籍的翻译工作。同

---

① 《选举志二·八旗科第二·八旗翻译科武科缘起》,《钦定八旗通志》卷一百三,《四库全书》本。

第一章 清初至中叶文化认同的历史背景

时,也提倡汉族庶吉士入馆后修读满文,担任满、汉文字翻译。在庶吉士中选取少数人学习,精通满文者可在翰林院和各部院衙门中与满员一起翻译,其官职擢升也比较快。雍正元年(1723)十一月二十九日,雍正帝谕大学士,认为以前汉族庶吉士学习三年的满文,散馆之后,荒废不用,三年之功置之无用,甚为可惜。此后,学习满文的翰林,散馆之后,不能令其荒废满文。同时,下令从本年新科进士中,选拔少数学习满文者,务必令其通晓满文,散馆后不可荒废,令其在翰林院,或在部院衙门,与满族人员一同从事翻译,才能有所裨益。雍正帝还强调在新科进士引进之前,先行考试,知其学问深浅,再引见选拔,不致遗漏人才。并规定考试依照科举殿试之例,先预备好题目,以诗文四六体(骈文)出题,视其所能,可作一篇或二三篇,或全作,可完全按自己的意思答题。又,雍正十年(1732),雍正帝再次下诏,强调汉族庶吉士学习满文的重要性,庶吉士散馆后,遂不留心满文,以致荒废,强调通过考课,视其情况,确定其官职的升迁或降调。

乾隆十年(1745),乾隆帝再次下诏谕旨,指出学习满文的汉族庶吉士,散馆授职之后,遂不再留心学习满文,以致所学满文日久废弃,此种习气历来如此,强调要经常温习满文的重要性,然后再以考课,确定勤惰,并以此作为官职升降之标准。[①]

上书房是清代皇子拜师受业之所,师傅所授课程要求"文武并重",既注重汉文化的学习,同时也强调保持满族语言、习俗、宗教信仰、骑射等训练。清代皇子、皇孙的教育,每日规定严格的课程及时间安排,皇子们每天早上五鼓入上书房,由上书房汉族师傅教习汉文化,学习写诗文、书法等,又由满洲师傅教习满文、学习满语,又练习满洲骑射技能等,可谓兼容并蓄,文化认同在皇子、皇孙教育中可见一斑。清代皇子教育,注重进行全面性教育,能文能武,不仅学习汉文化,也学习满族文化兼及蒙古文化,故而

---

① 张廷玉等奉敕撰,后嵇璜、刘墉等奉敕撰,纪昀等校订:"考课",《皇朝文献通考》卷六十一,《四库全书》本。

能够在文化上努力保持"多元一体"的文化格局，使之更好地与"大一统"的政治格局相得益彰，应该说，清廷在文化认同上的努力，取得的成效是十分明显的。

清初，八旗汉军父母去世，可以守三年之丧，这是尊重汉人重丧守制之习俗。而八旗满族子弟遇父母之丧，仍然沿袭关外旧制，不允许回家丁忧守丧，满族习俗一般比较轻丧。对此，徐乾学徐元文兄弟多次劝谏康熙帝，要求八旗中满族官员任督抚藩臬等应与京官"一体丁忧"，不容有别。徐乾学在《读礼通考》中对满洲八旗规定武臣遇父母丧不丁忧的习俗，提出了严厉的批评。徐乾学从儒家纲常伦理进行立论，认为臣子只有先做到三年守孝，而后才能做到忠君爱国，二者之间内外一体。他指出武臣也是父母所生之子，而令其不守父母之丧（不孝），想让他们把孝顺父母之心转为效忠君主，怎么可能得到呢？康熙二十二年（1683），徐元文上《请饬丧制疏》，①认为八旗汉军文职官员任汉缺者，遇父母之丧，丁忧离任守丧；而如任旗缺者，遇父母之丧则不得丁忧，伦常风化之地，守丧不应互异，应当定议画一。徐氏兄弟先后上疏康熙帝，建议满、汉官员一体丁忧，得到了康熙帝许可。而徐氏兄弟深受康熙帝的重用，康熙十四年（1675）四月，调任内阁学士徐元文为翰林院掌院学士，同年十一月，由满族镶黄旗人侍读学士喇沙里改任翰林院掌院学士。

康熙帝认为翰林院为国家人才储备机构，因此，对翰林学士文学水平要求特别高，即必须熟读经史，以备顾问，博览群书，方能胜任多种文学体裁，洞悉今古，敷词命意，典赡宏通，悉登制作之林，辅佐"右文之治"。康熙二十四年（1685）二月丁酉，康熙帝在上谕中对翰林官寄予深厚期望，通过考试予以选拔，由其亲自审阅试卷，排定名次。亲自考察翰林官员和学士的文学功底，看谁能称得上辅佐"右文之治"，体现出康熙帝对翰林院

---

① 徐乾学：《读礼通考》卷一百八，《四库全书》本。

职能的认识及对翰林官遴选的高度重视。①康熙二十八年（1689）五月，再次任命文华殿大学士徐元文兼管翰林院掌院学士，翰林院掌院学士以重臣兼领实起于此。徐元文任翰林院掌院学士不久，徐氏兄弟便因党争而离职归里。随后，康熙帝经常强调翰林官以文章为职业的重要性，反对空谈性理，不切实际，批评那些视文章为非急务的人，强调做臣子要像宋儒周敦颐、程颐、程颢、张载、朱熹一样，言行相顾。据《清实录·圣祖仁皇帝实录》卷一百五十九记载：

> （康熙三十二年癸酉四月）壬辰，谕大学士等："翰林官以文章为职业，今人好讲理学者，辄谓文章非关急务，宋之周、程、张、朱何尝无文章，其言如是，其行亦如是。今人果能如宋儒言行相顾，朕必嘉之，即天下万世亦皆心服之矣。传谕翰林官知之。"②

康熙帝强调翰林官应该以文章为职业，认为宋儒周敦颐、程颐、程颢、张载、朱熹未尝无文章，且均为言行相顾之人，批评士子空谈理学而视文章为非急务，他们若能与宋儒一样言行相顾，则必予以嘉奖，令后世心服口服。《清史稿》卷一百《职官二》记载说："翰林院，掌院学士（初制：正五品。顺治元年升正三品。雍正八年升从二品。大学士、尚书内特简）。"③翰林院掌院学士主要"掌国史笔翰，备左右顾问"④。据《钦定历代职官表》"翰林院"条记："国朝官制，翰林院掌院学士兼礼部侍郎，满洲、汉人各一人（初制：正五品，以兼礼部侍郎衔为正三品，后与内阁学士一起升为从二品）；侍读学士，满洲、汉人各三人（初制：从五品，雍正三年，定为从四品，与侍讲学士职衔相同）；侍讲学士，满洲、汉人各三人。"其实规定了

---

① 《圣祖仁皇帝圣训》卷十二，《四库全书》本。
② 《清实录·圣祖仁皇帝实录》卷一百五十九，中华书局1985年版，第745页。
③ 赵尔巽等：《职官二》，《清史稿》卷一百十五，中华书局1977年版，第3309页。
④ 赵尔巽等：《职官二》，《清史稿》卷一百十五，中华书局1977年版，第3310页。

文化认同视角下的清代《明史》修纂研究

翰林院掌院学士兼礼部侍郎为满洲、汉人各一人，侍读学士和侍讲学士配额满洲、汉人各三人。在人员的配置上，体现了满、汉人员数目相对均等。据四库本《词林典故》卷七记载，从顺治初年至乾隆十年（1745），翰林院掌院学士设置人员变动情况如下：

顺治朝翰林院掌院学士变动情况：顺治十五年（1658），折库纳（满洲镶白旗人）由内院学士调任；王熙（顺天宛平人）由内院学士调任。①

康熙朝翰林院掌院学士变动情况：康熙九年（1670）十月，专设翰林院，以折库纳再任；熊赐履（湖广孝感人）由侍读学士升任。康熙十年（1671）十二月，傅达礼（满洲正黄旗人）由侍读学士升任。康熙十四年（1675）四月，徐元文（江南昆山人）由内阁学士调任。康熙十四年（1675）十一月，喇沙里（满洲镶黄旗人）由侍读学士升任。康熙十六年（1677）正月，陈廷敬（陕西泽州人）由内阁学士调任。康熙十七年（1678）十二月，叶方蔼（江南昆山人）由侍读学士升任。康熙十九年（1680）正月，库勒纳（满洲镶蓝旗人）由詹事升任。康熙二十年（1681）十一月，陈廷敬由内阁学士再任。康熙二十一年（1682）五月，牛钮（满洲正蓝旗人）由詹事升任。康熙二十二年（1683）五月，张玉书（江南丹徒人）由内阁学士调任；康熙二十二年（1683）十二月，孙在丰（浙江归安人）由内阁学士调任。康熙二十三年（1684）八月，常书（满洲镶黄旗人）由侍读学士升任。康熙二十五年（1686）三月，张英（江南桐城人）由侍读学士升任。库勒纳，再以礼部侍郎兼任。康熙二十五年（1686）十二月，李光地（福建安溪人）由内阁学士调任。康熙二十八年（1689）五月，再以文华殿大学士徐元文兼

---

① 据四库本《皇朝通典》卷二十三《职官》记："国初设文馆于盛京，天聪十年，改建内三院。顺治元年，设翰林院，置汉人掌院学士一人，侍读学士、侍讲学士各一人。二年，省并入内三院，十五年，复设。如元年制，增设满洲掌院学士一人，汉人侍读、侍讲学士各二人。十八年，仍省入内三院。康熙九年，始定设翰林院，增置满洲侍读、侍讲学士各三人。二十八年五月，以大学士徐元文兼管翰林院掌院学士事，始用重臣兼领。"

第一章　清初至中叶文化认同的历史背景

任。康熙二十九年（1690）六月，张英再以工部尚书兼任，康熙三十一年（1692）十月调任礼部尚书仍兼任。康熙三十年（1691）九月，傅继祖（满洲正蓝旗人）由内阁学士调任。康熙三十三年（1694）三月，再以常书，以仓场侍郎兼任。康熙三十六年（1697）六月，阿山（满洲镶蓝旗人）以盛京礼部侍郎任。康熙三十六年（1697）十月，韩菼（江南长洲人）以礼部侍郎兼任。康熙三十九年（1700）五月，法良（满洲镶黄旗人）以内阁学士兼任。康熙四十一年（1702）十二月，揆叙（满洲正黄旗人）由侍读学士升任。康熙四十三年（1704）十月，吴涵（浙江石门人）以左都御史兼任。康熙四十五年（1706）四月，徐潮（浙江钱塘人）以户部侍郎兼任。康熙四十九年（1710）四月，陈元龙（浙江海宁人）以原任詹事任。康熙五十年（1711）八月，王原祁（江南太仓人）由詹事升任。康熙五十一年（1712）四月，汤右曾（浙江钱塘人）由通政司升任。康熙五十六年（1717）正月，徐元梦（满洲正白旗人）以左都御史兼任。康熙六十一年（1722）二月，蔡珽（汉军正白旗人）由少詹事升任。康熙六十一年（1722）十一月，阿克敦（满洲正蓝旗人）以兵部侍郎兼任，励廷仪（直隶静海人）以内阁学士升任。[①]

雍正朝翰林院掌院学士变动情况：雍正元年（1723）八月，张廷玉（江南桐城人）以礼部侍郎兼任。雍正四年（1726）四月，福敏（满洲镶白旗人）以左都御史兼任。雍正六年（1728）五月，留保（满洲正黄旗人）以通政司兼詹事署理，至雍正十一年（1733）七月升礼部侍郎乃兼任。雍正十三年（1735），邵基（浙江鄞县人）以吏部侍郎兼任。[②]

乾隆初翰林院掌院学士变动情况：张廷玉再以太保、保和殿大学士兼任。乾隆八年（1743）四月，鄂尔泰（满洲镶蓝旗人）以太保、保和殿大学士兼任。乾隆十年（1745）三月，阿克敏（满洲正蓝旗人）再以吏部侍郎

---

① 《词林典故》卷七，《四库全书》本。
② 《词林典故》卷七，《四库全书》本。

兼任。

从上述所列顺治、康熙、雍正、乾隆初，翰林院掌院学士设置变动情况，可以得出三个方面的认识：

第一，顺治十五年（1658），共设置2名掌院学士，满、汉各一人；康熙朝，翰林掌院学士设置人员中，因库勒纳、陈廷敬、张英、徐元文、常书前后两次兼任，只计一次，共30人，满人占9人，汉人占21人。雍正朝，翰林院掌院学士4人，满、汉各2人。乾隆初，满、汉各2人。以上设置情况可以看出，康熙帝在位六十一年间，对汉族士子的礼遇和优待，由此可见一斑。

第二，翰林院作为清代重要的人才储备机构，帝王一般从翰林院中派选主持各级科举考试，草拟皇帝诏书，并作为皇帝的侍读、侍讲，地位十分显赫。翰林院掌院学士更是汉族士子梦寐以求的显要职务，康熙朝翰林院掌院学士变更任命相当频繁，任期长短不一。清代江南是人文文化的渊薮，江南士子无疑成为翰林院掌院学士职务的首选。清代官方一方面借此笼络汉族士子，另一方面对汉族士子也有一定的警惕性或防范性，主要防范出现党争或派系斗争，不断变更翰林院掌院学士，就是使之不能长久把持该职务，满、汉掌院学士的任命，让他们彼此之间相互监督。在上述所列的人员中，徐元文为文华殿大学士兼任，张英、张廷玉父子在康熙、雍正、乾隆三朝享尽尊荣，张廷玉成为康熙、雍正、乾隆初期重要的汉臣之一。在雍正帝遗诏中，涉及张廷玉死后配享太庙一事。乾隆初年，乾隆帝与张廷玉之间略有不和。乾隆十四年（1749），张廷玉请求致仕归里。乾隆帝在上谕中挽留再三，似有依依不舍之意，随后又下令其以原官致仕，待来年春冰雪融化时，即可归里。乾隆帝在上谕中，故意未提雍正帝遗诏中令张廷玉配享太庙一事。张廷玉奉诏之后，没有立即前去谢恩，反而在次日当面提及雍正帝遗诏中"许其身后配享一节"，经九卿议奏，仍保留其大学士衔，削伯爵回籍。乾隆十五年（1750），乾隆帝下江南，张廷玉未随众送驾，"未曾道旁叩首，且时遭皇长子丧，甫过初祭，即奏回南，特旨：罢其配享。"乾隆帝罢张廷

第一章　清初至中叶文化认同的历史背景

玉死后配享太庙。乾隆二十年（1755），致仕大学士张廷玉在籍逝世。乾隆帝在上谕中恢复张廷玉配享太庙的资格。①对于雍正帝遗诏中，令张廷玉配享太庙一事，其间虽有反复，但乾隆帝最终仍能自圆其说，没有违背其父的遗愿，允张廷玉配享太庙。考有清一代配享太庙者，汉臣只有张廷玉一人而已。

第三，从顺治朝至乾隆初年，翰林院掌院学士的设置变动情况看，掌院学士以汉族士子为主，同时保证满人占一定的份额，康熙朝30人中满人占9人，除库勒纳、常书两次连任外，陈廷敬、张英、徐元文、张廷玉两次兼任，在变换频繁的情况下，他们能以自己的学识受到康熙帝的赏识，且两次担任翰林院掌院学士，实属不易。同时，从翰林院掌院学士的任命情况可得知，掌院学士一般要求要文学造诣较高的人担任，而满族掌院学士占少量份额，仅备员充数而已，并没有起多大作用。康熙九年（1670），增置满洲侍读、侍讲学士各三人。乾隆五十年（1785）二月，裁减满洲侍读学士、侍讲学士各一人。后来，规定翰林院修撰、编修、检讨等职衔的授予规定："顺治元年，置汉人侍读、侍讲各二人。十五年，各增置一人。康熙九年（1670），增置满洲侍读、侍讲各三人。修撰以授第一甲第一名进士，编修以授第一甲第二、第三名及第二甲进士；检讨以授三甲进士，皆以庶吉士散馆者充之。其试博学鸿词科入式及特旨改馆职者，亦见得除授，不为定额。"②清朝统治者通过任命翰林院掌院学士，充分掌握了文化上的话语权。

康熙四十四年（1705），康熙帝极力表彰历代儒者，并一一御书赐匾额，分别令悬挂于诸儒祠堂：周敦颐（理明太极匾额）、董仲舒（正谊明道匾额）、胡安国（霜松雪柏匾额）、杨时（程氏正宗匾额）、罗从彦（奥学清

---

① 张廷玉等奉敕撰，后嵇璜、刘墉等奉敕撰，纪昀等校订：《皇朝文献通考》卷一百十五，《四库全书》本。
② 张廷玉等奉敕撰，后嵇璜、刘墉等奉敕撰，纪昀等校订：《皇朝文献通考》卷二十三，《四库全书》本。

文化认同视角下的清代《明史》修纂研究

节匾额)、李侗(静中气象匾额)、蔡元定(紫阳羽翼匾额)、蔡沈(学阐图畴匾额)、真德秀(力明正学匾额),胡安国书院赐经术造士匾额。① 康熙五十一年(1712),康熙帝进一步提升朱熹在孔庙中的位阶,尊奉程朱理学,并将程朱理学最终确立为官方统治思想。②

《清实录·圣祖仁皇帝实录》详细地记载了康熙帝推崇程朱理学的原因,认为"惟宋儒朱子注释群经,阐发道理,凡所著作及编纂之书,皆明白精确、归于大中至正。经今五百余年,学者无敢疵议。朕以为孔孟之后有裨斯文者,朱子之功最为弘巨"③。大学士会同礼部等衙门旋即议复说:宋儒朱熹配享孔庙,原本在孔庙东庑先贤之列,请求提升至大成殿十哲子夏(卜商)之后,进一步提升了朱熹在孔庙中的位阶,以昭崇礼表彰之至意。对此,周积明在《文化视野下的〈四库全书总目〉》一书中,充分肯定了儒家文化在中国传统文化中的地位和作用,认为儒家文化尤其对中国文化人心理所产生的深层影响非常大。他精辟地指出:"从文化心理机制上考察,特定的价值倾向乃是从文化模式形成的进程中积淀而生,是经过人们反复感知和思考并用文化制度固定下来的集团意识,只要产生特定价值倾向性的文化土壤未发生根本性变更,特定的价值观念也就必然具有强大的稳定性、延续性与普遍性。从这一意义上言,儒家文化通经致用的千年传统,虽然因各种历史因素的制约,在漫长的学术实践中有'淡化之时,变形之象',但作为一种价值理念却始终执着地作用于中国文化人的深层心理。《总目》的经世实学价值取向便是这种文化心理机制的产物。"④

此外,清入关前,皇子的名字并没有按汉族辈分进行取名。康熙二十

---

① 张廷玉等奉敕撰,后嵇璜、刘墉等奉敕撰,纪昀等校订:《皇朝文献通考》卷七十三,《四库全书》本。
② 张廷玉等奉敕撰,后嵇璜、刘墉等奉敕撰,纪昀等校订:《皇朝文献通考》卷七十三,《四库全书》本。
③ 《清实录·圣祖仁皇帝实录》卷二百四十九,中华书局1985年版,第466—467页。
④ 周积明:《文化视野下的〈四库全书总目〉》,中国青年出版社2001年版,第45—46页。

年（1681），才将辈分用字固定划一，子字辈用"胤"，孙字辈用"弘"，曾孙辈用"永"，嘉庆继位之后改为"颙"，其他皇子不必忌讳。乾隆时，又根据他作的一首诗，定了后人用"绵""奕""载"，按字辈取名，显然也是受到汉文化按字辈取名影响所致，体现出清官方文化认同的逐渐深入。

四、清初至中叶文化认同进一步深化

1644年，满族入关，定鼎北京，建立清朝。面对明亡清兴的事实，许多汉族士子依然以明遗民自居，在文化上秉持"华夷之辨""夷夏之防"的观念，拒绝出仕清廷，不认同清朝的统治。当抗清斗争相继失败之后，他们选择了不与清廷合作的消极抵抗方式，消极避世。清廷为了缓和满、汉民族矛盾，也多次下诏征召明遗民，但应征者却寥寥无几。对于清初士大夫阶层的分类，赵园根据士大夫接受清朝统治与否及其处境进行区分，将清初士大夫阶层分为三种情况：投降清朝的降将贰臣；积极抗清反清的士子；积极投降清朝的士子。但又结合具体个人的实际，则又显示出多种不同的情况。[①]清廷平叛南明抗清斗争至平定"三藩之乱"，四十余年的战争，使得清统治者深刻认识到建立满汉联合政权、从文化上不断融合与认同，才能有效地缓和满、汉民族矛盾，才使清朝统治实现长治久安。

康熙元年（1662），吴三桂因率军追杀农民起义军余部和南明桂王朱由榔残余势力有功，清廷晋封他为"平西亲王"，总镇云贵两省。吴三桂与镇守福建的耿精忠靖南王和镇守广东的尚可喜之子尚之信遥相呼应，逐渐形成了清初拥兵自重的"三藩"，为后来"三藩之乱"埋下了祸根。吴三桂更是打起"反清复明"的旗帜，有的人积极响应，而有的人并未响应。康熙十七年（1678），吴三桂幕僚屡次劝说王夫之上表，恭贺吴三桂称帝，王夫之认识到吴三桂之举实际上与复明无关，而是与他自身利害攸关，"反清复明"

---

① 参见赵园：《明清之际士大夫研究》，北京大学出版社1999年版。

只是借以号召民众，蛊惑人心而已，他在识破吴三桂的真实面貌后，再次选择了归隐。对此，阚红柳博士在《清初私家修史研究——以史家群体为研究对象》中说道：

> 到康熙年间，吴三桂起兵，打着"反清复明"的旗帜，于所到处，蓄发易衣冠，延聘明遗民，又一次激发了王夫之的复明旧梦，他陷入了彷徨之中。但随着清、吴双方力量对比的变化，王夫之终于又一次选择了归隐。……清初许多人隐居避世，或颓然自放于诗酒，或在佛教道义中寻找寄托，其中一个重要的原因就是知识分子在社会归属问题上难以抉择，借归隐以逃避现实。①

"三藩之乱"平定后，清朝实现了由乱到治，政权逐步巩固。康熙二十年（1681）十二月，康熙帝下达谕文中说："念数年来，大兵进剿，士卒疲于荷戈，民生困于转运，今逋寇荡平，兵民得以休息，此皆仰荷天地祖宗眷佑，应行告祭礼，布告中外，与民更始，以昭维新之化。尔部即择吉具仪以闻。"②长达八年的平定"三藩之乱"的战争，消耗民力，兵民困苦不堪，但彻底消除了地方割据，平定整个南方地区，有力地维护社会安定和多民族国家的统一。当捷报传来，康熙帝欣喜之余，挥笔写下一首《平滇诗》："洱海昆池道路难，捷书夜半到长安。未矜干羽三苗格，乍喜征输六诏宽。天末远收金马隘，军中新解铁衣寒。回思几载焦劳意，此日方同万国欢。"③同时，康熙帝认识到战争结束之后，需要与民休养生息，应行告祭天地、太庙、社稷，并要求礼部准备礼仪，进一步彰显"与民更始，以昭维新之化"。康熙二十年（1681）十二月丁亥，内阁、翰林院进呈《寰海升平告祭天地太庙社稷文》，据《清实录·圣祖仁皇帝实录》卷九十九记载："丁

---

① 阚红柳：《清初私家修史研究——以史家群体为研究对象》，人民出版社2008年版，第58页。
② 《清实录·圣祖仁皇帝实录》卷九十九，中华书局1985年版，第1243页。
③ 《圣祖仁皇帝御制文集》卷三十五，《四库全书》本。

第一章　清初至中叶文化认同的历史背景

亥，内阁、翰林院进呈《寰海升平告祭天地太庙社稷文》。上曰：'吴三桂反叛以来，劳师动众，兵民困苦已极。若以为摧枯拉朽，容易成功，则辞过其实。惟此艰难之故，全赖天地鸿庥、祖宗福庇，乃能奏绩。其以此意撰拟，朕将亲裁焉。'"①可以看出，康熙帝审阅后，对他的歌功颂德之词甚为不满，认为词臣阿谀奉承，没有据实直书，只有在艰难之际，天地祖宗之庇佑，方能取得成功，以此撰拟进呈，由他亲加裁定，这充分体现出康熙帝不尚虚荣而务实的一面，能在胜利面前保持清醒的头脑，希望此后与民更始，以昭维新之化，建立丰功伟业。与此同时，广东道御史何嘉祐上疏言："天下荡平，皆赖皇上一人之功德所致，加上两宫徽号以广圣孝，上皇上尊号以彰功德。"②对此，康熙帝在战争胜利面前有着十分清醒的认识，他回顾当年的撤藩之议，主张"不可撤"者多，而主"可撤"者少，如果平叛再迁延数年，兵民困苦，则当年自己可撤之举，又何以自解？体现出康熙帝在论定平三藩之功时，并不认同何嘉祐所谓平定"三藩之乱"为其一人功德所致的说法，反而勇于担当责任，如实、客观地替当年两派之争予以说明，同时也承认自己没有结合实际而冒失撤藩的主张，并不推诿于他人③。

康熙二十二年（1683），清廷在收复台湾之后，实现了疆域上的大一统，康熙帝为大一统多民族国家的巩固及发展作出重要贡献。同年十一月初一日，康熙帝面谕湖广总督董卫国时说："今幸天下承平，休养民力，乃治道第一义。何利当兴，何弊当革，俱宜从实详酌举行。"④清朝巩固统治历时四十余年，这使清廷统治者深刻认识到要想真正实现统治的巩固，必须有一个文化上的内在凝聚力来化解满、汉民族之间的矛盾，从而获得清朝统治下广大民众对清朝的认同和向心力。与此同时，明遗民队伍对清廷的敌视态度

---

① 《清实录·圣祖仁皇帝实录》卷九十九，中华书局1985年版，第1243—1244页。
② 《清实录·圣祖仁皇帝实录》卷九十九，中华书局1985年版，第1244页。
③ 《清实录·圣祖仁皇帝实录》卷九十九，中华书局1985年版，第1244—1245页。
④ 中国第一历史档案馆整理：《康熙起居注》，中华书局1984年版，第1096页。

文化认同视角下的清代《明史》修纂研究

也悄然发生了一些转变,多数人从心理上逐渐放弃了反清立场。王思治对此也有非常深刻的认识,他说:"然而,在明亡三十余年之后,这支遗民队伍便发生了明显的分化,多数人逐渐放弃了反清立场。遗民反清态度的转变,表明汉族士大夫中那些奉'朱明为正统'的人,其'华夷之辨'的传统观念已然改观,逐渐承认了清王朝的统治。康熙时期的这种变化对于清王朝最终完成统一大业,从而使我国统一的多民族国家得以进一步巩固和发展,无疑具有重要的意义。"①

在文治策略上,康熙帝也开始注重广泛吸纳和笼络汉族士大夫,屡次下诏征召明遗民,礼贤下士,目的就是发挥他们的文化长处,以此缓和满、汉民族矛盾。如,黄宗羲逝世于康熙三十四年(1695),之前康熙帝曾多次下诏征召,黄宗羲仍未应征。后来,史馆诸公与修《明史》,凡史馆关于明代大案难以决断之处,便向黄宗羲咨询。同时,清廷还派人员到他家抄录史料,带回史馆,供修史参考。同时,康熙帝还认真学习黄宗羲著作,对其以遗民身份自居持一种宽容与理解。直至黄宗羲晚年,当第一代遗民也相继去世,许多明遗民子弟大多为了生计所迫,积极参加科举,谋取功名,出现了对仕途趋之若鹜之景象,与清初遗民拒不出仕清廷的情形相比,已不可同日而语。明遗民黄宗羲有感于易代之际士人出处去就上的艰难选择,他在《寿徐掖青六十序》文中说:

  钟石变声,谁不欲以清流自矢?靖节甲子,②依斋《易卦》,年运而往,突兀不平之气,已为饥火之所销铄。其声之悲者,唯恐人之弗听也;其颜色之凄然者,唯恐人之弗瞩也。落落寰宇,守其异时之面目者,复有几人?掖青始为名士,继为遗民,今俨然

---

① 朱诚如主编,王思治分编:《清朝通史·康熙朝分卷上》,紫禁城出版社2003年版,第576页。
② "靖节甲子",指东晋诗人陶渊明(私谥靖节征士)在晋宋易代之后,不与新朝合作,不用宋武帝刘裕永初年号纪年,其作品中只用甲子纪年,彰显"遗民"身份的文化意蕴,得到了明遗民的尊崇与认同。

第一章 清初至中叶文化认同的历史背景

又为世之老成人。其无关于天下者,乃其有关于后世者也。朱子言:"放翁能太高,迹太近,恐为有力者所牵挽。"处今之世,而得以浮沉陆海,不为人所指名,宁讵非幸耶!①

黄宗羲感慨清初士子志节被贫困所"销铄",认为能坚守志节始终如一者,不复有几人。黄宗羲盛赞徐凤垣能坚守遗民气节,在艰难的生活境况下能独善其身,而不被人所指责,实属不易。对此,赵园在《明末清初士大夫研究》一文中也说:"'销铄'士气的,当然不止于'饥火'。倘由后世看过去,却也无怪乎清人在言及明人士气时,竟会怀一份艳羡之情了。"②李塨在《王子传》中说:"三藩平后,竞尚笔墨文学,馆阁徐乾学等招致天下名士,排缵词章,一时如刘继庄以及万斯同、胡渭生(胡渭)、阎若璩辈皆集阙下,而王子(王源)亦与焉。"③万斯同、刘献廷、王源等均以徐乾学幕宾身份参与《明史》编纂工作。由此可知,清廷在缓和满、汉民族矛盾方面,取得了前所未有的成效,缓解了汉族士子对清朝的敌对情绪,清朝统治的牢固根基才得以奠定。

清初至中叶,清朝对全国的统治已经奠定,清政府在平定察哈尔叛乱、平定"三藩之乱",收复台湾,平定噶尔丹之乱,与沙皇俄国签订《尼布楚条约》,巩固了清朝的北部边疆,此时清朝疆域已经大体奠定,实现了疆域上的大一统。康熙二十五年(1686),康熙帝下令设立《大清一统志》馆,纂修《大清一统志》,目的在于"以昭大一统之盛"。同年五月初一日,他又谕《大清一统志》总裁勒德洪等曰:

朕缵绍丕基,抚兹方夏,恢我土宇,达于遐方。惟是疆域错纷,幅员辽阔,万里之远,念切堂阶,其间风气群分,民情类别,不有缀录,何以周知?顾由汉以来,方舆地理,作者颇多,详略

---

① 黄宗羲撰,吴光点校:《寿徐披青六十序》,黄宗羲撰,沈善洪主编:《黄宗羲全集》,浙江古籍出版社1993年版,第64页。另,李邺嗣、徐凤垣还辑有《明州八家诗选》八卷,清初刻本。
② 赵园:《明清之际士大夫研究》,北京大学出版社1999年版,第60页。
③ 李塨撰,冯辰点校:《王子传》,《恕谷后集》卷六,《丛书集成初编》本。

既殊,今昔互异。爰敕有司,肇开馆局,网罗文献,质订图经,将荟萃成书,以著一代之巨典,名曰《大清一统志》。特命卿等为总裁官,其董率纂修官,恪勤乃事,务求采搜宏博,体例精详,陁塞山川、风土人物,指掌可治,画地成图。万几之余,朕将亲览。且俾奕世子孙,披牒而慎维屏之寄,式版而念小人之依,以永我国家无疆之历服,有攸赖焉。卿其勉之。①

康熙帝强调编修《大清一统志》的重要意义,关乎清朝统治的长治久安。该书至乾隆八年(1743)始成,分二十一门,共342卷,附录外藩及朝贡诸国。②关于康熙、雍正、乾隆朝初年所修《大清一统志》的进程,王大文将修撰进程大体分为六个阶段,可供参考。③嘉庆十六年(1811),嘉庆帝下令重修《大清一统志》,至道光二十二年(1842)完成,共560卷。所以《大清一统志》修撰经历较长的时间,先后形成三个不同版本的《大清一统志》,卷帙越来越大。清廷以修志为契机,责令各省督抚修省志(通志),以便《大清一统志》取材。正如,李绂在《〈广西通志〉序》中说:"地必有志,所以大一统;征文献,备王会之盛,而尊朝廷也。"④清朝官方通过继承历代修志传统,行文督促各省府州县定期修志,并作为官员政绩考核标准之一,从而使清代方志的编纂数量达到鼎盛。康熙四十七年(1708),康熙帝作《御制告天祭文》,宣布正式废除皇太子胤礽,同时表明康熙帝为治理天下而恪尽职守,兢兢业业,夙夜未遑,秉持"得众心者,未有不兴;失众心者,未有不

---

① 《清实录·圣祖仁皇帝实录》卷一百二十六,中华书局1985年版,第342—343页。另,历服:谓久远之业,指王位。

② 《四库全书总目》卷六十八。据吴泽、杨翼骧主编:《中国历史大辞典·史学史卷》(上海辞书出版社1983年版,第1页)"一统志:记载全国舆地的总志,元朝始有此名称。元有官修的《大元大一统志》,为继承唐《元和郡县图志》与宋《元丰九域志》等总括全国舆地的志书而作,已佚。明有官修的《大明一统志》,清有官修的《大清一统志》,并经历多次重修。"

③ 参见王大文:《康雍乾初修〈大清一统志〉纂修与版本》,《历史地理》2016年第1期。

④ 张廷玉等:《〈广西通志〉序》,《皇清文颖》卷十七,《四库全书》本。

第一章 清初至中叶文化认同的历史背景

亡"的国家治理理念。①《清史稿》对康熙帝的文治武功给予高度的评价:

> 圣祖仁孝性成,智勇天锡。早承大业,勤政爱民。经文纬武,寰宇一统,虽曰守成,实同开创焉。圣学高深,崇儒重道。几暇格物,豁贯天人,尤为古今所未觏。而久道化成,风移俗易,天下和乐,克致太平。其雍熙景象,使后世想望流连,至于今不能已。《传》曰:"为人君,止于仁。"又曰:"道盛德至善,民之不能忘。"于戏,何其盛欤!②

康熙帝在位六十一年,不遗余力地对汉族士子加以笼络,为士子提供入仕机会,给予他们优待,让他们从事文化典籍的修撰、整理等工作。同时,对于德高望重的大臣,在其去世后,也庇荫其子孙,在满、汉文化认同上逐步加深,在他统治期内,逐步奠定统一的多民族国家的稳定与发展。由此可以看出,清初至中叶,随着清朝统治的逐步巩固,许多士子显然已经认同了清朝的统治。雍正十一年(1733),雍正帝在上谕中说:"我朝肇基东海之滨,统一中国,君临天下。所承之统,尧舜以来中外一家之统也;所用之人,大小文武中外一家之人也;所行之政,礼乐征伐中外一家之政也。"清代帝王多次在诏书中强调"中外一家","上下一体"。乾隆朝,随着清朝统治的巩固,在文化思想领域内严查"违逆"之书,许多士子和各省督抚大员为使自己的仕途飞黄腾达,积极主动响应乾隆帝的号召,各省掀起了查缴禁毁书之浪潮。查缴书籍主要针对明末大臣的著述、奏疏,文献中凡涉触犯清朝统治之处,不惜大肆予以禁毁、抽毁或改写。同时,闵鹗元还上疏请求,将志书内记载钱谦益、屈大均、金堡生平、诗文及相关内容一并删削,一律彻查禁毁书籍的作者及其文字在志书中的存留情况,"因人废言"也达到了顶峰,从而掀起乾隆朝"文字狱"高潮。

---

① 《清实录·圣祖仁皇帝实录》卷二百三十四,中华书局1985年版,第341页。另,久稽:长期拖延之意。

② 赵尔巽等:《圣祖本纪三》,《清史稿》卷八,中华书局1977年版,第305页。

第二章　清初至中叶清官方文化认同的建构

　　1644年，满族入关，通过武力迅速夺取政权，但统治根基并未巩固，南明福王、鲁王、唐王、桂王相继坚持抗清斗争长达十八年之久。康熙十二年（1673），"三藩之乱"爆发，一时席卷大半个中国，刚刚统一不久的局面被打破，严重威胁到清朝的统治。清廷在通过武力平定叛乱的过程中，也逐步认识到学习中原固有的传统文化，强化历史文化认同，可以缓和满、汉民族矛盾，消弭汉族士子对新朝的抵触情绪，以此达到清朝的长治久安。清朝初至中叶，从文化认同视角审视在文化思想领域内展开的重大问题的论争，由此可进一步深入探讨文化认同对清朝巩固统治的重要意义。这些重大问题主要围绕清朝享有"正统"问题、"道统"继承问题。以下展开论述。

一、享有"正统"的建构

　　明清易代之际，明亡清兴，引起汉族士子极大的心灵震撼。顾炎武认为"亡国"只是被同族所灭，"易姓改号"而已，仅仅关涉到统治者的利益，只需"其君其臣，肉食者谋之"；而"亡天下"，则是被异族所灭，"以夷变

第二章　清初至中叶清官方文化认同的建构

夏""仁义充塞，而至于率兽食人，人将相食"①。顾氏关于"亡国"与"亡天下"之辨，就是暗含明朝亡于李自成之手，只是亡国，"易姓改号"而已，只关涉到统治者的利益；而满族入主中原，推行圈地运动，下令"剃发易服"，"率兽食人，人将相食。""亡天下"，即亡以儒家文化授受系统——"道统"为核心的文化传统，因此，即使匹夫、匹妇也要奋起反抗，捍卫固有文化传统，遂成为号召全民反清的强有力口号。顾氏有着强烈的"夷夏大防"的观念，他在《日知录》卷七"管仲不死子纠"中说："君臣之分，所关者在一身；华夷之防，所系者在天下。故夫子之于管仲，略其不死子纠之罪，而取其一匡九合之功，盖权衡于大小之间，而以天下为心也。夫以君臣之分犹不敌华夷之防，而《春秋》之志可知矣。"②王夫之在《读通鉴论》卷十四"哀帝"中也说："天下之大防二：'中国、夷狄'也；君子、小人也。非本末有别，而先王强为之防也。"③陈去病在《〈明遗民录〉自序》中说："自（明）太祖攘除胡虏，恢复中原，夷夏之防，普天同喻。"④王夫之在《读通鉴论》中也说："呜呼！天下之大防，'人禽'之大辨，五帝、三王之大统，即令桓温功成而篡，犹贤于戴'异类'以为'中国'主，况仅王导之与庾亮争权势而分水火哉！"⑤中国历史上为之争论不休的"正统"问题，内含谋求国家一统和"夷夏大防"的狭隘民族观念。对此，柴德赓先生在《〈四库提要〉之正统观念》一文中精辟地指出："正统问题，为中国史籍一大纠纷，斤斤聚讼，多生是非，今时易势异，学者不复措意。然论古之事，不能废古

---

① 顾炎武："正始"，顾炎武撰，周苏平、陈国庆点注：《日知录》卷十三，甘肃民族出版社1997年版，第593—594页。另，四库本《日知录》"正始"被删略。
② 顾炎武："管仲不死子纠"，顾炎武撰，周苏平、陈国庆点注：《日知录》卷七，甘肃民族出版社1997年版，第348—349页。按，一匡九合：指春秋时期，管仲辅佐齐桓公"一匡天下，九合诸侯"，建立霸业。
③ 王夫之："哀帝"，《读通鉴论》卷十四，中华书局1975年版，第431页。
④ 陈去病：《明遗民录》，收入谢正光、范金民编：《明遗民录汇辑》，南京大学出版社1996年版。
⑤ 王夫之："成帝"，《读通鉴论》卷十三，中华书局1975年版，第416页。

039

文化认同视角下的清代《明史》修纂研究

之文,平情称量正统思想影响中国历史者,厥有二端,一曰谋国家之统一,一曰严夷夏之大防。"①可谓一语中的。

清初,下令推行"剃发易服"令,并将其视为对清朝顺逆的标志,此举激起了全国各地风起云涌的抗清斗争,清廷历时四十余年平定叛乱,才最终实现了疆域上的大一统。然而,清朝统治的合法性却深受汉族历来狭隘的"华夷之辨""夷夏大防"观念的挑战。甚至在清朝统治逐步巩固之际,仍有不少汉族士子始终不肯承认清朝的统治,他们秉持儒家君臣纲常伦理,坚决拒绝与清廷合作。②因此,清朝官方开始认识到从文化上彻底解决清朝享有"正统"地位问题的重要性和必要性,才能有效地消解或应对汉族历来根深蒂固的"夷夏之辨""夷夏之防"之挑战,从而实现国家的长治久安。从清初至中叶,顺治帝、康熙帝、雍正帝、乾隆帝前后相继论证清朝承接或延续前代"正统""道统"的理论建构,并采取多方面措施予以实践,最终从文化认同的角度完成南宋、元、明、清相合相续的"正统"理论建构,标志着清朝统治合法性的最终确立与完成。

(一)顺治帝、康熙帝对清朝享有"正统"的论说

顺治二年(1645),清廷下令开馆,纂修《明史》,任命若干监修、总裁、编纂官,这是秉承中国易代修史的传统,无疑彰显明朝已亡(胜朝),明朝国运已转移到清朝。但终顺治一朝,《明史》修纂成果寥寥。顺治帝、康熙帝更多谈论清朝得国之正,即强调清朝取得天下的正当性与合法性:清朝替明朝复君父仇,太宗初无取天下心,后李自成攻克北京,继而驱逐李自成农民起义军,崇祯帝自缢,以礼安葬崇祯帝,臣民率相来迎,入承大统(明统),名正言顺夺得天下。但凡涉及明清早期之间的关系,官方仍多予以忌讳。康熙帝也多次在诏谕中,反复强调清朝得天下之正。其实,从清早期

---

① 柴德赓:《〈四库提要〉之正统观念》,《史学论丛》,中华书局1984年版,第199页。
② 参见刘方玲:《得国之正到承统之正:清史中的正统论》,《求索》2008年第9期。

第二章 清初至中叶清官方文化认同的建构

与明之间的征战及相关史实看来，后金政权的逐步壮大，其在东北疆域建立的政权逐步巩固及一系列扩张活动，显然已经严重威胁到了明朝的统治，辽东一隅已成为明朝心腹之患，随着清朝政权力量的壮大，明朝的一蹶不振而未能压制清朝的崛起，也未能有效阻挡明末李自成农民起义燎原之势，终于酿成亡国之祸。1644年3月29日，李自成农民起义军攻克北京，崇祯帝上吊自杀。清朝乘机入关，从农民起义军手中夺得政权。

顺治十三年（1656），顺治帝令儒臣编纂《孝经衍义》。查《顺治朝朱谕》将《孝经》误以为孔子所作，后面直接任命若干名总裁官、编纂官、誊录官、收掌官①。查《世祖章皇帝圣训》增删文字，略去后面委任修纂各官的情况，且将孔子著《孝经》之误，更正为曾子。《圣祖章皇帝圣训》卷一记载说：

> 顺治十三年丙申正月癸未，上谕内三院曰："自古平治天下，莫大乎孝。孝为五常、百行之原，故曾子备述孔子之言，以为《孝经》，昭示后世。上自天子，下逮庶人，至孝之道罔不备焉。朕观其立言正大，意旨深远，苟非取古人言行关于孝道者，推而广之，不足以彰其义。兹欲博采群言，加以论断，勒成一编，名曰《孝经衍义》。务俾读者观感效法，以称朕孝治天下之意。"②

可以看出，顺治帝认识到《孝经》为五常、百行之根本，命令儒臣博采群书中关涉孝道资料，推而广之，并加以论断，编纂《孝经衍义》，以标榜"以孝治天下"之意。③顺治十四年（1657），顺治帝听从儒臣建言，首开经筵讲习。虽然后来再也没有举行过，但顺治帝拉开了后继帝王通过经筵

---

① 《顺治朝朱谕》，《清代档案史料丛编》本（第9册），第5页。
② 《世祖章皇帝圣训》卷一，《四库全书》本。《钦定四库全书简明目录》提要说："《御定孝经衍义》一百卷，康熙二十一年，侍郎张英等奉敕撰。亦仿真德秀《大学衍义》之例，分八大纲五十六子目，凡征事考言，皆引经据典，其诸子杂书惟据为旁证，不如正条，义例谨严，而包罗宏富，推阐孝德，曲畅无遗。"
③ 考《孝经衍义》自顺治十三年（1656）奉敕修，但没有成书，康熙朝张英、韩菼等奉敕继续修纂，至康熙二十八年（1689）修成，《御定孝经衍义》一百卷，后收入《四库全书》。

041

讲习学习汉文化的序幕。

康熙帝继位后，深刻认识到开展经筵讲习的必要性和重要性，一方面，经筵讲习作为帝王与士子之间的联系纽带，其在缓和满、汉民族矛盾方面所起作用不可忽视；另一方面，康熙帝以帝王之尊身体力行学习儒家经典，孜孜不倦地与大臣从经史典籍中探讨治国理政之道。他多次强调开设经筵讲习的目的，是为了"体诸躬修，措之邦国"，学以致用，从而逐步确立起"崇儒重道"的治国方针。"三藩之乱"平定之后，汉族士子对清廷极尽赞颂之词，显然与清初士子反清立场及言论已大为不同。康熙二十五年（1686），海宇升平，康熙帝下令编修《大清一统志》。清代帝王多从所辖疆域"大一统"角度，论证清朝统治的合法性，对汉族历来根深蒂固的"华夷之辨""夷夏之防"观念有了一个实质性突破。康熙帝下令编纂《大清一统志》，充分汲取了元代所修的《元大一统志》(又名《元一统志》《大元大一统志》）的思想，目的就是彰显清朝统治的合法性。如，元代许有壬在《〈元大一统志〉序》文中高度赞扬元代海宇混一，远远地超过汉、唐、宋所统辖的疆域，是名副其实的"大一统"政权，而编纂《元大一统志》的目的就是为了"以明一统"，让臣民知道"大一统"之不易，上下相维，各尽其力，以持一统。他说：

> 是书之行，非以资口耳博洽也。垂之万世，知祖宗创业之艰难；播之臣庶，知生长一统之世，邦有道谷，各尽其职，于变时雍，各尽其力，上下相维，以持一统，我国家无疆之休，岂特万世而已哉！统天而与天悠久矣。[①]

[①]（元）许有壬：《〈元大一统志〉序》，《圭塘小稿》卷五，《四库全书》本。为避免重复，可参考第一章。《四库全书总目》卷一百六十七提要《至正集》八十一卷（河南巡抚采进本）时说："事迹具《元史》本传，有壬立朝五十年，三入政府，于国家大事，侃侃不阿，多有可纪。文章亦雄浑闳肆，屡切事理，不为空言。称元代馆阁巨手。"《元史》卷一百八十二有传。另外，《元大一统志》到清乾隆年间修《四库全书》时，浙江汪氏献书内尚存原刊本二卷而已。原刊本早已散佚无存，《永乐大典》虽偶有抄录，已不能辑佚全帙。

第二章 清初至中叶清官方文化认同的建构

由此可以看出，许有壬并不拘泥于历来狭隘的"华夷之辨""夷夏之防"的观念，而是从元朝所辖疆域大一统的角度立论，建构元朝无可辩驳地享有"正统"地位。从这一角度来看，所辖疆域大一统与否，是建构王朝是否享有"正统"的前提或重要标准之一，从而突破了历来以血统来确定享有"正统"之局限。明英宗复辟之后，命令李贤等人仿照《元大一统志》，编纂《明一统志》。天顺五年（1461），《明一统志》九十卷成，进呈。明英宗特赐名《大明一统志》。但《四库全书总目》对该书评价不高，说："此书之舛略，本无可采。特是职方图籍，为有国之常经，历朝俱有成编，不容至明而独缺，故仍录存，以备一代之掌故焉。"① 康熙帝开启《大清一统志》的编纂，至乾隆八年（1743）才开始成书。尔后《大清一统志》又经过三次续修，卷帙逐渐增多，成为清朝论证享有"正统"的根据之一。康熙五十一年（1712），康熙帝提升朱熹在孔庙中位阶，列为第十一哲，将程朱理学确立为官方统治思想，从文化认同角度来缓解满汉矛盾，进一步巩固清廷统治。②与此同时，康熙帝认识到"正统"与"道统"之间相辅相成的关系，认识到必须从文化继承上论证清朝享有"正统"，才是解决清朝享有"正统"的关键因素。康熙帝深刻认识到：要论证清朝享有"正统"的关键，须将"道统"与"正统"密切联系在一起，论证或认同自孔子以来一脉相承（授受）的"道统"，并以"道统"的继承者自任，才是论证清朝权力合法性的重要理论依据。应该说，康熙帝在构建清朝享有"正统"上的有益尝试，就是将"道统"与"正统"密切结合，收到了事半功倍之效。康熙帝在《圣庙落成遣皇子（胤祉）告祭文》中说："朕惟道统与治统相维，作君与作师并重。

---

① 《四库全书总目》卷六十八。
② 王晴佳、胡萧伯译：《中国史学的元叙述：以"文化中国说"考察正统论的意涵》（《江海学刊》2017年第1期）一文中认为：北宋儒者更多从"大一统"角度论证王朝正统性（司马光等人秉持陈寿《三国志》以魏为正统），其实利于论证北宋享有"正统"而出发；南宋朱熹等人则更多从族群和文化发展继承角度论证正统（朱熹等人秉承习凿齿《汉晋春秋》中以蜀汉为正统），而非地理位置和疆域大小，显然为论证南宋政权的正统地位而发。

文化认同视角下的清代《明史》修纂研究

先师孔子德由天纵,学集大成,综千圣之心传,为万世之师表,故庙祀久远,垂于无穷。朕御宇以来,立纲陈纪,彰教敷治,咸奉至圣为法程。凡典礼追崇,竭诚致敬。自京师下逮郡邑辟雍泮水,建庙释奠,罔不修举。"①康熙帝高度赞扬孔子,非常注重祭孔仪式。康熙帝在御批《资治通鉴纲目》②的过程中,认同朱熹建构历代"正统"政权谱系的基础上,续接元、明、清"正统"谱系,继而推演出清承明统的理论依据。他在《〈御批资治通鉴纲目全书〉序》文中称:

> 朕几务之暇,留神披阅,博稽详考,纤悉靡遗,取义必抉其精,征辞必搜其奥,析疑正陋,厘异阐幽,务期法戒昭彰,质文融贯。前后所著论断,凡百有余首。兹允诸臣请,并以付梓,颁布宇内,俾士子流传诵习,开卷了然,不特天理人欲之微,古今治忽之故,一一胪如指掌。即子朱子祖述宣尼,维持世教之苦衷,并可潜孚默契于数千载之下,是则朕敦崇古学,作新烝民之至意也。爰叙述以冠篇端,用昭示于无穷焉。康熙四十六年正月十七日。③

由此可以看出,康熙帝在认同朱熹构建的历代政权"正统"谱系的基础上,摒弃汉族知识分子历来狭隘的"华夷之辨",构建了所谓上古至北宋、南宋、元、明、清相合相续的"正统"政权谱系。嘉庆年间,段长基改编《御批通鉴纲目》,为《历代统纪表》,方便人们学习观览。④康熙五十六年

---

① 孔毓圻等:《圣庙落成遣皇子祭告文》,《幸鲁盛典》卷一,《四库全书》本。
② 宋荦等编:《御批通鉴纲目全书》,康熙四十九年(1710)扬州诗局刻本。
③ (元)金履祥撰,康熙帝御批:《御批资治通鉴纲目前编》卷首,《四库全书》本。考(元)金履祥著《通鉴纲目前编》十八卷,但《四库全书简明目录》《四库全书总目》误为一卷,特此订正。
④ 饶宗颐:《中国史学上之正统论》收录,上海远东出版社1996年版,第223—224页。另,附有凡例数条:正统:谓周、秦、汉、晋、隋、唐、宋、明。无统:谓周秦之间,秦汉之间,晋隋之间,唐宋之间。列国:谓正统所封之国。建国:诸仗义自王成相王者。篡贼:谓篡位干统而不及传位者。割据:谓割正统之土地而据之者,如蜀汉时魏晋、晋宋间二赵、五凉、五芜、成、夏(下略)。不成君:谓仗义续统而不能成功者。是编为正统者,正书于上,编年以纪其事,所以大一统也。

第二章 清初至中叶清官方文化认同的建构

(1717)丁酉十一月辛亥朔,康熙帝至乾清宫东暖阁,即召诸皇子、满汉大学士、学士、九卿、詹事、科道等入内,昭示谕旨中说:

> 自古得天下之正,莫如我朝。太祖、太宗初无取天下之心。尝兵及京城,诸大臣咸奏云当取。太宗皇帝曰:"明与我国,素非和好,今取之甚易。但念系中国之主,不忍取也。"后流贼李自成攻破京城,崇祯自缢。臣民相率来迎,乃剪灭闯寇,入承大统……我朝承席先烈,应天顺人,抚有区宇,以此见乱臣贼子,无非为真主驱除耳。①

这一谕旨被收入《清实录·圣祖仁皇帝实录》卷二百七十五,对于清朝享有"正统"的论说,主要以所辖疆域大一统和天命论思想为主要依据。同时,不承认南明诸王的地位,一律视为僭伪政权,在明亡断限上没有任何松动迹象。值得注意的是,康熙帝在论说本朝享有"正统"的同时,在文化思想领域内严厉钳制清初南明史编纂中尊奉南明诸王纪年的史书。康熙四年(1665),庄廷鑨《明史》案和康熙五十一年(1712)戴名世《南山集》案,由于书中都尊奉南明诸王纪年,崇奉弘光、隆武、永历帝为"正统",而不承认清朝"正统"地位,直接尊称南明诸王帝号,而对努尔哈赤则直呼其名,或为"奴酋",称清兵为"建夷""夷寇"等,将投降清朝的尚可喜和耿仲明称为"尚贼""耿贼",严重触犯清廷的忌讳,两案牵连甚众,处罚尤其残酷。《南山集》案之后,清初私修南明史风潮由盛转衰,"文字狱"无疑成为统治者控制思想和言论的重要手段。总体而言,康熙朝文化政策是相对宽松的,一些"违碍"书籍并未实行禁毁。许多在康熙朝刊刻之"违碍"书籍,至乾隆时期大多遭受禁毁或抽毁的命运,清初私修诸多南明史著述没有流传下来,这充分体现出清代学术与政治之间一种扭曲的运作模式。

---

① 《清实录·圣祖仁皇帝实录》卷二百七十五,中华书局1985年版,第695页。

（二）雍正帝对清朝享有"正统"的阐释

雍正帝对清朝享有"正统"的论说，超越了汉族历来根深蒂固的"夷夏之辨""夷夏之防"观念，仍然凭借所辖疆域大一统进行论证。但也有谩骂、侮辱汉人之嫌，且不惜以帝王之尊与汉人对骂，显然十分不利于满、汉民族的融合。雍正七年（1729），曾静深受吕留良反清言论及"夷夏之防"观念的影响，①派弟子张熙投书给时任川陕总督的岳钟琪联合反清，他们认为岳钟琪是岳飞之后，岳钟琪在得雍正帝旨意之后，假装同意与张熙联合反清，骗得张熙的信任，并暗地里查清主谋及从犯姓名，后将曾静、吕留良门生严鸿逵等人逮至京城，交清廷审理此案，终于酿成雍正朝最大的"文字狱"案。这一事件的爆发，轰动整个朝野。雍正帝借助此案的处理，亲自编纂《大义觉迷录》。雍正八年（1730），下令将《大义觉迷录》交于武英殿刻书处刊刻，颁发全国。此举表明，雍正帝想借此案的处理，让人民周知曾静反清的严重后果，并以《大义觉迷录》作为其登上帝位之后的政治宣传范本。

雍正帝在《大义觉迷录》卷一中论述清朝为明朝复仇而得天下，是名正言顺的，把清朝说成是拯救万民于水火之中的救世主，"若果有先世受明高爵厚禄、不忘明德者，正当感戴本朝为明复仇之深恩，不应更有异说也"。谴责自清朝入关八十余年来，出仕大清、食大清之粟的人，怎能生出"悖逆之心""猖狂悖之论"？②《大义觉迷录》卷一《上谕》中说：

> 本朝应得天下，较之成汤之放桀，武周之伐纣，更为名正而言顺，况本朝并非取天下于明也。崇祯殉国，明祚已终，李自成僭伪号于北京，中原涂炭，咸思得真主，为民除残去虐。太宗文

---

① 曾静将其反清行动归咎于受吕留良《吕晚村文集》《四书讲义》等书的影响，遂导致了吕留良死后遭受挫骨扬灰的严酷惩罚，其家族牵连甚众，及其著述一并被禁毁。

② 雍正帝（胤禛）撰，张万钧、薛予生编译：《大义觉迷录》，中国城市出版社1999年版，第3页。

第二章　清初至中叶清官方文化认同的建构

皇帝不忍万姓沉溺于水火之中,命将兴师,以定祸乱。干戈所指,流贼望风而遁。李自成为追兵所杀,余党解散。世祖章皇帝驾入京师,安辑畿辅,亿万苍生咸获再生之幸,而崇祯帝始得以礼殡葬。此本朝之为明抱怨雪耻,大有造于明者也。……①

《大义觉迷录》还记载了康熙末年诸皇子之间残酷的皇储之争、重臣之间拉帮结派而形成复杂关系、雍正帝继位的正当性及对其兄弟们不得已采取的相应措施等,而其他史家怕触犯忌讳,鲜有记载。实际上,雍正帝处理曾静案及颁发《大义觉迷录》,显然没有对广大臣民产生多少威慑作用,反而揭露皇子之间为争夺皇位而不顾兄弟手足之情、重臣之间拉帮结派的丑闻,不仅没有起到"觉迷"的作用,反而有损清廷皇室体面。而且《大义觉迷录》收录的曾静供词,都不足以证明一些重大问题,仍然有一些资料未予以收录。如,曾静上岳钟琪的书信,并未全文公布。《上谕》在《清世宗实录》有收录,但删略了诸皇子之间皇位之争的重要细节。雍正帝认为清朝不可与元朝相提并论,自元世祖定统后,后继之君未能振兴国家,纲纪废弛,无大有为之君。而清自太祖、太宗、世祖、圣祖相承,盛赞其父康熙帝创立丰功伟绩,亘古未有。他在上谕中说:

夫本朝岂可与元同论哉?元自世祖定统之后,继世之君,不能振兴国家政事,内则决于宫闱,外则委于宰执,纲纪废弛,其后诸帝,或欲创制立法,而天不假以年,所以终元之世,无有大有为之君。本朝自太祖、太宗、世祖、圣祖相承。圣祖在位六十一年,仁厚恭俭,勤政爱民,乾纲在握,总览万几,而文德武功,超越三代,历数绵长,亘古未有。朕承嗣鸿基,以"敬天法祖"为心,用人行政,无一不本于至诚。六年以来,晨夕惕厉之心,实如一日。朕虽凉德,黾勉效法祖宗,不敢少懈,是岂元

---

① 雍正帝(胤禛)撰,张万钧、薛予生编译:《大义觉迷录》,中国城市出版社1999年版,第39页。

文化认同视角下的清代《明史》修纂研究

政之可比哉？①

与此同时，下令将《大义觉迷录》下发到各省，并下令各省学政向士子巡讲，各省官员为了迎合奉承邀宠，掀起了一股搜查"悖逆"之书的风潮。如，因《大义觉迷录》中有多处所引《屈温山集》，因"温"与"翁"一字之差，署理广东巡抚傅泰不敢懈怠，随即展开对屈大均、陈恭伊、梁佩兰诗文集的调查。雍正八年（1730）十月十九日，傅泰将调查结果密奏给雍正帝。②他在密奏中说明岭南三大家屈大均（号翁山）、陈恭尹（号元孝）、梁佩兰（号乐亭）均有诗文集流传，平时因政务繁忙，未及细查，待到《大义觉迷录》颁至后，才到坊间购买三位诗文集，细查其中是否有"违碍"之言。查梁佩兰诗文没有悖逆之处，而屈大均《翁山文外》《翁山诗外》《翁山文钞》多有"悖逆之词，亦隐藏抑郁不平之气。又将前朝称呼之处，俱空抬一字，惟屈翁山为最"。陈恭尹诗文集也有"违碍"之处，"间亦有之"。已将屈明洪（屈大均之子）交印投监，缴出其父诗文著述及刻板，请求雍正帝处理意见。③雍正帝朱批回复："殊属胡涂（糊涂）烦渎，不明事体之至。"可以看出，雍正帝没有要借曾静案彻查屈大均、陈恭伊著述的意思，仅仅对傅泰略有责备之意，对此事暂且搁置不论。可后来乾隆帝进行大规模的彻查和禁毁书籍，致使屈大均文字没有在《四库全书》中存留片言只语。至于陈恭尹，王士禛在《渔洋诗话》中记载："余在广陵，有蜀士投诗一卷，余阅竟曰：'惟乐府三篇最佳。'后二十年，以詹事祭告南海，至广州，见罗浮布衣陈恭尹元孝，则三诗皆陈旧作，蜀士窃取入行卷者也。余笑陈曰：'一鹤声飞上天，赖吾能辨之。'"④先前有四川举子将行卷投给王士禛，希望能

---

① 雍正帝（胤禛）撰，张万钧、薛予生编译：《大义觉迷录》，中国城市出版社1999年版，第49—50页。
② 《世宗宪皇帝朱批谕旨》卷二十七下，《四库全书》本。行卷：古代应试者在考前将自己的诗文写于卷轴内，呈给达官贵人冀求延誉介绍。
③ 《世宗宪皇帝朱批谕旨》卷二十七下，《四库全书》本。
④ 王士禛：《渔洋诗话》卷上，《四库全书》本。

第二章　清初至中叶清官方文化认同的建构

得到王士禛的赏识。王士禛看罢,认为行卷内唯乐府三篇诗文最佳。二十年后,王士禛以詹事祭告南海,途经广州,会见陈恭尹,才发现举子行卷内最佳的三首诗,乃为陈恭尹旧作,并笑而告之曰:"一一鹤声飞上天,赖吾能辨之。"

雍正十一年(1733)四月二十八日,雍正帝上谕八旗,对胡虏夷狄等字进行论辩,提出"中外一体,天下一家"的重要思想,强调清朝得天下的正当性与统治的合法性。① 他在上谕中尤其强调以下三点:

第一,尤其不满清人所刊书籍,凡遇胡虏夷狄等字时,避免触犯清朝忌讳,多作空白或改易形声处理。如,将夷改为彝,将虏改为卤等字样,殊不可解,"揣其意,妄为触本朝之忌讳,曰避之以明其敬慎,此固背理犯义,而不敬之甚者也"②。雍正帝认为"中外"是地域疆界之划分,上下是天之所定分,清朝肇基于东海之滨,统一中国,君临天下,所承之统为尧舜以来"中外一家"之统;所用之人,大小文武皆"中外一家之人也";所行之政,礼乐征伐为"中外一家之政也"。从大一统疆域角度论证清朝统治的合法性,超越汉族历来的"华夷之辨"观念对清朝的偏见与歧视,进一步充实了"正统"的深刻内涵,彰显各民族之间的一视同仁之意。他在《大义觉迷录》中说:

乃逆贼吕留良,凶顽悖恶,好乱乐祸,俶扰彝伦,私为著述,妄谓"德佑以后,天地大变,亘古未经,于今复见"。而逆徒严鸿逵等,转相附和,备极猖狂,余波及于曾静,幻怪相煽,恣为毁谤,至谓"八十余年以来,天昏地暗,日月无光。"在逆贼等之意,徒谓本朝以满洲之君,入为中国之主,妄生此疆彼界之私,遂故为讪谤诋讥之说耳。不知本朝之为满洲,犹中国之有籍贯。

---

① 《世宗宪皇帝上谕八旗》卷十一,《四库全书》本。
② 《世宗宪皇帝上谕八旗》卷十一,《四库全书》本。

舜为东夷之人，文王为西夷之人，曾何损于圣德乎？①

雍正帝反对汉族士大夫历来奉行的"华夷之辨""夷夏之防"观念，肆意诋毁清朝不能享有"正统"的做法，提出地域不足以掩盖舜、文王之盛德，表现了雍正帝在论证清朝享有"正统"时，对汉族士子固有"华夷之辨""夷夏大防"观念上的超越。

第二，认为"夷"之字义不过地域之名，自古圣贤显然对此不予以避讳，但对称清朝为胡、虏等，极为痛恨，认为是荒谬之极而予以辩驳。他在上谕中进一步予以说明："至若王师入关，汉人顺命，心悦诚服而为臣子。在本朝，虽不忍以汉人为'虏'，而律以'生得'之义，汉人实乃本朝之'虏'也。乃转以本朝为'虏'而讳言之，岂独昧于大义并字义亦失之矣！不亦谬乎！"②雍正帝以统治者自居，摆出一副与天下之人对骂的架势，尤其提出"汉人实乃本朝之虏也"，显然容易触及满汉民族之间敏感关系，无疑扩大了清廷统治与汉人之间的矛盾面，以谩骂来解决汉人对满族"胡虏"的蔑称，作为统治者而言，确实有小题大做之嫌疑，显然不是明智之举。

第三，依据所辖大一统疆域来论证本朝享有"正统"，这也是历来持"正统"论者所依据的主要原则之一。③据《世宗宪皇帝上谕八旗》记载说：

总之，帝王之承天御宇，中外一家也，上下一体也，君臣父子之分定于天也，尊亲忠孝之情根于性也。未闻臣子之于君父合体同心，犹可以丝毫形迹相歧视者也。我朝正位建极，百年于兹矣。列圣相承，功德隆盛，迨世祖章皇帝入抚中夏，救斯民于水火，而登之衽席。仁心仁政，洋溢中国。圣祖仁皇帝临御六十余年，深仁厚泽，沦肌浃髓。中国之圣主，自尧舜以来，莫可比伦。

---

① 雍正帝（胤禛）撰，张万钧、薛予生编译：《大义觉迷录》，中国城市出版社1999年版，第2页。
② 《世宗宪皇帝上谕八旗》卷十一，《四库全书》本。
③ 梁启超：《新史学·论正统》，收入梁启超：《饮冰室文集（之九）》，中华书局1936年版，第21页。

第二章　清初至中叶清官方文化认同的建构

> 朕以凉德，缵承统绪，勤求治理，勉效祖考，虽未能跂及万一，然十载之秉公矢诚，朗如天日。满、汉、蒙古，并无歧视，此心久为臣民所共晓矣！夫满汉名色，犹直省之各有籍贯也。文移字迹未便混同，初非留此以为中外之分别，乃昧于君臣之义者。不体列圣抚育中外，廓然大公之盛心，犹泥满汉之形迹，于文艺辑载间删改夷虏诸字，以避忌讳，将此以为臣子之尊敬君父乎？不知即此一念，已犯侮慢大不敬之罪而不可逭矣！……嗣后临文作字及刊刻书籍，如蹈前辙，将此等字样空白及更换者，照大不敬律治罪。①

雍正帝认为清朝统治者与臣民之间，"中外一家""上下一体"，君臣父子合体同心，不可以相互彼此歧视、谩骂，这对于强调民族团结，"中外一家"显然具有重要的积极意义。②雍正帝对清朝享有"正统"的论说，从"中外一家""上下一体"等观念进行阐释，一定程度上超越了汉族历来狭隘的"华夷之辨""夷夏大防"观念，显示出清朝一定的民族平等观。雍正帝对清朝享有"正统"的论说，显示其好辩的本性，作为一国之君，其论说自曝其短，不足以服人，且容易激化满汉民族之间的矛盾。总之，雍正帝对于清朝享有"正统"的论说，显得较为偏激，有欠高明、圆融之处。因此，其论说的不足和偏激之处，有待乾隆帝进一步修正、补充和完善，乾隆帝最终从文化认同角度完成清享有"正统"的理论建构。

（三）乾隆帝完成清朝享有"正统"的理论建构

乾隆帝深谙其父论证清朝享有"正统"的不足和偏颇之处，深刻地认识到只有从文化认同的角度予以论证，才是建构清朝享有"正统"的关键所在。他即位之初，便力行纠正其父雍正帝论说的偏颇之处。乾隆帝深谙其父

---

① 《世宗宪皇帝上谕八旗》卷十一，《四库全书》本。
② 《世宗宪皇帝上谕八旗》卷十一，《四库全书》本。

文化认同视角下的清代《明史》修纂研究

处理曾静、张熙案及受牵连的吕留良案的不足之处,《大义觉迷录》揭露了一些皇室子弟争夺皇位和重臣之间拉帮结派的细节,无疑自曝其短,尤其以大一统疆域自居,有谩骂、侮辱汉人之嫌,贻人口实,反而激发汉人的反清、排满的民族情绪,不利于满汉之间的民族融合。他于即位不久,经过仔细思虑之后,便下令逮捕曾静、张熙,一律处以死刑;下令各省搜缴、销毁《大义觉迷录》,作为禁书,不得流传,若有民间私藏并阅读者,一并予以处死。他极力纠正其父雍正帝论说上的偏颇之处,吸收历来学者争论不休的"正统"论中有利因素,拿来为自己所用,从而最终完成了清朝享有"正统"的理论建构,由此显现出乾隆帝深厚的汉文化底蕴和政治智慧。乾隆三十二年(1767),乾隆帝作《〈御制历代通鉴辑览〉序》文中说:

> 故命儒臣纂《历代通鉴辑览》一书,尽去历朝臣各私其君之习而归之正,自隆古以至本朝四千五百五十九年事实编为一部。全书于凡正统偏安、天命人心,系属存亡,必公必平,惟严惟谨,而无所容心曲徇于其间。观是书者,凛天命之无常,知统系之应守,则所以教万世之为君者,即所以教万世之为臣者也。①

乾隆帝显然已经认识到其祖父康熙帝《御批通鉴纲目》存在的一些不足,尤其对《通鉴纲目续编》多有批评,故令儒臣重新纂辑《历代通鉴辑览》,亲自御批予以论断,强调"天命之无常,统系之应守"的重要思想。乾隆三十三年(1768)正月,《御批历代通鉴辑览》修成,该书在理论上续接朱熹《资治通鉴纲目》所列朝代"正统"统系,进一步续接北宋、南宋、元、明、清"正统"统系。与此同时,乾隆帝将明亡时间下延至1645年5月(南明福王被执),还下令将南明历史在《御批历代通鉴辑览》中予以附载,并收入《四库全书》。他在《御制读〈金史〉》一文中说:

> 夫一代之史,期于传信,若逞弄笔锋,轻贬胜国,则千秋万

---

① 《〈御制历代通鉴辑览〉序》,《御批历代通鉴辑览》卷首,《四库全书》本。

世之史，皆不足信，是则有关于世道人心者甚大。推之明修《元史》，类此者应亦不少，然史书流传已久，难以厘正，亦不得不仍其旧。若我本朝修《明史》，于当时贤奸善恶，皆据事直书，即各篇论赞亦皆核实，立言不轻为轩轾，诚以作史乃千秋万世之定论，而非一人一时之私言。予向命纂《通鉴辑览》，于明神宗以后乃大书明代纪年，而于本朝定鼎燕京之初，尚存福王年号，此实大公至正，可以垂示天下后世。岂若托克托①等之承修《金史》，妄毁金朝者之狃于私智小见，所可同日而语哉！书此以揭重刊《金史》之首，抑亦有慨于前而所以深诫于后也。②

由此可见，乾隆帝在上文中严厉批评修《金史》《元史》者"轻贬胜国"之弊病，认为"一代之史，期于传信"。他紧接着高度赞誉《明史》，认为《明史》对于贤奸善恶，据实直书。他命馆臣在《通鉴辑览》中存明福王年号（断定明朝灭亡于顺治二年五月）十分满意，他非常自信地说："此实大公至正，可以垂示天下后世。"与脱脱等之承修《金史》拘泥私智小见，不可同日而语。乾隆中后期，乾隆帝从文化认同角度极力赞同元代学者杨维桢在《三史正统辨》一文中力主"元承宋统"之重要观点，并合理地推演出北宋、南宋、元、明、清相合相续之"正统"统系，进一步彰显清朝在中国历代"正统"政权谱系中的地位及作用，从而最终完成了清初至中叶官方就清朝享有"正统"的理论建构。梁启超在《论正统》一文中指出："正统之辨，昉于晋而盛于宋，朱子《通鉴纲目》所推定者，则秦也、汉也、东汉也、蜀汉也、晋也、东晋也、宋齐梁陈也、隋也、唐也、后梁后唐后汉后晋后周也。本朝乾隆年间，《御批通鉴》从而续之，则宋也、南宋也、元也、明也、

---

① 托克托即脱脱，下同。
② （元）托克托等：《金史》卷首，《四库全书》本。

文化认同视角下的清代《明史》修纂研究

清也。所谓正统者，如是如是。"①乾隆四十年（1775），乾隆帝谕令将南明唐、桂二王附记于《御批历代通鉴辑览》卷末。乾隆四十七年（1708），儒臣初编纂《明唐桂二王本末》时怕触及忌讳，而对吴三桂事迹未予以记载。乾隆帝特下令予以补充记载，并进一步作指示说：

> 三桂悖乱性成，尔时已包藏祸心，其统兵临缅传谕，执送由榔，不足为三桂之功，转足以正三桂之罪，盖三桂非果能戮力本朝也。正欲借我天威，尽剪明宗枝叶，而李定国、白文选又皆其比肩委质之人，势难并立，亦因此尽事殄除，而后可以营窟滇南，不虞后患。然时方鼎革，宿将犹存，未敢显然肆逆也。迨中朝素有威望，如睿亲王、鳌拜诸人者相继沦没，然后三桂憪然自以为无一人能制其死命，遂假撤藩之事，乘机背叛，此三桂之蓄奸已非一日，正与曹操、司马懿之用心相似，而其逆迹先露于握兵征缅之时，彼既不能尽忠明代，又不思效节本朝，反复狙诈，实千古之乱贼之尤。正亦据事直书，用彰元恶。②

《御批历代通鉴辑览》成书之后，还进行陆续补充和润色。至乾隆四十九年（1784）十一月，写成定本，收入《四库全书》。四库馆臣刊修《明史》时，在书法义例上遵照《御批历代通鉴辑览》。

学者杨维桢、王夫之、朱彝尊、邵廷采关于"正统"的重要论说，在一定程度上启发了乾隆帝。杨维桢在《三史正统辨》一文中力主"正统归宋"及元承宋统的观点，强调元不承接辽统、金统，他说：

> ……故我世祖平宋之时，有过"唐不及汉，宋统当绝，我统当续"之喻，是世祖以历数之正统归之于宋而已，今日接宋统之正者自属也。当时一二大臣又有奏言曰："其国可灭，其史不可灭

---

① 梁启超：《新史学·论正统》，收入梁启超：《饮冰室文集（之九）》，中华书局1936年版，第21页。

② 附《明唐桂二王本末·桂王三》，《御批历代通鉴辑览》卷一百二十，《四库全书》本。

054

也。"是又以编年之统在宋矣。论而至此,则中华之统正而大者,不在辽、金,而在于天付生灵之主也,昭昭矣。然则论我元之大一统者,当在平宋,而不在平辽与金之日,又可推矣。夫何今之君子昧于《春秋》大一统之旨,而急于我元开国之年,遂欲接辽以为统。至于哑天数之符,悖世祖君臣之喻,逆万世是非之公论而不恤也。吁!不以天数之正、华统之大属之我元,承乎有宋。如宋之承唐,唐之承隋、承晋、承汉也,而妄分闰代之承,欲以荒夷非统之统属之我元,吾又不知今之君子待今日为何时,待今圣人为何君也哉!①

与此同时,杨维桢还把"道统"与"正统"有机联系起来,论证宋为"道统"所系的理论依据,继而进一步指出元承宋统的合理性与合法性。他指出:

> 抑又论之道统者,治统之所在也。尧以是传之舜,舜以是传之禹、汤、文、武、周公、孔子。孔子没,几不得其传,百有余年,而孟子传焉。孟子没,又几不得其传,千有余年,而濂洛周(周敦颐)程(指程颐、程颢)诸子传焉,及乎中立杨氏(杨时),而吾道南矣,既而宋亦南渡矣。杨氏之传为豫章罗氏(罗从彦)、延平李氏(李侗)及于新安朱子,朱子没而传及于我朝许文正公(许衡),此历代道统之原委也。然则道统不在辽、金而在宋,在宋而后及于我朝,君子可以观治统之所在矣。②

明陶宗仪在《辍耕录》卷三中极力赞同杨维桢的观点,他说:"初,会稽杨维桢尝进《正统辨》,可谓一洗天下纷纭之论,公万世而为心者也。惜三史已成,其言终不见用。后之秉史笔而续《通鉴纲目》者,必以是为本

---

① 杨维桢:《三史正统辨》,冠于《东维子集》卷首,《四库全书》本。
② 杨维桢:《三史正统辨》,冠于《东维子集》卷首,《四库全书》本。

矣。"①元至正时期，宰相脱脱以"三史各为正统，各系其年号"，分修《宋史》《辽史》《金史》。明代学者彭时、商辂继承杨维桢观点，对其思想进一步发挥。也有学者重新改编《宋史》，均以"正统"归宋，贬低辽、金二史。如，王昂《宋史补》、王洙《宋史质》、柯维骐《宋史新编》等。《四库全书总目》卷五十提要王洙《宋史质》，尤其严厉批评作者将辽金两朝列于"外国"，甚至削去元代年号，虚拟出以明太祖祖先世系来直接继承宋的观点。认为："其书可焚，其版可斧，其目本不宜存，然自明以来印本已多，恐其或存于世，荧（迷惑）无识者之听，为世道人心之害，故辞而辟之，人人知此书为狂吠，庶邪说不至于诬民焉。"②

王夫之认为"统之为言，合而并之之谓也，因而续之之谓也"，"夫统者，合而不离、续而不绝之谓也。"③认为相合相续即为统，不合不续则无统。他在《读通鉴论》卷末《叙论一》中说：

  论之不及正统者，何也？曰：正统之说，不知其所自昉也。自汉之亡，曹氏、司马氏承之以窃天下，而为之名曰禅。于是为之说曰："必有所承以为统，而后可以为天子。"义不相授受，而强相缀系以掩篡夺之迹；抑假邹衍五德之邪说与刘歆历家之绪论，文其诐辞；要岂事理之实然哉？统之为言，合而并之之谓也，因而续之之谓也。而天下之不合与不续也多矣……夫统者，合而不离，续而不绝之谓也。离矣，而恶乎统之？绝矣，而固不相承以为统。崛起以一中夏者，奚用承彼不连之系乎？天下之生，一治一乱。当其治，无不正者以相干，而何有于正？当其乱，既不正矣，而又孰为正？有离，有绝，固无统也，而又何正不正邪？以天下论者，必循天下之公，天下非夷狄盗逆之所可尸，而抑非一

---

① 陶宗仪：《正统辨》，《辍耕录》卷三，《四库全书》本。
② 《四库全书总目》卷五十。
③ 王夫之：《叙论一》，《读通鉴论》卷末，中华书局1975年版，第1106—1107页。

第二章 清初至中叶清官方文化认同的建构

姓之私也。惟为其臣子者,必私其君父,则宗社已亡,而必不忍戴异姓异族以为君。若夫立乎百世以后,持百世以上大公之论,则五帝、三王之大德,大命已改,不能强系之以存。故杞不足以延夏,宋不足以延商。夫岂忘禹、汤之大泽哉?①

其背后暗含满洲崛起,统一中夏,怎能承之相合相续之"正统"乎?显然,对清朝官方强调清朝承接明"正统"之说,持一种贬低的态度。但是王夫之对于"正统"的论说,在一定程度上也影响到了清朝统治者对"正统"的深入认识。

朱彝尊在《书柯氏〈宋史新编〉后》中也力主宋为"正统"所系的观点,且想依据诸书,考其是非异同,后定一书,但因年老而未能遂愿。他说:

《宋》《辽》《金》《元》四史,惟《金史》差善,其余潦草牵率,岂金匮石室之所宜储?柯氏撰《新编》,会《宋》《辽》《金》三史为一史,以宋为正统,以辽金附焉。升瀛国公、益、卫二王于帝纪以存统,正亡国诸叛臣之名以明伦,列道学于循吏之前以尊儒。历二十载而成书,可谓有志之士矣……及今改修,文献尚犹可征。予尝欲据诸书,考其是非同异,后定一书,惜乎老矣,未能也。②

邵廷采关于宋、辽、金"正统"归属的论说,更切合历史的实际,且容易为乾隆帝所接受。他不同意明人改编《宋史》时,降《辽史》《金史》为"载记"的做法。邵廷采从历史实际出发,认为辽朝传七主,享国二百一十五年;金朝传九主,享国一百一十七年,与宋长期共生并存。反对将辽、金史视同南北朝时的十六国,并分析宋辽金之间关系,实际上与晋和十六国关系不同,主张重修《宋史》,则将《辽史》《金史》附于末为正,《宋史》列于首,《辽史》《金史》不得与《宋史》比肩,则宋之为"正统"

---

① 王夫之:《叙论一》,《读通鉴论》卷末,中华书局1975年版,第1106—1108页。
② 朱彝尊:《书柯氏〈宋史新编〉后》,《曝书亭集》卷四十五,《四部丛刊》本。

之义更明。他在《正统论三》一文中说：

>《宋史》修于至正，诸君子力持公论，然降宋于史而后辽、金，容有未易处者。惟时会稽杨维桢以正统未有所归，作《辨》上之。大要谓元承宋统，不承辽、金；崖山舟覆之年，乃皇元正统之始。会三史已成，未及纳用。陶九成（陶宗仪）见而叹曰："此百世定论，后之续《通鉴纲目》者必以是为本。"其后，彭时、商辂等果用其说。立言之功大矣哉！然或者推维桢之意，遂欲改修宋书，而以辽、金为载记，则于理未安也。何也？辽传七主，二百一十有五年；金传九主，一百一十有七年。设官养民，创制立度，迫于其亡，有忠义之士与之同毙。其规模历数非偶然者，安得以其史为载记，而夷于十六国？十六国为载记而附《晋书》，晋未尝书币称臣于刘、石、符、姚、慕容、元氏也。然则若何为正？曰：修宋书而附辽、金史于末为正。使宋之遇辽、金，如遇元魏、北齐、后周氏焉，则安矣。元魏、北齐、后周氏比肩于宋、齐、梁、陈南国，而辽、金不使比肩于宋，如是而宋之为正统之义明。①

赵令扬在《关于历代正统问题之争论》一书中对邵廷采的观点予以了高度评价："邵廷采之议，当比柯维骐、王洙等人来得客观，来得更合乎史学发展之要求。邵廷采认为历史上有些人物之不能一统天下，乃天意也。然论正统者，多不究其终始，而徒观其后之成败而下定论，邵廷采认为是不合乎时代的。邵廷采之史学观念，特别对正统之看法，比过往任何一位史家都来得更具建设性和合乎时代性。难怪清时有人目之为李贽之辈。"② 综合而言，乾隆帝对清朝享有"正统"的理论建构主要围绕以下三点而展开：

---

① 邵廷采：《正统论三晋宋》，邵廷采著，祝鸿杰校点：《思复堂文集》卷八，浙江古籍出版社1987年版，第342—343页。
② 赵令扬：《关于历代正统问题之争论》，学津出版社1976年版，第67页。

第二章　清初至中叶清官方文化认同的建构

第一，乾隆帝在《御批历代通鉴辑览》中，肯定朱熹《资治通鉴纲目》中判定的秦至五代"正统"政权的谱系：秦→西汉→东汉→蜀汉→晋→宋→齐→梁→陈→隋→唐→后梁→后唐→后晋→后汉→后周→北宋→南宋，在此基础上补充元→明→清相合、相续之"正统"统系。乾隆帝特撰《书〈通鉴辑览〉明崇祯甲申纪年事》《命〈通鉴辑览〉附纪唐桂二王事迹》。前文强调1645年5月南明福王被执，大书明亡；后文强调附载唐、桂二王事迹于后，但二王流窜边隅，苟延残喘，不足为"正统"之所系。他还在《读〈金史〉》一文中尤其对在《御批历代通鉴辑览》中存南明福王年号之举非常自信，"此实大公至正，可以垂示天下后世"①。

第二，乾隆帝认同杨维桢、陶宗仪、朱彝尊、邵廷采等人力主南宋为"正统"之所系及"元承宋统"的重要观点，他指出："不知辽、金皆自起北方，本无所承统，非若宋、元之相承递及为中华之主也。若以此立论，转觉狭小，天下万世必有起而议之者。是不可以不辨。"乾隆帝认识到辽、金本无统所承，"非若宋、元之相承递及为中华之主也"，为清朝承"明统"奠定了坚实的理论基础，继而推演出南宋、元、明、清相合相续之"正统"谱系。这样一来，突破了汉族历来"夷夏之防"的狭隘偏见，从而在文化认同上达到了前所未有的高度，进一步确立起"中外一家"的观念，为清朝统治享有或延续前代"正统"，提供了无可辩驳的历史文化上的理论依据。②清朝承"明统"不仅有助于加强历史文化认同，也有助于进一步缓和满、汉矛盾，从而实现清朝统治的进一步巩固。乾隆三十八年（1773），乾隆帝在

---

① （元）托克托等：《金史》卷首，《四库全书》本。
② 汪文学在《正统论——发现东方政治智慧》第六章《中国历史上的正统之争》四《宋元之际的正统之争》（陕西人民出版社2002年版，第273—274页）论述了元朝修《宋史》《辽史》《金史》过程中，关于三朝正统归属，展开了激烈的争论。以元代学者修端《辨辽金宋正统》、王理《三史正统论》、杨维桢《三史正统辨》、王祎《正统论》，进行辩论。争论意见有二：主张以辽、金为正统而宋附之，褒扬辽、金而贬抑宋，蒙古人多主此说；以《晋书》为例，以南宋为正统，立本纪，以辽、金为《载记》，褒扬宋而贬抑辽、金，汉人多主此说。宰相脱脱采取折中办法，"三国各为正统，各系其年号"，既满足了汉人的愿望，也为辽、金两朝确立了正统，方才平息各方争论。

文化认同视角下的清代《明史》修纂研究

《御题〈大金德运图说〉有序》文中说：

> 且五德之运说本无稽，纵如所言，亦取其或生或克，议者以宋为火德，辽为水德，大金当为金德。夫宋虽南迁，正统自宜归之宋。至元而宋始亡，辽、金固未可当正统也。①

元时有人主元承"辽统"的观点。清初，又有人妄自揣摩清朝与辽、金之间的密切关系，便利用战国时齐人邹衍"五德终始说"，认为辽为水德，宋为火德，金为金德，依据五行相生相克之论，水胜火，火胜金，目的在于突出辽朝的地位，从而为主张"元承辽统"服务，其目的在于为清朝承"辽统"找到理论依据。可是，乾隆帝明确地表明，清朝承接自宋、元、明一脉相承之统，从理论上彻底抛弃、否定清朝承接辽、金统之说。

由于当时四库馆臣认为杨维桢《三史正统辨》主"元承宋统"的观点，会触犯清朝的忌讳，故而在收录陶宗仪《辍耕录》时，将其中所收的《三史正统辨》一文删除。乾隆四十六年（1781），乾隆帝谕示四库馆臣，令于杨维桢《东维子集》内补录《三史正统辨》，并将《命馆臣录存杨维桢〈正统辨〉谕》及杨维桢《三史正统辨》两文冠于《东维子集》卷首及陶宗仪《辍耕录》卷首，一并收入《四库全书》。考《四库全书》所收文集中，卷首常冠以帝王御制诗文，这属于常例。而将某作者所撰某篇文章与帝王御制诗文一同冠于卷首，比较少见。足见乾隆帝对《三史正统辨》一文的重视，非同寻常。《四库全书总目》对杨维桢贬低之处甚多，但乾隆帝的一道谕令，致使其文集得以收入《四库全书》。乾隆四十九年（1784），乾隆帝下令更议历代帝王祀典，他在谕文中说：

> 朕前《命馆臣录存杨维桢〈正统辨〉谕》内，详晰宣论，以维桢所辨正统在宋、不在辽金元之说为是，所以存《春秋》《纲目》之义，见人心天命之攸归。且检阅孙承泽《春明梦余录》，所

---

① 《御题〈大金德运图说〉有序》，《大金德运图说》卷首，《四库全书》本。

第二章　清初至中叶清官方文化认同的建构

载明代崇祀古帝王位号，原未列辽、金二朝。今《通礼》内崇祀辽、金，而不入东西晋、前后五代，似此互相入主出奴，伊于何底？是皆议礼诸臣，有怀偏见。明使后世臆说之徒，谓本朝于历代帝王，未免区分南北，意存轩轾，甚失皇祖降谕之本意也。至明之亡国，由于神、熹二宗，纪纲隳而法度弛。愍帝嗣统时，国事已不可为。虽十七年身历勤苦，不能补救倾危，卒且身殉社稷，未可与荒淫失国者一例而论。是以皇祖睿裁，将神、熹二宗撤出，而愍帝则特令庙祀。褒贬予夺，毫厘不爽，实千古大公定论。①

由此可以看出，乾隆帝虽然主张"正统"归宋，"元承宋统"，但并没有由此贬低辽、金两朝的历史地位，下令在历代帝王庙中增入少数民族政权开创之君，一并享受祭祀。他还在谕文中进一步指出："夫自古帝王统绪相传，易代以后，飨祀庙庭，原以报功崇德。至于严篡窃之防，戒守成之主，或予或夺，要必衷于至当，而无所容心于其间，方协彰瘅之义。所有历代帝王庙祀典，著大学士九卿，更行悉心详议，具奏。并著于定议后，交四库馆，恭录皇祖谕旨并朕此旨于《通礼》卷首，以昭殷鉴历朝，垂示万年之至意。"②表明乾隆帝深刻认识到历代帝王庙的性质及功能，所以才重新令大学士九卿更定历代帝王庙祀典。随后，同意学士九卿议定名单如下：晋元帝、明帝、成帝、康帝、穆帝、哀帝、简文帝、宋文帝、孝武帝、明帝、齐武帝、陈文帝、宣帝、元魏道武帝、明元帝、太武帝、文成帝、献文帝、孝文帝、宣武帝、孝明帝、唐明宗、周世宗共二十三帝。诸臣请旨斟酌唐宪宗、金哀宗入庙祀的问题，乾隆帝同情他们败亡之缘由，同意增入历代帝王庙。③

乾隆帝进一步构建起较为合理、公正的历代帝王庙祀典谱系，充分肯

---

① 嵇璜、刘墉等奉敕撰：《祀历代帝王附名臣》，《皇朝通典》卷四十九，《四库全书》本。
② 嵇璜、刘墉等奉敕撰：《祀历代帝王附名臣》，《皇朝通典》卷四十九，《四库全书》本。
③ 嵇璜、刘墉等奉敕撰：《祀历代帝王附名臣》，《皇朝通典》卷四十九，《四库全书》本。

061

文化认同视角下的清代《明史》修纂研究

定了少数民族政权在中国历史上的地位和作用，有利于清朝统治合法性的阐释与确立。乾隆四十七年（1782），乾隆帝下令诸皇子、军机大臣订正《续资治通鉴纲目》（商辂等撰）二十七卷，刊改后，收入《四库全书》，卷首冠以乾隆帝敕谕及题辞，蕴含着乾隆帝对历代争论不休的"正统"有了一个全新的认识与超越，从而突破了前代论者拘泥于"华夷"的民族观念和狭隘地域的偏见，使清代官方从理论上对于清朝享有"正统"的论证日臻完善，充分地体现了乾隆帝非同寻常的政治智慧和文化素养。

第三，乾隆帝认同《宋史》《辽史》《金史》"各为正统，各系年号"，并没有因主"元承宋统"的观点，而贬低《辽史》《金史》。① 还下令编纂《钦定辽金元三史国语解》，对《辽史》《金史》《元史》人名、地名等音译进行了刊改，尤其对汉人所修的史书中对少数民族肆意诋毁、污蔑之语进行刊改，充分表明清朝对中国历史上少数民族建立的政权持一种尊重态度，也表明了清朝对各民族基本上一视同仁。《钦定四库全书简明目录》卷五提要《钦定辽金元三史国语解》说：

> 乾隆五十一年奉敕撰。《辽》《金》《元》三史之末，本各附有《国语解》。然对音舛谬，动辄失真，是编以索伦语正《辽史》之误，以满州正《金史》之误，以蒙古语正《元史》之误。言必究其义，字必谐其音，一一州分部列，开卷暸然，足以传信于千古。②

清人杭世骏在《史论》中说："史之有正史也，自正、闰之统标之也。"③ 汪文学在《正统论——发现东方政治智慧》中说："文化关乎国家政权的合法性，文化系乎文人仕宦之取舍，在世界文化史上，古代中国是独

---

① 赵永春、张喜丰：《试论清人的辽金"正统观"——以辽宋金"三史分修""各与正统"问题讨论为中心》，《社会科学》2014 年第 1 期。
② 《钦定四库全书简明目录》卷五。
③ 张廷玉等：《皇清文颖》卷十，《四库全书》本。

第二章 清初至中叶清官方文化认同的建构

一无二的。夷夏之辨的核心在文化,正统问题实质上也是一个文化认同问题。"①可谓一语中的。《清史稿·遗逸传序》中说:"清初,代明平贼,顺天应人,得天下之正,古未有也。天命既定,遗臣逸士犹不惜九死一生以图再造,及事不成,虽浮海入山,而回天之志终不少衰。迄于国亡已数十年,呼号奔走,逐坠日以终其身,至老死不变,何其壮哉!"②

清初至中叶,清朝统治者深刻地认识到必须从文化上论证清朝统治的合法性,才能有效地消解汉族"夷夏之辨""夷夏之防"观念的挑战,实现国家的长治久安。顺治帝、康熙帝、雍正帝、乾隆帝其实并没有从"满洲特性"予以论证,反而相继建构清朝与前代"正统"政权之间一脉相承的关系。康熙帝尤其认识到实现大一统疆域与继承"道统"二者相结合,才是论证清朝享有"正统"的关键,他在认同朱熹划定历代王朝"正统"谱系的基础上续接元、明、清朝的"正统"地位。雍正帝从"中外一家""上下一体"观念进行论证,在一定程度上超越了汉族历来狭隘的"华夷之辨""夷夏大防"观念。乾隆帝进一步认同元人杨维桢在《三史正统辨》一文中力主宋辽金时期"正统归宋"及"元承宋统"的思想,继而合理地推演出北宋、南宋、元、明、清相合相续的"正统"谱系,从而最终完成清朝享有"正统"的理论建构。康熙帝多次强调的"道统与治统相维",乾隆帝强调的"海宇同文",就足以说明清朝帝王多次强调疆域大一统,是论证其享有或延续前代政权"正统"的立足点。清朝官方最终从理论上彻底放弃承接辽、金统,强调清朝承接宋、元、明一脉相承的"正统"与"道统",并将之载入官修史书。清朝由此建立起与大一统疆域相适应的"多元一体"文化格局,实质性地超越汉族历来狭隘的"华夷之辨""夷夏之防"的观念,而汉族士大夫对清朝的向心力和认同进一步加强。

可是,后世史家关于历代争论不休的"正统"问题,看法却不尽一致。

---

① 汪文学:《正统论——发现东方政治智慧》,陕西人民出版社2002年版,第134—135页。
② 赵尔巽等:《遗逸传序》,《清史稿》卷五百,中华书局1977年版,第13815—13816页。

如，梁启超先生在《新史学》提倡"史界革命"，尤其对历代"正统"观念予以抨击，他对"正统"一词内涵的叙述尤为清晰，而且总结了朱熹《通鉴纲目》判定秦朝至五代"正统"政权，以及乾隆《御批通鉴辑览》赓续并补充北宋、南宋、元、明、清"正统"政权谱系。①梁启超批评历代史家对"正统"的争论，众说纷纭，认为是史家"自为奴隶根性所束缚，而复以煽后人之奴隶根性而已"，对历代论"正统"者所凭之六种依据，概括甚为至当，同时说明了六种标准之间自相矛盾之处，认为大凡论辩"正统"者，无不为本朝政治所服务，这才是参与论辩"正统"者的目的所在。②汪文学则在《正统论——发现东方政治智慧》一书却对历来争论不休的"正统"给予高度评价，认为"正统"建构的完成，是周、汉、唐、宋、明、清长久统治的关键所在。他说："中国古代政权，如周、汉、唐、宋、明、清的统治，动辄就是数百年，这比起欧洲古代政权以几十年或百余年为变更周期，显然要稳定得多，其中原因，不能不归之于正统论这种蕴含着深刻的政治智慧的政治理论。这就是正统论为当代政治文化建设提供的值得借鉴的制度文化资源。"③

二、延续"道统"的深刻蕴涵

中国历史上关于"正统"和"道统"的承继与归属问题，尤其为历代统治者和学人所重视，且各方争论十分激烈，持论亦不相同，当有其深意所在。大凡参与论辩"道统"或"正统"的学者，无不从现实政治需要出发，为自身所处王朝争"正统"。然而，在各种论辩之中，最引人注目的是将延续"道统"与继承"正统"相提并论，遂使二者之间逐渐形成相辅相成、相

---

① 梁启超：《新史学·论正统》，收入梁启超：《饮冰室文集（之九）》，中华书局1936年版，第21页。

② 梁启超：《新史学·论正统》，收入梁启超：《饮冰室文集（之九）》，中华书局1936年版，第20—22页。

③ 汪文学：《正统论——发现东方的政治智慧》，陕西人民出版社2002年版，第294页。

第二章 清初至中叶清官方文化认同的建构

得益彰的密切关系,由此充分体现出中国历史在政治、文化上的延续性与一脉相承性。清代前期,顺治帝、康熙帝、雍正帝、乾隆帝相继将清朝承继"正统"与延续"道统"相结合来建构清朝的合法地位,这无疑有力地突破了汉族历来根深蒂固的"夷夏之辨""夷夏大防"观念的藩篱和挑战,彰显出"道统"在"正统"建构中的核心地位及重要文化意义,从而强调清朝的建立,乃"天命所归"、大势所趋,彰显出"文化中国"的重要意义和深刻内涵。

(一)清代前期官方所认同的道统谱系及实践

何谓儒家"道统"?在儒学发展史上,一直流传着儒家相传之"道统"谱系,经唐代韩愈提出儒家"道统"之后,程朱理学家将儒家"道统"的文化意涵进一步阐发和发扬光大,遂使分裂时期各个政权延续"道统"与否,成为评价这个政权是否享有"正统"的关键所在,充分彰显出中国古代政教合一的文化特色。因此,关于儒家"道统"谱系的建构,成为南宋、元、明、清前期"正统"建构过程中绕不开的核心问题。自元、明、清以来,随着程朱理学被推崇为官学,科举考试要求依照朱熹《四书章句集注》答题,四书学的地位因而超过了五经,朱熹的"道统"思想也随之推广,深入人心。宋儒认为自孟子以后一千五百余年间"道统"不传,周敦颐、程颢、程颐、张载、邵雍、朱熹等相继超越汉唐诸儒,直接上承一千五百余年不传之"道统",彰显程朱学派在"道统"承继谱系中的重要地位。宋代理学家所认同或建构的"道统"谱系:尧→舜→禹→商汤→文王→武王→周公→孔子→曾子→子思→孟子→周敦颐→程颢、程颐→张载→邵雍→朱熹。显然,人们提到"道统"谱系时,对孟子以前的"道统"谱系有着基本共识,没有出现太多的争议,而争议最大的问题有二:周敦颐、程颢、程颐、张载、邵雍、朱熹等何以直接超越汉唐诸儒而上传孔孟"道统"?如何判定朱熹之后的"道统"谱系?

文化认同视角下的清代《明史》修纂研究

对于周敦颐、程颢、程颐、张载、邵雍、朱熹等何以直接超越汉唐诸儒而上传孔孟"道统",两宋程朱理学家给予认真、系统的答复。他们一致认为汉唐诸儒治经,严格恪守经书章句训诂而忽略对儒家义理(微言大义)的阐发,从而造成"道统"①授受谱系一千五百余年不传,直至周敦颐、程颢、程颐、张载、朱熹等人相继崛起,著书立说,阐发义理,独树一帜,直接超越汉唐诸儒而上承圣贤递相授受的"道统"。对这一问题,朱熹作为南宋理学的集大成者,其贡献不言自明。如,朱熹弟子黄榦对朱熹推崇备至,高度赞扬朱熹集两宋理学之大成,并认为"道统"之传自朱熹而始著。他在《朝奉大夫文华阁待制赠宝谟阁直学士通议大夫谥文朱先生行状》中所言:

> 窃闻道之正统,待人而后传。自周以来,任传道之责,得统之正者,不过数人,而能使斯道章章较著者,一二人而止耳。由孔子而后,曾子、子思日继其微,至孟子而始著。由孟子而后,周、程、张子继其绝,至先生而始著。盖千有余年间,孔孟之徒所以推明是道者,既以煨烬残缺,离析穿凿,而微言几绝矣。周、程、张子崛起于斯文湮塞之余、人心蠹坏之后,扶持植立,厥功伟然。未及百年,蹉驳尤甚。先生出,而自周以来圣贤相传之道,一旦豁然,如大明中天,昭晰呈露。②

黄榦在上文中充分地肯定了周敦颐、程颢、程颐、张载、朱熹在"道统"谱系传承中的重要地位及作用,尤其认为"道统"之传至朱熹而始著,"一旦豁然,如大明中天,昭晰呈露"。此外,朱熹在《伊洛渊源录》一书中对北宋理学进行了认真、系统的梳理和辨析,他极力推崇程颢、程颐,并

---

① 朱叶楠:《"道统"在近现代学术体系中的失落与重生》,《五邑大学学报》(哲学社会科学版)2012年第3期。
② (宋)黄榦:《朝奉大夫文华阁待制赠宝谟阁直学士通议大夫谥文朱先生行状》,《勉斋集》卷三十六,《四库全书》本。

第二章 清初至中叶清官方文化认同的建构

以程颢、程颐为中心,按其师承门弟子关系确立起北宋"道统"传承谱系。对此,《四库全书总目》提要朱熹《伊洛渊源录》时也说:"记周子以下及程子交游门弟子言行。其身列程门而言行无所表见,甚若邢恕之反相挤害者,亦具录其名氏以备考。其后《宋史》《道学》《儒林》诸传多据此为之。盖宋人谈道学宗派,自此书始。而宋人分道学门户,亦自此书始。厥后声气攀援,转相依附。其君子各执意见,或酿为水火之争。其小人假借因缘,或无所不至。"①元至正年间修《宋史》时,分《道学传》和《儒林传》,特别将程朱学派归入《道学传》,这与程朱学派标榜直接上继孔孟"道统"有密切关系。对此,清人陆陇其对朱熹划定的北宋"道统"谱系深以为然,他在《三鱼堂外集》卷四《经学》篇中说:

> 六经者,圣人代天地言道之书也。六经未作,道在天地。六经既作,道在六经。自尧舜以来,众圣人互相阐发,至孔子而大备。不幸火于秦,微言大义几于湮没。至汉兴,诸儒索之于烬煨之余,得之于屋壁之中,收拾残编断简,相与讲而传之。于是言六经者,以为始于汉矣。然汉儒多求详于器数,而阔略于义理。圣人之遗言,虽赖之以传;而圣人之精微,亦由之而湮。历唐及宋,至濂洛关闽诸儒出,即器数而得义理,由汉儒而上溯洙泗,然后圣人之旨,昭若白日,而六经之学于是为盛,是故汉宋之学,不可偏废者也。然其源流得失,不可不辩矣!②

陆陇其认为当今论学者无他,唯尊朱子而已。他说:"故愚尝谓今之论学者无他,亦宗朱子而已。宗朱子者为正学,不宗朱子者即非正学。汉儒不云乎'诸不在六艺之科,孔子之术者,皆绝其道,勿使并进,然后统纪可一,而法度可明。'今有不宗朱子之学者,亦当绝其道,勿使并进。朱子之学尊,而孔子之道明,学者庶乎知所从矣。"陆陇其认为"朱子之学尊,而

---

① 参见《四库全书总目提要》。
② 陆陇其:《经学》,《三鱼堂外集》卷四,《四库全书》本。

孔子之道明",学者可以知所往矣。陆陇其十分尊崇朱熹,极力贬低排挤陆王心学,在清初思想史上可谓独树一帜。后来,康熙帝极力推崇程朱理学,陆陇其的思想有可能影响到康熙帝的抉择。后来,陆陇其入祀孔庙,凭借其鲜明的思想主张得到清朝官方认同,有着非常的密切关系。清官方推崇程朱理学,认同朱熹划定的"道统"谱系,无疑将陆王学派排挤在儒家"道统"谱系之外,于是在思想领域内出现激烈的"朱陆异同"之辨。因此,程朱学派与陆王学派在讲学各有所属,树立门户,互为标榜,党同伐异,势同水火。南宋以后,"道统"的划分标准因人而异,导致"道统"谱系的判定出现纷繁复杂的局面。

如何判定朱熹之后的道统谱系?这一问题众说纷纭,各有不同的判定标准。由于朱熹门人及标榜为后学之人较多,随着程朱理学作为元明清时期的官学,朱熹之后的"道统"延续与承继问题便日益成为重要的话题。而学者有的尊崇程朱理学,有的则尊崇陆王心学,树立门户之见。他们均从不同立场出发,仁者见仁,智者见智,对朱熹之后"道统"谱系,各有不同的判定标准,众说纷纭,莫衷一是。对此,清代学者朱彝尊在《曝书亭集》卷三十五《〈道传录〉序》一文中说:

> 宋元以来,言道学者,必宗朱子。朱子之学,源于二程子。先二程子言学者,为周子。于是论者尊之,谓直接孟子,是为道统之正。毋论汉唐诸儒不得在其列也,即七十子亲受学于孔子者,亦不与焉。故凡著书言道统者,辄断自周子始。饮流或忘其源,知末而不揣其本,吾尝未慊于中也。且夫圣人之道,著在六经,是岂一师之所能囊括者与?世之治举业者,以《四书》为先务,视六经可缓,以言《诗》《易》,非朱子之传义,弗敢道也;以言《礼》,非朱子之《家礼》,弗敢行也;推是而言《尚书》、言《春秋》,非朱子所授,则朱子所与也。道德之一,莫逾此时矣!然杜其聪明,见者无仁智之殊,论者少异同之辨,习者莫有温故知新

第二章　清初至中叶清官方文化认同的建构

之义，不能无弊焉。顾科举行之久矣，言不合朱子，率鸣鼓而百面攻之。①

朱彝尊对"道学"门户之见提出了批评，反对以程朱理学为尊而党同伐异的现象，他认为将"道统"从经学中抽离，不能全面地了解孔子之道及六经之深意，"饮流或忘其源，知末而不揣其本。"可是，元明清时期科举考试唯一推崇朱熹《四书章句集注》，凡科举考试答题不合朱熹言论，遂引起多方攻击。可以看出，由于科举考试推尊朱熹《四书章句集注》，在读书人心目中四书地位超过了五经，程朱理学尤其是朱熹理学对元明清时期社会、政治、文化影响非常大，而朱熹之后学人数不可胜数，个人划分标准及立论各不相同，而论及朱熹之后道统谱系之著述又相当之多。因此，唯有对不同的作者、生活年代、著述内容、划分标准等进行深入、系统的研究，才能深入理解参与论辩"道统"者所持观点的异同及学术与现实政治之间的密切关系。这里略谈两部非常值得关注的著述：一部是明人谢铎《伊洛渊源续录》六卷，该书效仿朱熹《伊洛渊源录》而作。《四库全书总目》对《伊洛渊源续录》六卷提要时说："是书所录凡二十一人，盖继朱子《伊洛渊源录》而作。以朱子为宗主，始于罗从彦、李侗，朱子之学所自来也。佐以张栻、吕祖谦，朱子友也。自黄榦而下，终于何基、王柏，皆传朱子之学者也。"②该书所列朱熹师承、友人、弟子共记二十一人，依据《宋史·道学传》《宋史·儒林传》行状、墓志、遗事等资料，仿朱熹《伊洛渊源录》而作。另一部是明人宋端仪所著《考亭渊源录》二十四卷，共列朱熹师友门弟子及后学三百余人。学者对朱熹之后"道统"谱系判定标准不一，造成"朱陆异同"之辩越演越烈，众说纷纭，这种思想领域内的纷争余波一直延续清朝而未息。从清初至中叶，清朝官方如何判定朱熹之后的道统谱系，依然是统治者在建构清朝享有"正统"过程中需要予以认真解决的重要课题。由于元明以

---

① 朱彝尊：《〈道传录〉序》，《曝书亭集》卷三十五，《四部丛刊》本。
② 《四库全书总目》卷六十一。

来，程朱理学经由科举考试的尊崇，在社会上的影响非常之大。明中后期，阳明心学的社会影响也不容小觑。所以，清官方必须在程朱理学与陆王心学二者之间作出抉择。这不仅是学者在思想倾向上必须慎重考虑的问题，而且也是清官方为巩固统治必须予以抉择的重大学术问题，关涉到清官方"正统"的建构和统治思想的确立。

清朝作为少数民族满族建立的中国最后一个王朝，清朝统治者深刻认识到认同朱熹划定的"道统"谱系和续接朱熹之后"道统"谱系，关涉到清朝延续"道统"的关键所在，清朝官方也深刻认识到，唯有将延续"道统"引入清朝"正统"建构之中，才能有效地消弭和缓解满汉民族之间的文化矛盾与冲突，实现国家的长治久安。清初至中叶，清官方在认同朱熹划定的"道统"谱系及续接朱熹之后"道统"谱系上，主要采取了以下几个方面的措施：

第一，从顺治朝至康熙朝，清廷先后加封朱熹、程颢、程颐、周敦颐、张载裔孙为世袭五经博士，逐步确立程朱理学的官学地位。据《山东通志》记载说："国朝配祀贤儒盛典，世祖章皇帝顺治元年，诏以圣门典例，期于优渥，凡先贤、先儒崇祀礼仪，悉如明制。十二年八月，命以宋儒朱熹后徽派朱煌为世袭五经博士。"①清初，规定先儒、先贤崇祀礼仪，大体上效仿明制。顺治十二年（1655）八月，加封朱熹后裔徽派朱煌为世袭五经博士。康熙九年（1670），康熙帝允许御史傅世舟之请，封程宗昌（程颐后裔）继嗣程颢、程延祀（程颐后裔）为世袭五经博士。②之后，程宗昌之后，程佳璠、程举、程周锡相继程颢后嗣世袭五经博士；程颐二十五代孙程俶世袭五经博士。康熙二十四年（1685）四月，康熙帝应左佥都御史姚缔虞之请，加封周

---

① 《国朝配祀贤儒盛典》，《山东通志》卷十一，《四库全书》本。
② 按，四库本《河南通志》记载说："程宗昌，伊川（程颐）二十代孙，因故博士接道无嗣，康熙八年，邑人御史傅世舟奏请袭职，遂以宗昌继明道（程颢）嗣，奉旨世袭五经博士。""程延祀，伊川二十四代嫡裔，故博士佳祚曾孙，因明末未经袭职。康熙八年，邑人御史傅世舟奏请，以延祀袭职，奉旨世袭五经博士。"

第二章　清初至中叶清官方文化认同的建构

敦颐后裔孙周嘉耀为世袭五经博士，又封张载后裔孙张梦熊世袭五经博士，因张梦熊去世，由其子张从先世袭五经博士。① 由此可见，清廷先后加封周敦颐、程颐、程颢、张载、朱熹后裔为世袭五经博士，充分体现官方逐步对程朱理学的认同与尊崇，也反映出对朱熹划定的北宋"道统"谱系的深层认同。康熙二十五年（1686）八月戊寅，康熙帝谕大学士等云："先儒先贤从祀位次，应视其道德为先后，不可援师弟为定例，其酌议奏闻。"② 言外之意，先儒先贤在孔庙从祀位次，须以其道德为标准区分先后，这为后来康熙朝晚期进一步提升朱熹在孔庙中的位阶埋下了伏笔。对此，汤斌还进一步上疏，请求康熙帝加封孔子弟子言偃后裔为世袭五经博士，并寻访孔子弟子如闵损、冉耕、冉雍、端木赐、卜商、有若后裔。要求官方对其量为擢用，以补前代未备之典章。他在《请录先贤后裔疏》中说："历代贤主，莫不褒崇儒学，优礼先圣，而本朝尤为明备。孔、颜、曾、孟及先贤仲由、先儒朱熹子孙皆世袭五经博士。我皇上崇儒重道，复录程颢、程颐子孙，圣驾东巡录周公子孙，近又录周敦颐子孙，皆世袭博士。圣贤后裔，尽承异数，甚盛典也。"③ 汤斌的建议并未被采纳。雍正二年（1724），诸臣建议孔门弟子冉伯牛、仲弓、冉求、宰予、子张、有若后裔，分别赐予世袭五经博士。

第二，康熙帝将朱熹在孔庙中的牌位升至大成殿十一哲之列（乾隆时期调整为十二哲），并下令编纂《御纂朱子全书》，极力推崇程朱理学，将程朱理学确立为官方统治思想。康熙帝自幼熟读儒家经典，且在其亲政之后，勤开经筵日讲，与诸臣研读经史，希望从中寻求治国安邦之道，从文化认同上缓和满、汉民族之间的尖锐矛盾。陆陇其极力推崇朱熹而排挤陆王，对康熙帝选择程朱理学作为官方统治思想有一定的影响和推动作用。如，陆陇其在《三鱼堂外集》卷十一《道统》文中说：

---

① 王士禛著，靳斯仁点校："周张后裔"，《池北偶谈》卷四，中华书局1982年版，第84页。
② 《圣祖仁皇帝圣训》卷三十一，《四库全书》本。
③ 汤斌：《请录先贤后裔疏》，《汤子遗书》卷二，《四库全书》本。

文化认同视角下的清代《明史》修纂研究

  今日道统之辨，溯其源，则本于洙泗；而求其要，则必宗于宋儒。洙泗之学晦，而道统息矣。宋儒之学晦，而洙泗之统息矣……但非周、程、张、邵，则洙泗之学不明；非朱子，则周、程、张、邵之学不明。故生以为汉之世，当尊孔子。而今之世，当尊朱子。朱子者，周、程、张、邵所自发明，而孔子之道所自传也。尊朱子，即所以尊周、程、张、邵，即所以尊孔子。尊孔子，而非孔子之术者，皆绝其道，勿使并进。尊朱子，而非朱子之说者，皆绝其道，勿使并进。①

  陆陇其充分地肯定了周敦颐、程颢、程颐、张载、邵雍、朱熹在继承圣贤相传的"道统"谱系中的地位，并认为朱熹集理学之大成，"道统"之传自朱熹而开始显著。因此，他极力主张"尊朱子，即所以尊周、程、张、邵，即所以尊崇孔子"。②康熙朝中后期，随着清朝统治的日渐巩固，康熙帝在对儒家经典及程朱理学深入学习的过程中，对程朱理学与社会功用之间的关系有着非常深刻的认识。因此，康熙朝中晚期，他越来越极力推崇和褒扬程朱理学，不断地提升朱熹在学术文化上的地位。康熙四十六年（1707）正月十七日，康熙帝在《〈御批资治通鉴纲目前编〉序》文中表达了他倾心学习儒家经典的目的，尤其对朱熹予以高度赞扬。他说："即子朱子祖述宣尼，维持世教之苦衷，并可潜孚默契于数千载之下，是则朕敦崇古学，作新烝民之至意也。爰叙述以冠篇端，用昭示于无穷焉。"③康熙五十一年（1712），康熙帝命诸臣商议朱熹从祀孔庙的位阶，他进一步强调说："朕以为孔孟之后，有裨斯文者，朱子之功最为宏巨。"④随后，康熙帝将朱熹提升至孔庙大成殿十一哲之列。值得注意的是，程朱学派历来以继承"道统"自居，朱熹

---

  ① 陆陇其：《道统》，《三鱼堂外集》卷四，《四库全书》本。
  ② 可参见王寅：《康熙朝"理学名臣"对"道统论"的弘扬》，《西部学刊》2016年第8期。
  ③ （元）金履祥撰，康熙帝御批：《御批资治通鉴纲目前编》卷首，《四库全书》本。
  ④ 《清实录·圣祖仁皇帝实录》卷二百四十九，中华书局1985年版，第466—467页。

第二章 清初至中叶清官方文化认同的建构

又是普遍公认的程朱理学的集大成者和光大"道统"之传者,此举充分反映出康熙帝认同儒生历来津津乐道的"道统"并有意识地将延续前代"道统"与建构清朝"正统"结合起来,将二者相提并论,使之相互促进,相得益彰。这应该是康熙帝论证清朝享有"正统"时在文化上最为高明和深入人心之处。

康熙朝晚期,与清初明遗民"夷夏之防""夷夏之辨"的过激言论相比,清人对康熙帝的文治武功极尽赞颂之词,反映这一时期文化认同明显深入。如,徐潮撰《圣德十颂》,从十个方面歌颂和盛赞康熙帝的文治武功,其中《道统颂》一首云:"大成至圣觉蒙启愚,自汉迄明祀亦有仪。我皇重道振古良希,作君作师功俪德齐。敦崇殊礼世教是维,心传永接相悦以怡。"[①]徐潮明显将"道统"和"正统"(君师并提)集于康熙帝一身。类似对康熙帝赞誉之文,在清人文集中比比皆是。康熙帝提升朱熹在孔庙中的位阶,正式确定将程朱理学树立为官方统治思想,从文化认同角度来缓解满汉矛盾,进一步巩固清廷统治。康熙五十二年(1713),李光地等编成《御纂朱子全书》六十六卷。应该说,康熙帝推崇程朱理学之举,是在深刻总结历史文化与现实政治考量后,在官方指导思想上所作出的明智抉择,体现出康熙帝一种深层的历史文化认同。对此,雍正帝在《〈钦定书经传说汇纂〉序》文中说:"朕思六经皆治世之书,而帝王之大经大法昭垂万古者,惟《尚书》为最备。盖自继天立极,精一执中,二帝三王之心法,递相授受,而治法亦因之以传……皇考圣祖仁皇帝圣学渊深,治功弘远,存于中者二帝三王之心,发于外者二帝三王之治。"[②]雍正帝的盛赞其父康熙帝将"二帝三王之心"存于内,而将"二帝三王之治"发于外,即真正做到了儒家"内圣外王"的完美结合。

第三,由于官方判定道统谱系的标准发生某些变化,导致雍正帝下令

[①] 徐潮:《圣德十颂》,载《皇清文颖》卷三十六,《四库全书》本。
[②] 《书经传说汇纂序》,《世宗宪皇帝御制文集》卷七,《四库全书》本。

文化认同视角下的清代《明史》修纂研究

重新议定复祀、增补从祀部分先儒。雍正二年（1724）三月初一，雍正帝下诏九卿、翰林院、国子监、詹事、科道说：

> 孔子道高德厚，万世奉为师表。其祔享庙庭诸贤，皆有羽翼圣经、扶持名教之功，然历朝进退不一，而贤儒代不乏人。或有先罢而今宜复；有旧缺而今宜增；其从祀崇圣祠诸贤周、程、朱、蔡外，孰应升堂祔享者；并先贤、先儒之后，孰当增置五经博士，以昭崇报，均关大典。九卿、翰林、国子监、詹事、科道会同详考，定议以闻。①

雍正帝下令九卿等会同详议从祀孔庙诸儒，他们认真议定后回复如下，建议恢复从祀明嘉靖时改祀者一共七人：林放、蘧瑗、郑康成、郑众、卢植、服虔、范宁；建议恢复从祀原先罢免从祀者一共四人：秦冉、颜何、戴圣、何休；建议增补从祀者一共十八人：乐正子、公都子、万章、公孙丑、诸葛亮、陆贽、韩琦、尹焞、黄榦、陈淳、何基、王柏、金履祥、许谦、陈澔、罗钦顺、蔡清、陆陇其；建议崇圣祠祔享一人：张载之父张迪；建议查访孔门弟子冉伯牛、仲弓、冉求、宰予、子张、有若一共六人后裔孙，赐封世袭五经博士。②雍正帝对上述诸臣议定的某些人员不甚满意。便下令诸臣重议，据《世宗宪皇帝圣训》卷三十二记载说：

> 雍正二年甲辰五月辛酉，礼部等衙门遵旨，议奏从祀孔庙诸儒。上谕曰："先儒从祀文庙，关系学术人心，典至重也。宜复宜增，必详加考证，折衷尽善，庶使万世遵守，永无异议。尔等所议复祀诸儒，虽皆有功经学，然戴圣、何休未为纯儒；郑众、卢植、服虔、范宁谨守一家言，转相传述，视郑康成之淳质深通似

---

① 《世宗宪皇帝上谕内阁》卷十七，《四库全书》本。考"从祀崇圣祠诸贤周、程、朱、蔡"，是指明嘉靖九年（1530），二程之父程向、朱熹之父朱松、蔡沈之父蔡元定从祀启圣公祠；明万历二十三年（1595），增加周敦颐之父周辅成从祀；雍正二年（1724），又增加张载之父张迪入崇圣祠。清朝官方在认同明朝所确定的从祀人员基础上略为增补。

② 《世宗宪皇帝圣训》卷三十二，《四库全书》本。

074

第二章　清初至中叶清官方文化认同的建构

乎有间。至若唐之陆贽、宋之韩琦勋业昭垂史册，自是千古名臣，然于孔孟心传果有授受而能表彰羽翼乎？其他诸儒是否允协，以及宰予、冉有增置博士之处，著再公同确议，务期至当不易。"①

雍正帝的上述这番话，对诸臣提出的四条建议，明显有一些不满意。他直接指出戴圣、何休"未为纯儒"；郑众、卢植、服虔、范宁四人"谨守一家言，转相传述，视郑康成之淳质深通似乎有间"；陆贽、韩琦虽"勋业昭垂史册，自是千古名臣，然于孔孟心传果有授受而能表彰羽翼乎"？同时，还指出对所议定其他诸儒恰当与否以及宰予、冉有增置世袭五经博士之处，再予以商议定夺。同年八月，礼部等衙门遵旨再议，充分吸纳雍正帝的意思，斟酌定议后，上奏：应该复祀者林放、蘧瑗、秦冉、颜何、郑康成、范宁六人，即由原来十一人减为六人；建议应该增祀者县亶、牧皮、乐正子、公都子、万章、公孙丑、诸葛亮、尹焞、魏了翁、黄榦、陈淳、何基、王柏、赵复、金履祥、许谦、陈澔、罗钦顺、蔡清、陆陇其二十人，即将原来十八人中删略陆贽、韩琦，新增县亶、牧皮、魏了翁、赵复四人。张载之父张迪一人入崇圣祠者，这一条没有变化；建议应该增置冉有、冉耕（伯牛）、子张、有若四人后裔世袭五经博士，即增加冉耕、子张、有若三人后裔。对这一次重新议定结果，雍正帝非常满意。雍正帝立刻发布上谕说："朕念先贤先儒扶持名教，羽翼圣经，有关学术人心。爰命九卿详议，今诸臣参考周详，评论公正，甚合朕心，著依议行。"② 陆陇其作为清人第一人身份入祀孔庙，充分体现出清代学术与政治之间的密切关联。乾隆二年（1737），恢复吴澄从祀孔庙。考吴澄于明宣德十年（1435）从祀孔庙，明嘉靖九年（1530）罢祀。③ 从清代前期孔庙从祀的变化上来看，入祀孔庙者，大多以

---

① 《世宗宪皇帝圣训》卷三十二，《四库全书》本。
② 《世宗宪皇帝圣训》卷三十二，《四库全书》本。
③ 关于吴澄从祀、罢祀、复祀的原因可参考朱鸿林：《元儒吴澄从祀孔庙的历程与时代意涵》，收入朱鸿林：《孔庙从祀与乡约》，生活·读书·新知三联书店2014年版。

程朱学派及后学为主，凸显出清朝官方对程朱理学及"道统"谱系的认同和弘扬，对清朝享有"正统"的建构无疑具有十分重要的现实意义和文化意义。

第四，重视孔庙祭祀和历代帝王庙的祭祀活动。清代前期，顺治帝、康熙帝、雍正帝、乾隆帝前后相继非常重视祭孔活动，亲自前往主祭，或派遣皇子或重臣前往代祭，祭孔典礼极其尊隆。彭孙遹在《圣德颂》中说："兹又钦承谕旨，校对《幸鲁圣典》一书，窃以为皇帝德化媲于唐虞，道统承于洙泗，以圣合圣，以心契心。鸿章巨典，泂简册所旷闻，而古今之希觏也。敬拜手稽首而献颂云。"① 康熙帝每次在开展经筵讲之前，先举行隆重祭孔活动，为学子和读书人树立起"崇文右儒"的典范。康熙帝高度赞扬孔子，并十分注重祭孔仪式。康熙六十年（1711）四月丙申，康熙帝特别上谕大学士等曰：

> 朕披览史册，于前代帝王每加留意。书生辈但知讥评往事，前代帝王虽无过失，亦必刻意指摘，论列短长，全无公是公非。朕观历代帝王庙，所崇祀者，每朝不过一二位。或庙享其子而不及其父，或配享其臣而不及其君，此皆出自书生之论，未为允当。况前代帝王，曾为天下主。后世之人，俱分属臣子，而可轻肆议论，定其崇祀与不崇祀乎。今宋明诸儒，人尚以其宜附孔庙奏请。前代帝王，既无后裔，后之君天下者，继其统绪，即当崇其祀典。朕君临宇内，不得不为前人言也。朕意以为，凡曾在位，除无道被弑、亡国之主外，应尽入庙崇祀。尔等将朕此旨录出，公同详议，具奏。②

康熙帝上述这段话含有四个方面的意思：批评书生对历代帝王刻意指摘，论列长短，毫无公是公非；历代帝王庙所崇祀者每朝不过一二位，或祭

---

① 彭孙遹：《圣德颂》，《松桂堂集》卷三十六，《四库全书》本。
② 《圣祖仁皇帝圣训》卷三十一，《四库全书》本。

祀其子而不及其父，或配享其臣而不及其君，皆因书生妄论而定，未为允当；前代帝王，曾为天下主，后世之人，俱分属臣子，怎可轻易妄论以定其崇祀与不崇祀乎。认为宋明诸儒，还有人为其奏请从祀孔庙，而前代帝王，既无后裔，后来君临天下者，继承其统绪，应该崇其祀典。下令大学士等议定，凡曾在位，除去无道被弑、亡国之主外，应入历代帝王庙从祀。雍正帝对全国各地孔庙每年的祭祀非常重视，下令饥荒之年不得裁减孔庙祭祀公费，允许一些确有饥荒之各州县可从存公银内拨补。①

（二）清代前期官方引"道统"以建构"正统"

中国历史上朝代更迭频繁，故而每一朝代或政权必须论证承继前代王朝的"正统"，才能获得人民的支持，才能证明其政权的建立乃"天命所归""大势所趋"，实现国家的长治久安。自两宋以来，大凡参与论辩"道统"者，其实都从现实政治出发为自身所处王朝争"正统"。在他们的论辩中，尤其十分重视将"道统"与"正统"有机结合，相提并论，使二者之间相辅相成、相得益彰，从而彰显出"道统"在"正统"建构中的核心地位及重要文化意义。

清初至中叶，清朝官方对清朝享有"正统"的建构，主要从总结历史与现实政治出发，极力推崇程朱理学，认同朱熹判定的"道统"谱系，并在孔庙从祀中续接朱熹之后的"道统"谱系。同时，进一步认同朱熹判定的历代"正统"政权谱系，并在此基础上续接北宋、南宋、元朝、明朝、清朝"正统"谱系，将二者有机融合，使之相辅相成，相互促进，从而最终完成清朝享有"正统"的理论建构，确定了清朝在中国历史上的重要地位及与前代之间在政治、文化上的一脉相承关系。此外，清代前期祭黄帝陵文中所表达的帝王"受天明命，继道统而新治统"的思想，也值得我们关注。

---

① 《世宗宪皇帝圣训》卷三十二，《四库全书》本。

文化认同视角下的清代《明史》修纂研究

如，顺治八年（1651），顺治帝遣官祭拜黄帝陵，他在祭文中强调说："自古帝王，受天明命，继道统而新治统。圣贤代起，先后一揆，功德载籍，炳如日星。"[①]这一祭文有着丰富的意涵，强调"道统"与"治统"合二为一，是一种深层的历史文化认同。康熙帝深刻认识到要论证清朝享有"正统"的关键，是将延续"道统"引入进行建构，即论证或认同自孔子以来一脉相承"道统"授受谱系，尤其是朱熹划定的"道统"谱系基础上续接朱熹之后的谱系，并将自己作为继承"道统"的化身，才能从文化上消解满汉之间的矛盾，实现民族间的融合，达到国家的长治久安。应该说，清代前期，官方在清朝享有"正统"上的诸多实践，就是将延续"道统"与享有"正统"密切结合起来，收事半功倍、一举两得之效。如，康熙帝在批阅《资治通鉴纲目》[②]的过程中，认同朱熹所建构的历代"正统"政权谱系：秦→西汉→东汉→蜀汉→西晋→东晋→宋→齐→梁→陈→隋→唐→后梁→后唐→后晋→后汉→后周→北宋→南宋，[③]并在此基础上续接元、明、清一脉相承的"正统"谱系。后来，乾隆帝《御批通鉴辑览》一书中续接清朝的"正统"地位。由此可以看出，朱熹划定"道统"谱系与历代政权谱系之间是合二为一的整体，其宗旨就是论定"道统"归南宋，"正统"亦归南宋。然而，在朱熹划定的历代政权"正统"谱系中，尤其值得关注的便是三国时期以蜀汉为"正统"。陈寿《三国志》以曹魏为正统。东晋南渡后，偏东南一隅，时势类似蜀汉，习凿齿《汉晋春秋》对此提出异议，反而推尊蜀汉为"正统"，目的在于为东晋争"正统"。后来北宋建立类似曹魏，司马光《资治通鉴》仍认同陈寿以魏为"正统"，目的在于为北宋争"正统"。宋南渡之后，南宋偏东南一隅，时势反而类似蜀汉。朱熹赞同习凿齿《汉晋春秋》，与弟子赵师

[①]《陕西通志》卷八十五，《四库全书》本。
[②] 宋荦等编：《御批通鉴纲目全书》，康熙四十九年（1710）扬州诗局刻本。
[③] 可参见黄太勇、于小杰：《论朱熹的"正统"观》，《牡丹江师范学院学报》（哲学社会科学版）2012年第3期。

第二章　清初至中叶清官方文化认同的建构

渊著《资治通鉴纲目》，力主蜀汉为"正统"，目的在于为南宋争"正统"。①值得注意的是，朱熹之前凡参与争"正统"者，很少有人将"道统"引入"正统"论辩之中。然而，至朱熹之后，由于程朱理学影响日益广泛，学者方才有意识地将延续"道统"引入"正统"建构，即将延续"道统"与否，视为判定分裂时期政权是否享有"正统"的关键所在与核心标准，充分体现出中国古代政教合一的特点。由此说来，朱熹划定的"道统"谱系的根本目的，就是为建构北宋、南宋相续的"正统"而服务的。元明清时期，由于程朱理学的影响非常大，"道统"与"正统"之间的密切关联，遂引起许多学者的关注与探讨。

清代前期官方将延续"道统"与继承"正统"相提并论，充分体现出清官方深层的历史文化认同。一方面，官方认同朱熹所判定的"道统"谱系，极力推崇程朱理学，确立为官方统治思想；另一方面，也认同朱熹判定的历代政权"正统"谱系，并在此基础上进一步续接元、明、清"正统"谱系，非常注重将二者紧密联系起来，实现康熙帝所谓的"道统与治统相维"之目的。②对此，《四库全书总目》对康熙帝御批朱熹《资治通鉴纲目》给予很高的评价："我圣祖仁皇帝默契《春秋》谨严之旨，于事之可法可戒，或傅会失实、不衷于理者，详加批论，凡百有余条。所以考古鉴今，析疑征信，用垂奕禩者。洵非往代儒生拘文牵义、蠡测管窥之流，所能拟议矣。"③康熙帝虽然有意识地从文化认同的角度论证清朝"正统"地位，但很少明确将二者相提并论。后来，乾隆帝则有意识地将延续"道统"与享有"正统"进一步联系起来，并进行了深入阐发与建构。

---

① 王晴佳、胡萧伯译：《中国史学的元叙述：以"文化中国说"考察正统论的意涵》(《江海学刊》2017年第1期) 一文中认为：北宋儒者更多从"大一统"角度论证王朝正统性 (司马光等人秉持陈寿《三国志》以魏为正统)，其实利于论证北宋享有正统而出发；南宋朱子等人则更多从族群和文化发展继承角度论证正统 (朱熹等人秉承习凿齿《汉晋春秋》中以蜀汉为正统)，而非地理位置和疆域大小，显然为论证南宋政权的正统地位而立论。

② 瞿林东：《道统治统与历史文化认同》，《群言》2005年第4期。

③ 《御批资治通鉴纲目》卷首，《四库全书》本。

（三）清代前期"道统"在"正统"的建构中的核心地位

清代作为少数民族满族建立的政权，其对历史文化认同的广度与深度上无疑超越了前代少数民族建立的政权。康熙帝对程朱理学的逐步推崇的同时，也非常注重将延续"道统"引入清朝享有"正统"建构中，收效较为明显。康熙十六年（1677），康熙帝首开经筵日讲，首先从学习《四书》开始，随后钦定《日讲四书解义》二十六卷。可见，其对《四书》的重视非同一般。《四库全书总目》卷三十六提要《日讲四书解义》二十六卷云："我圣祖仁皇帝初年访落，即以经筵讲义，钦定是编。所推演者，皆作圣之基、为治之本。词近而旨远，语约而道宏。圣德神功所为，契洙泗之传，而继唐虞之轨者，盖胥肇于此矣。"① 他在《〈日讲四书解义〉序》中说：

> 朕惟天生圣贤，作君作师，万世道统之传，即万世治统之所系也。自尧、舜、禹、汤、文、武之后，而有孔子、曾子、子思、孟子，自《易》《书》《诗》《礼》《春秋》而外，而有《论语》《大学》《中庸》《孟子》之书，如日月之光昭于天，岳渎之流峙于地。猗欤盛哉！盖有四子而后二帝三王之道传，有四子之书而后五经之道备……此圣贤训辞诏后，皆为万世生民而作也。道统在是，治统亦在是矣。历代贤哲之君，创业守成，莫不尊崇表章，讲明斯道……此编之大义，究先圣之微言，则以此为化民成俗之方，用期夫一道同风之治，庶几进于唐虞三代文明之盛也夫。②

康熙帝特别注重吸纳四书五经的文化意蕴，并将其思想用之于治国理政，认为"道统在是，治统亦在是矣"。康熙帝视"道统"乃为"治统"之所在与判定标准，为清廷统治的合法性奠定了坚实的理论基础。康熙帝先

---

① 《四库全书总目》卷三十六。
② 《〈日讲四书解义〉序》，《圣祖仁皇帝御制文集》卷十九，《四库全书》本。

第二章 清初至中叶清官方文化认同的建构

后颁布御纂诸经并为之序:《日讲四书解义》二十六卷,康熙十六年(1677)钦定,康熙十九年校刊;《日讲书经解义》十三卷,康熙十九年(1680)校刊;《日讲易经解义》十八卷,康熙二十二年(1683)校刊;《日讲诗经解义》先成,刊于康熙年间;《钦定春秋传说汇纂》三十八卷,康熙三十八年(1699)刊刻;而《日讲春秋解义》刊于雍正年间;《日讲礼记解义》则刊于乾隆初年;《御纂朱子全书》六十六卷,康熙五十二年(1713)刊刻;《御纂周易折中》二十二卷,康熙五十四年(1715)刊刻;《御纂性理精义》十二卷,康熙五十六年(1717),李光地校对,康熙帝钦定;《钦定书经传说汇纂》二十四卷,康熙六十年(1721)钦定,雍正八年(1730)校勘;《钦定诗经传说汇纂》二十卷,康熙帝御定,后于雍正五年(1727)刊刻。清代前期官方论定清朝享有"正统"时,也多次强调"得国之正",或将疆域"大一统"作为主要标准,并以此建构清朝享有"正统"的地位。雍正帝从大一统疆域及"中外一家""上下一体"的角度论证清朝统治的合法性,超越汉族历来的"华夷之辨""夷夏大防",进一步充实了清朝享有"正统"的深刻文化内涵,从而充分彰显各民族之间一视同仁之意。雍正帝在上谕八旗中强调说:"夫中外,地所画之境也;上下,天所定之分也。我朝肇基东海之滨,统一中国,君临天下。所承之统,尧舜以来中外一家之统也;所用之人,大小文武中外一家之人也;所行之政,礼乐征伐中外一家之政也。"[1]雍正帝认为清朝肇基东海之滨,统一中国,君临天下,所承之统为"中外一家"之统,所用之人为"中外一家之人",所行之政为"中外一家之政"。显然从大一统疆域、"中外一家""满汉一体"等角度建构其清朝的"正统"地位。[2]

乾隆帝在继承其父祖建构"正统"思想的基础上,对"道统"在"正

---

[1]《世宗宪皇帝上谕八旗》卷十一,《四库全书》本。

[2] 可参见笔者:《文化认同视角下的清朝正统论建构》,收入张勇主编:《迩言——红河学院人文学院教学科研究文集(2017)》,四川大学出版社2017年版。

文化认同视角下的清代《明史》修纂研究

统"建构中的核心地位有更精辟地认识。主要体现乾隆帝认同元代杨维桢《三史正统辨》中主张宋辽金时期"道统"归宋、"正统"亦归宋及"元承宋统"的观点。杨维桢把"道统"归南宋与南宋享有"正统"有机联系在一起，即宋享有"正统"的关键原因在于宋为"道统"之所系。对此，杨维桢在《三史正统辨》一文中说：

抑又论之道统者，治统之所在也。尧以是传之舜，舜以是传之禹、汤、文、武、周公、孔子。孔子没，几不得其传，百有余年，而孟子传焉。孟子没，又几不得其传，千有余年，而濂洛周程诸子传焉。及乎中立杨氏，而吾道南矣。既而宋亦南渡矣。杨氏之传为豫章罗氏、延平李氏及于新安朱子，朱子没而传及于我朝许文正公，此历代道统之原委也。然则道统不在辽、金而在宋，在宋而后及于我朝，君子可以观治统之所在矣。①

杨维桢还把"道统"与"治统"联系在一起进行论证，他建构上古自元朝以来的"道统"传承体系：尧→舜→禹→汤→文王→武王→周公→孔子→孟子→周敦颐→程颐、程颢→杨时→罗从彦→李侗→朱熹→（元）许衡，进一步指出"道统""治统"在宋而不在辽、金，故而进一步推演出"元承宋统"的合理性。乾隆帝也深刻认识到论证清朝享有"正统"地位，必须认同杨维桢"道统"归宋，"正统"亦在宋及"元承宋统"的思想，并在此基础上连续推演出元明清相合相续的"正统"地位。乾隆帝下令将其《命馆臣存录杨维桢〈三史正统辨〉》与杨维桢《三史正统辨》冠于陶宗仪《辍耕录》及杨维桢《东维子集》卷首，收入《四库全书》，足见乾隆帝对杨维桢该文的高度重视。乾隆帝在认同杨维桢观点的基础上，进一步论说朱子划定的历代政权"正统"谱系的理论依据和判定标准。乾隆四十六年（1781），他在《命馆臣存录杨维桢〈三史正统辨〉》一文中如是说：

---

① （元）杨维桢：《三史正统辨》，冠于《东维子集》卷首，《四库全书》本。

第二章 清初至中叶清官方文化认同的建构

> 夫正统者,继前统受新命也。东晋以后,宋、齐、梁、陈虽江左偏安,而所承者晋之正统。其时,若拓跋魏氏地大势强,北齐、北周继之,亦较南朝为盛,而中华正统不得不属之宋、齐、梁、陈者,其所承之统正也。至隋则平陈以后混一区宇,始得为大一统。即唐之末季,藩镇扰乱。自朱温以讫郭威等,或起自寇窃,或身为叛臣,五十余年之间,更易数姓,甚且称臣、称侄于契丹,然中国统绪相承,宋以前亦不得不以正统属之梁、唐、晋、汉周也。至于宋南渡后,偏处临安,其时辽、金、元相继起于北边,奄有河北,宋虽称侄于金,而其所承者究仍北宋之正统,辽、金不得攘而有之也。至元世祖平宋,始有"宋统当绝,我统当续"之语,则统绪之正,元世祖已知之稔矣。我皇祖《御批通鉴》及朕向所批《通鉴辑览》,俱以此论定。盖《春秋》大义、《纲目》大法,实万世不易之准。[①]

乾隆帝认为南北朝分裂时期,将"正统"归属于宋、齐、梁、陈,是因为这几个政权承晋之"正统";五代十国时期,将"正统"归属于后梁、后唐、后晋、后汉、后周,是因为五代承唐之"正统";宋、辽、金分裂时期,将"正统"归属于两宋,是因为南宋承北宋"正统"。朱子划定的历代政权谱系,依据在于承统之正的缘故,核心在于"道统"之所系。康熙帝《御批资治通鉴纲目》和乾隆帝《御批通鉴辑览》都认同"正统"谱系的划定标准。言外之意,是认同将延续"道统"作为"正统"政权划定的主要依据与核心标准。他又说:"然馆臣之删杨维桢《正统辨》者,其意盖以金为满洲,欲令承辽之统,故曲为之说耳!不知辽、金皆自起北方,本无所承继,非若宋元之相承递及为中华之主也。若以此立论,转觉狭小,天下万世必有起而议之者,是不可以不辨。"[②] 乾隆帝认同杨维桢以南宋为"道统"所

[①] 《命馆臣存录杨维桢〈三史正统辨〉》,冠于《东维子集》卷首,《四库全书》本。
[②] 《命馆臣存录杨维桢〈三史正统辨〉》,冠于《东维子集》卷首,《四库全书》本。

文化认同视角下的清代《明史》修纂研究

系,来建构南宋"正统",而且认同南宋"正统"承自北宋,并续接元明清"正统",因此才正式放弃承袭辽、金统,亦在情理之中,这种选择本身就是一种明智之举。与此同时,乾隆帝认为南明可与东晋、南宋相仿,遂确定将明亡时间推延至顺治二年(1645)五月。他在《书〈通鉴辑览〉明崇祯甲申纪年事》一文中说:

> 《通鉴辑览》之书非一时之书,乃万世之书。于正统、偏安之系,必公必平;天命人心之向,必严必谨。且《正编》《续编》既一正其自视尊大之陋习,而顾于本朝嬗代之际有所偏向,是不有恧于心而贻来世之讥乎?兹于甲申岁仍命大书"崇祯十七年",分书"顺治元年"以别之。即李自成陷京师,亦不遽书"明亡",而福王弘光元年亦令分注于下,必俟次年福王于江宁被执,而后书"明亡"。①

乾隆帝正式确定将明亡时间延至顺治二年(1645)五月南明福王被执,仍大书明亡;《命〈通鉴辑览〉附纪唐桂二王事迹》强调附载唐、桂二王事迹于后,认为二王流窜边隅,苟延残喘,不足为"正统"之所系,但认同南明可与东晋、南宋相似,遂将明亡时间下延至顺治二年(1645)五月。认为"此实大公至正,可以垂示天下后世"②。

综上所述,清代前期,官方推崇程朱理学与"正统"建构之间是相辅相成的密切共生关系,即注重将延续"道统"引入"正统"建构与实践之中,最终彻底放弃清朝承接辽、金统,由此彰显出"道统"在"正统"建构过程中的核心地位和重要文化意义。

---

① 《御制书〈通鉴辑览〉明崇祯甲申纪年事》,《御批历代通鉴辑览》卷首,《四库全书》本。
② (元)托克托等:《金史》卷首《读〈金史〉》,《四库全书》本。

第三章　清初至中叶清官方文化认同的实践

　　清朝作为少数民族满族建立的中国最后一个封建王朝，有许多自身的特点，深入研究清史，不仅有助于我们深入了解清朝盛衰兴亡之由，而且还能够认识清朝在诸多方面超越前朝的成功之处，从而为当今建设"多元一体"的文化格局提供一些有益借鉴。"树有根而枝叶茂，水有源而百川流"，清朝作为军事上的征服者，如何实现清朝统治下各民族文化的融合，继而进一步巩固统治及构建政权的合法性？这是摆在统治者面前迫切需要解决的重大问题。纵观清代历史，其统治兴盛之时，文化成就也达到顶峰；而其统治衰败之时，其文化也逐渐因循守旧，妄自尊大，从而丧失与世界接轨的良机，最终走向灭亡。明清易代之际，在思想领域内批判王学末流的空疏学风，清初学术彰显出明确的经世致用倾向，主张注重社会实践，为扭转清初学术向实学转变，起到了至关重要的作用。同时，通过学者的不懈努力，黜虚就实、注重实践与考证的学风也逐渐风靡学术界。乾嘉考据学的兴盛就是清代学术思潮的主要表现。许多学者强调为学的经世致用，反对明末以来空疏学风。除顾炎武、王夫之、黄宗羲等大儒之努力外，还有许多学者参与其中。如，明遗民张履祥就是其中的一位，他对王

文化认同视角下的清代《明史》修纂研究

学末流予以了深刻批判，并主张学术转向经世致用，注重躬行实践，不满当世讲学者徒"骋口辩，沽虚名"的为学宗旨。①《皇朝文献通考》著录张履祥《杨园全书》三十四卷、《张考夫遗书》五卷，并附按语云："臣等谨按：履祥初讲蕺山慎独之学，晚乃专意于程朱，立身端直，乡党称之。"② 清初至中叶一百五十多年的时间内，清朝经历了从入关建立政权、巩固统治、日臻强盛并由盛而衰的一个重要历史转折时期。因此，很有必要从文化认同的角度，来重新审视清廷作出的诸多努力与调适，现逐一勾勒说明之。

一、吸纳汉族士子，主持各类书籍的编纂

清朝统治者深刻认识到要巩固统治，必须广泛吸纳在文化上占有优势的汉族士大夫参与到国家治理与文化建设工作中来。明清易代之际，汉族士大夫经历了极大的思想震撼和亡国之痛，他们有着强烈共识："国可亡，而史不可灭"，希望借助修故国之史，表达对故国的思念。清朝统治者从现实政治需要出发，也希望能与汉族士大夫合作，让他们参与《明史》编纂，进一步缓和满、汉民族矛盾，巩固清朝的统治。对此，阚红柳博士在《清初史学史上的贰臣——兼谈贰臣的社会文化功能》一文中，对清初史馆安置"贰臣"参与修史情况予以说明：

> 清朝统治者入关之初，急于利用贰臣在政治文化等领域的影响来稳定民心，巩固政权。因此，除了在军事方面信用武臣以征剿平叛、开拓疆土之外，文职的贰臣则在文化领域，尤其是史馆委以要职。入职史馆，参与纂修，是清初贰臣的重要文化活动。贰臣参与的官方修史活动包括：《太宗实录》《世祖实录》《太祖圣训》《太宗圣训》《明史》等等。一些贰臣在学界享有盛誉，他们在

---

① 孙敬庵撰，周俊富辑："张履祥"，《明遗民录》卷三，明文书局1912年版，第67页。
② 张廷玉等奉敕撰，后嵇璜、刘墉等奉敕撰，纪昀等校订：《皇朝文献通考》卷二百二十七，《四库全书》本。

第三章　清初至中叶清官方文化认同的实践

史馆任职，被认为是众望所归。[①]

清廷除利用学术领域内有声望的"贰臣"入史馆修史之外，也积极利用归顺清朝的士子，他们由于之前没有出仕明朝，故而在出仕新朝上没有像"贰臣"那样备受社会舆论的压力。清廷也利用他们参与修纂各类书籍，清初，他们与"贰臣"一起发挥着重要的社会文化功能。

顺治二年（1645），清廷开馆，纂修《明史》，任命的诸总裁、副总裁、纂修官，其中有明朝降臣，实非修史之才。但正处明清易代之际，清廷忙于各地的征服战争，无暇顾及《明史》修纂的实际工作。修史活动也非清廷当务之急，无疑只是标榜明清易代已成事实，明朝国祚已转移到清朝而已。这一时期，只是下诏征集图书，并无实质性进展，修史也无实际成效。顺治十年（1653），顺治帝深刻认识到满、汉官员之间的和谐对巩固政权十分重要，因此逐步尝试在六部二院中重用汉官，在提高汉官政治权利方面迈出了一大步，其间虽有反复的现象，都源于保护满族的既得利益的需要所致，这为后来康熙朝满、汉矛盾逐渐缓和奠定了基础，逐步扭转清初政治格局中满、汉官员地位不相称的局面。据《清实录·世祖章皇帝实录》卷七十一记载顺治十年（1673）正月庚午，顺治帝谕内三院文云：

> 朕稽历代圣君良臣，一心一德，克致太平，载诸史册，甚盛事也。朕自亲政以来，各衙门奏事，但有满臣，未见汉臣。顷经御史条奏，甚属详恳。朕思大小臣工，皆朕腹心手足。嗣后凡进奏本章，内院六部、都察院、通政使司、大理寺等衙门，满、汉侍郎卿以上，参酌公同来奏。其奏内事情，或未当者，可以顾问商酌。尔等传谕诸臣，务体朕怀。各竭公尽忠，除推诿，以绍一

[①] 阚红柳：《清初史学史上的贰臣——兼谈贰臣的社会文化功能》，《学术研究》2009年第8期，第108页。共统计"贰臣"中文臣参与修史的共十七位：洪承畴、宋权、曹溶、金之俊、胡世安、王永吉、王铎、吴伟业、冯铨、李若琳、刘正宗、钱谦益、梁清标、党崇雅、卫周祚、张端、陈之遴。笔者考证，顺治二年（1645）任命洪承畴、冯铨等为《明史》总裁，李若琳等为《明史》副总裁，张端为《明史》纂修官。顺治三年（1646），钱谦益、陈之遴为《明史》副总裁。

087

文化认同视角下的清代《明史》修纂研究

心一德之盛。①

康熙帝亲政之后，顺应人心，发展生产，与民休息。康熙十一年（1672）十二月，康熙帝对大臣们说："从来与民休息，道在不扰。与其多一事，不如省一事。朕观前代诸臣，每多好大喜功，劳民伤财，紊乱旧章，虚耗元气，上下讧嚣，民生日蹙，深可为鉴。"② 康熙十八年（1679），下诏重开史馆，修《明史》。康熙十八年（1679），召开"博学鸿词科"，一共录取彭孙遹等五十名"鸿博"，授予翰林院侍读、侍讲、编修、检讨之职，充入史馆，纂修《明史》。在五十"鸿博"中，只有四十七人参与修史。参与修史的史官大多为汉族知识分子，尤其以文化渊薮的江浙一带士子居多。此外，康熙帝还组织大批文人学者参与大型文史书籍的编修工作，特别注重广泛吸纳汉族士子，主持各类书籍的编纂。在康熙帝统治六十一年内，先后官修的书籍种类多，卷数大。③ 如，《古今图书集成》《朱子全书》《佩文韵府》《渊鉴类函》《佩文斋广群芳谱》④《康熙字典》等书籍。康熙四十九年（1710），康熙帝又下令文华殿大学士兼户部侍郎张廷玉、文渊阁大学士兼礼部尚书陈廷敬担任主编，参考明代梅膺祚《字汇》、张自烈《正字通》，编纂《康熙字典》。

清朝初期至中期，官修的史书特别多，《明史》、实录、国史、圣训、玉牒、《通鉴辑览》《资治通鉴纲目三编》《贰臣传》《续通典》《续通志》《续文

---

① 《清实录·世祖章皇帝实录》卷七十一，中华书局1985年版，第559—560页。
② 《圣祖仁皇帝圣训》卷六，《四库全书》本。
③ 关于清代史馆修史成就及与清代政治之间的关系，可参考王记录：《清代史馆与清代政治》，人民出版社2009年版。
④ 康熙四十四年（1705），康熙帝命汪灏等人在（明）人王象晋《群芳谱》的基础上增删、改编、扩充，于康熙四十七年（1708）成书，特赐名《佩文斋广群芳谱》，作序文，冠于篇首。乾隆时期，收入《四库全书》。

088

献通考》①《清通典》《清通志》《清文献通考》《清会典》《古今图书集成》《方略》《四库全书》等。康熙帝文治策略的体现，就是吸纳广大汉族士子参与各类典籍的修纂。

康熙朝学风严谨，刊刻书籍精美。康熙帝通过编纂大量的文献典籍来传承文化，在不断加强文化认同的过程中，逐步确立清朝政权的合法地位，并继而进一步巩固统治。毫无疑问，康熙帝文治政策成效非常明显，它不仅动摇了汉族士子根深蒂固的"夷夏大防""夷夏之辨"观念，而且有利于消弭汉族士子对清朝的敌对情绪，转而逐步认同清朝的统治。值得注意的是，康熙帝对士子的优待殊非寻常，对经筵讲官更是如此。如，康熙帝对经筵讲官张英百般器重，康熙二十一年（1682），张英之父张秉彝去世，张英上疏请假，办理其父丧事。康熙帝特下谕，赏赐白金等，对其进行奖赏。②康熙二十一年（1682），叶方蔼病逝，"遣奠茶酒，赐白金二百。上以方蔼久侍讲幄，启沃勤劳，命优恤，赐谥文敏"③。又如，康熙五十一年（1786），大学士张玉书逝世，清廷给予极高的待遇，赐银祭葬，谥号"文贞"。《清实录·圣祖仁皇帝实录》卷二百四十六记载：

> 丁未，谕大学士等曰："朕自幼读书，见大臣多不能保其初终，故立志待大臣如手足。不论满、汉、蒙古，非大奸大恶法不可容者，皆务保全之。五十年来，如大学士蒋赫德、卫周祚、李霨、杜立德、冯溥、黄机、吴正治、王熙、李之芳、宋德宜、梁清标、李天馥、张英、熊赐履、吴琠、陈廷敬皆以年老告辞，林

---

① 王记录在《清代史馆与清代政治》第61页中说："本来，乾隆帝要求编纂的《续文献通考》包括清代典制，但在编纂过程中发现体例无法划一。即叙述前朝旧事，一律都用平书，及到清代，凡遇有国号、年号、庙号、诏谕等，都要出格跳行，然前代帝王不用，独尊清帝，于理不顺，统尊前代，又不显本朝崇高神圣。'体例迥殊，难于画一'，于是在乾隆二十六年，'命自开国以后，别自为书。'将《清文献通考》从《续文献通考》中分出，单作一书。"

② 《清实录·圣祖仁皇帝实录》卷一百一，中华书局1985年版，第13页。另，表里：泛指衣料。

③ 赵尔巽等：《叶方蔼传》，《清史稿》卷二百六十六，中华书局1977年版，第9944页。

下怡养，保全名节。朕亦未尝少忘，常使人存问，始终如此。凡在朝诸臣，朕待之甚厚，伊等亦矢忠尽力，历数十年之久，与朕同须发皤然矣。朕念宿学老臣，辞世者辞世，告退者告退，每每伤心痛哭。今又有大学士张玉书之事，朕悲悼不已，故援笔作挽诗一首。令尔等知之。"①

康熙五十一年（1712），谕大学士等云："原任大学士张玉书久任机务，小心恪慎、懋著勤劳，朕追念难忘。伊惟一子张逸少，现任编修，著从优升为翰林院侍读学士，以示朕笃眷旧臣至意。"②随着清朝统治的日渐巩固，汉族士子更多地认同清朝的统治，清官方通过开科取士和荐举等多种途径，使士子出仕渠道更为畅通，官方与士子在合作过程中不断消解隔阂，彼此之间历史文化认同进一步加深，从而进一步确立清朝统治下大一统的政治格局与"多元一体"的文化格局。士子多参与官修史书，且取得的成效是非常明显的。下面以起居注、方志、《康熙字典》编纂为例予以说明：

起居注的修撰，康熙九年（1670），康熙帝批准设立起居注馆，但延至康熙十年（1671）才正式设立起居注馆，九月开始记录起居注，"最早的起居注本为康熙十年九月，起居注官为折库纳。"③起居注馆开设之后，起居注官一般由日讲官兼任，后从翰林院中遴选。《康熙起居注》一般记录每日负责的起居注官名。随着起居注馆的增设，增记注满洲主事四人、中书舍人六人。④据王士禛《池北偶谈》卷三"起居注"记载：

> 康熙十年（1671），复设起居注馆，在午门内之西，与《实录》馆相对。其官则自掌院学士、詹事以下史官以上，皆得充之。

---

① 参见《清实录·圣祖仁皇帝实录》卷二百四十六，中华书局1985年版，第442页。
② 《清实录·圣祖仁皇帝实录》卷二百四十九，中华书局1985年版，第465页。
③ 单士元：《清代起居注》，收入《清代档案史料丛编》本，第260页。
④ 王士禛著，靳斯仁点校："翰林卿寺属"，《池北偶谈》卷一，中华书局1982年版，第20页。

第三章 清初至中叶清官方文化认同的实践

初只八人,后增至十六人。今桐城张公英以礼书兼掌院事,亦为起居注官,吏侍常书公兼掌院亦然。①

关于康熙帝决定裁撤起居注馆的原因,《圣祖仁皇帝御制文集第四集》卷十中有记载,从康熙五十六年(1717)三月十一日,康熙帝对大学士、学士、九卿、詹事科道等人谕文可知:康熙五十六年(1717)三月内,起居注官陈璋因私自查阅档案,抄录康熙五十五年(1716)十二月康熙帝应赫寿请求蠲免江南拖欠钱粮的谕文,但后来由于各种原因,并没有真正实行蠲免而改为分年征收,于是起居注官陈璋私自抄录,意在指明康熙帝没有切实执行先前谕文。康熙帝知道后,对此非常不满,他对没有蠲免江南所欠钱粮的原因进行说明,他说:

且以西边正值军需之时,故旧欠未准蠲免,照依部议分年带征。朕御极以来,蠲免天下钱粮数千万两,岂有惜此些微旧欠之理。江南官员众多,赫寿惟欲沽取善誉于官,而民殊不感戴,声名甚劣。朕于事无不经历,人亦焉能欺朕?朕岂肯以大权授人乎?若不将此故晓谕,诸臣尔等必谓朕前后谕旨不符,所系非轻。②

康熙帝随后指出记注官记注不实等,起居注官所记内容,自己从未查看,直接交与大学士校阅,而大学士事务繁多,无暇细看,且与记注官多为师生关系,多顾及情面,即使有错谬之处,也未当面纠正,致使记注官所记谕旨失实,最难凭信。康熙五十七年(1792)三月,康熙帝决定裁撤起居注馆。③《康熙起居注》记载康熙五十七年三月初三日,康熙帝决定正式裁撤起居注馆,谕大学士马齐、松柱、李光地、王掞等云:

---

① 王士禛著,靳斯仁点校:"起居注",《池北偶谈》卷二,中华书局1982年版,第31页。
② 《圣祖仁皇帝御制文集第四集》卷十,《四库全书》本。
③ 单士元在《清代起居注》一文中论述及裁撤起居注馆的原因,认为是康熙末年诸皇子之间皇储之争越演越烈的结果。

091

> 自古以来，设立起居注，立数月而废者有之，立一二年而废者有之，未有如朕设立久者。今观记注官内，年少微员甚多，皆非经历事体之人。伊等自顾不暇，岂能详悉记朕之言？或有关系大臣之事央求于彼，即行任意粉饰，将朕之旨愈致错误，不能详记者甚多。记注之事关系甚重，一言失实，即起后世之疑。即如赵熊诏，亦曾经私自抄录。若朕设立起居注，阅一二年即行裁革，或疑朕畏他人议论是非。朕御极已五十七年，与自古在位未久者不同，是非无烦伊等记注，此衙门甚属无益。尔等会同九卿，将作何裁革之处，详议，具奏。①

另，查《圣祖仁皇帝御制文集第四集》卷十一收录的谕文，与上文大同小异，只是更加详细说明赵熊诏私抄谕旨，携出外廷而获罪。考赵熊诏，赵申乔长子，江南武进人，康熙四十八年（1709）进士，中状元。关于赵熊诏被削职的原因，据《江南通志》卷一百六十六记："己丑，举进士，胪传第一，侍直内廷。因同官讦奏记注事，削职，仍留供奉。"②雍正元年（1723），又下令仿康熙五十六年以前之例，重设起居注馆。雍正帝在谕文中说：

> 兹朕缵承大统，夙夜兢业，日昃不遑，思所以上继皇考功德之隆，下致四海晏安之治。顾惟凉德，深惧负荷之难。今御门听政之初，益当寅畏小心，综理庶事，咸期举措允宜。簪笔侍臣，何可缺欤？当酌复旧章，于朕视朝临御、祭祀坛庙之时，令满汉讲官各二人侍班。不独记载谕旨政务，或朕有一言之过、一事之失，皆必据实书诸简策。朕用以自警，冀寡悔尤。庶几凛渊水之怀，以致久安；慎枢机之动，以图长治。其仍复日讲起居注官，

---

① 中国第一历史档案馆整理：《康熙起居注》，中华书局1984年版，第2498页。
② 《江南通志》卷一百六十六，《四库全书》本。

第三章　清初至中叶清官方文化认同的实践

如康熙五十六年以前故事。尔衙门即遵旨行。①

此后，一直到光绪朝，清代起居注一直未更易，其中还有部分残缺或未记的年份，但故宫现存清代起居注档案一共三千四百九十一册，成为研究清代历史的第一手珍贵资料。王记录在《清代史馆与清代政治》一书中说："清代于康熙十年八月设立起居注馆以后，直至清朝覆亡，200多年时间里，除康熙五十七年（1718）至六十一年（1722）该馆一度被裁撤外，其他时间，始终记注未停。所记的起居注册，起于康熙十年（1671）九月，讫于宣统二年（1910）十二月，间有缺佚，共12000册，保存了大量有关清代帝王言行的第一手资料。"② 中国历史第一档案馆整理的《康熙起居注》三册。第一册开始于康熙十年九月至康熙二十八年，随后间隔记载康熙四十五年、康熙五十三年、五十四年、五十五年、五十六年、五十七年（不全）。此外，《康熙四十六年九月记注档册》为起居注官、詹事府少詹事史夔记录，可以补《康熙起居注》之缺载，具有一定的史料价值和文献价值。《康熙四十六年九月记注档册》原文收入《清代档案史料丛编》第14辑内，可供参考。

清代是中国方志发展的全盛时期，这一时期不仅方志理论进一步深化和发展，而且有众多名人如章学诚、戴震、洪亮吉等人纷纷参与到修志实践中，出现了许多有名的志书。清代方志在数量、种类等方面远远超迈前代，足以彰显清初至中叶文化认同的逐渐加强，统治者对文化的苦心经营及文化传统内部自身的演变和发展，为方志编纂兴盛提供了可靠保障。雍正时期，官方下令将各省方志编修情况，视为省级大员政绩考核的标准之一，并实行严厉的奖惩制度，遂使各地修志渐渐形成一种气候，方志编纂的兴盛也进一步彰显清代中叶满汉民族之间的文化认同达到了一个巅峰。康熙二十五年（1686），康熙帝下令设立一统志馆，仿照元朝所修的《元大一统志》之

---

① 《清实录·世宗宪皇帝实录》卷六，中华书局1985年版，第132页。
② 王记录：《清代史馆与清代政治》，人民出版社2009年版，第46—47页。

093

文化认同视角下的清代《明史》修纂研究

例，编修《大清一统志》。元代许有壬在《〈元大一统志〉序》文中高度赞赏了元代海宇混一，远远地超过了汉唐宋统治疆域，是名副其实的"大一统"，说明编纂《元大一统志》的目的，使天下臣民共知"大一统"之不易。①许有壬突破了历来以狭隘的"华夷之辨"观念，从元朝所辖疆域（版图）的角度建构元朝统治的合法性。从这一角度来看，强调大一统与"正统"之间的密切关系，无疑具有进步意义，亦为后来清廷论证享有"正统"提供有益借鉴。康熙二十二年（1683），清朝顺利收复台湾。康熙帝为了以昭示"大一统之盛"，下令设一统志馆，纂修《大清一统志》，但终康熙一朝，并没有成书，但在发凡起例和内容修撰上，已取得了一些重要成果。雍正三年（1725），重开一统志馆。雍正七年（1729），再次下令督促各省修撰省、府、厅、州、县志书，然后上交史馆，以备编纂《大清一统志》之采择。

雍正帝以续修《大清一统志》为契机，下令各省修撰《通志》及府、厅、州、县志，所成的志书数量颇丰，各省通志修成后上缴，以供编纂《大清一统志》采择。在官方多次督促之下，各省志书纷纷修成上缴。如，《云南通志》的编纂虽然历经周折，但两次重修后最终成书，由尹继善上表进呈。四库馆臣提要《云南通志》时谈到成书情况时说："本朝康熙三十年，始草创《通志》，稍具规模，犹多舛略。雍正七年，鄂尔泰总督云贵，奉诏纂辑。乃属姚州知州靖道谟，因旧志增修，凡为门三十，门为一卷。乾隆元年，书成。后任总督尹继善等具表上之。"②由此可见，康熙三十年（1691），范承勋始修，草创《云南通志》。范承勋在《〈通志〉序》文中称："抚今追昔，未有如我国家之声灵遐畅、远迈千古者也。当此之时，使滇志犹然缺略，其何以扬太平之盛治，昭大一统之弘规也哉！"③但终康熙朝未有成书，至雍正七年（1729），云贵总督鄂尔泰奉敕督修，任命姚

① （元）许有壬：《〈元大一统志〉序》，《圭塘小稿》卷五，《四库全书》本。
② 鄂尔泰等监修：《云南通志》卷首，《四库全书》本。
③ 范承勋：《〈通志〉序》，鄂尔泰等监修：《云南通志》卷二十九，《四库全书》本。

州知州靖道谟在范承勋《云南通志》基础上增修，至乾隆元年（1736）书成。此外，各省志书也纷纷进呈：《畿辅通志》一百二十卷、《江南通志》二百卷、《江西通志》一百六十二卷、《浙江通志》二百八十卷、《福建通志》七十八卷、《湖广通志》一百二十卷、《河南通志》八十卷、《山东通志》三十六卷、《陕西通志》一百卷、《山西通志》二百三十卷、《甘肃通志》五十卷、《四川通志》四十七卷、《广东通志》六十四卷、《广西通志》一百二十八卷、《贵州通志》四十六卷、《盛京通志》一百二十卷。《大清一统志》始修于康熙二十五年，历经雍正朝至乾隆八年（1743），修成《大清一统志》。乾隆帝在《〈大清一统志〉序》文中说：

> 圣祖仁皇帝特命纂辑全书，以昭大一统之盛。卷帙繁重，久而未成。世宗宪皇帝御极之初，重加编纂，阅今十有余载，次第告竣。自京畿达于四裔，为省十有八，统府、州、县千六百有奇，外藩属国五十有七，朝贡之国三十有一，星野所占，坤舆所载，方策所纪，宪古证今，眉列掌示，图以胪之，表以识之，书成，凡三百五十余卷。①

乾隆二十九年（1764）十一月初一日，清廷第二次重修《大清一统志》。之前，御史曹学闵请将西域、新疆增入《大清一统志》。《大清一统志》五百卷告成后，将各省添设、裁并的府厅州县，详悉续修，一并刊刻。军机大臣回复：等《方略》《西域图志》各书告成，再行编辑《一统志》。对此，乾隆帝在上谕中指出重修《大清一统志》的重要性和必要性，他说：

> 第念《一统志》自纂修竣事以来，迄今又二十余载。不独郡邑增汰，沿革随时，理宜一一汇订，且其中记载体例、征引详略亦多未协。其尤甚者，顺天人物门内，竟将国朝诸王载入，

---

① 《御制文集初集》卷十，《四库全书》本。

于事理更属纰缪。诸王事绩自载《八旗通志》，原不得与隶籍京坼者同日而道。况八旗大臣等功纪太常者，则应见昭忠贤良诸祠；其在直省宣猷著绩者，又有各省名宦可入。今乃援亲藩以淆地籍，实为拟不于伦义，甚无谓。若其他考稽失实，与凡挂漏冗复者，谅均在所不免，亟应重加纂辑，以成全书。……此时特就已成之书，酌加厘核。即新疆幅员辽阔，而一切事实，又有《西域图志》及《同文志》(《西域同文志》)诸书为之蓝本，馆臣采撮排撰，实为事半功倍。可即令方略馆按照各条，厘订纂辑，一并纂出稿本，悉照《续文献通考》例，随缮随进，候朕裁定，所有一切应行规条，著军机大臣详议，具奏。钦此。①

此次重修《大清一统志》的原因有三个方面：第一，《大清一统志》成书于乾隆八年（1743），至乾隆二十九年（1764），已经二十余年，其间郡邑增汰，沿革随时，认为应该逐一厘订。第二，乾隆帝批评《大清一统志》记事体例、详略不当，尤其指出顺天"人物"门内，将清朝诸王载入，于体例不当，诸王事迹应该载入《八旗通志》内；而诸王在各省功业显赫者，则可载入各省"名宦"门内。第三，需要将西域、新疆增入《大清一统志》，指出编修诸臣可以《西域图志》《西域同文志》诸书为蓝本，将西域、新疆载入《大清一统志》。同时，强调此次重修就是在原有《大清一统志》基础上重新厘定，核实事迹，先后陆续成稿，并逐一进呈，待其裁定。至乾隆四十九年（1784），重修《大清一统志》成书，共五百卷。嘉庆十六年（1811）又重修，于道光二十二年（1842）告成，共五百六十卷，为《大清一统志》最后定本。从《大清一统志》几次重修看来，先后经历康熙、雍正、乾隆、嘉庆、道光朝，可谓前赴后继，卷数增加，体例益备，内容更丰富。关于清代所修方志种类问题，戴逸先生在《谈清史研究》一文中说：

---

① 《大清一统志》卷首，《四库全书》本。

第三章　清初至中叶清官方文化认同的实践

"估计现存清代所修地方志，大约有六千多种，内多各地区政治、经济、军事、文化以及山川地理、民情风俗、物产灾异等，包罗宏富，具有地方百科全书性质。"①

《康熙字典》的编纂，康熙四十九年（1710）三月初一日，康熙帝下令南书房侍直陈廷敬等人修纂《康熙字典》。经过六年辛苦编纂，于康熙五十五年（1716）三月成书，康熙帝在《御制〈康熙字典〉序》中说："朕每念经传至博，音义繁赜，据一人之见，守一家之说，未必能会通罔缺也。爰命儒臣，悉取旧籍，次第排纂，切音解义，一本《说文》《玉篇》，兼用《广韵》《集韵》《韵会》《正韵》。其余字书，一音一义之可采者，靡有遗逸。至诸书引证未备者，则自经、史、百子以及汉、晋、唐、宋、元、明以来诗人文士所述，莫不旁罗博证，使有依据。然后古今形体之辨，方言声气之殊，部分班列，开卷了然，无一义之不详、一音之不备矣。凡五阅岁而其书始成，命曰《字典》，予以昭同文之治，俾承学稽古者得以备知文字之源流，而官府吏民亦有所遵守焉。是为序"。②《康熙字典》成为中国唯一一部以皇帝作序，并以皇帝年号命名的字典，一共收录47035个字，是当时收录汉字最多的字典，使用最为广泛，影响特别深远。③乾隆四十二年（1777），江西举人王锡侯编《字贯》，指出《康熙字典》收字太多，难以连贯，且在凡例中为了说明如何避讳，反而直接书写康熙帝（玄烨）、雍正帝（胤禛）、乾隆帝（弘历），没有缺笔避讳，故触犯了清廷"大不敬"的忌讳，王锡侯因被仇家告发而带来"文字狱"之灾，此案牵连之人甚多。④江西巡抚海成、

---

① 文史编辑部编：《学史入门》，收入戴逸：《谈清史研究》，中华书局1988年版，第137页。
② 《〈御制康熙字典〉序》，收入《御定康熙字典》卷首，《四库全书》本。
③ 参见王力：《康熙字典音读订误》，中华书局2015年版。
④ 王彬主编：《清代禁书总述》（中国书店1991年版，第561页）记载："乾隆四十二年（1777），王锡侯仇人王泷南诬其删改《康熙字典》，另刻《字贯》，呈文告官。江西巡抚海成立即奏请将王锡侯革去举人。乾隆亲审《字贯》，又发现其凡例中提到康熙、雍正、乾隆御名，皆未避讳，遂定王锡侯'大逆不法'、'罪不容诛'，命以'大逆'律处决，下诏将其全家抄斩，并将其著述悉行销毁，定为禁书。"

江西布政使周克开、按察史冯廷丞也因看过《字贯》一书，但未及时指出悖逆之处，遭受牵连，革职处分。

二、开科遴选汉族士子，让其参与政权管理

历经明清易代巨大的社会动荡，清初士子的生活极端贫困，生活处境极为艰难。顺治三年（1646），清廷开始了入关之后第一次开科取士，铨选官吏，选中三百七十三名进士，傅以渐为状元。多数士子通过短暂的观望之后，积极投入了清廷的科考。民以食为天，士子虽然讲求气节，但是在治生问题上不得不依靠外援来求生存。随着清朝统治的逐步巩固，士子对清朝统治也有了一定的认同，清廷连续开科取士，也是清廷对汉文化认同的一种方式，彼此之间有了一定的依赖。清朝入关之后，在政治制度上也大多承袭明制而适当作变更和调整，主要体现在清朝六部衙门及大小官员配置上，尤其注重满、汉人数各占相同的份额。清初沿袭自唐以来的科举制度，并仿照明代科举考试以《四书》《五经》为主，一直延续着科举考试，这为缓和满汉矛盾，增强文化认同提供了一个相对公平的平台。据《清史稿》卷一百六《选举一》记载说：

> 自唐以后，废选举之制，改用科目，历代相沿。而明则专取四子书①及《易》《书》《诗》《春秋》《礼记》五经命题试士，谓之制义。有清一沿明制，二百余年，虽有以他途进者，终不得与科第出身者相比。康、乾两朝，特开制科"博学鸿词"，号称得人。然所试者，亦仅诗、赋、策论而已。②

李润强在《清代进士群体与学术文化》一书在广泛参考资料的基础上，详细统计出清代共开112科，先后共录取满、汉进士人数共26848人，得出

---

① "四子书"：是指《论语》《大学》《中庸》《孟子》，宋代合为"四书"，朱熹有《四书章句集注》，成为元明清时期科举考试必考之书。

② 赵尔巽等：《选举一》，《清史稿》卷一百六，中华书局1977年版，第3099页。

第三章 清初至中叶清官方文化认同的实践

的结论甚为可靠。他指出顺治朝科举考试录取人数最多,位居第一。他在分析顺治朝科举考试录取人数偏高与时局之间密切关系时说:

> 清初,统治者采用科举考试的手段笼络汉族知识分子,不仅要消解他们的反满情绪,而且还要吸引他们加入到满族政权中来,因此,需要大量的士人出身的官吏充实各级官府,特别是文职官吏和地方官吏。同时,从汉族士人角度来说,满清王朝实行科举制度选拔官吏,在某种程度上表明对汉文化的认可,明末以来蛰伏不久的科考热情被重新引燃,除一些发誓不仕新朝者外,大部分汉族士人在稍事观望之后,纷纷加入科考。所以,在顺治帝在位的18年中,一边是科考名额非常充分,一边应考者越来越多。①

李润强充分强调了科举考试在官吏选拔和文化认同上具有举足轻重的作用。明遗民顾炎武在《与潘次耕札之一》一文中严厉批评清初士子求取功名利禄,趋之若鹜的现象。他说:

> 今以天下之大,而未有可与适道之人,如炎武者,使在宋、元之间,盖卑卑不足数,而当今之世,友今之人,则已似我者多,而过我者少。俗流失,世坏败,而至于无人如此,则平生一得之愚,亦安得不欲传之其人,而望后人之昌明其业者乎?……仰惟来旨,有不安于今人之为学者,故先告之志以立其本。惟愿刻意自厉,身处于宋、元以上之人与为师友,而无徇乎耳目之所濡染者焉,则可必其有所成矣。②

与此同时,顾炎武批评清初士子为学以求名利为务,感叹古今人著述之大不同,古人著书类似从山中"采铜",而今人著书则类似"铸旧钱",对明末以来空疏学风提出严厉批评,但自评其所著《日知录》为"采山之铜"。

---

① 参见李润强:《清代进士群体与学术文化》,中国社会科学出版社2007年版,第57页。
② 顾炎武:《亭林余集·与潘次耕札之一》,《四部丛刊》本。

文化认同视角下的清代《明史》修纂研究

康熙中叶，徐乾学以文学才能受到康熙帝的重用，他通过自己的社会关系，广泛地网罗才俊，当时有才之士积极奔走其门。徐乾学当时权倾朝野，他深切理解康熙帝求治之迫切心理，找人极力夸赞康熙帝文治武功，迎合康熙帝求治的心理，遂得以化解。

康熙、乾隆朝"博学鸿词科"的开设：康熙十七年（1678），清廷正处"三藩之乱"平定的关键时刻，康熙帝深刻认识到缓和满汉民族关系对于巩固统治具有十分重要的意义。因此，毅然决定下诏书，下令内外官员荐举"博学鸿儒"，通过恢复前代开设制科的方法，招纳汉族士子，笼络明遗民，以此缓和士子对于清廷的仇恨与不满。康熙十八年（1679）三月，召开"博学鸿词科"，录取了五十名"鸿博"分别授予翰林院侍读、侍讲、编修、检讨之职，充入《明史》馆，纂修《明史》。有清一代，共开设了三次制科：康熙十八年（1679）"博学鸿词科"、乾隆元年（1736）"博学鸿词科"、光绪二十九年（1903）"经济特科"。通过对这三次开制科的考察，康熙十八年（1679）"博学鸿词科"最为得人，在政治、文化上起到了良好的效果，缓和了满汉民族矛盾，是一次巩固清朝统治的重要文化举措，推动"康乾盛世"的到来。应该说，康熙帝开设制科，目的就是"收人心"，通过文化软实力来缓和满汉民族矛盾，更好地扭转清顺治至康熙初年混乱政局。康熙十八年（1679），"博学鸿词科"的开设背景、录取情况以及影响，笔者的硕士论文《康熙朝"博学鸿词科"述论》一文已经进行了深入的研究，将此次开设制科与清朝的盛衰有机结合在一起。赵刚在《康熙博学鸿词科与清初政治变迁》一文中谈到了此次开科的重要意义："康熙十八年，是清朝历史的一个重要转折点，它上承顺治、康熙初年的战乱局面，下启康乾盛世。在这样的关键时期举行博学鸿词科，其政治作用和功效显然超过了粉饰太平的寻常意义。"① 赵刚在文中对此次召开"博学鸿词科"的录用情

---

① 赵刚：《康熙博学鸿词科与清初政治变迁》，《故宫博物院学刊》1993年第1期，第90页。

况总结如下：①

录用者 地区人数	被荐者	一等录用者	二等录用者	前已出仕者	先前已获功名者
浙江	67	6	9	42	50
江南	66	9	14	14	48
江西	5	—	3	1	3
福建	4	—	—	1	1
山东	13	—	—	10	11
河南	5	1	—	5	5
陕西	10	1	—	6	6
顺天	8	2	1	6	7
直隶	9	1	2	4	6
湖广	4	—	—	2	3
四川	1	—	—	—	—
辽阳	1	—	—	—	—
陕西	7	—	—	4	6
合计	200	20	30	126	149

赵刚在文中指出："己未词科主旨，是选拔一批有学识官僚人才；它以江、浙为重点，录用、网罗了一批能够效忠清朝、具有丰富政治经验和良好学术素养的汉族士绅，至于遗民仅据次要地位。"康熙三十九年（1700）庚辰六月丁亥，康熙帝为防止在科举考试中士子请托、行贿、攀附权臣等不良风气，提出详细的规避之法：凡大臣子弟参加科举考试，对其试卷另行编号，仔细批阅试卷，选择其文之优劣，而大臣子弟实有才能者，既得入选，又不至于妨碍贫寒子弟通过科举而进入仕途。据《清实录·圣祖仁皇帝实录》卷一百九十九对此予以记载：

---

① 赵刚：《康熙博学鸿词科与清初政治变迁》，《故宫博物院学刊》1993年第1期，第91页。按，另有二人籍贯不明，未予以统计。

文化认同视角下的清代《明史》修纂研究

丁亥，上谕大学士九卿等曰："考取举人、进士，特为得人耳！若行贿夤缘（夤缘：攀附）而得之，则出身之本源不清，而欲冀他日为忠臣良吏，得乎？今朕意欲凡系大臣子弟，另编字号，令其于此中校阅，自必选择其文之优劣。大臣子弟，既得选中，又不致妨孤寒之路，如此，则于考试一事，大有裨益，尔等议奏。"①

清廷尽量使得科举取士公平化，其中虽有舞弊等不良之风存在，但也相应地采取预防舞弊的应对之策，尽量使得大臣子弟名不副实者，不予以录取，保证国家选拔人才的相对公平。康熙四十七年（1708），康熙帝废除太子胤礽，后又有反悔之意，先让大臣荐举太子人选，希望大臣推荐先前被废太子胤礽，然后再恢复太子之位，可是大臣之间拉帮结派而卷入皇子之间的储位之争，康熙帝不惜将王鸿绪、李振裕之人予以罢黜，马齐被降职，后来又恢复任满洲大学士。康熙四十八年（1709）己丑正月乙未，康熙帝谕文武诸臣，指出他一向对待满、汉大臣，不分彼此，所以大臣获罪者甚少，大臣应该感恩戴德，努力做事。可是汉大臣在议事时，仅一二人发言，其他人唯唯诺诺。凡与他相关的事情才发言，与他无关的事，则默默无言。重臣仅图自保以全身，熊赐履讲理学，后升任大学士，则缄默不言，以此自保，就是其他门生掣肘的缘故。同时，对汉官议事画题，表示不满，认为前任画题（签名），后人依样画题（签名），且不问事之是非，甚至画题之后，才问何事等，认为这样的大臣有愧于清议。同时，下令蔡升元、杨瑄以原品致仕，处理了一些人。②对官场的不正当之风提出了严厉批评。查《圣祖仁皇帝圣训》则将上文内容予以删节，看不出处理官员的情况：

康熙四十八年己丑正月乙未，上谕文武诸臣曰："朕向待大

---

① 《清实录·圣祖仁皇帝实录》卷一百九十九，中华书局1985年版，第1315页。
② 参见《清实录·圣祖仁皇帝实录》卷二百三十六，中华书局1985年版，第361页。另，画题：在文书上签字，表示同意。

102

臣，不分满、汉，一体包容，诸臣当人人感戴自效。乃九卿会议时，但一二人发言，众俱唯唯。其汉大臣则必有涉于彼之事，方有所言；若不与于彼之事，即默无一语。如此，宁不有愧于举国之清议耶！此后，尔等皆当省改。凡人既读书，知义理，即当以其所学见之于事，非仅作文已也。平时读书，至临大事归无用，则所读何书？所学何事耶？"①

对官员的考核、任免，其实是一个较为复杂的过程，它关乎清朝的吏治及国家治理问题。毫无疑问，清廷注重开科取士，选拔人才，确实成为清朝稳定统治的一个重要因素，它对缓和满、汉民族矛盾起到了十分重要的作用。

三、多次征集图籍，重视文化建设

清初至中叶，帝王多次下诏，征集天下典籍，以备《明史》纂修。顺治二年（1645），开馆纂修《明史》。顺治五年（1648）九月，下谕内三院征集天启四年、七年实录及崇祯元年以后事迹。据《清实录·世祖章皇帝实录》记载：

> 庚午，谕内三院：今纂修《明史》，缺天启四年、七年《实录》及崇祯元年以后事迹。著在内六部、都察院等衙门，在外督抚、镇按及都、布、按三司等衙门，将所缺年份内，一应上下文移有关政事者，作速开送礼部，汇送内院，以备纂修。②

清廷下令调集文移有关政事者，以补《熹宗实录》之缺和崇祯元年以后之事迹。康熙十九年（1680），总裁令万言等人编辑《崇祯长编》，由于史料多据明末野史，故遭清廷忌讳之处较多，此书在乾隆时期下令禁毁，现

---

① 《圣祖仁皇帝圣训》卷四十六，《四库全书》本。
② 《清实录·世祖章皇帝实录》卷四十，中华书局1985年版，第321页。

仅存两卷而已，不著撰人姓名。① 顺治十六年（1659）三月壬午，陕西道御史姜图南疏言："《明史》一书，虽事属前代，而纂修之典则在本朝。请发金匮藏书，敕内阁、翰林诸臣，开馆编纂，广蒐会订，以成信史。"② 同年五月，翰林院掌院学士折库讷请求修《明史》，敕令各省督抚广泛搜集明崇祯十七年邸报及相关记载，一一汇送礼部。可见，顺治二年（1645）以后，只在网罗史料方面做出一些成绩，史馆形同虚设，修史的各项工作并没有切实开展。所以，姜图南、折库讷才先后上疏，请求开馆，纂修《明史》。由于清初历史与现实的诸多原因，顺治朝《明史》修纂成果寥寥。③ 康熙四年（1665），康熙帝下令征集资料，续修《明史》，下旨说明虽有忌讳之语，不予治罪。因此，这次征集资料，效果比较显著。乔治忠、朱兴斌在《增订中国史学史资料编年》（清代卷）第54页按语中说："今案，此次征集纂修明史资料，督催甚严，较有成效。现存档案文献中有《各衙门交收天启、崇祯事迹清单》（载《国学季刊》二卷二号，1929年12月），记录征集到明代案卷、簿册、奏议、书籍数量可观。盖因'庄氏史狱'，使清廷认识到官方纂修《明史》，其政治意义不可忽视。"④ 但修史工作仍未能顺利开展。直至康熙十八年（1679），康熙帝召开"博学鸿词科"，录取彭孙遹等五十"鸿博"，分别授予翰林院侍读、侍讲、编修、检讨之职，入馆纂修《明史》。同时，任命原翰林院掌院学士徐元文为监修，翰林院掌院学士叶方蔼、右春坊庶子兼侍讲张玉书为总裁。对此，王士禛在《池北偶谈》卷二"明史开局"中予以论述：

> 康熙十七年，内阁奉上谕，求海内博学宏词之儒，以备顾问著作。时阁部以下，内外荐举者一百八十六人。十八年三月朔，

---

① 参见杨佳鑫：《略论〈崇祯长编〉的编纂过程与史料价值》，《南海学刊》2015年第1期。
② 《清实录·世祖章皇帝实录》卷一百二十五，中华书局1985年版，第968页。
③ 参见笔者：《官修〈明史〉的幕后功臣》，人民出版社2011年版。
④ 乔治忠、朱兴斌编著：《增订中国史学史资料编年·清代卷》，商务印书馆2013年版，第54页。

御试体仁阁下,《璇玑玉衡赋》《省耕二十韵诗》。中选者彭孙遹等五十人,有旨俱以翰林用,开局编修《明史》。候补少卿一人邵吴远改侍读;监司汤斌、李来泰、施闰章三人、郎中吴元龙一人改侍讲;进士彭孙遹、中书舍人袁佑等授编修;贡、举、监生、生员布衣倪粲等授检讨。以原任翰林院掌院学士徐元文为监修官,翰林院掌院学士叶方蔼、右春坊庶子兼侍讲张玉书为总裁官。开局内东华门外。①

康熙十八年(1679)十一月十七日,《明史》监修徐元文才抵京。总裁叶方蔼在此之前上《请购书籍疏》,提出购书乃史局第一要务,提出在监修徐元文未至京师之前,应该预先广泛购求书籍,并建议史馆征集书籍的途径和方法:

第一,说明其申请购书之缘由。叶方蔼认为购书一事,应该限期购买,汇集史料,以备史官修史参考。如等徐元文上任后再议求购书,则恐怕拖延时间,影响修史进程,因此不得不预先提出申请购书事宜。

第二,强调购书乃史馆第一要务。他提到之前内阁会同翰林院文内有令礼部咨文各省督抚,下令无论官员士民凡有收藏明代书籍者,不拘于忌讳,全都送来该地方官处,量加奖赏。该谕旨已经录入卷宗,以资查考。考虑到地方官事务繁多,虽依部文,只例行公事而已,不能尽心尽力购求书籍。藏书家又各惜其藏书,不肯轻易献出,拖延日久,即使有州县呈送部分书籍,也以寻常书籍上缴应付了事,对于修史搜集资料毫无裨益。他还进一步指出:万历以前,事迹尚有《实录》及从前书籍可以参考,而天启、崇祯两朝无《实录》,必须有确切记载之书,否则仅仅凭微不足道之邸抄为依据,则挂漏差讹,势必不免矣。资料不足,《明史》何以成编?

第三,令各直省督抚派遣学政和官员专门负责资料采访工作。搜集资

---

① 王士禛著,靳斯仁点校:"《明史》开局",《池北偶谈》卷二,中华书局1982年版,第35页。

文化认同视角下的清代《明史》修纂研究

料,应不拘忌讳,凡明代书籍兼及大臣、名臣、名儒的文集、传志资料,皆为修史所必须参考,务必广泛搜求。对于藏书家所藏之书,应计书籍卷帙多寡,给予一定的报酬;或者注明姓名送部,待修史完成之后予以归还;或有抄本书籍,出资雇人到藏书家家里誊抄。认为只有通过多方渠道购求搜集资料,人们才能踊跃奉行。既有专门之官负责,无须担心礼部催促之部文为虚文,开始预先购买书籍,等到开馆之后,陆续呈送,以备修史参考。

总裁叶方蔼《请购书籍疏》的建议特别及时,对资料征集的方法及途径建议非常合理。随后,许多书籍陆续征入史馆,供修史参考,为《明史》编纂的顺利开展提供了必要的资料基础。康熙帝多次颁发上谕,指示其对修史的看法及指导性意见,对《明史》修纂工作给予高度关注。同时,下旨勿论忌讳,广泛征集天下图籍,供修史参考。对此,王记录在《清代史馆与清代政治》一书中说:"康熙年间《明史》馆纂修《明史》,就广泛向民间征求图书,黄宗羲的《明文案》及有关明史著述、李清的《三桓札记》(应为《三垣笔记》)、《南都见闻》、吴伟业《绥寇纪略》、冯甦《见闻随笔》、朱溶《忠义录》以及曹溶所著明末史书两种等著述先后征入史馆,[①] 这些资料官方难以见到,对《明史》编纂具有重要意义。"[②] 毛奇龄《西河集》卷四十《〈忠义录〉序》文中说:

> 生当启、祯间,目击夫国家之故,北南丧乱,有相继而死其事者。每忆而书之,久之成帙,遂题其编曰《忠义录》。间尝厕史馆,编纂前代史文,奉天子明命,无嫌无忌。因得远丐先生所为书,为之蓝本。而同馆前辈且有延先生于家者,尝述先生苦心,殚岁累月,将以藏名山而传其人。而煌煌国史业经采择,则千秋

[①] 分别见浙江古籍出版社《黄宗羲全集》第十一册所载黄百家《〈明文授读〉序》,万言《管村文钞内编》卷二《公莫李映碧先生文》,朱彝尊《曝书亭集》卷四十四《跋〈绥寇纪略〉》,《四库全书总目》五十四提要《见闻随笔》,毛奇龄《西河集》卷四十《〈忠义录〉序》,曹溶《倦圃尺牍》卷上《与吴伯成》等。

[②] 王记录:《清代史馆与清代政治》,人民出版社2009年版,第101页。

第三章 清初至中叶清官方文化认同的实践

已定，而先生犹兢兢慎慎，出其稿相示。先后检核，一篇之中兼行并窜，甚或涂乙至溢格者。曰：是何事？而可以姑忽为也。则是是书之成，虽诸公灵爽实式凭之，然其文亦皦然矣。[1]

由上文可知，毛奇龄在史馆修史期间，曾向朱溶求得《忠义录》，并将之征入史馆，作为修史参考资料。[2] 上文曹溶所著两种明末史书，应指《续献征录》六十卷和《崇祯五十辅臣传》五卷。查《浙江通志》卷一百七十九记载说："（曹）溶肆力于文章，尤工尺牍，长笺小幅，人共宝之。诗与合肥龚鼎孳齐名，人称'龚曹'。晚筑室范蠡湖，名曰倦圃。多藏书，勤于诵览，辑《续献征录》六十卷、《崇祯五十辅臣传》五卷外，有《静惕堂诗文》三十卷。"[3] 另外，据沈季友《槜李诗系》卷二十三《国朝倦圃先生曹溶》记载说："家多藏书，勤于诵览。尝以明季门户纷争，是非失实，辑《续献征录》六十卷。又痛崇祯朝辅相失人，著《五十辅臣传》五卷，外有《静惕堂诗文集》三十卷。"[4] 据此可知，《四库全书总目》卷六十三提要的《崇祯五十宰相传》一卷（浙江巡抚采进本），肯定曹溶对明末宰相进退频繁，朋党之争，水火不容，最终导致亡国的深刻认识，认为是探究明朝灭亡的根本之论，切中时弊。兼及内容《传》六篇和《年表》一篇，非为沈季友《槜李诗系》中所言五卷。其中所录五十宰相行事可与《明史》详略相参，可资

---

[1] 毛奇龄：《〈忠义录〉序》，《西河集》卷四十，《四库全书》本。
[2] 另，贾乃谦在《朱溶及其〈忠义录〉》（载《古籍整理研究学刊》1985年第3期）一文中说："《松江府志》载其传略，叙及先辈，称溶'博综群籍'，值修《明史》，聘入《明史》馆。时名士争工诗词，史才绝少。朱溶潜心史籍编纂……暇复纂有明死事诸遗迹，为《忠义录》《表忠录》及《隐逸录》。"显然，《松江府志》记载朱溶被聘入史馆，而《忠义录》《表忠录》及《隐逸录》在史馆时所作。但毛奇龄在《〈忠义录〉序》中并未提及朱溶修史事，而是说明其将朱溶《忠义录》征入史馆，作为蓝本参考。且查清代相关资料，也未见朱溶修史的相关记载，故待考。
[3] 《浙江通志》卷一百七十九，《四库全书》本。
[4] 沈季友：《国朝倦圃先生曹溶》，《槜李诗系》卷二十三，《四库全书》本。

相互考证。① 又如，顺治九年（1652），吴伟业辑《绥寇纪略》。康熙十三年（1674），其乡人邹式金刊刻《绥寇纪略》十二卷，其中缺《虞渊沉》中、下两卷，未予以刊刻。后开《明史》馆，广泛征求天下图籍，该书足本出，为朱彝尊所抄录，收入《百六丛书》中，后为友人借去后散佚，十八年后由从吴兴书商处购得，征入史馆之后，此两卷遂不可复得。对此，朱彝尊在《曝书亭集》卷四十四《跋〈绥寇纪略〉》一文中说：

> 梅村吴先生以顺治壬辰舍馆嘉兴之万寿宫，方辑《绥寇纪略》……于时先生将著书以老矣。越岁，有迎之出山者，遂补国子监祭酒，非其志也。久之，其乡人发雕是编，仅十二卷而止，《虞渊沉》中下二卷未付枣木传刻。《明史》开局，求天下野史。有旨勿论忌讳，尽上史馆。于是先生足本出，予抄入《百六丛书》。归田之后，为友人借失。后十八年，从吴兴书贾购之，恍如目接先生之謦欬也……绥寇之本末，言人人殊，先生闻之于朝，虽不比见者之亲切，终胜草野传闻，庶几可咨国史之采择者与。②

《四库全书总目》提要云："意者明末降闯劝进诸臣子孙尚存，故当时讳而不出欤。此本为康熙甲寅邹式金所刻，在未开史局之前，故亦缺《虞渊沉》中、下二卷。而彝尊所辑《百六丛书》为人借失者，虽称后十八年从吴兴书贾购得，今亦不可复见。此二卷遂佚之矣……然记事尚颇近实，彝尊所谓闻之于朝，虽不及见者之确切，而终胜草野传闻，可资国史之采辑。亦

---

① 《四库全书总目》卷六十三。另，张廷玉等奉敕撰，后嵇璜、刘墉等奉敕撰，纪昀等校订：《皇朝文献通考》（《四库全书》本）卷二百二十一记："樵李曹氏又有《五十辅臣编年录残本》一卷，疑即溶旧稿也。"《四库全书总目》卷六十三提要《五十辅臣编年录残本》一卷（浙江吴玉墀家藏本）："不著撰人名氏。板心有'樵李曹氏倦圃藏书'字，盖曹溶家旧本。疑溶常作《崇祯五十辅臣传》，此其稿本之一册尔。始于天启七年八月，中间惟崇祯元年一月差详，崇祯二年则惟韩爌调停沈维炳、薛国观申救任赞一事。而卷尾题曰《五十辅臣编年录》，殆不可晓。书中文理断续，率不可读，缮写恶劣，亦几不成字。"

② 朱彝尊：《跋〈绥寇纪略〉》，《曝书亭集》卷四十四，《四部丛刊》本。注，四库本《曝书亭集》未收入该篇。

属公论也。"① 朱彝尊认为《绥寇纪略》为康熙十三年（1674）邹式金所刻，②《四库全书总目》采纳其观点。傅以礼认为《明史纪事本末补遗》作者可能为谷应泰，原本与《明史纪事本末》合为一书，后因内容涉及明清易代的历史，谷应泰唯恐触犯清廷忌讳，于是在刊刻《明史纪事本末》时，未将之收录在内，分为两书，别而出之。傅以礼认为《绥寇纪略》为邹漪所刊（有误，实际为邹漪之父邹式金所刊），刊刻时，唯恐犯清廷忌讳，故特将《虞渊沉》中、下两篇未收入，亦未可知。考《绥寇纪略》内容多被官修《明史》采纳。

  吴伟业在清初短暂复出之后，又遁迹山林，一直到死都深深为其短暂出仕悔恨不已，并融入其诗文创作之中，在出处之间一直处于尴尬的两难境地。③ 对此，王士禛在《池北偶谈》卷十一"梅村病中诗"④ 中记吴伟业的绝命词，吴伟业凄楚悲怆之心溢于言表，"忍死偷生""草间偷生"，临终绝笔，打动人心。乾隆时期编纂《四库全书》时，由于乾隆帝彻查、禁毁钱谦益著述及相关文字，吴伟业因与钱谦益、龚鼎孳被合称为"江左三家"，其曾与人合编过《江左三家诗》《岭南三家诗》，故被各省列入上奏"应毁书目"名册之内，而吴伟业《梅村集》《绥寇纪略》也被列入其中。吴伟业与钱谦益两人在降清之后表现不同，钱谦益降清之后，又积极从事反清运动，吴伟

---

① 《四库全书总目》卷四十九。又《钦定四库全书简明目录》卷五："《绥寇纪略》十二卷，国朝吴伟业撰。记明末流寇，分十二篇，每篇以二字标题，末各系以论断，其《虞渊沉》一篇但纪明末灾异而不及亡国之事。据朱彝尊跋，此篇原分上、中、下三子目，其后二卷佚，未刻也。"应为《虞渊沉》。

② 邹式金（1596—1677）：字仲悄，号木石，香眉居士，江苏无锡人，明末清初戏曲家，著《香眉词录》《宋遗民录》等著作。

③ 参见任聪颖：《失节遗民的自赎——以钱谦益、吴伟业为例》，《湖北民族学院学报》（哲社版）2014年第4期。

④ 王世禛撰，靳斯仁点校："梅村病中诗"：《池北偶谈》卷十一，中华书局1982年版，第265—266页。王士祺，后避雍正胤禛讳，被人改为"士正"，乾隆帝赠字"禛"，用王士禛这一名字相对较多。可以看出，吴伟业对其短暂出仕清廷之举是非常悔恨的，致临终前仍追悔莫及，而其绝笔和赋贺新郎文，亦可见一斑。四库本《池北偶谈》则将"梅村病中诗"删略，足见当时查禁书籍或文字的彻底性与严重性。

文化认同视角下的清代《明史》修纂研究

业则只是在诗文中反省其悔恨之意。乾隆中后期，乾隆帝强调严格判定明清易代之际"忠臣"与"贰臣"，钱谦益、龚鼎孳当然很难逃脱被严厉谴责和其著述禁毁的命运。乾隆帝严令全国彻查龚鼎孳、钱谦益著述并予以销毁。如，清人孙默编有《十六家词》，后因收入龚鼎孳词而触犯清廷忌讳。乾隆五十二年（1787）十月初三日，四库馆臣彻查《四库全书》原拟收录之书，将孙默《十六家词》中收录龚鼎孳词抽毁，主动向乾隆帝建议将书名改为《十五家词》，据张书才主编：《纂修四库全书档案》之"军机大臣奏遵旨阅看纪昀奏毁各书并缮清单进呈片（附清单一）"记："《十六家词》内，纪昀所指邹祗谟《满江红》词一首，辞意愤激，然并无谤讪之意，似可毋庸抽毁。惟书内有龚鼎孳所著词一种。查龚鼎孳所著全集业经销毁，不应复存此词，应一律抽毁，改为《十五家词》。"①查《四库全书》收录孙默《十五家词》，显然已经抽毁龚鼎孳词。吴伟业诗文成就和"梅村体"，乾隆帝给予高度赞誉。他在《御题〈梅村集〉》诗一首云："梅村一卷足风流，往复披寻未肯休。秋水精神香雪句，西昆幽思杜陵愁。裁成蜀锦应惭丽，细比春蚕好更抽。寒夜短檠相对处，几多诗兴为君收。"②由于三人降清之后的不同表现，导致乾隆帝对三人评价的不同，对他们著述的处理也不同。对钱谦益和龚鼎孳著述及相关文字，则按"因人废言"原则，采取彻底禁毁和销毁；对吴伟业《梅村集》《绥寇纪略》则不拟禁毁，下令将《御题〈梅村集〉》诗一首冠于卷首，收入《四库全书》。由此可见，在清廷"寓禁于征"的政策下，清初众多南明史籍多遭受禁毁。因此，四库馆臣在《查办违碍书籍条款》内说明对吴伟业著述存留的原因，而《江左三家诗》《岭南三家诗》内，下令将吴伟业、梁佩兰诗文抽出存留：

  吴伟业《梅村集》曾奉有御题，其《绥寇纪略》等书，亦并无违碍字句，现在外省一体拟毁，盖缘与钱谦益并称江左三家，

---

① 张书才主编：《纂修四库全书档案》，上海古籍出版社1997年版，第2066页。
② 《御题〈梅村集〉》，收入吴伟业《梅村集》卷首，《四库全书》本。

第三章　清初至中叶清官方文化认同的实践

曾有合选诗集，是以牵连并及。此类应核定声明，毋庸销毁。其《江左三家诗》《岭南三家诗》内，如吴伟业、梁佩兰等诗选，亦并抽出存留。①

从上面条款内容可以看出，吴伟业《梅村集》曾因奉有乾隆帝御题诗一首，且《绥寇纪略》并无违碍字句，各省上缴禁毁名目内有吴伟业之书，主要是因受钱谦益、龚鼎孳（三人曾经一起合编《江左三家诗》《岭南三家诗》）牵连并及，其书经核定后，无须销毁。同时，特下令将《江左三家诗》《岭南三家诗》内吴伟业、梁佩兰之诗抽出存留，而对钱谦益、龚鼎孳诗文则予以禁毁。经过核定声明之后，吴伟业《梅村集》《绥寇纪略》及相关诗文得以存留，并收入《四库全书》。

康熙二十五年（1686），礼部等衙门遵旨议复购求遗书的具体办法：下令直隶各省督抚出示晓谕，如得遗书，则令有司会同儒学教官转达该督学和督抚，一并酌定价格购买，并将所搜之书汇送礼部；其无刻板之书，则令各有司雇用人员缮写，交翰林院进呈，有愿意自行呈送者，交礼部汇缴。同年四月庚申，康熙帝上谕礼部、翰林院云：

> 自古经史书籍，所重发明心性，裨益政治，必精览详求，始成内圣外王之学。朕批阅载籍，研究义理，凡厥指归，务期于正。诸子百家泛滥诡奇，有乖经术。今搜访藏书善本，唯以经学史乘，实有关系修、齐、治、平，助成德化者，方为有用。其他异端诐说，概不准收录。②

康熙帝努力学习文化，并持之以恒，专门撰写《读书贵有恒论》，强调将"读书""讲论""思虑""行事"四者相结合。康熙二十二年（1683）十一月，康熙帝又召大学士等，问及《明史》编纂的进程，李霨等奏草本已有大略，但万历以后三朝事迹繁杂，尚无头绪，正在斟酌。康熙帝进一步指

---

① 郭伯恭：《四库全书纂修考》，岳麓书社2010年版，第26页。
② 《清实录·圣祖仁皇帝实录》卷一百二十六，中华书局1985年版，第336页。

出:"史书永垂后世,关系最重。必据实秉公,论断得正,始无偏诐之失,可以传信后世。"①康熙二十五年(1686)四月,康熙帝下诏征集群书。王士禛《池北偶谈》卷四"访遗书"记载徐元文进呈其所藏书籍如下:(宋)朱震《汉上易传》并《图》《说》十五卷,②(宋)张浚《紫岩易传》九卷,《读易杂说》一卷,魏了翁《大易集义》六十四卷,曾穜《大易粹言》十卷,吕祖谦《东莱书说》十卷,(元)金履祥《尚书表注》十二卷,(宋)李樗、黄櫄《毛诗集解》三十六卷,赵鹏飞《春秋经筌》十六卷,王与之《周礼订义》八十卷,蔡节《论语集说》十卷,李焘《续资治通鉴长编》一百六十八卷,《唐开元礼》一百五十卷,共十二部。③另据《四库全书总目》卷二百八十三提要徐乾学《憺园集》时说:"乾学家富图籍,圣祖仁皇帝购求遗书,乾学奏进十二部,其疏今在集中。近所藏虽已散佚,而《传是楼书目》犹存于世。"④"传是楼"是徐乾学家的藏书楼,进呈经史共十二部,王士禛已予以记载。康熙帝在上谕中下令经史子集均为搜罗,在徐乾学进呈十二部之后,康熙帝对征集图书的范围,重新进行了新规定,即下令"关系经史,方许采进"。康熙二十六年(1687)四月,康熙帝上谕大学士时强调:修纂《明史》,必须参考《实录》,并俟《明史》修成之后,应将《明实录》并存,令后世有所参考。康熙二十九年(1690)二月,康熙帝对诸臣所进史稿,评价其"远过《宋》《元》诸史"。据《清实录·圣祖仁皇帝实录》记载:"康熙二十九年二月,谕大学士等:尔等所进《明史》,朕已详阅,远过《宋》《元》诸史矣。凡编纂史书,务宜考核精详,不可疏漏。朕于明代《实录》,详悉披览,宣德以前尚觉可观,至

---

① 《清实录·圣祖仁皇帝实录》卷一百一十三,中华书局1985年版,第163页。
② 指(宋)朱震《汉上易传》十一卷、《汉上易传卦图》三卷、《汉上易传丛说》一卷,后来收入《四库全书》。
③ 王士禛著,靳斯仁点校:"访遗书",《池北偶谈》卷四,中华书局1982年版,第78—79页。
④ 《四库全书总目》卷二百八十三。

第三章　清初至中叶清官方文化认同的实践

宣德后颇多伪谬，不可不察。"① 可后来，康熙帝对修史成果不太满意，而且多次下诏要求核实史料，秉笔直书。至康熙朝《明史》未能告成，与康熙帝的态度有着密切关系。康熙三十一年（1692）一月二十七日，谕大学士伊桑阿、阿兰泰、王熙、张玉书，学士王国昌、满丕、图纳哈、王尹方、王掞、李楠说：

> 前者纂修《明史》，诸臣所撰《本纪》《列传》，曾以数卷进呈。朕详晰披阅，并命熊赐履校雠。熊赐履写签呈奏，于洪武、永乐②《本纪》訾议甚多。朕思洪武系开基之主，功德隆盛，宣德乃守成贤辟，虽运会不同，事迹攸殊，然皆励精显于一时，谟烈垂诸奕世，为君事业，各克殚尽。朕亦一代之主也，锐意图治，朝夕罔懈，综理万几，孳孳懋勉，期登郅隆。若将前代贤君搜求其间隙，议论其是非，朕不惟本无此德，本无此才，亦实无此意也。朕自返厥躬，于古之圣君既不能逮，何敢轻议前代之令主耶？若表扬洪武、宣德，著为论赞，朕尚可指示词臣撰文称美。倘深求刻论，非朕意所忍为也。至开创时，佐运文武诸臣各著勋绩，《列传》之中若撰文臣事实优于武臣，则议论失平，难为信史。纂修史书，虽史臣职也。适际朕时撰成《明史》，苟稍有未协，咎归于朕矣。明代《实录》及记载事迹诸书，皆当搜罗藏弆。异日《明史》告成之后，新史与诸书俾得并观，以备天下后世之公论焉。前曾以此指面谕徐元文，尔等当知之。③

这一上谕包括三个方面的内容：第一，康熙帝之前审阅诸臣所撰的《本纪》和《列传》若干卷，并命熊赐履校雠，康熙帝不满史臣对《明太祖本纪》《明宣宗本纪》诋毁议论之处甚多，他比较了明太祖（明朝开基贤明

---

① 《清实录·圣祖仁皇帝实录》卷一百四十四，中华书局1985年版，第589页。
② 《清实录·圣祖仁皇帝实录》改为"宣德"，这样与后面的内容才吻合。
③ 《敕谕》，《圣祖仁皇帝御制文集第二集》卷十一，《四库全书》本。贤辟：贤明的君主。

113

文化认同视角下的清代《明史》修纂研究

君主）、明宣宗（明朝守成之贤明君主），认为二人际运不同，联系到自己为一国之君的勤劳理政，充分肯定他们"为君事业，各克殚尽"，主张不宜批评过甚。假如要褒扬明太祖、明宣宗，为二人写论赞，他可以指示词臣撰美文；倘若深求刻论（訾议），而非其本意，体现出康熙帝为追求信史而主张公平之论。第二，建议将开创之时有功文、武大臣各自记录其功绩，但在《列传》之中，如文臣传在叙述上优于武臣传，则议论有失公允，难为信史。第三，认为纂修《明史》，本为史臣之职，但如恰在其统治时期成书，如稍有不当，则后世之人会归咎于他。言外之意，就是要说明他对《明史》修纂给予高度关注之缘由。第四，认为《明史》修纂，应广为搜罗《明实录》及记载明代事迹诸书，予以弆藏，待《明史》成书之后与之相互参稽，以待天下后世之公论。清朝为了修《明史》，也多次下诏征集天下图书，许多明代典籍被征入史馆，以供史官修史时参考。康熙十八年（1679），傅维麟《明书》被征集入史馆，冯甦《滇考》《见闻随笔》也被征入史馆。据毛奇龄《西河集》卷四十六《冯司寇〈见闻随笔〉叙》中称：

> 会天子开馆修前代史书，诏征献贤所记识者，在京朝大小了无一应。独先生所著哀然捆载，为一时所未有。夫西南之变乱极矣，自茶陵丧师，蚕丛失守，夔南万里喋血者数十年。而先生历仕适当其地，由推官以至巡抚，中间所历，澜沧路陿，山川风物，傍及古今兴丧得失之故，无不搉其前闻，而验所近见。即记载附会，必从考核辨定，以取传信。故先生之书，其为前史所取资者丛荟无算，而是书其一也。予承乏史职，阖题给札，适得土司、盗贼诸传，因获尽读先生所著书，知先生留心国事，所在详审。[①]

毛奇龄分修《流贼传》《土司传》时，亦参考了冯甦《见闻随笔》。由于冯甦在《见闻随笔》中贬低南明历史而极力尊崇清朝，切合乾隆时期官方对

[①] 毛奇龄：《冯司寇〈见闻随笔〉叙》，《西河集》卷四十六，《四库全书》本。

明末清初历史的论调，该书才得以列入《四库全书》存目。

明末党争激烈，政局混乱不堪，阉党为了残害东林党人和清流人物，罗织各种罪名，并为之编纂不少书籍，以此作为杀害东林党人的借口。如，《百官图》《邪党录》《天鉴录》《同志录》《点将录》，阮大铖作《蝗蝻录》，将复社视为东林后劲，并视陈贞慧为党魁。黄宗羲《吾悔集》卷一《陈定生先生墓志铭》文中说："天子开《明史》局，根括天下藏书，于是东林党籍稍稍复出，而先生父子皎然与日月争光，可不谓之荣耶！"[①]

乾隆时期，修《四库全书》，下令各省广泛搜集图籍，并嘉奖踊跃进书者。明嘉靖年间浙江人兵部侍郎范钦归里后，建天一阁藏书楼，成为明清时期江南最为著名的藏书楼之一，藏书非常丰富。范钦去世后，后代子孙严格遵守"代不分书""书不出阁"等祖训，范氏子孙能世代守护祖业，以不守祖训而犯规、罚不与祭祀祖先为耻，以身为范氏天一阁后人为荣。[②]康熙十五年（1676），范钦后人范光燮传抄天一阁百余种书籍，方便士子阅读，范光燮还破例帮助黄宗羲登楼阅读天一阁藏书，使得黄宗羲成为第一个进入天一阁的学者。对此，黄宗羲编制《天一阁书目》，并撰写《天一阁藏书记》，他在《天一阁藏书记》中盛赞范氏后人的功德。[③]随后，天一阁成为读书人仰慕和向往之所，陆续有一些人经范氏子孙许可进入天一阁读书。乾隆年间修《四库全书》，下令全国征集图籍。天一阁进献书较多，收入《四库全书》。乾隆帝为了嘉奖天一阁踊跃进献书籍之功劳，特赐予《古今图书集成》一部，使天一阁在藏书楼中享有盛誉。乾隆三十七年（1772）正月初四日，乾隆帝正式颁布上谕，下令各省广泛搜罗文献，规定所搜文献的范围及版本，同时为防止各省上书卷帙繁复的情况，下令各省督抚等将所搜集各书，简要叙列目录，并注明某朝、某人所著及要旨和奏折一起上呈，待四库

---

① 黄宗羲：《陈定生先生墓志铭》，《吾悔集》卷一，《四部丛刊》本。
② 阮元：《〈宁波范氏天一阁书目〉序》，《揅经室集二集》卷七，《四部丛刊》本。
③ 黄宗羲：《天一阁藏书记》，《南雷集》卷三，《四库全书》本。

文化认同视角下的清代《明史》修纂研究

馆臣检核有堪能检阅者，再开单去取，用以储备文献信息。他在上谕中说：

> 是以御极之初，即诏中外搜访遗书，并令儒臣校勘十三经、二十一史，遍布黉宫，嘉惠后学。复开馆纂修《纲目三编》《通鉴辑览》及《三通》诸书，凡艺林承学之士，所当户诵家弦者，既已荟萃略备。第念读书，固在得其要领，而多识前言往行，以畜其德。惟搜罗益广，则研讨愈精。如康熙年间所修《图书集成》，全部兼收并录，极方策之大观，引用诸编，率属因类取裁，势不能悉载全文，使阅者沿流溯源，一一征其来处。今内府藏书，插架不为不富，然古往今来著作之手，无虑数千百家，或逸在名山，未登柱史。正宜即时采集，汇送京师，以彰千古同文之盛。①

乾隆帝认为《古今图书集成》作为一部大型的类书，"极方策之大观"，但属于类书，所征引图籍按类编排，不能悉载全文，使得阅览者不能溯其源，一一征其出处，故下令各省督抚、学政等悉心查访图籍，尤其有关世道人心之书及各种版本和抄本都一一细心查访，并粘贴提要某朝、著者及旨要，以便四库馆臣核实征集。随后，朱筠条奏从《永乐大典》内辑佚书籍的建议，得到乾隆帝允许，他在上谕中要求馆臣将应辑佚的书籍之书名、主旨、叙列目录进呈，等候裁定。同时，规定辑佚书籍不应拖延，应尽快完成。他在上谕中说：

> 除本系现在通行，及虽属古书而词义无关典要者，亦不必再行采录外，其有实在流传已少，其书足资启牖后学、广益多闻者，即将书名摘出，撮取著书大旨，叙列目录进呈，俟朕裁定，汇付剞劂。其中有书无可采，而其名未可尽灭者，只须注出简明略节，以佐流传考订之用，不必将全部付梓。副朕裒补缺遗，嘉惠士林至意。再是书卷帙如此繁重，而明代蒇役，仅阅六年，今诸臣从

---

① 《圣谕》，《四库全书总目》卷首一，《四库全书》本。《三通》指《清通典》《清通志》《清文献通考》。

事厘辑,更系弃多取少,自当克期告竣,不得任意稽延,徒诮汗青无日。仍将应定条例,即行详议缮折具奏。钦此。①

乾隆三十九年(1774)五月十四日,乾隆帝发布上谕,特别嘉奖进呈书籍最多的藏书家,特别赏赐鲍士恭、范懋柱、汪启淑、马裕四家《古今图书集成》各一部。同时,对进呈一百种以上的藏书家江苏周厚堉、蒋曾莹、浙江吴玉墀、孙仰曾、汪汝瑮以及朝中士子黄登贤、纪昀、励守谦、汪如藻等,每人奖赏内府初印本《佩文韵府》一部,令外省督抚、盐政到武英殿代领并转发给个人,在京各员可派亲人前往武英殿领回赏赐之书。②为了奖励踊跃进呈书籍较多的藏书家或个人,乾隆帝除采取直接奖励内府所藏书籍之外,还进行对进呈的书籍题咏、记名等奖励办法。即在所搜书籍之中,精择善本,将乾隆帝题咏冠于卷首,收入《四库全书》时,在提要中必须注明采进者或藏书家姓名,以示奖励之意。从清初至中叶,官方多方搜集图籍文献,对文献保存之功应该予以肯定,但这一时期清廷采取"寓禁于征"的政策,乾隆帝下令编纂《四库全书》,下令各省督抚征书,"寓禁于征",凡涉及危害清廷统治的言论之书,大兴"文字狱",严惩作者及牵连之人,导致汉族知识分子尽量避免触犯清朝统治,不感涉及敏感问题,有人甚至主动将自己著述中的触犯字句删除。对于,清廷征集图籍的功与过,我们应该给予如实客观的评价。

四、标榜程朱理学,确立官方统治思想

1644年,满族入关,建立了清朝。明清鼎革之际,汉族士子认为异族入主中原,在文化上是"以夷变夏",巨大的亡国之痛萦绕在他们心头,挥之不去。于是,他们热衷于讨论中国历代"正统"政权的归属,突出历来"正统"观念中的"夷夏之辨""夷夏大防"的狭隘民族观念,其真实的背后

---

① 《圣谕》,《四库全书总目》卷首一,《四库全书》本。
② 《圣谕》,《四库全书总目》卷首一,《四库全书》本。

便暗含着对清朝统治的不认同。清初满、汉文化矛盾显得十分尖锐。有许多人更是积极奔走于抗清队伍中，甚至在抗清失败之后，他们通过著书立说，宣泄自己对清朝统治的不满，并以遗民身份自居，坚决拒绝与清廷合作。如，吕留良通过评点时文，宣传反清思想。清初，下令在各地强制推行"剃发易服"，激起了各地风起云涌的抗清斗争，拥有深厚文化底蕴的江南各地抗清斗争风起云涌。陈去病在《明遗民录·自序》中说："自太祖攘除胡虏，恢复中原，夷夏之防，普天同喻。"①王夫之在《读通鉴论》中也说："即令桓温功成而篡，犹贤于戴异类以为中国主。"②明遗民顾炎武提出"亡国"与"亡天下"之辨，发出了号召全民反清的强大口号。他在《日知录》卷十三"正始"③中认为"亡国"只是被同族所灭，仅仅只是"易姓改号"而已。只关乎统治者的利益，"其君其臣，肉食者谋之"；而"亡天下"，却是被异族所灭，"以夷变夏"，"仁义充塞，而至于率兽食人，人将相食。"言外之意，"亡天下"就是亡"道统"，即文化传统灭亡。有学者进一步指出，顾炎武"亡国"与"亡天下"之辨，就是暗含明朝亡于李自成之手，只是亡国，"易姓改号"，只关涉到统治者的利益；而清入主中原，在占领地区强制推行圈地运动、剃发易服令，是"率兽食人，人将相食"，是"亡天下"，即使卑贱的匹夫、匹妇也要奋起反抗，这是号召全民反清的强有力口号，号召全民起

---

① 陈去病：《明遗民录·自序》，《绍兴先正遗书》本。
② 王夫之："成帝"，《读通鉴论》卷十三，第416页。另，王思治在《清朝通史·康熙朝分卷上》(紫禁城出版社2003年版，第583—584页)中说："桓温，东晋穆帝时任荆州刺史，后官至大司马，曾三次北伐，先伐前秦，晋军曾攻至长安附近；后伐前燕，一度克洛阳，然终以败归。还建康，桓温专擅朝政，废晋帝司马奕为海西公，立司马昱为简文帝，阴谋篡夺，然不久病死。王夫之引此典，是说如能北伐成功，驱逐满洲，而后篡夺者，也比拥戴'异类'为中国主好得多。"
③ 顾炎武："正始"，《日知录》卷十三，《四库全书》本。另查顾炎武撰，周苏平、陈国庆点校：《日知录》(甘肃民族出版社1997年版，第594页)卷十三"正始"内容，相互比较，发现四库本《日知录》抽毁了内容如下："自正始以来，而大义之不明遍于天下。如山涛者，即为邪说之魁，遂使嵇绍之贤且犯天下之不韪而不顾。夫邪正之说不容两立，使谓绍为忠，则必谓王裒为不忠而后可也。何怪其相率臣于刘聪、石勒，观其故主青衣行酒，而不以动其心者乎？是故知保天下，然后知保其国。保国者，其君其臣，肉食者谋之；保天下者，匹夫之贱与有责焉耳矣。"

118

来保卫国家与文化传统。顾氏有着强烈的"夷夏大防"观念，处于明清易代的历史语境之下，明亡清兴对汉族知识分子思想上的强烈震撼，由此可见一斑。因此，潘耒在刊刻《亭林文集》时，为避免触犯清廷忌讳，特将顾炎武有可能触犯清廷统治的十余篇文章删削，后为彭绍升所得，不忍其散佚无存，于是抄录保存而序之。①

王夫之将"文化"作为区别汉族与少数民族的重要界限，提出要慎辨"天下之大防"，即"中国、夷狄也；君子、小人也"。同时，他还认为商贾与"夷狄"气质相类，"夷狄兴而商贾贵"，因此，商贾和"夷狄"都成为他谴责的主要对象，王夫之"天下之大防"之辨，②显然带着民族偏见和文化上的歧视，但将这言论置于明清易代的背景之下，就足以理解当时士大夫对明亡之深切悲痛和愤恨之情。

清廷用武力平叛各地的抗清斗争过程中，深刻地认识到要想长治久安，必须学习和认同中原固有的文化传统。毫无疑问，清朝对历史文化的深沉认同，十分有效地化解满、汉民族矛盾，为清朝建构"正统"地位起到十分关键的作用。对此，史革新在《清代经筵、日讲制度探源》一文中精辟地说：

> 清朝入关后，情况发生了重大变化。满族统治者要想统治地域广阔、人口众多、传统儒学思想影响根深蒂固的前明所辖疆域，就必须要用儒学来笼络汉族地主阶级，因此实行了"崇儒重道"的文化政策。这一政策包括尊崇孔子与朱熹、恢复科举考试、颁发儒学书籍、起用汉臣和儒士以及实行经筵、日讲制度等。③

值得说明的是，中国文化传统并未因清朝统治而断裂，清代学术一脉相承地发展下来，在汉学和宋学领域均取得了非凡成就。④清代帝王尤

---

① 顾炎武：《亭林余集》，《四部丛刊》本。
② 王夫之：《东晋哀帝三》，《读通鉴论》卷十四，中华书局1975年版，第431—432页。
③ 参见史革新：《清代经筵、日讲制度探源》，《文史哲》2008年第1期。
④ 参见梁启超：《中国近三百年学术史》，联经出版事业股份有限公司1998年版。

文化认同视角下的清代《明史》修纂研究

其注重祭孔活动，用来标榜尊师重道。据《清实录·世祖章皇帝实录》卷一百十一："顺治十四年八月丁丑，遣大学士觉罗·巴哈纳祭先师孔子。"清代帝王十分注意尊孔崇儒，随着统治的逐步巩固，逐步确定"崇文右儒"的文化治国方略，非常有力地化解了满、汉民族矛盾，继而为满、汉文化交流与融合提供了有力的保障。孔子作为儒家文化的创始人，其在后世既享受尊荣，也遭遇过诋毁。自汉武帝"罢黜百家，独尊儒术"以后，经过汉、唐诸儒的注经以及宋明理学的进一步昌明，以儒家文化为主流的传统文化对元、明、清社会影响越来越大。宋代理学家们在释老思想弥漫于思想界之时，深入学习和研究释老思想，强调重新回归传统儒学，摒弃、抵制释老思想对儒家思想的渗透，主张重新解读和构建儒家思想的"道统"谱系，从而赋予儒家思想新的阐释和建构，宋明理学由此显示出蓬勃的文化生命力。

关于"道统"的承继问题，朱熹弟子黄榦在《朝奉大夫文华阁待制赠宝谟阁直学士通议大夫谥文朱先生行状》中对朱熹一生成就进行了全面的总结，充分地肯定了朱熹集宋代理学之大成的学术地位。[①] 中国传统文化的发展有时也会被政治所干扰，但自有其强大的内在生命力，绝不会因为改朝换代而终止或断裂。清代文化秉承传统文化一脉相承发展下来，并没有出现中断或隔绝，充分彰显出清代文化认同的深入程度。清代帝王逐步认识到文化怀柔的重要性，有意识地将孔庙从祀议定权，牢牢掌握在自己手中，由于孔庙在士子心目中占据独特的圣域地位，并视死后从祀孔庙为一生追求之志向与殊荣。但在实践操作层面上，其死后是否入祀孔庙，则是根据官方结合当时现实政治与学术的需要而决定。明清时期，官方掌握孔庙从祀决定权，禁止民间在文庙中随意从祀未经官方认同的其他人员，规定从京师至地方孔庙从祀人员必须一致，不能擅自增删。因此，清廷通过对孔庙的官祭以及牢牢掌握从祀议定权，在一定程度上也掌握文化领域内的话语权。如，王士祯在

---

① （宋）黄榦：《朝奉大夫文华阁待制赠宝谟阁直学士通议大夫谥文朱先生行状》，《勉斋集》卷三十六，《四库全书》本。

第三章 清初至中叶清官方文化认同的实践

《池北偶谈》卷二"从祀疏"记载:

> 康熙二十年,都察院佥都御史张吉午疏言:"故明翰林院学士方孝孺,当建文靖难之际,平居则阐道黜邪,临难则成仁取义,能以理学为天下倡,其所著《逊志斋集》,自程、朱而后,未多见也。吏部尚书罗钦顺,当正、嘉之际,学者蔑弃渊源,谈空好异,钦顺作《困知记》以正人心,斥杂学似是之非,明心性毫厘之辩。至万历、启、祯间,圣道式微,异端益炽,赖有光禄少卿顾宪成、都察院左都御史高攀龙倡正学于东林,都察院副都御史冯从吾倡正学于关右,都察院左都御史刘宗周倡正学于浙东,皆能羽翼圣经,发挥贤传,有功于理学名教。并当急议从祀,以光大典。但此六臣,或阻于忌讳,或扼于权奸,所以故明末及表章,实为胜国之缺。今正在纂修《明史》之时,伏乞覃恩从祀,登之学官两庑,使天下知正学"云云。[①]

由上文可知,康熙二十年(1681),都察院佥都御史张吉午借清官修《明史》之契机,上疏康熙帝,请求将明臣方孝孺、罗钦顺、顾宪成、高攀龙、冯从吾、刘宗周六人从祀孔庙,并极力排挤王学及王门弟子,树立门户之见,他认为六人或因忌讳,或被权奸所阻,明朝时未能及时表彰,实为明朝之缺典,正应借纂修《明史》之契机,将六人从祀孔庙,以便"使天下知正学"。然而,这六人是否能从祀孔庙,最终决定权仍被官方掌握和控制。康熙帝谕旨回复,等《明史》修成后定夺。关于顾宪成赠谥及在明清两代未能从祀孔庙的深刻原因,张宪博在《顾宪成赠谥、从祀文庙成败探析》一文论述道:"弄明白顾宪成因明亡过早而没有来得及从祀孔庙,是为了证明崇祯帝及当时朝廷舆论完全承认顾宪成的道统学宗地位,而并非将东林之人视为党同伐异之群体。顺治、康熙两朝《明史》处于纂修过程,雍正、乾隆时

[①] 王士禛著,靳斯仁点校:"从祀疏",《池北偶谈》卷二,中华书局1982年版,第37—38页。

文化认同视角下的清代《明史》修纂研究

期,清廷对思想的禁锢逐渐加强,清高宗罔顾历史事实,借《四库全书》的编纂,公开否定了顾、高等人的历史作用,表明了不同于《明史》的褒贬原则。这不仅使顾宪成从祀孔庙变得完全没有可能,而且重新确立起来的政治价值观,更对后世产生了十分不良的影响。"[1]罗钦顺,雍正二年(1724)从祀孔庙;刘宗周,道光二年(1822)从祀孔庙;方孝孺,同治二年(1863)从祀孔庙。由此可见,虽然由礼臣提出从祀孔庙的人员及理由,但能否最终实现,仍然由官方根据学术与现实政治需要后作出决定。又如,王士祯在《池北偶谈》卷二"陈浩从祀"中说:

> 康熙二十六年,江西巡抚安世鼎疏言:"宋儒陈浩,南康府都昌县人,著《礼记集说》,学者宗之,当与程、朱、蔡沈、胡安国并议从祀。"部复:"陈浩《礼经集说》上有师承,源流明白,但性理精深之处,未能遽逮程、朱,即较之蔡沈、胡安国亦觉有间,且生平行实湮没无考,既已专祀于乡,其著书立言之功,亦足云报。崇奉两庑,未敢轻议。"[2]

康熙二十六年(1687),江西巡抚安世鼎上疏请求将宋儒陈浩从祀孔庙,礼部回复认为陈浩《礼记集说》上有师承,源流明白,但性理精深处未能赶上程朱,即与蔡沈、胡安国亦有别,且生平行实湮没无考,既已在乡里专祀,已足报其著书立言之功,从祀孔庙,未敢轻议。显然,没有同意安世鼎关于陈浩从祀孔庙的请求。朱熹作为程朱理学的集大成者,其《四书章句集注》对后世影响十分深远,成为明清时期科举考试必考之书,程朱理学借此大行于天下。与此相反,自宋至明四百余年,陆九渊"心学"未彰,甚至被程朱学派视为理学之藩篱。因此,王守仁决心重新发展陆氏心学。王阳明认为,朱熹和陆九渊"虽其所以为学者,若有不同,而要皆不失为圣人之徒"。程朱理学在明初早已弥漫天下,占据思想界主流。而陆王"心学",因

---

[1] 张宪博:《顾宪成赠谥、从祀文庙成败探析》,《中国史研究》2010年第4期。
[2] 王士祯著,靳斯仁点校:"陈浩从祀",《池北偶谈》卷二,中华书局1982年版,第36页。

第三章　清初至中叶清官方文化认同的实践

提直接通过"简易""觉悟"了解孔孟之道，遂被程朱理学家视为藩篱，蒙受"无实"之诬。自宋至明四百余年以来，从未有为陆氏心学而辩诬者，于是，王守仁"尝欲冒天下之讥，以为象山一暴其说，虽以此得罪无恨"①。因此，王阳明在充分在吸收陆象山心学的基础上，充分吸收释老思想，提出了"心即理""知行合一""致良知"学说，人们将之与陆九渊心学，合称为"陆王心学"。在明代中后期，王阳明心学在思想领域内独树一帜，影响深远。由于阳明后学不守师说而大多流于禅，批评者又多将王学末流之弊归咎于王守仁。对此，《明史·儒林传序》中说：

> 原夫明初诸儒，皆朱子门人之支流余裔，师承有自，矩矱秩然。曹端、胡居仁笃践履，谨绳墨，守儒先之正传，无敢改错。学术之分，则自陈献章、王守仁始。宗献章者曰江门之学，孤行独诣，其传不远。宗守仁者曰姚江之学，别立宗旨，显与朱子背驰，门徒遍天下，流传逾百年，其教大行，其弊滋甚。嘉、隆而后，笃信程、朱，不迁异说者，无复几人矣。要之，有明诸儒，衍伊、洛之绪言，探性命之奥旨，锱铢或爽，遂启岐趋，袭谬承伪，指归弥远。今差别其人，准前史例，作《儒林传》。有事功可见，列于正传者，兹不复及。②

关于王守仁没有列入《儒林传》，却被列入大传，在清代官修《明史》过程中各方的争辩，可参见笔者《〈明史·王守仁传〉编纂考论》一文。③然而，随着晚明政局的颓败乃至明亡，一部分学者开始反思陆王心学的弊端，有的甚至提倡"由王返朱"，开始猛烈批判陆王心学及其流弊。如，高攀龙推崇朱熹理学，同时对阳明后学流弊提出了批评。他说：

> 自良知之教兴，世之弁髦朱学也久矣。一人倡之，千万人从

---

① 王守仁：《附录一·年谱一》，《王文成全书》卷三十二，《四库全书》本。
② 张廷玉等：《儒林传序》，《明史》卷二百八十二，中华书局1974年版，第7221—7222页。
③ 参见笔者：《〈明史·王守仁传〉编纂考论》，《史学集刊》2007年第3期。

123

文化认同视角下的清代《明史》修纂研究

之，易也。千万人违之，一人挽之，岂易易哉！此所谓不惑者也，能反其本者也。夫学者学为孔子而已，孔子之教四曰：文、行、忠、信。惟朱子之学得其宗，传之万世无弊……今其弊略见矣。始也扫闻见以明心耳，究且任心而废学，于是乎诗书礼乐轻而士鲜实悟；始也扫善恶以空念耳，究且任空而废行，于是乎名节忠义轻而士鲜实修。盖至于以四无教者弊，而后知以四教教者，圣人忧患后世之远也。①

"朱陆异同"之辨，众说纷纭，莫衷一是，遂成为明清时期思想界绕不开的一个重要论题。清初士子批评明代学风之空疏，"束书不观，游谈无根。"清初，学人有尊程朱而抨击陆王者，有的主陆王而斥程朱者，有的会通折中朱陆之学，见解不同，水火不容。如，陈祖武先生在《清初学术思辨录》中说："由孔子开创的儒学，在我国历史发展的不同时期，具有外在表现形式各异的时代特征。自北宋以后，儒学进入理学时代，因而元、明诸朝，尊孔崇儒与表彰理学，两位一体，不可分割。明清更迭，社会动荡。这一客观现实反映于意识形态领域，理学营垒分化，朱熹、王守仁学术之争愈演愈烈，清初统治者要表彰理学，就面临一个究竟是尊朱还是尊王的问题。"②显然一语中的。颜元在《上征君孙钟元先生书》中说：

论今天下朱、陆两派互相争辨，先生高见，平和劝解之不暇，岂可又增一争端也！但某殊切杞人之忧，以为虽使朱学胜陆而独行于天下，或陆学胜朱而独行于天下，或和解成功，朱、陆合一，同行于天下；则终此乾坤亦只为当时两宋之世；终此儒运亦只如说话著书之道学而已，岂不堪为圣道生民长叹息乎！粗陈一二，望先生静眼一辨，及时发明前二千年之故道，以易后二千年之新辙，则斯道幸甚，斯民幸甚！临楮南望，不胜想慕战惧交集之

---

① 高攀龙：《〈崇文会语〉序》，《高子遗书》卷九，《四库全书》本。
② 陈祖武：《清初学术思辨录》，中国社会科学出版社1993年版，第36页。

第三章 清初至中叶清官方文化认同的实践

至！某再拜言。①

颜元致书孙奇逢，欲挽救天下士习而复孔门之旧，请孙奇逢指正或阐明孔子正学，使士习从而改弦易辙。颜元极力反对当时学术界势同水火的朱陆之争或调和朱陆之见，反对学者偏离为学之道（离孔子所教甚远），认为无论程朱或陆王派胜出独行天下，或朱陆合一同行天下，"则终此乾坤亦只为当时两宋之世，终此儒运亦只如说话著书之道学而已"。颜元感慨学风不切实际之弊，未能经世济民，于世道生民毫无益处。

清廷统治者在入关之初，平定各地抗清斗争，无暇顾及文化思想领域内各派之间的论争。但是，随着清朝统治的逐步巩固，官方指导思想面临选择尊崇程朱理学或陆王心学的问题，这是一个亟待解决的重大问题，同时也体现出清廷文化认同的重要标杆。毫无疑问，清初士子对程朱理学的阐明和褒扬，对清代统治者也有极大的影响和启示作用，并最终使康熙帝确立"崇文右儒"的基本国策，尊孔崇儒与表彰程朱理学，相辅相成，相互促进，从而最终将程朱理学确立为官方统治思想。随着清朝版图的进一步巩固，清廷在文化上的向心力和影响力也日渐彰显，清廷由此逐步完成了清朝享有"正统"的建构。如，熊赐履笃信程朱理学，并屡次升任经筵讲官，以其学术主张和思想对康熙帝有着深远影响。《清史稿·熊赐履传》记载："赐履论学，以默识笃行为旨，其言曰：'圣贤之道，不外乎庸，庸乃所以为神也。'著《闲道录》，尝进上，命备省览。雍正间，祀贤良祠。"②康熙帝屡次开设经筵日讲，并钦定各种儒家经典，亲自撰写序文，以帝王之尊勤奋学习，希望能从经典文献中求得治国安邦之策，有力地促进了康熙帝决心摒弃陆王心学，转向尊崇程朱理学，将将之确立为清官方统治思想，标志着清官方文化认同

---

① 颜元：《上征君孙钟元先生书》，颜元撰，王星贤、张芥麈、郭征点校：《颜元集》（理学丛书之一种）上册《存学编》卷一，中华书局1987年版，第47页。

② 赵尔巽等：《熊赐履传》，《清史稿》卷二百六十二，中华书局1977年版，第9894—9895页。

文化认同视角下的清代《明史》修纂研究

的进一步深入。康熙二十九年（1690）正月，福建巡抚张仲举上疏，请将朱熹十八世嫡孙朱濴承袭五经博士，负责朱熹后裔闽派祀事，康熙帝下部议，予以准允。据《清实录·圣祖仁皇帝实录》卷一百四十四对此予以记载：

> 福建巡抚张仲举疏言："宋儒朱熹，祖籍江南徽州府之婺源。朱熹父朱松，历官闽土，遂家于闽，故有闽、徽二派。前明有世袭五经博士二员，分主闽、徽祀事。今据朱濴呈称：系朱熹十八世嫡孙，吁请承袭。查旧典，朱熹裔原有博士二员，请将朱濴承袭五经博士，以主闽派祀事。"下部议行。①

另《皇朝文献通考》卷七十三也对此事予以记载："二十九年，命先贤朱子十八世孙朱濴承袭五经博士，以主闽祀。"②后面省略的内容与上文张仲举疏相同。其实，明代朱熹后裔有闽、徽二派，分别承袭五经博士二员，负责祭祀。朱濴系朱熹十八世嫡孙，请求承袭五经博士，负责闽派祭祀。经福建巡抚上疏，康熙帝下部议，后准允朱濴承袭五经博士，负责闽派祭祀。康熙四十三年（1704）六月丁酉，康熙帝极力表彰朱熹理学，对一些空谈道学与言行不相顾之人，给予极力批评，大赞朱熹为一代大儒，认为非泛言道学者可比拟。③康熙帝严厉批评讲道学者徒事空言而未能见之行事，且言行不相顾者多，严厉批评伪道学之人；认为用人要弃其短，取其长，始能尽人之才；世人见空谈道学者不被用，则为之叹息，其实果能任用，而其言行未必相顾；盛赞司马光其人能言行相符，司马光编纂《资治通鉴》，论断古今，尽得恰当，后人反而未将其置于讲道学者之列，司马光为宋朝名相，言行相符；认为周、程、张、朱讲道学者，能言行相顾，肯定朱熹为大儒，非泛言道学者可比拟。自宋以后，程朱理学虽然影响十分广泛而深远，康熙帝下令

---

① 《清实录·圣祖仁皇帝实录》卷一百四十四，中华书局1985年版，第587页。
② 张廷玉等奉敕撰，后嵇璜、刘墉等奉敕撰，纪昀等校订：《皇朝文献通考》卷七十三，《四库全书》本。
③ 《清实录·圣祖仁皇帝实录》卷二百一十六，中华书局1985年版，第190页。

第三章 清初至中叶清官方文化认同的实践

李光地等修《朱子全书》，于康熙五十一年（1712）修成，清代官方最终选择尊奉程朱理学作为官方统治思想，为后来提升朱熹在孔庙中的位阶拉开了序幕。康熙五十一年（1712）正月，康熙帝谕大学士等云：

> 朕自冲龄，笃好读书，诸书无所不览诵。每见历代文士著述，即一句一字于理义稍有未安者，辄为后人指摘。惟宋儒朱子注释群经，阐发道理，凡所著作及编纂之书，皆明白精确，归于大中至正。经今五百余年，学者无敢疵议。朕以为孔孟之后，有裨斯文者，朱子之功最为弘巨。应作何崇礼表章，尔等会同九卿詹事科道详议，具奏。寻大学士会同礼部等衙门议复："宋儒朱子配享孔庙，本在东庑先贤之列，今应遵旨升于大成殿十哲之次，以昭表彰至意。"从之。①

随后，康熙帝下令大学士九卿会议，提升孔庙中朱熹配享的位阶。最后大学士会同礼部等衙门议复：将宋儒朱熹在孔庙中的位祀升至大成殿十一哲之列，达到褒扬和推崇程朱理学之目的。这一系列举措标志着清廷"崇儒重道"文化格局的形成，彰显清廷文化认同的进一步深入，增强民族之间的凝聚力和向心力，进一步缓和满、汉民族矛盾，巩固清廷的统治。

清朝统治者为了巩固政治上的统一，先后重用儒臣范文程、李光地、汤斌等学者，加强对汉文化的学习，康熙帝尤其注重继承和学习历代知识分子所津津乐道的儒家文化传统，在经筵日讲过程中，逐步尊奉并认同程朱理学，并将程朱理学最终确立为官方统治思想。这一重要的举措，从文化心理上逐步消解了汉族士子对清朝统治的不满与敌视，逐步加强了对清朝享有"正统"的理论建构，逐步形成清朝统治下统一的多民族国家"多元一体"的文化格局，这不仅是清朝统治者历史性的必然选择，也是清代前期国家治理和文化建设上取得的成功之处。乾隆时期，依托《四库全书》的编

---

① 《清实录·圣祖仁皇帝实录》卷二百四十九，中华书局1985年版，第466—467页。

文化认同视角下的清代《明史》修纂研究

纂,向各地征集各类图书,并就此对传统文化进行整理和总结,修书与"乾隆盛世"相得益彰。又增加孔子弟子有若为十一哲,将朱熹调为十二哲。康熙五十二年(1713),康熙帝在《〈御制朱子全书〉序》对朱熹理学给予了极大的褒扬,甚至提升到了至高无上的地步。他说:"文章言谈之中,全是天地之正气、宇宙之大道。朕读其书,察其理,非此不能知天人相与之奥,非此不能治万邦于衽席,非此不能仁心、仁政施于天下,非此不能内外为一家。"① 此举充分体现了他对程朱理学的真诚推崇和敬仰,充分认识到程朱理学对统治者治国安邦的重要意义。尊崇程朱理学所产生的实际社会效果,使清朝逐渐得到了汉族士大夫的认同,清朝统治的合法性也最终得以确立。《清史稿·儒林传序》中精辟地概括了清代学术发展过程中的流派及其特点:

> 清兴,崇宋学之性道,而以汉儒经义实之。御纂诸经,兼收历代之说;四库馆开,风气益精博矣。国初讲学,如孙奇逢、李颙等,沿前明王、薛之派。陆陇其、王懋竑等,始专守朱子,辨伪得真。高愈、应撝谦等,艰苦自持,不愧实践。阎若璩、胡渭等,卓然不惑,求是辩诬。惠栋、戴震等,精发古义,诂释圣言……且诸儒好古敏求,各造其域,不立门户,不相党伐,束身践行,闇然自修。周、鲁师儒之道,可谓兼古昔所不能兼者矣。②

从以上这一段文字看来,清代经学发展的特点是将"义理""考据"合二为一,尤其推崇程朱理学,康熙帝御纂诸经,更多地兼收历代之说,体现了康熙帝对历史文化的深层认同。一方面就是官方认同汉文化,另一方面就是缓和与汉族士子之间的文化心理差异而产生的抵触和矛盾,尽量将学术与政治有机地连为一体,以便达到学术为政治服务之目的。反过来官方的提倡也进一步促进学术的发展。尤其值得注意是,有时为了现实政治需要,学术

---

① 《圣祖仁皇帝御制文集第四集》卷二十一,《四库全书》本。
② 赵尔巽等:《儒林传序》,《清史稿》卷四百八十,中华书局1977年版,第13099—13100页。

第三章　清初至中叶清官方文化认同的实践

往往屈从于政治，因此清代学术依然未能脱离政治而获得一种独立自由的发展，反映出清代学术与政治之间的一种扭曲的运作模式。每一个时代自有其学术特色，清代的经学在义理、考据方面都取得了重要成就，与清代统治者的大力弘扬有着密切关系。康熙帝晚年尤其推崇程朱理学，为了突出学术为政治服务，进一步提升朱熹在孔庙中的位阶至十一哲，其目的就是认同儒生所讲的"道统"谱系，充分肯定朱熹对儒学的发扬光大之功，承认"道统"谱系，认为"道统乃治统之所系也"。对此，黄兴进先生在《皇帝、儒生与孔庙》一书中对康熙帝提升朱熹在孔庙中位阶的深层内涵予以了深刻揭示，他说：

> 统治者与孔庙之间有合作，也有对抗的地方：明朝的统治者一般采用的是 confrontational，即直接冲突的策略，就是说用直接的政治手段压你；相对地，清朝也是一个专制王朝，不必然对儒生要好到什么程度，但它比较聪明，就是用了一种 accommodation（涵盖、包容）的方式。康熙说儒生说所有的统治的基础是来自于道统，他就进一步加码道统乃治统之所系也——治统的存在其基本的根源就是来自于道统。[1]

由于程朱理学派以继承"道统"自居，而朱熹又是程朱理学的集大成者，所以提升朱熹在孔庙中的位阶，目的也就是彰显清代对儒生历来津津乐道"道统"有了一个更深层面的认同，康熙帝推崇程朱理学之效，就是加强了满、汉文化认同，缓和了满、汉民族矛盾，为巩固统治奠定了坚实的文化基础。康熙五十四年（1715）十一月十七日，康熙帝在部院各衙门官员面奏后，训诫他们说：

> 尔等皆读书人，又有一事当知所戒，如理学之书，为立身根本，不可不学，不可不行。朕尝潜玩性理诸书，若以理学自任，

---

[1] 黄兴进：《皇帝、儒生与孔庙》，生活·读书·新知三联书店2014年版，第75页。

则必至于执滞己见，所累者多。反之于心，能实无愧于屋漏乎？宋、明季代之人，好讲理学。有流入于刑名者，有流入于佛老者。昔熊赐履在时，自谓得道统之传，其没未久，即有人从而议其后矣。今又有自谓得道统之传者，彼此纷争，与市井之人何异？凡人读书，宜身体力行，空言无益也。①

康熙帝进一步指出：程朱理学作为一个人立身处世之根基，不可不学，不可不行，反对学者之间以秉持"道统之传"而起纷争，认为凡读书之人，重在身体力行，空谈无益。乾嘉时期，学术界弥漫着宋学与汉学之争。一方面，程朱理学被统治者奉为正宗；另一方面，以音韵训诂、名物考据等为主的汉学，取得了丰富的学术成就。相反，章学诚对宋学和汉学都持批判态度，他在《文史通义》一书中批判这两种学风，认为宋明理学家空谈义理的流弊，他指出："以'道'名学，而外轻经济事功，内轻学问文章，则守陋自是，枵腹空谈性天，无怪通儒耻言宋学矣。"② 又对宋儒进行批评说："儒者欲尊德性，而空言义理以为功，此宋学之所以见讥于大雅也。"③ 章学诚还对汉学提出了批判，认为汉学脱离实际的不良学风，严重禁锢了学术思想的发展。章学诚还指出考据之学的流弊，"近日学者风气，征实太多，发挥太少，有如桑蚕食叶而不能抽丝，故近日颇劝同志诸君子多作古文辞，而古文辞必由纪传史学进步，方能有得。"④

康熙中后期，清廷极力标榜程朱理学，逐步将程朱理学确立为官方统治思想，利用政治权利对学术思想进行干预，从而使程朱理学在思想界享有独尊的地位。学人唯恐触犯清廷忌讳，对其持与程朱理学思想不同观点的

---

① 中国第一历史档案馆整理：《康熙起居注》，中华书局1984年版，第2222页。
② 章学诚著，仓修良编注：《文史通义新编新注·外篇三·家书五》，浙江古籍出版社2005年版，第822页。
③ 章学诚著，仓修良编注：《文史通义新编新注·内篇二·浙东学术》，浙江古籍出版社2005年版，第121页。
④ 章学诚著，仓修良编注：《文史通义新编新注·外篇三·与汪龙庄书》，浙江古籍出版社2005年版，第693页。

第三章　清初至中叶清官方文化认同的实践

书，采取秘而不宣，或亲自毁版的举措。如，毛奇龄平时对朱熹抨击之处过多，其撰《四书改错》一书，主要改正朱熹《四书章句集注》之错处，晚年曾刊刻此书百部。但随着康熙帝不断提升程朱理学及朱熹在孔庙中的位阶，毛奇龄因怕触犯清廷忌讳，遂自行将其书毁版，不敢使《四书改错》流传。对此，闫宝明在《毛奇龄的〈论语〉〈孟子〉观对清初学风的新拓》一文中说："《四书改错》二十二卷，是毛奇龄对自己此前驳辩朱注的整理和总结，可谓毛氏全面攻驳朱注的集成之作，是毛奇龄晚年手订的最重要的一部著作……因此，《四书改错》乃奇龄十分着意的著作。全书体例于每条之下，先列朱注，后予辩驳，共列451条（其中部分条目重出互见），按内容性质分为32门部，可谓对朱子《集注》反复多方辨析。"[1] 考王彬在《清代禁书总述》中说："此书因'有违正解'，于光绪二十年（1894）被禁。"[2] 全祖望在《鲒埼亭集外编》卷十二《萧山毛检讨别传》[3] 严厉地对毛奇龄提出批评，认为其立言未能平心静气，"仍以狡狯行其暴横，虽未尝无发明可采者，而败缺繁多，得罪圣教。惜夫！"又如，卢文弨钞（明）卢格《荷亭辨论》并作跋文云：

> 此书论经而兼及古今之事迹，往往多创获，读之犁然有当焉。间有与朱子异者，夫非好为异也，反求之而实有所不惬云尔。此书《明史》不载，儒者亦鲜传。余从同邑宗人信波解元（潮生处）钞得之，以为如此书，庶无嫌乎为异，且恐世人尊朱太甚，闻一有异同，便以为必无可采，则深昧作者之意矣。余故欲谂夫好学深思之士，而与之共读焉，勿使徒篇不知者诟病云。[4]

---

[1] 闫宝明：《毛奇龄的〈论语〉〈孟子〉观对清初学风的新拓》，《昆明学院学报》2014年第5期，第79页。
[2] 王彬主编：《清代禁书总述》，中国书店1991年版，第402页。
[3] 全祖望：《萧山毛检讨别传》，《鲒埼亭集外编》卷十二，《四部丛刊》本。
[4] 卢文弨：《〈荷亭辨论〉跋》，《抱经堂文集》卷十，《四部丛刊》本。谂：shěn，规谏，劝告之意。

131

文化认同视角下的清代《明史》修纂研究

卢文弨指出此书多有创获，虽偶尔与朱熹有异之处，并非故意立异，而是反求诸身后于实际未吻合者。《明史》未载此书，学者之间很少流传，唯恐世人"尊朱太甚"，以为凡与朱熹有异，便不可采，故而不明作者之用意。因此，卢文弨在《〈荷亭辨论〉跋》中希望好学之士共读此书，勿使不知者所诟病而已。《四库全书总目》评价此书云："大抵持论诡异，攻击朱子之说，往往过当。"[①] 此外，《四库全书总目》提要季本《易学四同》中说："然其大旨乃主于发明杨简之《易》，以标心学之宗，则仍不免堕于虚渺。"[②]《四库全书总目》提要罗洪先《冬游记》一卷时说："所言性命学问，浸淫佛氏，沦为虚寂，并守仁本旨而失之。李贽诸人沿流不返，遂至累及守仁，为儒者诟厉，其所从来者渐矣。"[③]《四库全书总目》提要薛侃《图书质疑》时说："其答问中，所论格致、体用、虚实及儒释之辩，皆守姚江良知之说。"[④] 显然，清官方尊奉程朱理学为官方统治思想的同时，对有悖程朱或攻击程朱之书，或列为禁书，或列入《四库全书》存目而已。清初，费密对宋明理学也多持批评态度，他极力主张汉学，提倡实学。康熙三十年（1690），费密著《弘道书》，但由于怕触犯清廷忌讳，将此书秘不示人，其晚年门人蔡廷治曾抄录副本予以收藏，民间罕有流传。直到20世纪20年代才刊行，[⑤] 费密思想主张才得以为世人所知。

查《弘道书》共有两《序》：蔡廷治《题辞》作于康熙辛未（1691），张含章《序》作于康熙乙亥（1695）。费密逝世于康熙三十八年（1699），蔡廷治等门人私谥为"中文"。蔡廷治在《题辞》中说："深潜撰著，未常轻出示人。年老，门人乃得录副本。天下之大，百世之远，好学深思之君子甚

[①]《四库全书总目》卷一百二十七。
[②]《四库全书总目》卷七。
[③]《四库全书总目》卷一百二十四。
[④]《四库全书总目》卷七。
[⑤] 陈祖武：《清初学术思辨录》，中国社会科学出版社1992年版，第269页。

第三章　清初至中叶清官方文化认同的实践

众，必有起来而公论者矣。"[1] 费密《弘道书》因秘不示人，晚年才为门人抄录保存，故而为人知之甚少，才躲过清廷严厉禁书的厄运。另外，费密《燕峰文钞》一卷和《唐宫闺诗》二卷，收入《四库全书》内存目，提要中对费密学术评价颇多微词，认为其好持异论，"是率天下而为乱。"费密曾师从孙奇逢，他的学术思想以汉学为宗，主张实学，批评宋明理学，尤其反对宋儒否定汉唐诸儒未闻道之论及以程朱学派上承孔孟"道统"的论说。他在《弘道书》卷下《圣门定旨两变序记》中说：

> 魏晋之清谈，虽老庄显行，而传经诸儒守圣门之遗，尚得撑抵。宋之理学则改经更注，以就其流入佛氏之曲说，而儒害益深益大。学者疑九渊为禅，其踵相接，疑二程静坐为禅，十之四五而已。盖王安石之性命，二程略加改换。朱熹，二程之巨浪也。王守仁，九渊之余焰也。四家之书具在，与古经相揆者远矣。故吾道杂入，魏晋而后，老氏为多，宋以来佛氏为厚。皆诸儒作聪明，乱旧章，其可叹者，岂胜言哉！[2]

这样的言论，显然与清官方唱反调，是不合时宜的。康熙帝推崇程朱理学，将之确立为官方意识形态，并运用政治权利干涉或压制其他流派的流传，致使出现了"以理杀人"的现象，表现出清代学术思想的进一步压抑与僵化。乾隆五年（1740）十月己酉，乾隆帝在诏书中谈及北宋五子（周敦颐、程颐、程颢、邵雍、张载）实得孔孟之心传，于理欲、公私、义利之界辩之甚明，循之为修己治人之要，为入圣之阶梯、求道之途辙，训导诸臣精研宋儒之书，反对空谈和假道学，彰显程朱理学对清朝巩固统治的重要意义，可见一斑。他说：

> 夫治统原于道统，学不正，则道不明。有宋周程张朱诸子，

---

[1] 蔡廷治：《题辞》，费密：《弘道书》卷首，大观唐氏怡兰堂民国刻本。另外，《清史稿》记载《弘道书》为十卷，现存仅为二卷而已，特此说明之。

[2] 费密：《圣门定旨两变序记》，《弘道书》卷下，大观唐氏怡兰堂民国刻本。

133

于天人性命、大本大原之所在，与夫用功节目之详，得孔孟之心传，而于理欲、公私、义利之界，辩之至明。循之为君子，悖之则为小人。为国家者，由之则治，失之则乱。实有裨于化民成俗，修己治人之要，所谓入圣之阶梯、求道之途辙也。学者精察而力行之，则蕴之为德行，学皆实学，行之为事业，治皆实功。此宋儒之书，所以有功后学，不可不讲明而切究之也。①

清朝推崇程朱理学，但学者有的尊程朱，有的尊陆王，有的主张折中二者，但官方并没有过于排挤、打压。清廷尊奉程朱理学为官方统治思想，也主要体现在《四库全书》入选书籍之标准。郭伯恭在《四库全书纂修考》中予以深入揭示：

> 清廷以程朱之学，统一士大夫之思想，一切经典注解及义理之学，俱以程朱之学为正宗，故《四库》中于元明以降程朱一派之无聊著述收入颇多，而陆王及其他非程朱派之著述，则著录甚鲜。宏儒如孙夏峰、颜习斋、李二曲，史学若黄梨洲、潘次耕，诗学若宋荔棠、吴野人、冯钝吟诸人，著作概入存目；诗如王阮亭，文如汪钝翁，仅以《精华录》《尧峰文钞》著录，而《带经堂诗文集》《钝翁前后类稿》只列存目。至释道之书，著录更少。今子部释家类所收者，仅十三种；道家类所收者，仅四十四种。《二藏》俱在；此五十七种，尚不及百之二也。《总目凡例》谓必择其可资考证者，而其可资考证者，又岂仅此数而已？且宋释赞宁之《宋高僧传》收矣，梁释慧皎之《高僧传》，唐释道宣之《高僧传》则不收也。岂其不足资考证耶？况赞宁之作，乃为道宣之续书乎？岂宋之高僧可传，而唐以前之高僧不足传乎？门户之争，学派之异，竟定为去取之准绳！②

黄爱平在《清代康雍乾三帝的统治思想与文化选择》一文中说："在一

---

① 《清实录·高宗纯皇帝实录》卷一百二十八，中华书局1985年版，第876页。
② 郭伯恭：《四库全书纂修考》，岳麓书社2010年版，第213页。

代封建王朝崛起、发展并走向兴盛的过程中,以康熙帝独尊理学为标志,清统治者确立了关系其政权前途和命运的文化选择,儒学成为其治国安邦的指导思想,'崇儒重道'成为封建国家的基本文化国策。此后,雍正帝虽然一度推崇佛、道,主张天人感应,但儒学作为其政权统治指导思想的地位并未改变,借用传统儒学,雍正帝成功地加强了对民众的思想控制,稳定了社会秩序。至乾隆年间,儒学的纲常名教,更进而成为乾隆帝确保大清帝国'亿载基业'的'根本之图'。伴随专制皇权发展到最高峰,统治者对伦理纲常的宣扬和对臣民思想行为的控制也达到前所未有的程度。可以说,清统治者文化选择的完成,制定'崇儒重道'文化政策,为一代封建王朝的发展兴盛奠定了深厚的文化思想基础。"① 充分肯定了康熙朝推行"崇儒重道"的文化政策,为清朝后来持续发展兴盛奠定了深厚的文化根基。

五、频开经筵讲习,探讨治国理政之道

顺治初年,有一些汉族士子纷纷进言,请求帝王仿宋制,开经筵日讲,学习儒家经典,以达通经致用之目的。顺治五年(1648),工科给事中魏裔介上《乞及时讲学疏》,请求开设经筵日讲,"以隆万世治本事"。② 清初,清廷忙于战事,迟迟未实行。随后,汉儒臣纷纷上疏,要求顺治帝开经筵讲习的呼声越来越高。顺治九年(1652)十月,翰林院编修曹本荣奏言,请求顺治帝内则学习经史,外则开设经筵讲习,强调学习的重要性。他说:

> 皇上亲政以来,良法美意渐见施行,而犹水旱荐臻,星辰失次,何欤?诚以圣学未讲,而纪纲未张也。何谓圣学?皇上得二帝三王之统,当以二帝三王之学为学,凡《四书》《六经》及《通

---

① 黄爱平:《清代康雍乾三帝的统治思想与文化选择》,《中国社会科学院研究生院学报》2001年第4期,第66页。

② 魏裔介:《乞及时讲学疏》,《兼济堂文集》卷一,《四库全书》本。

鉴》中，有裨身心要务治平大道者，内则朝夕讨论，外则经筵进讲。君德既成，天命自相与流通矣。何谓纪纲？皇上开天肇造，举措规模当为圣子神孙计深远。用人何以奖廉而禁贪？理财何以藏富而用足？刑法何以为折民之典？制度何以备一代之规？诚宜重政本以一机务之权衡，严奉行以责综核之实效。一切章奏事宜，必须接见辅弼大臣，商榷定夺，经制一定，子孙得以世世遵守矣。报闻。①

顺治十年（1653）正月戊寅，工科给事中朱允显奏请顺治帝开设经筵讲习，礼部以文华殿修成后开设作为回复，但一直没有下文。于是，朱允显再次强调开设经筵日讲的必要性和重要性，强调广泛地选择满、汉大臣，召见便殿，与他们共同考究经史之外，随事咨询，并见之于行事，"将见圣德日隆，合天意而快人心，万世无疆之业，在此举也"②。对此，《清实录·世祖章皇帝实录》记载"报闻"而已。顺治十二年（1655）三月壬子，顺治帝将开设经筵讲习正式提上日程，并谕礼部云：

朕惟帝王敷治，文教是先。臣子致君，经术为本。自明末扰乱，日寻干戈，学问之道，缺焉未讲。今天下渐定，朕将兴文教，崇经术，以开太平。尔部即传谕直省学臣，训督士子，凡理学、道德、经济、典故诸书，务研求淹贯，博古通今。明体则为真儒，达用则为良吏。果有此等实学，朕当不次简拔，重加任用。又念先贤之训，仕优则学。仍传谕内外大小各官，政事之暇，亦须留心学问，俾德业日修，识见益广，佐朕右文之治。③

---

① 《清实录·世祖章皇帝实录》卷六十九，中华书局1985年版，第546页。曹本荣，黄冈人，顺治六年（1649）进士，官至侍讲学士，顺治十四年（1657）九月，充经筵讲官，著有《奏议稽询》。《四库全书总目》卷五十六提要说："是书仿《历代名臣奏议》之体，汇辑自周讫明诸臣奏疏，分三十六门……未免繁简不伦，体例未能尽善，疑草创未全之本也。"

② 《清实录·世祖章皇帝实录》卷七十一，中华书局1985年版，第562—563页。

③ 《清实录·世祖章皇帝实录》卷九十一，中华书局1985年版，第712页。

第三章 清初至中叶清官方文化认同的实践

汉臣不断上疏要求顺治帝开设经筵讲习，强调学习汉文化的重要性，而且呼声越来越大，最后促使顺治帝决心"兴文教，崇经术，以开太平之治"。令礼部传谕各省学政，训督士子对于理学、道德、经济、典故诸书，务求博通。果有实学，将超常简拔。同时，还令礼部传谕内外大小各官，于政务之暇留心学问，道德、学业日修，见识益广，辅佐其实现"右文之治"。顺治十四年（1656）八月，顺治帝谕礼部："经筵大典，理当早举。向因文华殿未建，有旨暂缓。今思稽古典学，有关治道，难以再迟。应于保和殿先行开讲，尔部即详考典，例择吉开列仪注。具奏。"① 顺治十四年（1657）九月初七日，顺治帝首开清朝历史上第一次经筵讲习，查《清实录·世祖章皇帝实录》记顺治十四年（1657）八月壬辰，礼部上疏确定经筵讲习仪式，在经筵讲习仪式之前，首先举行祭孔仪式。并定于九月初七日举行经筵讲。② 顺治十四年（1657）九月甲辰，任命以下人员充经筵日讲官：

> （顺治四十年九月）甲辰，命内翰林弘文院学士麻勒吉、布颜、王熙，国史院学士折库讷、查布海、苏纳海，秘书院学士常鼐、白色纯、胡兆龙、李霨，秘书院侍读学士巴海、冯溥，弘文院侍讲学士方悬成、左春坊左庶子曹本荣、礼部尚书胡世安、兵部尚书梁清标充经筵讲官。③

顺治十四年（1657），顺治帝首次开设经筵讲习，此后再也没有举行过，但这次经筵习讲具有十分重要而深远的意义，拉开了后来清代皇帝注重学习儒家经典的序幕。顺治帝开始扭转自清初以来满、汉文化矛盾与冲突的局面，逐步扭转满族大臣排挤、压制汉族官员的倾向，并开始注重学习汉文化，学习经史，从中探寻治国理政之道，为以后清朝皇帝通过经筵讲学习儒

---

① 《清实录·世祖章皇帝实录》卷一百一十一，中华书局1985年版，第867页。
② 《清实录·世祖章皇帝实录》卷一百一十一，中华书局1985年版，第870—871页。
③ 《清实录·世祖章皇帝实录》卷一百一十一，中华书局1985年版，第871页。查方孝标（1617—1697）江南桐城人，顺治六年（1649）进士。原名方玄成，字孝标，后避康熙帝玄烨之讳，以字行，或改为元成，或作悬成，著有《滇黔纪闻》。

家文化、探寻治国之道拉开了帷幕，同时也为后来君主学习汉文化开启了先例。儒家经典作为中华文化的元典（圣典），为历代士子参加科举考试必考之书，同时作为中国文化的主流和核心，历经两千多年从未发生动摇。清朝为少数民族满族入关建立的政权，通过武力征服，夺取了政权。但这在当时汉族士子看来，无疑是"天崩地裂"的时代。清初各地抗清斗争此起彼伏，三藩更是打起"反清复明"的旗帜，煽动汉人的反满情绪，并鼓动汉人参与反清斗争，而一有些文弱的士子，仍然死守文化传统，宁死不认同清朝的统治地位。对此，姚念慈在《评清世祖遗诏》一文中说："世祖顺治十七年的罪己诏，是对以前处理满汉关系不当的追悔。质言之，是世祖对清初弊政及民族征服政策的反思，也是对自己惩罚压制汉族官员等举措的否定……自顺治十年以来，世祖努力寻求满汉联合政体的新格局，虽于总体来说未获得成功，但其思想脉络的转变本身就是一个积极的结果，也是康熙朝满汉关系趋向稳定必不可少的历史前提。"[①] 同时，康熙帝经过经筵讲习，最终确立"崇儒重道"的基本国策，满汉民族关系渐趋缓和，同时为论证清朝享有"正统"的重大问题提供了理论上的支撑，也充分体现了文化认同在清朝巩固统治过程中所具有的重要意义。

康熙帝继位之后，孜孜不倦地学习经史，更加自觉地举行经筵日讲。康熙九年（1670）十月丁酉，康熙帝上谕礼部："帝王勤求治理，必稽古典学，以资启沃之功。朕于政务余闲，惟日精研经史。念经筵日讲，允属大典，宜即举行，尔部其详察典例，择吉具仪，以闻。"[②] 康熙帝认识到帝王勤求治理，必须稽古右文，努力向学，通过学习儒家经典，达到"明体达用"之目的。在其统治时期，不遗余力地每日开展经筵讲习，无论铲除鳌拜势力集团之时，还是在"三藩之乱"如火如荼平叛之际，都不曾放松过经筵讲习，其孜孜不倦学习经史，希望从中寻求治国理政的方略，提出"崇

---

① 姚念慈：《清初政治史探微》，辽宁民族出版社2008年版，第329—330页。
② 《圣祖仁皇帝圣训》卷五，《四库全书》本。

儒重道""振兴文教"的治国方针,从文化上逐渐消弭满、汉民族之间的矛盾。康熙帝对士子津津乐道的"道统"多有认同,并且随着学习汉文化的深入,对"道统"攸关王朝统治的合法性体悟比较深入。康熙十年(1671)二月十七日,于保和殿首次开设经筵讲习,命翰林院掌院学士熊赐履为经筵讲官,主要讲解经史,讲课以经书为本,尤其注重于从传统经典中探寻治国安邦之道。随后,康熙帝任命擅长于经史文辞的满、汉官员充经筵讲官。对经筵讲官的入职情况,王士禛在《池北偶谈》卷四"日讲"中涉及说:

> 今上亲政后,选翰林官直讲禁中,先在崇德殿,后移于乾清宫。讲官始则熊赐履,继为史鹤龄、孙在丰、张英、徐元文、陈廷敬、叶方蔼、张玉书、汤斌、归允肃。大抵以掌院学士一员与翰林官一员同讲,止二员。惟戊午,陈、叶日讲,而上幸南海子,叶偶病假旬日,以张代之。后叶疾愈入直,遂三员同直讲。史以编修归,殁于家。特赐祭葬,其恩礼非外庭所敢望也。①

可以看出,讲官开始为熊赐履,后为史鹤龄、孙在丰、张英、徐元文、陈廷敬、叶方蔼、张玉书、汤斌、归允肃,开始为翰林院掌院学士一名和翰林官一名讲授。康熙十七年(1678),陈廷敬、叶方蔼为讲官,后叶方蔼生病告假半月,由张英代之,随后由三人入职讲授。吏部尚书黄机、刑部尚书冯溥、工部尚书王熙、左都御史明珠也充过经筵讲官。关于经筵讲官的遴选,福格在《听雨丛谈》卷三"经筵讲官"中说:"经筵讲官,旧例以尚书、侍郎、内阁学士、翰林掌院学士充之,入相则解,惟徐元文以户部侍郎入相,熊赐履以吏部、张英以礼部大拜,皆带讲官,后遂成例。"②其后,除巡幸、出征偶尔未举行之外,经筵基本上从未间断,君臣纵论经史,探讨治国安邦之道。康熙帝在与讲官讨论经史的过程中,尤其注重荟萃群言,发明旨要,相继集成《日讲四书解义》二十六卷,并亲撰序文,于康熙十六年(1677),译

---

① 王士禛著,靳斯仁点校:"日讲",《池北偶谈》卷四,中华书局1982年版,第75页。
② 福格著,汪北平点校:"经筵讲官",《听雨丛谈》,中华书局1984年版,第53页。

成满文，颁示全国。四库馆臣对康熙帝开经筵日讲的效果，给予了很高的评价："所推演者皆作圣之基，为制之本，词近而旨远，语约而道宏，圣听神功所为契洙泗之传，而继唐虞之轨辙者，盖胥肇于此矣。"①康熙帝本人非常注重经筵讲习，反对空谈而流于形式，孜孜不倦地学习儒家经典，与侍讲诸臣朝夕讲论经史，以期从中探讨切合实际的治国理政之道，他还下令讲官直言不讳，畅所欲言。如，康熙十六年（1677）五月二十四日，他对翰林院掌院学士喇沙里、陈廷敬、侍读学士叶方蔼、侍讲学士张英下令说："卿等进讲启导，一一悉备，皆内圣外王、修齐治平之道。朕虽不敏，罔不孜孜询之。每讲之时，必专意以听，但学问无穷，不在徒言，要惟当躬行实践，方有益于所学，卿等仍愈加直言，毋有隐讳，以助朕好学进修之意。"②康熙二十六年（1687），上谕翰林院掌院学士库勒纳、张英等曰："尔等每日将讲章捧至乾清门预备，诣讲筵行礼进讲，为时良久，妨朕披览功，著暂停止。《春秋》《礼记》，朕在内每日讲阅。其《诗经》《通鉴》讲章，俱交与张英，令其赍至内廷。"③由此可见，康熙帝十分注重对儒家经典的研习，而且对史书也给予高度关注。此后，康熙帝又陆续命儒臣汇集五经解义，并一一作序文冠于卷首。他在《〈日讲礼记解义〉序》中，强调其敦崇礼教的目的和重要意义，其中有一段话很有深意，他说：

> 朕企慕至治，深惟天下归仁，原于复礼，故法宫之中，日陈《礼经》，讲习绅绎，盖不敢斯须去也。慨自嬴秦焚烧典籍，礼仍灭亡。汉兴，崇尚儒学，《礼经》始显，所传者十三家，而戴德、戴圣为尤著，圣所传四十九篇，即所谓《礼记》者是已。迨程子、朱子出，表章《学》《庸》，遂开千古道学之统。其余四十七篇，虽杂出于汉儒，亦皆传述圣门格言，有切身心要旨。朕熟之复之，

---

① 《四库全书总目》卷三十六。
② 《圣祖仁皇帝御制文集》卷六，《四库全书》本。
③ 《清实录·圣祖仁皇帝实录》卷一百二十六，中华书局1985年版，第336页。

第三章 清初至中叶清官方文化认同的实践

靡间寒暑，积有讲义，裒成全部，弁以叙言，用以无忘斯勤，然岂徒效儒生占毕云尔哉？务佩服其训词，而实体诸躬修，措之邦国，使百尔怀恭敬逊让之诚，兆庶凛撙节防闲之则，德化翔洽，上媲隆古，庶乃惬朕敦崇礼教之意也夫。①

康熙帝在经筵日讲过程中，先后积有《日讲五经解义》，一一作序言，以示不忘其读经、研习儒家经典的勤劳，同时说明这岂止是效仿儒生训诂、章句之法，更为重要的就是要"体诸躬修，措之邦国"，即强调学习经史目的在于致用。康熙十九年（1680）庚申四月，康熙帝谕令翰林院掌院学士叶方蔼说："《尚书》记载帝王道法，关切治理，朕留心研究，期于贯通，讲幄诸臣讲解明晰，深有裨于典学者，将《尚书讲义》刊刻颁行。"②《日讲易经解义》《日讲书经解义》《日讲诗经解义》先成，刊于康熙年间；而《日讲春秋解义》刊于雍正年间；《日讲礼记解义》则刊于乾隆初年。康熙帝定期开经筵日讲，对传统文化特别是儒家经典的认同进一步加深，逐步形成了"崇文右儒"的基本国策，进一步鼓励汉族士子考取功名，这对逐步化解满、汉民族矛盾起到了不可忽视的重要作用。史革新在《清代经筵、日讲制度探源》一文中说："康熙帝举行经筵日讲，尽管标榜'四书'、'五经'并重，但其进学理路大体遵循程朱一派的治学原则，先'四书'而后'五经'，并把重点放在对于'四书'内容的体认上。"③康熙帝孜孜不倦地学习儒家经典，命令翰林院侍读、侍讲、编修、检讨官员负责经筵日讲，康熙帝与经筵讲官讨论经史，学习传统儒家经典以及《资治通鉴》等史书，并身体力行学习经史，多次在不同场合强调学习的目的在于致用，只有在文化上掌握话语权，才能更好地笼络、驾驭汉族士子，缓和满、汉矛盾，这是一个从文化认同层面的深层思考，且收事半功倍之效。陈廷敬在《午亭文编》卷

---

① 《圣祖仁皇帝御制文集第二集》，卷三十一，《四库全书》本。
② 《圣祖仁皇帝圣训》卷十二，《四库全书》本。典学：指皇子或帝王致力于学。
③ 史革新：《清代经筵、日讲制度渊源探析》，《文史哲》2008年第1期，第92—93页。

文化认同视角下的清代《明史》修纂研究

二十九《〈讲筵奏对录〉有序》文中对康熙帝给予高度赞扬："臣廷敬伏惟圣主以天纵生知，好学不倦。臣叨侍讲筵，多历年所，仰聆天语，阐明经义，契往圣之心传，实前王所未有。盛德日新，光辉宣著，是以措天下于隆平，开万年之景运，文谟武烈，史不胜书。皇哉唐哉，至矣尽矣。"① 陈廷敬对康熙帝高度赞扬："阐明经义，契往圣之心传，实前王所未有"。康熙帝在与经筵讲官学习五经的过程中，"荟萃群言，发明旨要，胪为《解义》"。积有成编，命翻译为满语，颁示全国，并亲撰序言冠于卷首。显然《日讲礼记解义》为康熙帝御定，但没有编次成帙。乾隆帝即位之初，儒臣编纂《三礼义疏》，命取翻书房旧稿，参校异同，归于一是，并命令翻译授梓，以备五经之全，所以《日讲礼记解义》于乾隆初年校刊颁行。康熙帝在位时期，一直热衷于经筵日讲，与大臣讨论经史，纵论治国理政之道，其孜孜不倦地学习儒家文化，希望从中寻求治国安邦的道理。康熙帝对于传统文化以及功能的深刻认识，甚至已经上升到了学习汉文化，并用之于治理国家的深刻层面上，公允地说这在中国历史上少数民族建立的政权中，作为一国之君能如此努力探研学习中国传统文化，并利用汉族士大夫编纂各类书籍，以"文化认同"来化解满、汉民族矛盾，清朝应该最有典型性和代表性，清朝能享国达二百九十七年，就足以说明历史文化认同的深入程度。如果说，清初是忙于巩固统治的话，康熙至乾隆近一百年的时间，是清朝统治稳定、文化繁荣的一个时期，与此同时，汉族士子反清情绪逐渐得以化解，满、汉民族矛盾日渐缓和，人口不断增加，社会经济达到繁荣的局面。

---

① 陈廷敬:《讲筵奏对录有序》,《午亭文编》卷二十九,《四库全书》本。另,《四库全书总目》卷一百七十三提要陈廷敬《午亭文编》云:"廷敬,字子端,号说岩,泽州人。顺治戊戌（1658）进士,改庶吉士,授检讨。本名敬,以是科有两陈敬,奉旨增'廷'字,官至大学士,谥文贞……生平回翔馆阁,遭际昌期,膺受非常之知遇,出入禁闼（闼:宫门）几四十年。正值国家文运昌隆之时,而廷敬以渊雅之才,从容簪笔,典司文章,得与海内名流以咏歌鼓吹为职业,故其著述大抵和平深厚,当时咸以大手笔推之。"

六、屡次征召明遗民，缓和满、汉民族矛盾

康熙帝对汉族士子特别优待，甚至在大臣死后，荫庇其子孙，这成为笼络汉族知识分子，缓和满汉民族矛盾痼疾的一剂良方，士子为出仕清廷而趋之若鹜。可是，仍有一批遗民誓死不与清廷合作，有的逃禅，有的隐居，笔耕不辍，著书立说，清廷为此曾多次下诏，要求荐举山林隐逸，而以疾病推辞者甚多，清廷招揽人才的效果实际上并不明显。清初，明遗民自身关于出处的情况和判断也各不相同。大凡历代改朝换代之际，前朝官员或士子秉承儒家"忠君不二"的君臣纲常伦理，认为臣子所侍奉的国君亡国，臣子当"不仕异姓"（强调忠于一君，不仕二姓的儒家纲常伦理），这种根深蒂固的文化心理烙印深深地影响到他们在出处去就上的选择，而在明清易代的背景之下，明朝官员转而出仕清朝，则会受到社会舆论的强烈谴责。相反，对于先前未出仕明朝者，在出仕清廷上并没有遭受朝野舆论的谴责。明遗民一般坚决不受新朝俸禄，不与新朝合作，以"遗民"身份相标榜或自居，这在中国历史上是有传统的。[①]明清之际，明遗民关于出处的讨论十分激烈，甚至影响到清廷与士子之间的合作关系。明末清初，士子为不仕新朝，逃禅者较多。如，方以智（1611—1671），字密之，号"浮山愚者"，安徽桐城人，崇祯十三年（1640）中进士，官翰林院检讨，明亡后，逃往广西苍梧云盖寺为僧，不仕清朝，著书立说。顺治九年（1652），施闰章途经广西苍梧，专门去云盖寺造访方以智，并撰《苍梧云盖寺访无可上人》诗："精舍萧疏山路斜，高人解组即袈裟。沧桑痛哭知无地，江海流离不见家。云暗苍梧飞锡杖，梦归秋浦泛仙槎。与君坐对成今古，尝尽冰泉旧井茶。"[②]施闰章在诗文

---

① 乾隆时期，四库馆臣在收入前代遗民的著述时，尤其对著者的生活年代则仍标注前朝，以此彰显著者的遗民身份，体现对前代遗民有了一个身份和价值上的认同。

② 沈德潜等编选：《清诗别裁集》卷三，上海古籍出版社2013年版，第93—94页。按，施闰章《学余堂诗集》（《四库全书》本）将该诗删除，而沈德潜等编选的《清诗别裁集》乾隆二十五年教忠堂刊本则有收录。

中，表达了对方以智出家为僧的艰难际遇的同情，体现了清初士人与明遗民之间千丝万缕的关系。康熙十年（1671），方以智到吉安拜谒文天祥墓，死于途中，其对文天祥顶礼膜拜，内心怀有深厚的遗民情结，是不言而喻的。乾隆时期编修《四库全书》时，收入方以智《通雅》五十二卷、《物理小识》十二卷，四库馆臣提要作者时代为"明方以智撰"，彰显方以智明遗民身份和不仕清廷之义。《四库全书总目》卷一百十九对方以智给予高度的评价：

> 明之中叶，以博洽著者称杨慎，而陈耀文起而与争，然慎好伪说以售欺，耀文好蔓引以求胜。次则焦竑亦喜考证，而习与李贽游，动辄牵缀佛书，伤于芜杂。惟以智崛起崇祯中，考据精核，迥出其上。风气既开，国初顾炎武、阎若璩、朱彝尊等沿波而起，始一扫悬揣之空谈。虽其中千虑一失，或所不免，而穷源溯委，词必有征，在明代考证家中，可谓卓然独立矣。①

方以智崛起于崇祯中，考据精核，高出杨慎、陈耀文、焦竑之上，使清初学术转向实学风气，清初顾炎武、阎若璩、朱彝尊等相继而起，开始一扫空谈学术之弊，有力地扭转清初学术，转向经世致用的实学方向，充分肯定了方以智在明代考证家中"卓然独立"的学术成就及开启清初考证实学风气的学术地位。又如，卢象晋，字晋侯，宜兴人，天启崇祯间，与其兄卢象升、弟卢象观皆以气节著名。明清易代之际，卢象升殉难，卢象观参与反清斗争，事败而投水死，据《明史》记载，其家族先后殉难者百余人。《明史》卷二百六十一《卢象升附弟象晋、象观、从弟象同传》中记载："其后南都亡，象观赴水死，象晋为僧，一门先后赴难者百余人。从弟象同及其部将陈安死尤烈。象观，崇祯十五年，乡荐第一，成进士。官中书。象晋、象同皆诸生。象升死时，年三十九。"②传末赞语云："危乱之世，未尝乏才，顾往往不尽其用。用矣，或掣其肘而驱之必死。若是者，人实为之，要之亦天意

---

① 《四库全书总目》卷一百五十九。
② 张廷玉等：《明史》卷二百六十一，中华书局1974年版，第6766页。

第三章　清初至中叶清官方文化认同的实践

也。卢象升在庄烈帝时，岂非不世之才？乃困抑之以至死，何耶！至忠义激发，危不顾身，若刘之纶、邱民仰之徒，又相与俱尽，则天意可知矣。"①《明史》本传赞语总结特别深入，分析了明亡与不善于用才之间的密切关系。后来四库馆臣黄寿龄进一步参考《明实录》，对殿本《明史》本传进行了某些补充和考订，并附乾隆四十一年（1776）赐谥诸臣情况，如卢象升，专谥"忠肃"，卢象观、金声、邱民仰通谥"忠节"，乾隆帝从现实政治上宣扬"忠君"思想的需要，最终肯定明末忠义人物各尽所能，忠于所事，对卢象升等人通过专谥、通谥的手段，予以表彰和褒扬，并附载入四库本《明史》卷二百六十后。入清后，由于家族先后殉难百余人，卢象晋内心产生了巨大的悲痛和亡国之恨，所以他坚决反对剃发，声称"吾头可与发俱断，吾发不可剃"，而被迫强行剃发后，遂逃禅为僧。②

后来，卢象晋之孙卢豪然抄录家传，特请方苞作传，方苞认为《明史》已经记载，此外皆为赘言，但在考察卢象晋事迹之后，特撰《书〈卢象晋传〉后》，文中对明亡于党争有着非常深刻的认识。他在文中说：

> 及观其祖象晋请效死边外，而当轴者始欲致罚，卒摈绝之。窃叹鄙夫之阶祸多端，而媚疾其尤烈者也……明之亡，始于孙高阳（孙承宗）之退休，成于卢忠烈（卢象升）之死败。沮高阳者，惟知高阳不退，已不能为之下，而不思高阳既退，国家社稷之事已不能支。挤忠烈者，惟知置之死地，援绝身亡，然后私议可行，而不思忠烈既亡，中原土崩之势已莫能驭……所可惜者，以聪明刚毅之君，独蔽惑于媚疾之臣，身死国亡而不寤，岂非天哉！嗟乎！不平其心者，师尹也，而家父"以究王讻"，传者推之曰：

---

① 张廷玉等：《明史》卷二百六十一《卢象升传》，中华书局1974年版，第6773页。按，古唯有"丘"姓，而没有"邱"姓，清朝为避孔子讳，将"丘"改为"邱"，四库本《明史》据此照改。

② 孙静庵：《明遗民录》卷四，《清代传记丛刊》本，第76页。

文化认同视角下的清代《明史》修纂研究

"辟则为天下僇",有国者可不慎乎!①

方苞论述了明末政局混乱,党同伐异,忠良报国无门,崇祯帝被蒙蔽其间,身死国亡而不悟。随后,康熙八年(1669)六月,下诏荐举山林隐逸。陕西巡抚白清额应诏荐举李颙,"闻先生名,欲特疏荐扬,先生致书于骆(骆锺麟),托其从中力挽,事遂寝。"②王士禛在《池北偶谈》卷五"荐隐逸"中说:"康熙十年,浙抚范中丞荐山林隐逸鄞县葛世振,明崇祯庚辰第二人,翰林编修也。既以老疾辞,不赴。复奉温旨敦迫,再以疾辞,遂允其请。又荐布衣董汉策,以科道试用,寻为御史劾罢,至下诸法司。而秦督鄂善荐盩厔布衣李颙,辞不至。颙起田畯,尝一就科举,遂隐居读书,修明横渠、蓝田之学。富平李天生因笃,昔尝为予言之。"③由此可知,葛世振、李颙均未应征,而董汉策以科道用,不久被劾罢归。清廷屡次征聘山林隐逸,李颙屡次力辞清廷征召,且委托陕西督抚代为题奏。李颙自视表里如一,因关乎世道人心之风教,绝非假借隐逸之名而求功名之实。他在《与当事论出处(拾遗)》中说:

> 先儒谓士人之辞受出处,非独其一身之事而已,其出处之得失,乃关风俗之盛衰,故尤不可以不审也。今既以颙为隐逸矣,若以隐而叨荣,则是美官要职可以隐而坐致也,开天下以饰伪之端。其不得志于科目者,必将退而外假高尚之名,内济梯荣之实,人人争以终南作捷径矣。颙虽不肖,实不忍以身作俑,使风俗由颙而坏,此其不敢三也……颙昏愚庸陋,懿修固不敢望古人,而绝迹纷华,亦不敢自外于古人。若隐居复出,杜门复开,是负朝廷之深知,翻辱阐幽之盛举,则其为罪大矣!且今上方比隆三五,

---

① 方苞:《书〈卢象晋传〉后》,《望溪集》卷四,《四库全书》本。另外,可参见《诗经·小雅·节南山》。
② 吴怀清编:《二曲先生年谱》,李颙撰,陈俊民点校:《二曲集》,中华书局1996年版,第650页。
③ 王士禛著,靳斯仁点校:"荐隐逸",《池北偶谈》卷五,中华书局1982年版,第107页。

第三章 清初至中叶清官方文化认同的实践

超越百王,岂可使盛举无一石隐以昭风厉乎?颙是以反复思维,沥血剖心,不厌谆恳之渎,非直为身谋,实所以为国谋也。伏望执事矜颙之苦衷,谅颙之非矫,俯赐保全,力为转复,则曲成之仁,贤于推毂,而颙之顶戴洪慈,更万万矣!(此癸丑冬,与当事书也。稿被巩郡友人携去,近始得之,特补入。)[①]

郑重在《〈靖江语要〉序》文中说到李颙力辞征召的原因,谈得比较深刻,一语中的。他说:"二曲李先生,关中巨儒也。不屑章句之学,以阐明学术,救正人心为己任,一时贤士大夫,无不翕然宗之。当事欲疏荐于朝,辞不就道。足以康济天下,而其志终不欲以功名之士自欺,是先生之素矢也。"[②]李颙的学术宗旨:立足王学,会通折中朱陆。李颙在《二曲集》卷十五《富平答问》中回答学生问学时充分表达了这一思想。[③]李颙为学力主会通折中朱陆,认为二者之间互补,相辅相成,相辟则相害,显然论学没有树立门户之见。郑重也在《序》中说:"今先生荟萃群儒之说,而折衷之,竟独见其大要,以尊德性为本体,以道问学为功夫,兼尽姚江、考亭之旨。"[④]显然一语中的。陈祖武先生在《清初学术思辨录》中进一步揭示李颙学术宗旨:"这表明李颙走的是以陆王为本体,程朱为功夫,会通朱陆而自成一家的为学蹊径。"[⑤]李颙著,陈俊民点校:《二曲集·前言》中说:"李颙生平为学,志在:'明学术,醒人心',以倡明关学为己任,而关学作为宋明理学思潮中一个独立学派,它的终结,也同整个理学一样,是终于明

[①] 李颙撰,陈俊民点校:《与当事论出处(拾遗)》,《二曲集》卷十八,中华书局1996年版,第195—196页。另外,李梦苏主编:《中华典藏·名家藏书——历代名人书札》(内蒙古人民出版社2003年版)卷三有:《李容与当事论出处书》《李容答门人问学》,两篇均见于《二曲集》卷十八和卷七内。后来,秦瀛在《己未词科录》中为避雍正帝讳,而将李颙改为李容,特此说明。
[②] 李颙撰,陈俊民点校:《二曲集》卷四,中华书局1996年版,第32页。
[③] 李颙撰,陈俊民点校:《二曲集》卷十五,中华书局1996年版,第129页。
[④] 李颙撰,陈俊民点校:《二曲集》,中华书局1996年版,第706页。
[⑤] 陈祖武:《清初学术思辨录》,中国社会科学出版社1992年版,第165页。

文化认同视角下的清代《明史》修纂研究

清之际的理学自我批判的思潮中。这恰恰又是由李颙完成的。"① 康熙十四年（1675），顾炎武致书李颙，对其学问人品给予很高的评价，他说："先生龙德而隐，确乎不拔，真吾道所倚为长城，同人所望为山斗者也。今讲学之士，其笃信而深造者惟先生。异日九畴之访，丹书之受，必有可以赞后王而垂来学者。侧闻卜筑频阳，管幼安复见于兹，弟将策蹇渭上，一叙阔悰也。"② 康熙十七年（1678），荐举博学鸿词，李颙"以年老不能赴京"为由拒绝清廷征召，甚至坚卧床榻，不论官府如何催促，仍不为所动，时李因笃被荐参加"博学鸿词科"考试，前来告别老师，见官吏气势汹汹，便劝诫李颙就道，以为权宜之计，李颙以绝食五日相抵抗，滴水未进，并以后事一一嘱托子弟门生，督抚见不能就道，不堪疲惫，不得不以"疾笃"为由再次代为回复。事见吴怀清编《二曲先生年谱》云：

> 初六日，督抚又令府尹促行。尹率咸、长二县令至榻力劝，继而又委幕僚率吏胥昼夜守催，备极嚣窘。先生坚卧自如，恬不为动。是时，先生以隐逸为当世所注望，李太史因笃亦以博学宏词被荐就征，来别先生，见官吏汹汹，严若秋霜，恐先生坚执撄祸，劝先生赴都。一时缙绅爱先生者，咸以明哲保身为言，先生闭目不答，遂绝食。周制台暨各文武诸大僚目击其惫，为之向总督缓颊。总督谓："自癸丑被征以来，年年代为回复，兹番朝既注意，不便再复。"促之愈急，且欲以违旨题参。李太史为先生危甚，涕泣以劝。先生笑曰："人终有一死，患不得所耳。今日乃吾死所也！"遂以后事为托。慎言号痛，门人悲泣，先生皆一一遗嘱，并滴水不入口者五昼夜。总督知其不可强，不得已，又以疾

---

① 李颙撰，陈俊民点校：《二曲集·前言》，中华书局1996年版，第4页。
② 吴怀清编：《二曲先生年谱》，李颙撰，陈俊民点校：《二曲集》，中华书局1996年版，第673页。

第三章 清初至中叶清官方文化认同的实践

笃具复，仍一面差官慰抚，先生乃食。①

李颙无论官府如何催促甚至相逼，拒不就征，甚至不惜以死拒绝清廷征召，体现出清初明遗民艰难的出处抉择。由于天气寒冷、被荐人员至京不齐等原因，康熙帝下令将考试日期下延至康熙十八年（1679）三月天气转暖之时。因此，李颙虽暂免就道，但有司仍奉旨催促甚严，且令人员时常去探望，并报告其情况，严令其病痊之后就道。又据顾炎武《亭林文集》卷之三《答李紫澜书》中对李颙力辞"博学鸿儒"之荐进行了说明：

> 常叹有名不如无名，有位不如无位。前读大教，谬相推许，而不知弟此来关右，不干当事，不立坛宇，不招门徒。西方之人或以为迁，或以为是，而同志之李君中孚，遂为上官逼迫，舁至近郊，至卧操白刃，誓欲自裁。关中诸君有以巨游故事言之当事，得为谢病放归。然后国家无杀士之名，草泽有容身之地，真所谓威武不屈，然而名之为累，一至于斯，可以废然返矣。②

可见，清廷这次荐举人才是有诚意的，后来督抚一再催促就道，众人抬床榻至近郊，李颙手持白刃，欲自裁，后关中诸君以李业故事为之说情，③才得以谢病告归。顾炎武还专门为李颙求情，认为其为名所累以至于如此，为之不胜唏嘘感慨！康熙二十四年（1685）冬，陕西督学许孙荃欲捐资刊刻《四书反身录》，颁布陕西各学校以励风俗，想将此书进呈给康熙帝阅览。但由于李颙贻书力阻。他在书中说："此书止期私下同病相怜，对症

---

① 吴怀清编：《二曲先生年谱》，李颙撰，陈俊民点校：《二曲集》，中华书局1996年版，第677页。

② 顾炎武著，华忱之点校：《答李紫澜书》，《亭林文集》卷三，收入《顾亭林诗文集》，中华书局1983年版，第65页。

③ 范晔：《李业传》，《后汉书》卷一百一十，《四库全书》本。按，李业，字巨游，广汉梓潼人。王莽篡位之后，李业谢病归里，闭门不出，广汉郡太守刘咸多次荐举，仍谢病不出，激怒刘咸，后因人劝说而免杀身之祸。后来，公孙述占据益州，自立为帝，闻李业之贤名，欲强行荐举其入仕，如能出仕则授予高官厚禄，如不出仕则令其饮毒酒自杀。李业不肯出仕，强词辩解之后，甘愿饮毒酒而身亡。后来，光武帝刘秀建立东汉后，称赞其忠节之名，在梓潼为李业建立墓阙，予以表彰。

149

文化认同视角下的清代《明史》修纂研究

投剂，以'反身'二字与同人相切砥；若一经进呈，适滋多事，不触嫌招忌，则搜山熏穴，仆将不知其所终矣！不知使君将何以为我谋耶？幸寝斯念，曲垂保全，俾仆永坚末路，庶不贻羞知己。此复。"①许孙荃后来打消了进呈该书的念头，但与其弟子李因笃精心校订，将此书刊刻流传于世。李颙之前虽未响应清廷的屡次征召，甚至不惜以死相威胁，拒不出仕，显示出一生为隐逸的高洁之志。然而，时隔十九年之后，康熙四十二年（1703），康熙帝西巡，途经陕西，下令地方官召李颙相见。时李颙衰老卧病在床，其遣子李慎言拜谒行在陈情，并主动令其子将《二曲集》《四书反身录》进呈。由此可见，李颙之前虽未响应清廷征召，但此时他已放下了先前顾虑和思想包袱，对清朝态度已悄然发生转变。李颙的这种转变，实际上也与康熙帝重视人才以及文治成功有着密切关系。康熙帝特赐书"操志高洁"匾额以奖之。②《皇朝文献通考》中称："特赐御书'操志高洁'匾额。仰见圣度如天，嘉奖宿学，秦中下士至今称荣幸焉。"③

此外，清初著名遗民李清也屡次征召而不就。李清为明大学士李春芳之玄孙、明礼部尚书李思诚之孙，事迹据《明史·李春芳传》。关于李清的遗民情结，《清史稿·李清传》中予以论述：

> 寻迁大理寺左寺丞，遣祀南镇，行甫及杭，而南都失守矣。乃由间道趋隐松江，又渡江，寓高邮，久乃归故园，杜门不与人事。当道屡荐不起，凡三十有八年而殁。清忠义盖出天性，庄烈帝之变，适在扬州，闻之，号恸几绝。自是每遇三月十九日，必设位以哭。尝曰："吾家世受国恩，吾以外吏，蒙先帝简擢，涓埃未报。"国亡后，守其硁硁，有死无二，盖以此也。晚著书自娱，

---

① 李颙撰，陈俊民点校：《又答许学宪》，《二曲集》卷十七，中华书局1996年版，第172—173页。
② 《四库全书总目》卷三十七。
③ 张廷玉等奉敕撰，后嵇璜、刘墉等奉敕撰，纪昀等校订：《皇朝文献通考》卷二百一十七，《四库全书》本。

150

第三章　清初至中叶清官方文化认同的实践

尤潜心史学，为《史论》若干卷，又删注《南》《北》二史，编次《南渡录》等书，藏于家。①

乾隆时期，修《四库全书》，之前已选入李清《诸史同异录》又名《二十一史同异》六十八卷、《南唐书合订》《南北史合注》《历代不知姓名录》诸书，馆臣已撰各书提要。②乾隆五十二年（1787），乾隆帝在审阅李清《诸史同异录》时，发现该书内有"顺治与崇祯相同四事"一条，将明崇祯帝和顺治帝相比，认为"悖谬"之至，狂妄不羁，强烈谴责李清不能为明殉节，大节有亏，于是下令馆臣彻查李清"违碍"著述。乾隆五十二年（1787）三月十九日，乾隆帝谕内阁将《诸史同异录》从《四库全书》内撤出销毁并将总纂等议处，他说：

> 《四库全书》处进呈续缮三分书，李清所撰《诸史同异录》书内，称我朝世祖章皇帝与明崇祯四事相同，妄诞不经，阅之殊堪骇异。李清系明季职官，当明社沦亡，不能捐躯殉节，在本朝食毛践土，已阅多年，乃敢妄逞臆说，任意比拟。设其人尚在，必当立正刑诛，用彰宪典。今其身既幸逃显戮，其所著书籍悖妄之处，自应搜查销毁，以杜邪说而正人心……所有四阁陈设之本及续办三分书内，俱著撤出销毁，其《总目提要》亦著一体查删。钦此。③

乾隆帝下令将先前收录的李清《诸史同异录》《南唐书合订》《南北史合

---

① 赵尔巽等：《遗逸一》，《清史稿》卷五百，中华书局1977年版，第13817页。另外，"南北二史"指《南史》《北史》。另，李清《南渡录》中关于弘光诸臣事迹，《明史》颇多采纳。

② 《四库全书》还附录"四库抽毁书提要"下附小注予以说明："以下各书提要，民国十六年于清宫方略馆发现之原缮本补录。其所居位次，则参酌赵怀玉刻本《简明目录》。"抽毁书目提要顺序为：李清《南北史合注》《南唐书合订》提要；周亮工《闽小记》提要；不著撰人名氏《国史考异》提要，按语："本书作者实为潘柽章。"另查《续修四库全书》，亦收入潘柽章《国史考异》六卷；周亮工《读画录》提要；吴其贞《书画记》提要；周亮工《印人传》《书影》提要；李清《历代不知姓名录》提要，共计9种著述。

③ 张书才主编：《纂修四库全书档案》，上海古籍出版社1997年版，第1992页。

151

注》《历代不知姓名录》及提要一并从《四库全书》中撤出禁毁。①对此，郭伯恭在《四库全书纂修考》一书中提及"撤出书未全销毁"的情况，他说：

> 当时撤出各书，固遵旨销毁，但间有置之宫中，未全交军机处销毁者，故今故宫博物院图书馆存有写本《南北史合注》一百九十一卷，《南唐书合订》二十五卷，《历代不知姓名录》十卷，《闽小纪》四卷，《读画录》四卷，《印人传》三卷，《书影》十卷，《书画记》六卷，《国史考异》六卷等九种，即《四库全书》当日撤出之原书也。此数书或因触犯遭忌，或因连累被撤，不能厕身《四库》，诚属不幸；吾人于今，幸仍得睹当日原缮之本，亦可谓不幸中之幸也。各书提要，外极少见。②

清初，清廷虽屡次征召遗民，但所收成效甚微，许多遗民亲身经历明朝灭亡之痛，故而无意出仕新朝，并成为他们终身奉行之宗旨，这就是明遗民所能持守的最后一道防线。李孔昭也屡被有司荐举而不应诏，甚至使者持书币前往举荐，路途相遇而问及，他质问其中缘故，得知是使者要荐举他，故意用手遥指其住处而隐去，使者至其室而不见人。李孔昭不愿与清廷合作的遗民情结，也深刻地影响到其他人。有一位孝廉正准备赶考，可临行前，却毅然放弃科考。他说："吾出郭门一步，何面目见李光四乎？"③《清史稿》卷五百一《谈迁传》中说："明末遗逸，守志不屈，身虽隐而心不死，至事不可为，发愤著书，欲托空文以见志，如迁（谈迁）者，其忧愤岂有已耶？故以附于各省遗逸之末。"④因此，某些明遗民仍然守志不屈，不仕清朝，无疑对清廷统治产生不利的影响。康熙十七年（1678），下诏荐举"博学鸿

---

① ［美］A·W·恒慕义主编，中国人民大学《清代名人传略》翻译组：《清代名人传略》，青海人民出版社1990年版，第246页。
② 郭伯恭：《四库全书纂修考》，岳麓书社2010年版，第135页。另外，作者还抄录了吴其贞《书画记》、周亮工《读画录》《闽小记》《印人传》《书影》、潘柽章《国史考异》提要。
③ 赵尔巽等：《李孔昭传》，《清史稿》卷五百一，中华书局1977年版，第13843—13844页。
④ 赵尔巽等：《谈迁传》，《清史稿》卷五百一，中华书局1977年版，第13864页。

词",全国各地的遗老大多被列入征召之列。如,严绳孙不情愿参加"博学鸿词科"考试,他只作了一首《省耕诗》就出来,康熙帝深知其文名,特别选拔他为二等第五十名,严绳孙对清廷敌视态度显然发生了一些变化。明末清初,著名的理学家、文学家陆世仪也深刻认识到明遗民坚决不出仕清朝的文化心理,如何化解明遗民这种文化心理障碍,他提出了一个可行之办法,即招揽明遗民为学校之老师,可以发挥他们传道授业之特长,不至于明遗民全被弃而不用,清廷虽屡次征召,但他们秉持儒家"忠君不二"的纲常伦理而拒不出仕。因此,他说:

> 历观古今以来,大抵经时变革,一时贤者不死于忠,则归于隐遁,其或去而入于空释者,更多有之。盖君臣之义已定,改节易操,固无其事,而夙有抱负者,又不甘与齐民同老。其逃于禅说而更为主张门庭,亦士君子不得志于时之所为也。然而圣道至此日晦,世界自此日坏矣。愚谓:"有天下者,若易代之后,而不用故国之遗黎故老,则贤才可惜;若用遗黎故老,而遗黎故老竟乐为新主所用,则又乖不事二君之义。于此,有两全之道,学校之职臣也,而实师也。若能如前不用品级之说,则全乎师而非臣。昔武王访道于箕子,而箕子为之陈《洪范》,盖道乃天下后世公共之物,不以兴废存亡而有异也。聘遗黎故老,为学校之师,于新朝有益而故老无损,庶几道法可常行于天地之间,而改革之际不至于贤人尽归放废矣。"①

清修《明史》的举措,在一定程度上缓解了明遗民对清朝的敌对情绪。同时,清廷也利用史馆诸公与明遗民之间特殊关系,借助他们荐举人才,虽然情况各异,但仍然彰显了清官方招揽人才之诚意,它在缓和遗民对清廷的反抗情绪上确实起到一定成效。如,汤斌极力劝解友人出仕时,不仅盛

---

① 陆世仪:《治平类·学校》,《思辨录辑要》卷二十,《四库全书》本。

文化认同视角下的清代《明史》修纂研究

赞康熙帝之功绩为"圣政日新,比隆尧舜",还谆谆告诫友人人生苦短,如白驹过隙,若不及时出仕效力,则枉费一生所学。他在《答广文魏闻野书》中说:

> 圣政日新,比隆尧舜。待选之人鳞集阙下,犹念及告病官员,令保举起用。皇上爱惜人才之至意,古今罕觏,臣子何心其忍恝然……出处大节,三十年所学何事,十四年林下只如旦暮,过此再十四年,即成六十老翁矣!人生如白驹过隙,安能枉道博一去取方哉!总之,臣子谊当报国,地方官相信而固辞之,不可也;功令甚严,地方官不相信而必强之,亦不可也。某之自处如是,惟足下教之。①

通过出仕之人的推荐和保举,清廷借此也网罗了一大批遗民。如,黄宗羲虽未出仕,但对清修《明史》十分关注,极力支持《明史》修纂工作,特派弟子万斯同参与《明史》编纂,并在临行前赠诗一首,其中有"四方身价归明水,一代奸贤托布衣",显然对万斯同修史寄托了一份厚望。万斯同不负老师的重托北上,前后修史达十九年之久,康熙十八年(1679)至康熙四十一年(1702),是《明史》修纂的关键时期,此期形成的(旧题)万斯同《明史稿》成为后来《明史》继续修纂的基础,后来王鸿绪《明史稿》和殿本《明史》与之各有异同,成为《明史》成书过程中的重要稿本,因而具有十分重要的地位和价值。②全祖望在《鲒埼亭集》卷二十八《万贞文先生传》中说:

> 康熙戊午,诏征"博学鸿儒",浙江巡道许鸿勋以先生荐,力辞得免。明年,开局修《明史》,昆山徐学士元文延先生往,时史局中征士许以七品俸,称翰林院纂修官,学士欲援其例以授之,

---

① 汤斌:《答广文魏闻野书》,《汤子遗书》卷五,《四库全书》本。
② 关于万斯同修史及贡献,可参考朱端强:《万斯同与〈明史〉修纂纪年》,中华书局2006年版。

154

第三章 清初至中叶清官方文化认同的实践

先生请以布衣参史局，不署衔，不受俸，总裁许之。诸纂修官以稿至，皆送先生复审，先生阅毕，谓侍者曰："取某书某卷某页有某事，当补入；取某书某卷某页有某事，当参校。"侍者如言而至，无爽者。《明史稿》五百卷皆先生手定，虽其后不尽仍先生之旧，而要其底本，足以自为一书者也。[①]

从万斯同修史及审订史稿情况看来，足见万斯同对明史的熟悉和了如指掌。万斯同非常注重史表，他特撰《历代史表》六十五卷，朱彝尊在《万氏〈历代史表〉序》文中说：

取历代正史之未著表者一一补之，凡六十篇，益以明史表一十三篇，揽万里于尺寸之内，罗百世于方册之间，其用心也勤，其考稽也博，俾览者有快于心，庶几成学之助，而无烦费无用之失者……季野所编，皆历代正史所必不可缺者，用以镜当世之得失。虽附诸史，并颁之学官，奚不可也？[②]

黄宗羲一方面坚持以明遗民身份自处，另一方面也非常关注清官修《明史》的情况。黄宗羲辑有明代史料《明文海》《明文案》等多种，同时，他还特别补撰明代史料，以便史官参考。康熙二十一年（1682），上《移史馆论不宜立理学传书》一文，阐述自己的见解，在《明儒学案》中梳理明代学术发展的源流，强调可以同归于《儒林传》。他在《海外恸哭记》附录二《户部贵州清吏司主事兼经筵日讲官次公董公墓志铭》文中说：

尝读《宋史》所载二王之事，何其略也！夫其立国亦且三年，文、陆、陈、谢之外，岂遂无人物？顾闻陆君实（陆秀夫）有《日记》，邓中甫（邓光荐）有《填海录》、吴立夫有《桑海遗录》，当时与文、陆、陈、谢同事之人，必有见其中者；今亦不闻存于人间矣。国可灭，史不可灭；后之君子，能无遗憾耶？乙酉丙戌，

[①] 全祖望：《万贞文先生传》，《鲒埼亭集》卷二十八，《四部丛刊》本。
[②] 朱彝尊：《万氏〈历代史表〉序》，《曝书亭集》卷三十五，《四部丛刊》本。

155

文化认同视角下的清代《明史》修纂研究

> 江东草创，孙公嘉绩、熊公汝霖、钱公肃乐、沉公宸荃，皆闻文、陆、陈、谢之风而兴起者。一时同事之人，殊多贤者，其事亦多卓荦可书。二十年以来，风霜销铄，日就芜没！此吾序董公之事，而为之泫然流涕也。①

黄宗羲极力记录明末清初浙江一带抗清的忠义之事，认为"国可灭，史不可灭"，也正因为如此，他才对清官修《明史》之役鼎力相助。黄宗羲逝世于康熙三十四年（1695）七月初三。黄宗羲去世之后，其子黄百家先后请郑梁和朱彝尊为其父写墓志铭，由于黄宗羲在明遗民中具有强大的号召力和影响力，两人因怕触犯清廷忌讳而没有执笔，这或许就是个中原因了。四十余年之后，全祖望写成《梨洲先生神道碑》，并收入《鲒埼亭集》。全祖望对此进行了说明："其子百家为之《行略》，以求埏道之文于门生郑高州梁（郑梁），而不果作，既又属之朱检讨彝尊，亦未就，迄今四十余年无墓碑。然予读《行略》，中固嗛嗛多未尽者，盖当时尚不免有所嫌讳也。"②全祖望认为"使不亟为表彰，且日就淹晦"，他认为对黄宗羲生平事迹及成就不及时表彰，其生平行实便会日渐湮没不传，因此，欣然同意黄宗羲之孙黄千人之请，撰写《梨洲先生神道碑》。③同时，全祖望还对碑文所依据的史料进行说明，采择黄宗羲遗书，参考黄百家撰写的《行略》。在《梨洲先生神道碑》文中，全祖望回顾和叙述了黄宗羲可歌可泣的一生及光辉事迹，表达其对黄宗羲的仰慕之情。

另外，对于大儒黄宗羲、顾炎武、李清等明遗民，清廷都极力予以网罗，康熙帝特别多次下诏征召，未就。康熙十八年（1679），傅山虽然被迫

---

① 黄宗羲、黄屋炳等：《户部贵州清吏司主事兼经筵日讲官次公董公墓志铭》，《海外恸哭记》附录一，《台湾文献丛刊》本。
② 全祖望：《万贞文先生传》，《鲒埼亭集》卷二十八，《四部丛刊》本。郑梁，浙江宁波人，常年跟随黄宗羲学，于康熙二十七年进士，出仕清朝，深得黄宗羲赏识。黄宗羲去世后，其和儿子郑性谋建"二老阁"祭祀其父郑溱和黄宗羲，立牌位于其中。著有《寒村诗文集》等。
③ 《四库全书总目》卷一百八十三存目黄千人《餐秀集》二卷，亦可参考。

应征至京师，以老病辞，没有应试"博学鸿词科"。康熙帝特恩授予傅山、杜越为中书舍人衔。同年冬十一月，以叶方蔼充任《明史》总裁官。叶方蔼想要荐举顾炎武参与修史。顾炎武致书力辞叶氏之请。他在《与叶切庵书》中说：

> 去冬，韩元少书来，言曾欲与执事荐及鄙人，已而中止。顷闻史局中，复有物色及之者。无论昏耄之资，不能黾勉从事，而执事同里人也，一生怀抱，敢不直陈之左右。先妣未嫁过门，养姑抱嗣，为吴中第一奇节，蒙朝廷旌表。国亡绝粒，以女子而蹈首阳之烈，临终遗命：有"无仕异代"之言，载于志状，故人人可出而炎武必不可出矣。《记》曰："将贻父母令名，必果；将贻父母羞辱，必不果。"七十老翁何所求？正欠一死！若必相逼，则以身殉之矣！一死而先妣之大节愈彰于天下，使不类之子得附以成名，此亦人生难得之遭逢也。谨此奉闻。①

顾炎武正秉持其嗣母王氏"无仕异代"之教诲，认为人人可出仕而其必不可出矣。如被迫出仕，则不惜以身相殉。顾炎武对《明史》编纂情况也给予高度关注，还撰《与史馆诸君书》，寄希望于将其嗣母事迹编入《明史·列女传》，认为"则没世之荣施，即千载之风教矣"。同时，对于清官修《明史》，他在《与公肃甥书》中说："修史之难，当局者自知之矣。求藏书于四方，意非不美，而四方州县以此为苦，宪檄一到，即报无书。所以然者，正缘借端派取解费，时事人情大抵如此，安望有澄清之日乎？窃意此番纂述，止可以邸报为本，粗具草稿，以待后人，如刘昫之《旧唐书》可也。"②此外，顾炎武与其他遗民一样，亲身历经和目睹了明朝的覆灭，改朝换代与国破家亡之痛时常萦绕在他心中，挥之不去，耿耿于怀。他还亲自参与江南的抗清斗争，但各地的义军都先后一一被清军扫灭。这种悲切的亡国

---

① 顾炎武著，华忱之点校：《顾亭林诗文集》，中华书局1983年版，第53页。
② 顾炎武著，华忱之点校：《顾亭林诗文集》，中华书局1983年版，第54—55页。

文化认同视角下的清代《明史》修纂研究

之痛则在其诗文中多有所寄托。他在《赠朱监纪四辅》一诗中说："十载江南事已非，与君辛苦各生归。愁看京口三军溃，痛说扬州十日围。碧血未消今战垒，白头相见旧征衣。东京朱祜年犹少，莫向尊前叹式微。"[①] 顾炎武这样的家教以及亲身经历，也让他确定了终身不仕清的志向，矢志不渝。顾炎武不仅与其外甥徐乾学、徐元文保持一定的距离，还拒绝了他们为其养老的请求。同时，当时士子趋炎附势，都纷纷投靠其外甥徐氏兄弟之门，他对此感到深恶痛绝。如，顾炎武在《与潘次耕札之二》中说：

> 原一（徐乾学）南归，言欲延次耕同坐。在次耕今日食贫居约，而获游于贵要之门，常人之情鲜不愿者。然而世风日下，人情日谄，而彼之官弥贵，客弥多，便佞者留，刚方者去，今且欲延一二学问之士以盖其群丑，不知薰莸不同器而藏也。吾以六十四之舅氏，主于其家，见彼蝇营蚁附之流，骇人耳目，至于征色发声而拒之，乃仅得自完而已。况次耕以少年而事公卿，以贫士而依虎下者乎？夫子言："吾死之后，则商也日益，赐也日损。"子贡之为人，不过与不若己者游，夫子尚有此言。今次耕之往，将与豪奴狎客朝朝夕夕，不但不能读书为学，且必至于比匪之伤矣。孟子曰："饥者甘食，渴者甘饮，是未得饮食之正也，饥渴之害也。"今以百金之修脯，而自侪于狎客豪奴，岂特饥渴之害而已乎？荀子曰："白沙在泥，与之俱黑。"吾愿次耕学子夏氏之战胜而肥也。"吾驾不可回"，当以靖节之诗为子赠矣。[②]

顾炎武对潘耒出仕表现出一种担忧，他不赞成潘耒投靠徐乾学之门，与那些蝇营狗苟、趋炎附势之辈朝夕相处，不但不能专心读书，而且也会深受他们的影响，这不仅仅是为生计所迫出仕而已。他谆谆告诫潘耒"近朱者

---

① 顾炎武著，华忱之点校：《顾亭林诗文集》，中华书局1983年版，第303页。
② 顾炎武：《亭林余集·与潘次耕札之二》，《四部丛刊》本。另孔子曰："吾死之后，则商也日益，赐也日损。"这句话出自《孔子家语》。

158

第三章　清初至中叶清官方文化认同的实践

赤，近墨者黑"的道理，并以陶渊明《饮酒》诗中"且共欢此饮，吾驾不可回"句相赠，希望潘耒能够像晋末宋初的陶渊明学习，坚持隐居避世、拒绝仕宦的决心，能够做到始终如一的洁身自好，而不与世俗之人同流合污。然而，对于这些拒不仕清的明遗民，康熙帝对他们念念不忘，多次与大臣谈及访求遗老，以求得他们与清廷的合作，体现出对明遗民的敬重与对他们学术成就的认同。从清初帝王多次下诏征召遗民，可以看出清初至康熙中期，随着第一代明遗民的相继过世，明遗民的后代子孙大多已经承认清朝的统治，并且积极奔走于仕途之间，努力参与科举，希望出人头地。如，崇祯甲申（1644），王士禛伯父王与胤全家殉节。入清之后，王士禛家族中进士者十余人，王士禛兄弟四人，有三人中进士。因此，康熙朝基本上从文治武功上奠定了大一统的格局，汉族士子积极奔走于科举，清朝的统治已基本上巩固。因此，雍正、乾隆时期，当时存在"遗民不世袭"的说法，故而清廷也就没有必要像清初一样再下诏征召。随着时间的推移，在清朝成长起来的人，没有像他们的先辈那样，背负儒家君臣纲常伦理的道德谴责。当时，对明遗民后代出仕清朝，朝野舆论显然持一种宽容态度。同时也证明了清初至康熙朝，清廷在缓和满、汉矛盾方面所作的努力，应该说是极其成功的。许多清初遗民先后过世，遗民后代子孙并未持守所谓的"气节"，而是为科举入仕积极奔走，同时对清朝统治予以认同，也就没有了清初尖锐的民族矛盾和反清斗争了。雍正帝、乾隆帝再也无须再像清初一样多次下诏征召遗民。这是一个较为有趣的现象，而且也充分证实了清代比起前代少数民族建立的政权，更注重对历史文化的认同，这应该是清朝统治更为长久的重要原因。清乾隆时期，四库馆臣收录明遗民的著述时，对著者的生活年代则仍标注明朝，以此标明著者的遗民身份，由此体现了对明遗民有了一个身份和价值上的认同。如，清代著名诗人王士禛祖父王象晋（1561—1653），顺治十年（1653）去世。崇祯十七年（1644），其子王与胤举家殉节之后，王象晋当时已八十多岁，其悲痛之心难以言表，此后闭门不出，不与外人交接。因此,《四库全书》提要王象晋《群芳谱》三十卷,提要著者生活的年代则为"明",[①]以示其不仕清之意。康熙帝对王象晋《群芳谱》予以高度重视,征入内府收藏,并在其基础上扩充、校订,于康熙四十七年(1708)成《佩文斋广群芳谱》一百卷,收入《四库全书》。

七、重视庙祭活动,含"道统与治统相维"意识

清朝在平定各地抗清斗争之后,疆域大一统的政治格局得以奠定和巩固。与此同时,逐步推行"崇儒重道"的文化政策,从而确立起真正意义上的大一统王朝。康熙帝尤其尊崇孔孟及程朱理学,对其后裔予以隆重表彰,凸显官方重视继承、弘扬中华文化传统,遂使汉族士大夫逐步认同清朝的统治。此外,清官方非常重视祭孔活动,目的在于表明继承或延续儒家"道统";同时还注重历代帝王庙的祭祀,目的在于彰显继承或延续前代"治统"或"正统",遂使"道统"与"治统"之间相互促进、相得益彰。

康熙二十三年(1684),康熙帝亲自到曲阜祭孔,特命将其专用的曲柄伞留于孔庙,并亲撰碑文,遣官在孔庙大成殿门左立碑,还撰有周公庙、孟庙碑文,令刻石立碑,并一一奖赏圣贤后裔,令其奉孔庙祠祀。康熙帝祭孔时行隆重大礼,礼节十分尊崇。康熙帝在《孟子赞》文中,充分肯定了孟子对儒学的传承光大之功。他说:"哲人既萎,杨墨昌炽。子舆辟之,曰仁曰义。性善独阐,知言养气。道称尧舜,学屏功利。煌煌七篇,并垂六艺。孔学攸传,禹功作配。"[②]康熙二十四年(1685),孔子后裔衍圣公孔毓圻请求将康熙帝祭孔事迹和艺文编纂成书,以示将来,得到康熙帝批准,并令进士金居敬等八人参与编纂,于康熙二十七年(1688)编成《幸鲁盛典》,共四十卷,刊刻后进呈给康熙帝。随后,康熙帝应孔毓圻之请,特为该书作序

---

① 《四库全书总目》卷一百十五。
② 孔毓圻等:《孟子赞》,《幸鲁盛典》卷一,《四库全书》本。

第三章 清初至中叶清官方文化认同的实践

文。①

康熙帝在序文中表达了对孔子之道仰慕不已，身体力行，涵泳六经，越加体会孔子思想之博大精深，他的孜孜不倦地学习六经，力求用之于治国理政，确非虚言。乾隆时期，《幸鲁盛典》一书收入《四库全书》。《四库全书总目》提要《幸鲁盛典》并对康熙帝给予高度评价：

> 凡修成《事迹》二十卷，《艺文》二十卷，刊刻表进，即此本也。洪惟我圣祖仁皇帝统接羲轩，心源洙泗，褒崇圣教，典礼优隆，为亘古所未有，非区区管窥蠡测所可形容。然文物典章，毓圻等得诸见闻，颇能胪具。伏读是编，大圣人崇儒重道之至意，犹可想见其万一。是固宜藏诸金匮，以昭示无极者矣。②

上文中高度赞扬了康熙帝"崇儒重道"，尤其称康熙帝上接伏羲与黄帝"治统"，"心源洙泗"，亘古未有，将"治统"与"道统"有机地合而为一，体现出康熙帝尊孔并进一步尊崇程朱理学的目的及意义所在，从而为建构清朝统治的合法性提供依据。清朝袭封孔子后人为衍圣公，康熙帝屡次下令修缮孔庙，并多次派遣皇子代其前往祭孔，还亲撰祭文，亲题匾额，对孔子祭祀之隆，可见一斑。如，康熙帝在《圣庙落成遣皇子（胤祉）告祭文》中进一步明确地表达了他尊崇孔子的重要原因。他说："朕惟道统与治统相维，作君与作师并重。先师孔子德由天纵，学集大成，综千圣之心传，为万世之师表，故庙祀久远，垂于无穷。"③乾隆初年，乾隆帝撰《文庙碑文》，极力称赞孔子之功，他在碑文中说："若夫同天地亘今古，继往圣开来世，特立为师之道于宇宙间者，惟我先师孔子一人。敬维孔子集群圣之大成，祖述宪章，垂教万世，使后之帝王建极绥猷，得有所遵循，以求治法、道法之大全。由之则治，悖之则乱。大哉！孔子功参乎覆载，明并乎日月，生民以来

---

① 参见孔毓圻等：《幸鲁盛典》卷首，《四库全书》本。
② 孔毓圻等：《幸鲁盛典》卷首，《四库全书》本。
③ 孔毓圻等：《幸鲁盛典》卷一，《四库全书》本。

文化认同视角下的清代《明史》修纂研究

未有盛焉者也。"[1]康熙帝同孔庙从祀权牢牢掌握在官方手中，认同或判定孔孟以来"道统"的存在，努力争取文化上的话语权。对此，朱鸿林先生在《元儒吴澄从祀孔庙的历程及时代意涵》一文中说：

> 儒者从祀孔庙是唐代以来国家的重要典礼和制度，含有国家正式肯定孔子道统的存在和认定儒家道统的内容的双重意义。本着"崇德报功"的原则，这个兼备政治和文教特色的典制，一方面使朝廷表现了尊崇儒教，对阐扬儒道有贡献的前代或本朝儒者的报答，同时也使朝廷得以借着表彰它所认肯的真儒，向天下昭示它所肯定和鼓励的学术主张、思想内容和行为规范。由于时代不同，使这个制度得以运行的崇尚标准也不可能没有变化，而变化则反映于朝廷所从祀的儒者的类型之上。[2]

如，朱鸿林在《元儒吴澄从祀孔庙的历程及时代意涵》一文中详细考察吴澄去世一百零四年后才于明宣德十年（1435）获得孔庙从祀。明正统十四年（1449），"土木堡之变"，英宗被俘，明人对此产生某种敌视情绪，严防"华夷之辨"，谴责吴澄"忘宋仕元""忘君事仇"。明嘉靖九年（1530），最终决定将吴澄从祀孔庙中罢黜。宋亡后吴澄出仕元朝，后来遭到了明遗民的强烈谴责和非议。吴澄在明初获得从祀，应该说，明朝官方和学人均认同吴澄对元代儒学传承之功，可后来明与北元的关系十分紧张，对吴澄的评价来了一个逆转，体现出官方指导思想与现实政治之间的紧密关联，所以吴澄后来遭受罢黜，也就在情理之中。明清易代之后，陆陇其与吕留良二人都尊崇朱熹，但在思想旨趣及落脚点上却有根本差别，吕留良强烈谴责许衡、吴澄宋亡后出仕元朝，认为他们辱身枉己，不足以传程朱之道。

---

[1] 《御制文初集》卷十六，《四库全书》本。另，建极绥猷：是指天子上对皇天、下对庶民的双重神圣使命，既须承天而建立法则，又要抚民而顺应大道，从而创立丰功伟绩。

[2] 朱鸿林：《元儒吴澄从祀孔庙的历程与时代意涵》，收入朱鸿林：《孔庙从祀与乡约》，生活·读书·新知三联书店2015年版，第84页。

第三章 清初至中叶清官方文化认同的实践

对此，钱穆先生在《中国近三百年学术史》第二章《黄梨州附陈乾初、潘用微、吕留良传略》中指出，陆陇其和吕留良二人在"尊朱"旨趣上的不同，导致两人在明亡之后，在出处去就上选择不同。陆陇其积极科考，出仕清朝，死后还从祀孔庙。吕留良则严守"夷夏之大防""夷夏之辨"观念，严厉鞭挞许衡、吴澄出仕元之举，认为只有在出处去就、辞受交接处划清界限，扎下脚跟后，才能谈致知、主静的功夫。言外之意，吕留良严辨"夷夏之大防"，决意弃科举，不仕清朝，选择以明遗民身份自居，其后来遭遇也就在所难免了。吕留良曾力劝陆陇其勿出仕，但陆陇其的选择却与之迥然不同，这也是二人最后分道扬镳的主要原因。先前，陆陇其与吕留良之间有一定的交往，陆陇其在学术上犹其推崇吕留良，而且其诸多论说也多承袭吕留良，认为二人所不同之处在于出处之不同，死后际运也就大为不同。雍正年间，吕留良因曾静案受牵连，被剖棺戮尸，其家族牵连甚重。乾隆时期，修《四库全书》，下令禁毁一切与吕留良有关的著述和文字。

乾隆二年（1737），李绂作《吴文正公从祀论》，再次为吴澄出仕元朝进行辩护，提出不应强分内外，要求将吴澄恢复孔庙从祀，得到乾隆帝许可。吴澄恢复孔庙从祀的重要意义在于，乾隆帝认同吴澄出仕元朝及对元代儒学传播的贡献，推导出清朝与元朝的统治地位，无疑是一样的。因此，吴澄在明初从祀孔庙到嘉靖时罢祀再到乾隆时恢复孔庙从祀，都是由于从祀标准变化及明清时势不同所导致的结果。检《四库全书》收录吴澄九种著述：《易纂言》《易纂言外翼》《书纂言》《仪礼逸经》《礼记纂言》《春秋纂言》《孝经定本》《道德真经注》《吴文正集》。乾隆十三年（1748）二月，乾隆帝首次来到山东曲阜祭奠孔子，特颁谕旨如下：

> 先师修道立教，万世之人服习圣训，咸有以自善其身，况为其子孙者乎？卿以宗裔奉祠，绍封列爵，既优崇矣。当思渊源何自，夙夜敬勉；亲师尚学，以植始基；慎行谨言，以培德器；循循诗礼之教，异日卓然有所成就。允孚令望，表率族党，俾当

163

文化认同视角下的清代《明史》修纂研究

> 世知圣人之后，能守家传于勿替，非徒章服之荣已也，岂不休哉！①

乾隆帝极力称赞孔子，警戒其后裔子孙，应该谨守和弘扬其思想。随后，还赏赐衍圣公博士等宴，并赏赐给衍圣公孔昭焕《御制日知荟说》《十三经》《御选唐宋文醇》《明史》及二十一史各一部，同时下令增加山东省科考名额等。此后，乾隆多次去山东孔庙祭奠，表示对孔子的极力推崇。如果说，清代帝王注重祭孔及推崇程朱理学，在文化上以继承儒家"道统"为标榜，明显体现出清朝深层的文化认同。与此同时，清代帝王十分重视历代帝王的祭祀，目的就是彰显清朝承接前代"治统"或"正统"的主要目的。清代学人秦蕙田在《五礼通考》卷五十八中有一段按语：

> 唐虞宗庙之祭，曰文祖、曰艺祖、曰神宗。艺祖即文祖，盖尧之始祖庙也。尧之天下受于文祖，今将以授舜，故摄位告、即位告、巡狩告。摄位、即位告者，明统绪之授受也。巡狩告者，摄政而代主宗庙之事也。孔《传》所云，自属不易……盖统绪者，天下之统绪也。受天下，即受与天下者之统绪，故禘郊祖宗一气相接，义之尽、仁之至也。②

秦蕙田在按语中，道出了唐虞尧舜庙祭的真实内涵，就是要"明统绪之授受"来源或强调"统绪"之无不可辩驳的正当性，从而彰显"治统"的一脉相承性与合法性所在。从中可以看出，帝王庙祭祀的实质内涵在于明"统绪"之授受，即强调"治统"的一脉相承。明代确立的历代帝王庙祭之中，有元朝开国之主，但没有辽朝、金朝开国之主，表明明朝对辽朝、金朝统治的不认可，并将其开国君主排挤在历代帝王庙祭祀之外。顺

---

① 张廷玉等奉敕撰，后嵇璜、刘墉等奉敕撰，纪昀等校订：《皇朝文献通考》卷七十五，《四库全书》本。
② 秦蕙田：《五礼通考》卷五十八，《四库全书》本。禘：古代君王举行的祭祀大典。《礼记·王制》："天子、诸侯之祭，春曰礿，夏曰禘。"《礼纬稽命征》："三年一祫，五年一禘。"礿：yuè，古代宗庙祭祀的名称，夏殷称春祭为礿，周称夏祭为礿。

164

第三章 清初至中叶清官方文化认同的实践

治二年（1645），文臣议历代帝王庙祀，主张增加辽朝和金朝开国君主入祀，建议增加元太祖入祀。如，张玉书在《张文贞集》卷八中对此事予以了记载：

> 顺治二年，议历代帝王庙祀。礼臣言："宋曾纳贡于大辽，称侄于大金，则宋之天下，乃辽、金分统南北之天下也，庙祀不得独遗。至元世祖之有天下，功因太祖，未有世祖入庙而太祖不入者，亦应追祀。"顺治帝下诏，从之。①

由于清朝与辽、金朝相似之处较多，之间关系也较为密切，所以当明清易代已既成事实的情况下，当时礼臣为了迎合清廷，请求在历代帝王庙祀中增祀辽、金两朝开国君主及增祀元太祖成吉思汗。礼臣的建议得到了清廷的认可，于是在明代所确定帝王庙祀统系的基础上予以增补，重新建构起历代帝王庙祭祀统系：伏羲、神农、黄帝、少昊、颛顼、高阳、高辛、唐尧、虞舜、夏禹、商汤、周武王、汉高祖、光武帝、唐太宗、宋太祖、辽太祖（耶律阿保机）、金太祖（完颜阿骨打）、金世宗（完颜雍）、元太祖（铁木真）、元世祖、明太祖（朱元璋）共二十二位。可以看出，增加五位帝王庙祀：辽太祖、金太祖、金世宗、元太祖、明太祖。将明太祖灵位从宗庙中迁至历代帝王庙，位于最末，无疑强调明亡清兴、改朝换代的历史事实。② 与此同时，还增加辽、金、元、明朝开国功臣从祀，共计四十一人。顺治十七年（1680）六月，御史顾如华请将奉历代守成贤君入庙，张玉书在《张文贞集》卷八记载如下：

> （顺治）十七年六月，御史顾如华请奉守成贤君入庙，下礼臣议。商中宗、高宗、周成王、康王、汉文帝、宋仁宗、明孝宗，

---

① 张玉书：《张文贞集》卷八，《四库全书》本。
② 亦可参考李恭忠：《康熙帝与明孝陵：关于族群征服和王朝更替的记忆重构》《南京大学学报》2014年第2期）一文中说："康熙帝五次主动拜谒明孝陵的行为，既是延续清初的策略有意识地进行'记忆重构'工程的一个环节，又显示了他超越满汉界限、主动汲取儒家文化资源、努力成为中华文明主流谱系中的一代英主的努力。"

皆属贤君，但帝王庙止（只，仅）祭创业之君，不及守成，应否入庙？候旨酌定，诏奉七君入庙。其辽太祖、金太祖、元太祖，原未混一天下，且行事不及诸帝王，令罢祀。从祀功臣，罢宋潘美、张浚，亦允如华请也。①

从上面引文可以看出，御史顾如华请求增祀历代七位守成贤君入历代帝王庙，得到批准。他建议将辽太祖、金太祖、元太祖罢祀，理由是他们原未混一天下，且行事不及创业之帝王，从疆域大一统角度进行论说，主张将他们从历代帝王庙中罢祀。与此同时，他还要求原来从祀功臣四十一人中，将宋功臣潘美、张浚一并罢祀，认为他们不得与宋臣韩世忠、岳飞同日而语，相提并论，均得到清廷的认可，下诏批准。康熙帝即位之后，纠正先前不当的做法，肯定他们的"开创之功"，将已罢祀的辽太祖、金太祖、元太祖重新恢复祭祀。康熙帝认为只有充分认可辽朝和金朝的地位，才能为清朝统治的合法性提供历史依据。康熙二十二年（1683），陕西平凉府盗发韩康王、定王二冢，法司按律拟罪，康熙帝下令将发掘前代帝王陵墓者严惩，并下令增加前代帝王陵守看护的人数。据王士禛《池北偶谈》卷一"发陵"记载说：

康熙二十二年，陕西平凉府盗发韩康王、定王二冢，法司按律拟罪。上以发掘前代帝王陵墓，特令加等。因谕历代帝王陵，应加守冢人户，下九卿杂议。并禁称"故明""废陵"等语。圣谕云："凡云废者，必如高煦等有罪，废为庶人然后可。彼生为藩王，谁废之耶！"上之仁明如此。②

康熙五十六年（1717），康熙帝在上谕中说："自黄帝甲子至今，四千三百五十余年，称帝者三百有余。但秦汉以前，三代之事不可全信。始皇元年至今，以前九百六十余年，称帝而有年号者，二百一十有一。朕何人

---

① 张玉书：《张文贞集》卷八，《四库全书》本。
② 王士禛著，靳斯仁点校："发陵"，《池北偶谈》卷一，中华书局1982年版，第21页。

斯，自秦汉以下在位久者，朕为之首……此谕已备十年，若有遗诏，无非此言。披肝露胆，罄尽五内，朕言不再。"①康熙帝上述谕旨，充分体现他对历史发展的整体观，康熙帝提出历代帝王除"无道被弑、亡国之主"外，应尽入历代帝王庙从祀。康熙六十一年（1672）四月，康熙帝下诏增订历代帝王庙祀典。他在诏书中，进一步表达其对于历代"正统"政权谱系的观点。他对大学士说：

> 朕披览史册，于前代帝王每加留意。书生辈但知讥评往事，前代帝王虽无过失，亦必刻意指摘，论列短长，全无公是公非。朕观历代帝王庙，崇祀者每朝不过一二位，或庙享其子而不及其父，或配享其臣而不及其君，皆因书生妄论而定，甚未允当。况前代帝王，曾为天下主，后世之人俱分属臣子，而可轻肆议论，定其崇祀与不崇祀乎？今宋明诸儒，尚以其宜附孔庙奏请。前代帝王既无后裔，后之君天下者，继其统绪，即当崇其祀典。朕君临宇内，不得不为前人言也。朕意以为凡曾在位，除无道被弑、亡国之主外，尽应入庙崇祀。尔等公同详议，具奏。②

康熙帝认为书生任意讥讽历代帝王，论列短长，全无公正是非。且历代帝王庙中，崇祀者每朝不过一二位，或庙享其子而不及其父，或配享其臣而不及其君，都因后世书生妄加议论所致，十分不恰当，而诸臣上奏宋明诸儒从祀孔庙之议，历代帝王则既无后裔，后之统治天下者，继承其"统绪"，故应该增祀历代帝王庙，崇其祀典。下令凡除无道被弑、亡国之主之外，历代曾经在位者均应入历代帝王庙享受祭祀。康熙六十一年（1722）四月初九日，下令礼部商议从伏羲至明朝应该从祀的帝王及功臣。对此，康熙帝同诸

---

① 张廷玉等奉敕撰，后嵇璜、刘墉等奉敕撰，纪昀等校订：《圣祖仁皇帝圣谕》卷九，《四库全书》本。

② 张廷玉等奉敕撰，后嵇璜、刘墉等奉敕撰，纪昀等校订：《皇朝文献通考》卷四十，《四库全书》本。

文化认同视角下的清代《明史》修纂研究

位大臣论及明代功臣从祀问题及晚明诸帝的评价,认为明亡于万历、泰昌、天启三朝,明亡不应归咎于崇祯帝,不应将其与"亡国之君"相提并论。对此,《圣祖仁皇帝圣训》对此予以记载:

> 礼部遵旨会议,自伏羲氏以逮有明应入庙崇祀帝王及从祀功臣,详开一折。偏据一方、不入正统及不应崇祀者,详开一折,具疏陈奏。上谕大学士等曰:"此所议应崇祀处,皆是。但其中尚有宜详细斟酌者。从前所定配享功臣,大概开国元勋居多。如,明之徐达,不过一草莽武夫;刘基系元之进士,遭遇成功,遂以元勋配享耳。其有治安之世、辅佐太平、有功君国者,反不得与配享之列,是皆未为允当也。又如,有明天下,皆坏于万历、泰昌、天启三朝。愍帝即位,未尝不励精图治,而所值时势,无可如何。明之亡,非愍帝之咎也。朕年少时,曾见明耆旧甚多,知明末事最切。野史所载,皆不足信。愍帝不应与亡国之君同论,万历、泰昌、天启,实不应入崇祀之内。尔等会同九卿,将此详细分别确议,具奏。"①

康熙帝认为,礼部回复从伏羲至明朝所应崇祀的帝王和从祀功臣皆是,尤其针对明代从祀功臣及帝王提出意见,康熙帝认为明朝的徐达、刘基为从祀功臣,而那些在治平之世、辅佐太平、有功国君者,反而不得位列从祀功臣内,都未为允当。同时,认为明朝之灭亡,应归咎于万历、泰昌、天启三朝。崇祯帝即位后,虽励精图治,但对时势束手无策,无回天之力,不应该将明朝灭亡归咎于崇祯帝,因此提出万历帝、泰昌帝、天启帝不得崇祀历代帝王庙。雍正年间,又进一步增加陪祀功臣人数。乾隆四十九年(1784),令廷臣讨论历代帝王庙祀典。随后,增加两晋、元魏、前五代(宋、齐、梁、陈、北魏)、后五代(后梁、后唐、后晋、后汉、后周)、明朝开创帝

---

① 《圣祖仁皇帝圣训》卷五十六,《四库全书》本。

第三章 清初至中叶清官方文化认同的实践

王崇祀历代帝王庙,进一步确立了少数民族政权在中国历史上的地位和作用。① 由此可以看出,此次议历代帝王庙祀典,后决定增祀两晋、元魏、前后五代帝王,认同了少数民族政权在中国历史发展中地位及贡献,其背后蕴涵为清朝享有"正统"提供历史文化上的理论依据,彰显出清廷一定的民族平等观及对历史文化认同的深入。乾隆五十年(1785),乾隆帝下令重修明代帝王陵寝,他说:

> 今国家一统,已历百数十年。胜朝陵寝,自应一体修复。所有定陵享殿,著仍行修建,春秋祀事如故。又明世宗永陵,前因尹嘉铨条奏,将其祭祀裁撤。但前明之亡,不亡于崇祯,而亡于万历、天启,是以历代帝王庙中撤其位祀,而陵寝仍前致祭。明世宗虽溺意斋醮,尚不如万历、天启之昏庸失德。其陵寝自应照前一体致祭,以昭大公。我国家受天眷命,世德显承于前代,陵寝缮完保护,礼从其厚。②

乾隆帝在谕文中说明修复明代帝王陵之缘由,并再次强调明朝灭亡,不亡于崇祯帝,而亡于万历、泰昌、天启。梁启超在《正统论》一文中说:

> 至于本朝,以异域龙兴,入主中夏,与辽、金、元前事相类。故顺治二年三月,议历代帝王祀典。礼部上言,谓辽则宋曾纳贡,金则宋尝称侄,帝王庙祀,似不得遗,骎骎乎欲伪宋而正辽、金矣。后虽惮于清议,未敢悍然,然卒增祀辽太祖、太宗、景宗、圣宗、兴宗、道宗,金太祖、太宗、世宗、章宗、宣宗、哀宗,其后复增祀元魏道武帝、明帝、孝武帝、文成帝、献文帝、孝文帝、宣武帝、孝明帝,岂所谓兔死狐悲,物伤其

---

① 乾隆帝对历代帝王庙崇祀的重新核定,新颖之处在于充分肯定少数民族政权在中国历史上的重要地位,从而构建了较为合理的且符合历史发展脉络的"治统"统系,为清承明祚提供无可辩驳的理论依据。关于清朝享有"正统"的深入论证,可参见本书第三章中的相关内容。
② 张廷玉等奉敕撰,后嵇璜、刘墉等奉敕撰,纪昀等校订:"历代帝王陵",《皇朝文献通考》卷一百二十,《四库全书》本。

169

文化认同视角下的清代《明史》修纂研究

类者耶？[①]

梁启超的上述评价似乎有失偏颇。清廷对于历代帝王庙祀入祀君臣的重新界定，与明朝将辽、金朝开国君主排挤在外的做法相比，显得更为合理与恰当，在一定程度上体现出清朝的民族平等观，同时将明太祖列入历代帝王庙，也在暗示着明亡清兴、改朝易代的历史事实，为清廷的统治奠定了更为合理的帝王继承统系——"治统"统系。清廷通过调整、增加历代帝王庙中少数民族政权开创帝王崇祀，其实是充分肯定了少数民族政权在中国历代政权中的平等地位和作用，体现清廷实质性地超越汉族根深蒂固的"夷夏之辨""夷夏之防"观念，而用新的建构起来的"正统"观念重新肯定、认同少数民族政权在中国历史上的地位，继而推演到对清朝自身统治合法性的内在肯定，目的就是彰显清代统治的"正统"地位，继而为清朝统治提供合法性理论依据。

[①] 梁启超：《新史学·论正统》，收入梁启超：《饮冰室文集（之九）》，中华书局1936年版，第23—24页。

第四章 《明史》修纂过程中对清朝文化认同的阐述

清修《明史》继承了中国古代修史的优良传统，凸显出传统史学的社会借鉴功能。从清初至中叶，随着清官方历史文化认同的进一步深入，清朝文化认同的观念也深刻地反映到《明史》编纂过程中，充分体现出史学与社会政治之间的密切关联。由于历史与现实的原因，清朝《明史》修纂也有其自身的特点，《明史》历久而成，其间涉及的诸多重要问题及个中原因都值得进一步深入探究。在《明史》修纂断续历经百余年的时间内，前后参与修史的纂修官多达二百余名。值得注意是，他们大多为彼此互有联系的江南汉族士子，在积极参与修史的过程中，他们之间就《明史》的义例、体例、史料取舍、史事评价等诸多重要问题展开了热烈的讨论与交流，并完成分撰史稿，以便总裁参稽审定，他们为殿本《明史》的成书作出了重要贡献。在《明史》编纂过程中，清官方只是在涉及较为敏感的问题时，才予以关注或裁决，官方过分干预修史的情况并不多见。

本章以文化认同视角为切入点，深入探究《明史》修纂过程中史官关注的许多问题，如"正统"问题、"道统"问题、晚明党争的评价、明清易代之际士人"忠节"的评价，以此重点说明修史活动与社会政治之间的密切

文化认同视角下的清代《明史》修纂研究

联系。不言而喻，清代官修史书不仅仅是一项重要的学术活动，它还与现实政治之间的关系非常密切。探究这些问题，目的在于明了这些重大问题与修史之间是如何调适的，清官方与纂修人员之间的文化互动与相互妥协之下，才最终完成对明代历史的集体记忆与书写——《明史》。分析这些重大问题，以期进一步揭示清朝文化认同与修史活动之间的密切关系。

一、"正统"问题的讨论

明清易代，清朝官方多次在诏书中强调清朝承接明祚，以此彰显清朝统治的正当性与合法性。然而处理这个历史与现实的问题，就会涉及和牵扯某些重要问题，甚至触及清朝的忌讳。而对这些重要问题的讨论，成为清朝官修《明史》过程中绕不开的重大问题。修史过程中围绕"正统"问题的讨论，主要体现在三个方面：关于明清易代问题的讨论；关于明太祖、明成祖、景帝"正统"问题的讨论；关于"大礼议"之争论。

（一）关于明清易代问题的讨论

关于明清易代问题的讨论，主要围绕三个方面的问题而展开：明代灭亡时间的论定、明亡清兴的原因探讨、南明历史的断限及纪年原则。对这一问题的讨论，主要涉及《明史》的下限问题，明清之际这些重大问题的评论，由于牵涉到历史与现实的重大问题，故而无疑备受朝野关注。

关于明代灭亡时间的论定，清初，官方将明亡时间定于明崇祯十七年（1644）甲申三月二十九日，即明崇祯帝上吊自杀为止，虽然此时有南明政权的存在，但都不可能得到清朝的认同。徐乾学上《条陈明史事宜疏》[①]涉及五个方面的问题：第一，请求康熙帝效仿唐太宗为《晋书》撰论之例，为《明史》撰论赞。第二，请求允许史官参稽清早期史料，如《清太祖实录》

[①] 徐乾学：《条陈明史事宜疏》，《憺园集》卷十，《续修四库全书》本。

第四章 《明史》修纂过程中对清朝文化认同的阐述

《清太宗实录》《清世祖章皇帝实录》，以便在《明史》中记载明清早期关系史，意在凸显满洲崛起的历史。第三，徐乾学指出天启、崇祯朝无《实录》，史料难于征信，故在重大史事上，特别请求康熙帝裁断。第四，认同官方界定明代灭亡于崇祯十七年（1644），但为了存留福王、唐王、鲁王、桂王事迹，请求仿照《宋史》例，将南明四王事迹附载于《崇祯本纪》末。第五，请求在史书中对明末清初殉节死难诸臣予以表彰，这些都涉及历史与现实政治紧密相关的问题。《修史条议》中也说："《庄烈愍皇帝纪》后，宜照《宋史·瀛国公纪二王附》之例，以福、唐、鲁、桂四王附入，以不泯一时事迹，且见本朝创业之隆也。"① 这一时期，由于清朝官方对明朝灭亡时间的界定，没有任何松动的迹象，史馆诸公因怕涉及清廷忌讳而鲜少提及。而其他私家南明史，则多尊奉南明为正朔，在其著述中以南明诸王年号纪年，故而这类南明史著述在乾隆时期大多遭受禁毁的命运。黄宗羲在《海外恸哭记》附录三《硕肤孙公（孙嘉绩）墓志铭》中有一段话很有意思：

> 乙酉，大兵东渡，郡邑望风迎附。然数百年故国，一旦忽焉。当是时，人心恇扰未定，但观望未敢先发。公方买书筑室，欲老泉石，而书卷横胸，利害智力，仓促不暇较量。闰六月九日，于空然无恃之中，创为即墨之守。黄钟孤管，遂移气运，东浙因之立国一年，顾不可谓无益兴亡之数。血路心城，岂论修短？陈寿即仇诸葛，不能不纪蜀汉；宏范虽逼崖山，未尝不称二王。从来亡社虽加一日，亦关国脉，此说盖在成败利钝之外者也……铭曰："越唯忠烈，抗节武庙。嘉靖名臣，文恪为邵。万历三宰，正色清简。光熹之际，文恭是显。大夏已倾，一木血指。明之世臣，呜

---

① 刘承干辑：《徐健庵〈修史条议〉》，《明史例案》卷二，吴兴刘氏嘉业堂刊本。此外，四库馆臣其实对《宋史·瀛国公纪二王附》之体例是认肯的，从《四库总目》卷四十七提要《宋季三朝政要》说："然宋末轶事颇详，多有史所不载者，存之亦可备参考也。其以理宗、度宗、瀛国公称为三朝，而广、益二王则从附录，体例颇公。"

文化认同视角下的清代《明史》修纂研究

呼孙氏！"[1]

黄宗羲显然认可南明福王政权，认为"从来亡社虽加一日，亦关国脉"。乾隆元年（1736），张廷玉进呈《明史》，上表中继续请求乾隆帝于《崇祯本纪》后附南明诸王事迹，但没有得到乾隆帝的同意。而后，随着清朝统治的进一步巩固，乾隆帝认真梳理了明清易代之际的历史，将明朝灭亡时间下延至顺治二年（1645）五月福王被执，并以宋之南渡相比拟，比较符合明清之际的历史实际，不认同唐王、鲁王、桂王的地位，但为了存留史实，彰显清朝得天下，乃天命所归、大势所趋，故特下令在《御批历代通鉴辑览》中附载南明诸王事迹，但仍然没有同意张廷玉提出的在《崇祯本纪》后附载诸王事迹的要求。因此，《修史条议》中指出于《崇祯本纪》后附录南明四王事迹的条款，在清修《明史》中仍然未能实现。《明史·庄烈帝本纪》最终没有附录南明诸王，表现出官方在《明史》编纂上并未认同南明政权的地位，一并斥之为僭伪政权，殿本《明史》、四库本《明史》在明朝灭亡时间上并没有变动，个中原因也就明白了。虽然有史官前后相请，可是由于官方决断没变，最后化为泡影，未能实现。因此，造成明史与南明史研究也相继分离，这与清朝官方对明亡时间断限有着直接的关联。对于这个问题，可参考笔者《官修〈明史〉的幕后功臣》第一章。[2]

明清易代之际，清朝在极短的时间内占领北京，入主中原，建立了中国历史上最后一个封建王朝。在当时的人们看来，这是一个天崩地裂的时代，明朝灭亡带来的巨大创痛，成为萦绕在他们心头挥之不去的阴影。许多明遗民在痛定思痛之后，开始以学术理性反思明亡清兴的原因。有的明遗民通过著书立说，寄托他们对故国的哀思，同时坚决拒绝清廷的多次征召，誓不与清廷合作，且在其著述中对清朝多有贬抑之词。面对明亡清兴的事实，

---

[1] 黄宗羲著，黄垕炳等辑：《硕肤孙公墓志铭》，《海外恸哭记》附录二，《台湾文献丛刊》本。

[2] 参见笔者：《官修〈明史〉的幕后功臣》，人民出版社2011年版。

第四章 《明史》修纂过程中对清朝文化认同的阐述

不仅汉族士子开始反思明亡清兴的原因,清官方也在总结明亡的主要原因,并以明朝灭亡为鉴。综合而言,清初朝野关于明亡清兴原因的探讨,大体上归纳为以下几个问题:

第一,将明代灭亡归咎于阳明学和空疏学风。明末清初,明清易代带来的巨大阵痛,使汉族士子不得不反思明代灭亡的原因,并将明朝灭亡原因归咎于王学流弊和明代空疏学风。黄宗羲、顾炎武等努力纠正空疏学风带来的弊病,身体力行倡导实学,强调实学的经世致用,有力地促进清初学风向经世致用的实学方向转变。顾炎武对明代学风也提出了严厉批评,认为明人空谈心性之学,"置四海之困穷而不言。"他说:

> 是故性也,命也,天也,夫子之所罕言,而今之君子所恒言也;出处、去就、辞受、取与之辨,孔子、孟子之所恒言,而今之君子所罕言也。愚所谓圣人之道者如之何?曰"博学于文",曰"行己有耻"。自一身以至于天下国家,皆学之事也;自子臣弟友以至出入、往来、辞受、取与之间,皆有耻之事也。士而不先言耻,则为无本之人;非好古而多闻,则为空虚之学。以无本之人而讲空虚之学,吾见其日从事于圣人而去之弥远也。①

由上文可知,顾炎武在《与友人论学书》中批评假道学之人,认为以无本之人而讲空虚之学,看他每日从事于圣人之道却偏离圣人之道越远。其字里行间严厉批评空谈道学之人言行不一致,有的降清或入仕清廷,顾炎武显然持一种贬低态度。顾炎武认为士人不谈"出处、去就、辞受、取与"之辨,不谈"博学于文""行己有耻",批评士子对仕途趋之若鹜之丑态,兼及批评明末空疏之学风导致明朝灭亡。他直接指出空谈心性之学,贻害无穷。顾炎武还说:

> 刘、石乱华,本于清谈之流祸,人人知之。孰知今日之清谈,

---

① 清国史馆编,王锺翰点校:《顾炎武传》,《清史列传》卷六十八,中华书局1987年版,第5436页。

有甚于前代者。昔之清谈谈老、庄，今之清谈谈孔、孟。未得其精而已遗其粗，未究其本而先辞其末。不习六艺之文，不考百王之典，不综当代之务，举夫子论学、论政之大端一切不问，而曰"一贯"、曰"无言"，以明心见性之空言，代修己治人之实学。股肱惰而万事荒，爪牙亡而四国乱，神州荡覆，宗社丘墟。①

顾炎武深刻批评了明末清初学者"束书不观，游谈无根"的弊端，从学术层面总结了清谈误国的教训，主张经世致用之学。《清史列传》卷六十八记载："炎武之学，大抵主于敛华就实。凡国家典制、郡邑掌故、天文仪象、河漕、兵农之属，莫不穷原究委，考正得失，撰《天下郡国利病书》百二十卷，遍览诸史、图经、文编、说部之类，取其关于民生利病者，且周流西北，历二十年其书始成。别有《肇域志》一编，则考索之余，合图经而成者。"②康熙十七年（1678），康熙帝下诏，内外大臣荐举人才，参与"博学鸿词科"考试。当时大臣争相荐举顾炎武，其"以死自誓"而不就，坚持以明遗民身份自处，拒绝与清廷合作。康熙二十一年（1682）卒，享年七十岁。宣统元年（1909），顾炎武从祀文庙。

史官张烈在《王学质疑》一文中也极力攻击、排斥陆王学派，树立门户之见，甚至将明亡原因归咎于王学及末流之弊，他主张《明史》不宜立《道学传》，因诽谤、排挤阳明学派而发，同时，他主张将王守仁归入《功臣传》。《四库全书总目》卷九十七提要张烈《王学质疑》时提出了批评：

当王学极滥之日，其补偏救弊，亦不为无功，然以明之亡国归罪守仁，事隔一百余年，较因李斯而斥荀卿，相距更远，未免

---

① 顾炎武著，周苏平、陈国庆点注："夫子之言性与天道"《日知录》卷七，甘肃民族出版社1997年版，第339页。

② 清国史馆编，王锺翰点校：《顾炎武传》，《清史列传》卷六十八，中华书局1987年版，第5436页。

第四章 《明史》修纂过程中对清朝文化认同的阐述

锻炼周纳。夫明之亡，亡于门户。门户始于朋党，朋党始于讲学，讲学则始于东林，东林始于杨时，其学不出王氏也。独以王氏为祸本，恐宗姚江者亦有词矣。至以守仁弘治己未登第，是年孔庙灾，建阳书院亦火，为守仁所致之天变，尤属凿空诬蔑，是皆持之过急，转不足以服其心者也。①

《四库全书总目》作者批评张烈对王学持门户之见，党同伐异，好胜心切，而未免操之过急，将明朝灭亡归咎于王学，则服膺王学之人亦有不服。同时，认为明朝灭亡于朋党之争，朋党之争始于讲学，讲学始于东林，东林始于杨时，其学不出王氏，不应将明朝灭亡原因归咎于王学，这个看法，是比较如实客观的。《四库全书总目》卷一百八十三提要张烈《孜堂文集》中也说："盖汉学但有传经之支派，各守师说而已。宋学既争门户，则不得不百计以求胜，亦势之不得不然者欤！"②清初，陆陇其尤其尊崇程朱理学，也不遗余力地抨击王学，甚至将明亡之原因归咎于王学。他在《学术辨上》中说："故愚以为，明之天下不亡于寇盗，不亡于朋党，而亡于学术。学术之坏，所以酿成寇盗、朋党之祸也。"③又说："阳明以禅之实而托于儒，其流害固不可胜言矣。然其变幻不可究诘，而其大旨亦可睹矣……其倡之者，虽不敢自居于禅，阴合而阳离。其继起者，则直以禅自任，不复有所忌惮，此阳明之学所以为祸于天下也。"④陆陇其在《学术辨上》《学术辨中》《学术辨下》彻底批判王学，同时极力反对《明史》设立《道学传》。⑤他在《〈王学质疑〉后序》中说："光芒横肆如阳明者，列之《道学》，恐后世以史臣为无识。"⑥他在《三鱼堂文集》卷五《上汤潜庵先

---

① 《四库全书总目》卷九十七。
② 《四库全书总目》卷一百八十三。
③ 陆陇其：《学术辨上》，《三鱼堂文集》卷二，《四库全书》本。
④ 陆陇其：《学术辨中》，《三鱼堂文集》卷二，《四库全书》本。
⑤ 参见笔者：《官修〈明史〉的幕后功臣》，人民出版社2011年版，第256—257页。
⑥ 陆陇其：《〈王学质疑〉后序》，《三鱼堂文集》卷八，《四库全书》本。

177

文化认同视角下的清代《明史》修纂研究

生书》中进一步指出：

> 今之君子往往因其功业显赫，欲为回护，此诚尊崇往哲之盛心。然尝闻之前辈所记载，其功业亦不无遗议。此姑无论，即功业诚高，不过泽被一时，学术之僻，则祸及万世，岂得以此而宽彼哉？且阳明之功孰与管敬仲？敬仲之九合一匡，孟子犹羞称之，而况阳明乎？故尝窃谓："今之学者，必尊朱子而黜阳明，然后是非明而学术一，人心可正，风俗可淳。阳明之学不熄，朱子之学不尊。若以诋毁先儒为嫌，则阳明故尝比朱子于杨墨洪水猛兽矣，是以古之诋毁先儒者，莫若阳明也。今夫黜阳明，正黜夫诋毁先儒者也，何嫌何疑乎……学术之害其端甚微而祸最烈，故自古圣贤未尝不谦退贵忠厚，而于学问之同异必兢兢辨之，其所虑远矣。"①

陆陇其认为，不能因王守仁功勋卓著而为其学术弊端回护，"即功业诚高，不过泽被一时；学术之僻，则祸及万世"。陆陇其主张只有对阳明学之弊端进行深入批判，才有可能做到真正尊崇朱熹，"然后是非明而学术一，人心可正，风俗可淳。"陆氏又在《周云虬先生〈四书集义〉序》中说："继孔子而明六艺者，朱子也。非孔子之道者皆当绝，则非朱子之道者皆当绝，此今日挽回世道之要也。"陈廷敬在《午亭文编》卷四十四《监察御史陆君墓志铭》中说："君以理学闻于世，其于学术是非邪正之辨，有宜识其大者。顾余荐君以廉吏，而君以学术为政事。今以余所闻，在官之事质之张子所为状，而学术邪正之辨，亦由是以著名焉。"②雍正二年（1724），陆陇其入祀孔庙，被清廷誉为"本朝理学儒臣第一"。乾隆元年（1736），谥号"清献"，赠内阁学士兼礼部侍郎。《四库全书总目》也说："明人之弊，直以议论亡国。"显然，仍将明朝灭亡原因归咎于王学，显然有失偏颇之处，但却体现

---

① 陆陇其：《上汤潜庵先生书》，《三鱼堂文集》卷五，《四库全书》本。
② 陈廷敬：《监察御史陆君墓志铭》，《午亭文编》卷四十四，《四库全书》本。

第四章 《明史》修纂过程中对清朝文化认同的阐述

了清人对明代学风的反省，反对空谈性理，强调学术回归经世致用的实学风潮由是而起。清代学者李塨也批评明代学风，他说："宋明虚文日多，实学日衰，以诵读为高级，以政事为粗豪……至于明末万卷经史、满腹文词，不能发一策，弯一弓，甘心败北，肝脑涂地。而宗社墟、生民燔矣，祸尚忍言哉！"①阎若璩也论及明代学术之坏带来的深刻影响，阮葵生在《茶余客话》卷九"阎若璩论明学术之坏"说："潜邱尝发愤叹息，谓明三百年学问文章，不能远追汉、唐及宋、元者，其故有三：一坏于洪武十七年甲子定制以八股取士，尽废注疏，其失也陋；再坏于李梦阳倡复古学，而不原本六艺，其失也俗；三坏于王守仁讲致良知之学，而至以读书为禁，其失也虚。"②另外，吕留良与陆陇其一样，极力尊崇程朱理学，力辟王学之影响，指出王学邪说横行，是导致明清易代的罪魁祸首。他强调尊崇程朱理学，其目的并不是为儒林争立门户，而是从学术角度深究王学泛滥带来的祸害。③清初，士子反思明亡清兴的原因，也有其显而易见的局限性，尤其将明朝灭亡原因归咎于王学，显然有偏颇之处，但作为一股学术反思的潮流，姑论及之。

第二，认为明朝灭亡于明神宗、明熹宗之昏庸与怠政。昭梿在《啸亭杂录》卷十"明非亡于党人"中明确表达了这一观点，他说：

> 近日訾议理学者，皆云明人徒知讲学，不知大体，以致亡国，何不察之甚也。按明末君主昏庸，貂珰擅政，其国之势，已岌岌不保者数矣。赖臣下克明大义，遇事敢言，以弥缝其过失。不然，

---

① 李塨：《平书订》卷二。
② 阮葵生著，李保民校点："阎若璩论明学术之坏"，《茶余客话》卷九，上海古籍出版社2012年版，第174—175页。
③ 其实，陆陇其与吕留良一样极力尊崇程朱理学而力辟陆王心学，但由于两人最终落脚点和出处皈依不同，导致两人死后的运遇大相径庭。吕留良坚持"夷夏之辨""夷夏大防"，坚持以明遗民身份自居，多次回避清廷征召，在尊朱辟王的言论上，较陆陇其有过之而无不及，且多触犯清廷忌讳，导致其死后四十余年因曾静案发受牵连，被开棺戮尸，祸及全家，其所有著述及与之相关的文字及其刊刻之书一律被禁毁。而陆陇其则不同，积极出仕清廷，为官颇有政声，其尊朱辟王的言论在清初可谓独树一帜。后来，清官方选择推崇程朱理学，确立官方统治思想，陆陇其死后便顺理成章地从祀孔庙。

文化认同视角下的清代《明史》修纂研究

如英宗之被虏，武宗之游荡，神宗之昏昧，其政皆足以亡国，而国未遽亡者，未必非诸君子保障之功。迫至魏阉擅政，诛戮贤臣，殆无免者。然后寇势日炽，中原土崩，与东林诸君子何与焉？及夫唐、桂诸王奔窜海上，其势万无可救者，而诸臣日谋恢复，蹈死如饴，是明人之报主，亦云至矣。而今犹噢咻不已者，何哉？①

昭梿认为将明朝灭亡原因归咎于明代学术或党争，均非确凿之论。李天根在《爝火录》附记《论略》中认为明实亡于神宗之"怠政"，②他从四个方面进行分析：其一，认为明朝并非灭亡于"流寇"之乱、阉党乱政、崇祯帝之操切、熹宗之愚昧无知，实际上灭亡于明神宗之怠政。他进一步分析了万历朝政治的变迁，充分肯定万历初期张居正实行一系列改革，"起衰振惰，致国富强"，可在张居正去世之后，申时行、赵志皋、沈一贯、方从哲等人碌碌充位，于时事无所匡救，没有人能与张居正比肩。其二，认为张居正去世后，神宗更加怠政，一切事务置之不理，各种官职不备，廊庙空虚，深居幽宫，内外隔绝。明神宗宠爱郑贵妃而动摇国本，派矿税使四处敛财而激发民变。其三，认为申时行、赵志皋、沈一贯等人，相继柄国，碌碌无为，无所匡救，遂使国家元气大伤，上下解体。其四，认为言官与执政之间矛盾重重，相互掣肘，树立门户之见，党争日趋激烈，内忧外患，遂致不可挽救。并反问道，假使明神宗统治再延续几年，明之天下还能存续吗？进一步明确指出明崇祯帝并非亡国之君。李天根在《爝火录》中遵奉清廷为"正统"，分析了明朝败亡之深刻原因，认为明崇祯帝非亡国之君，明之亡实灭亡于明神宗。此外，清代帝王在不同场合经常提及对明朝灭亡原因的反省，且引以为戒，一般都认为崇祯帝并非亡国之君，明之亡实亡于明神宗，观点基本上和李天根观点相同。乾隆四十九年（1784），乾隆帝下令廷臣更议

---

① 昭梿著，冬青点校：《啸亭杂录》卷十，上海古籍出版社2012年版，第105页。
② 李天根撰，仓修良、魏得良校点：《论略》，《爝火录》（"明末清初史料选刊"本），浙江古籍出版社1986年版，第981页。

180

第四章 《明史》修纂过程中对清朝文化认同的阐述

历代帝王庙祀典,充分地肯定了东西晋、前后五代政权开创之君的地位,肯定明太祖的功绩并增入历代帝王庙,他随后将明亡原因归咎于神宗和熹宗的怠政和纲纪废弛,十分同情崇祯帝未能挽救明朝于危亡,以致以身殉国,再次强调不可将崇祯帝与荒淫失国者一概而论。他说:

> 至明之亡国,由于神、熹二宗,纪纲隳而法度弛。愍帝嗣统时,国事已不可为。虽十七年身历勤苦,不能补救倾危,卒且身殉社稷,未可与荒淫失国者一例而论。是以皇祖睿裁,将神、熹二宗撤出,而愍帝则特令庙祀。褒贬予夺,毫厘不爽,实千古大公定论。乃诸臣于定议时,转复将汉之桓、灵增入,岂未思炎汉之亡,亡于桓、灵,而不亡于献帝乎!从前定议,未将东汉全局详审论断,转使昏暗之君滥叨庙食,所议未为允协。自古帝王统绪相传,易代以后,飨祀庙庭,原以报功崇德。至于严篡窃之防,戒守成之主,或予或夺,要必衷于至当,而无所容心于其间,方协彰瘅之义。①

乾隆帝极为赞同其祖父康熙帝将明神宗、熹宗二帝撤出历代帝王庙,特下令祭祀崇祯帝之举,"实千古大公定论",接着深入分析明朝灭亡于明神宗、明熹宗之怠政,对崇祯帝以身殉国给予高度褒扬。先前,诸臣议定将汉桓帝、汉灵帝增入历代帝王庙,乾隆帝认为当时诸臣没有从东汉全局详审论定,转而使汉桓帝、灵帝滥叨庙祀,所议未为允当。乾隆五十年(1785),乾隆帝下令重修明代诸陵寝,其中说的一段文字很有深意:

> 今国家一统,已历百数十年,胜朝陵寝自应一体修复。所有定陵享殿著仍行修建,春秋祀事如故。又明世宗永陵,前因尹嘉铨条奏,将其祭祀裁撤。但前明之亡不亡于崇祯,而亡于万历、

---

① 《祀历代帝王附名臣》,《皇朝通典》卷四十九,《四库全书》本。

181

天启，是以历代帝王庙中撤其位祀，而陵寝仍前致祭。明世宗虽
溺意斋醮，尚不如万历、天启之昏庸失德，其陵寝自应照前，一
体致祭，以昭大公。我国家受天眷命，世德显承于前代，陵寝缮
完保护，礼从其厚。①

《明史》卷二十一《神宗本纪》赞曰："神宗冲龄践阼，江陵秉政，综核名实，国势几于富强。继乃因循牵制，晏处深宫，纲纪废弛，君臣否隔。于是小人好权趋利者驰骛追逐，与名节之士为仇雠，门户分然角立。驯至哲、愍，邪党滋蔓。在廷正类无深识远虑以折其机牙，而不胜忿激，交相攻讦。以致人主蓄疑，贤奸杂用，溃败决裂，不可振救。故论者谓明之亡，实亡与神宗，岂不谅欤。"②可谓一语中的。

第三，认为明朝灭亡于宦官专权。如，顺治十二年（1655）六月，顺治帝命工部在十三衙门铁敕，并特颁布如下谕文：

中官之设，虽自古不废，然任使失宜，遂贻祸乱。近如明朝
王振、汪直、曹吉祥、刘瑾、魏忠贤等，专擅威权，干预朝政；
开厂缉事，枉杀无辜；出镇典兵，流毒边境；甚至谋为不轨，陷
害忠良，煽引党类，称功颂德。以致国事日非，覆败相寻，足为
鉴戒。朕今裁定内官衙门及员数、执掌，法制甚明。以后但有犯
法干政，窃权纳贿，嘱托内外衙门，交结满汉官员，越分擅奏外
事，上言官吏贤否者，即行凌迟处死，定不姑贷。特立铁板，世

---

① 张廷玉等奉敕撰，后嵇璜、刘墉等奉敕撰，纪昀等校订："历代帝王陵"，《皇朝文献通考》卷一百二十，《四库全书》本。

② 张廷玉等：《神宗本纪二》，《明史》卷二十一，中华书局1974年版，第294—295页。另，乾隆四十六年（1781）三月，尹嘉铨遣子赍表行在，向乾隆帝替其父尹会一请谥，后又请求将其父从祀孔庙，乾隆帝认为谥典乃国之大典，非个人所能求者。后尹嘉铨再奏上一本，请求将汤斌、范文程、李光地、顾八代、张伯行等从祀孔庙，其中也含有将其父尹会一一起从祀孔庙的意思。乾隆帝对此非常恼火，乾隆帝对诸人给予斥责，认为不宜轻议入祀孔庙，并搜查发现其父子著作九十三种，均有"悖逆"语句，尤其以尹嘉铨《朋党论》为忌，处尹嘉铨论绞立决。

第四章 《明史》修纂过程中对清朝文化认同的阐述

世遵守。①

在上谕中特别强调了宦官干政，遗患无穷，顺治帝也深刻认识到了这一点，在内务府十三衙门立铁板予以训谕，就是吸取了明代灭亡的教训，并严防宫中宦官干政，在整个清代没有宦官之祸，管束太监之法还是得当的。

《四库全书总目》卷八十二提要吕毖著《明宫史》，认为该书虽不足为典雅简要，但足以为鉴戒，遂将此书收入《四库全书》，还对明代宦官乱政，提出了严厉的批评，"盖历代奄寺之权，惟明为重。历代奄寺之祸，亦惟明为最深。二百余年之中，盗持魁柄，浊乱朝纲，卒至于宗社丘墟、生灵涂炭，视为汉、唐、宋、元所未有。迨其末造，久假不归，视威福自专，如其固有，遂肆无忌惮，笔之于书。故迹其致亡之道，虽亦多端，要以宠任貂珰，为病本之所在也。然其人可诛，其事乃足为炯鉴。"②《四库全书总目》分析明亡有诸多原因，但皇帝宠信宦官，致使宦官执掌权柄，是造成明末政局混乱不堪，最终导致明朝灭亡的根本原因。

第四，认为明朝亡于东林讲学、门户之见与朋党之争。清代学者陆世仪批评明末讲学崇尚空谈的风气，认为明朝灭亡类似"晋人清谈"而亡国，同时对当时聚众讲学，呼朋引类的朋党风气，予以严厉批评。他在《思辨录辑要》卷一中说："问如何为道学？曰：道者，天地自然之道；学者，学其所谓道也。一部《中庸》止说得道字，一部《大学》止说得一学字。天下无讲学之人，此世道之衰。天下皆讲学之人，亦世道之衰也……嘉、隆之间，书院遍天下，讲学者以多为贵，呼朋引类，动辄千人。附影逐声，废时失事，甚至有借以行其私者，此所谓处士横议也。天下何赖焉？"③康熙三十一年（1692）正月二十九日，康熙帝谕诸位修史官，表达了他对《明史》修纂

---

① 鄂尔泰、张廷玉等编纂，左步青校点：《国朝宫史》卷一《训谕一》，北京古籍出版社1987年版，第3页。
② 《四库全书总目》卷八十二。
③ 陆世仪：《思辨录辑要》卷一，《四库全书》本。

文化认同视角下的清代《明史》修纂研究

的指导性意见，即指陈《明实录》立言失实，修史者应对诸多史事加以甄别；进一步指出明朝不亡于宦官，而灭亡于朋党纷争，这样才能做到"秉公持平"。康熙帝谕修《明史》诸臣说：

> 朕自冲龄，即在宫中披览经史，《明实录》曾阅数过，见其间立言过当，记载失实者甚多。纂修《明史》，宜加详酌……至于宦官为害，历代有之。明如王振、刘瑾、魏忠贤辈负罪尤甚，崇祯之诛锄阉党，极为善政。但谓明之亡，亡于太监。则朕殊不以为然，明末朋党纷争，在廷诸臣置封疆社稷于度外，惟以门户胜负为念，不待智者，知其必亡。乃以国祚之颠覆尽委罪于太监，谓由中官用事之故，乌得为笃论耶？……作史之道，务在秉公持平，不应胶执私见，为一偏之论，今特与诸臣言之，宜共知此意。①

康熙三十六年（1697）正月甲戌，康熙帝就明朝灭亡的原因进一步发表看法，指出明末政局之混乱，实际上源于宦官干政。据《清实录·圣祖仁皇帝实录》卷一百七十九记载："谕大学士等：观明史，洪武、永乐所行之事，远迈前王。我朝现行事例，因之而行者甚多。且明代无女后预政、以臣凌君等事，但其末季坏于宦官耳。且元人讥宋，明复讥元，朕并不似前人，辄讥亡国也，惟从公论耳。今编纂《明史》，著将此谕，增入修《明史》敕书内。"②黄宗羲在《明儒学案》中对明末东林党持肯定的态度，他针对清初反思明朝灭亡原因时归咎于东林，认为与历史实际不符。他公正地指出：

> 今天下之言东林者，以其党祸与国运始终，小人既资为口实，以为亡国由于东林，称之为两党，即有知之者，亦言东林非不为君子，然不无过激，且依附者之不纯为君子也，终是东汉党锢中人物……乃言国本者谓之东林，争科场者谓之东林，攻逆奄者谓之东林，以至言夺情奸相讨贼，凡一议之正，一人之不随流俗者，

---

① 《清实录·圣祖仁皇帝实录》卷一百五十四，中华书局1985年版，第700—701页。
② 《清实录·圣祖仁皇帝实录》卷一百七十九，中华书局1985年版，第922页。

第四章 《明史》修纂过程中对清朝文化认同的阐述

无不谓之东林,若似乎东林标榜,遍于域中,延于数世,东林何不幸而有是也?东林何幸而有是也?然则东林岂真有名目哉?亦小人者加之名目而已矣。论者以东林为清议所宗,祸之招也。[①]

黄宗羲反对将明朝灭亡原因归咎于东林讲学,而且一概将言国本者、争科场者、攻逆奄者、不随流俗者无不称之东林,都是小人加之于东林名目而已。《四库全书总目》卷五十八提要黄宗羲《明儒学案》中说:"宗羲此书,犹胜国门户之余风,非专为讲学设也。然于诸儒源流分合之故,叙述颇详,犹可考见其得失。知明季党祸所由来,是亦千古之炯鉴矣!"[②]后来,《四库全书总目》对东林党的评价持一种贬低的态度,认为东林党聚徒讲学,树立门户,导致朋党之争,将国家社稷置之度外,遂导致明朝灭亡。黄宗羲对明朝灭亡原因也深有反省,且他亲眼见证了南明福王政权在一年光景内被清军扫荡的历史事实,因而对明朝灭亡的必然性有着更为深刻的理性认识,他认为马士英贪婪,福王沉湎于酒色,阮大铖挟怀恨之心对东林党和复社人物肆意报复,马士英、阮大铖想要推翻崇祯初年所定魏忠贤等罪的"逆案"(翻逆案),而没有人能力挽狂澜于既倒,南明福王政权的覆灭便指日可待了。他在《〈弘光实录钞〉自序》文中悲愤地说道:

臣既削笔洗砚,慨然而叹曰:"帝之不道,虽竖子小夫,亦计日而知其亡也。然诸坏政,皆起于利天下之一念。归功定策,怀仇异议,马、阮挟之以逆案,四镇挟之以领朝权,而诸君子亦遂有所顾忌而不敢为,于是北伐之事荒矣。逮至追理三案,其利灾乐祸之心,不感恩于闯贼者仅耳。《传》曰:'临祸不忧,忧必及之',此之谓也!呜呼!南都之建,帝之酒色几何,而东南之金帛聚于士英;士英之金帛几何,而半世之恩仇快于大铖。曾不一年而酒色、金帛、恩仇不知何在!论世者徒伤夫帝之父死于路而不

[①] 黄宗羲:《东林学案》,《明儒学案》卷五十八,《四库全书》本。
[②] 《四库全书总目》卷五十八。

文化认同视角下的清代《明史》修纂研究

知也，尚亦有利哉！"古藏室史臣识。时戊戌年冬十月甲子朔。①

黄宗羲又在《弘光实录钞》卷一中说："臣按，逆阉魏忠贤既诛，其从逆者，先帝定为逆案，颁行天下，逆党合谋翻之。己巳之变，冯铨用数万金，导北兵至喜峰口，欲以疆场之事翻案；温体仁讦钱谦益而代之，欲以科场之事翻案。小人计无至，毅宗讫不可。大铖利国之灾，得士英而用之，然后得志。呜呼！北兵之得入中国，自始至终，皆此案为之祟也。"②说明崇祯帝定逆案之后，冯铨、温体仁、阮大铖、马士英等欲翻逆案，以泄恨为快意，欲将复社诸君子置于死地而后快，绝无谋国之略，唯利是图，无力北征，亡国也只在朝夕之间而已。黄宗羲在序中落款注明"戊戌年冬十月甲子"，戊戌年为顺治十五年（1658），黄宗羲未用顺治年号，以明遗民身份自居，其亡国之痛，由此可见一斑。《明史》卷二十一《神宗本纪》赞语中说："光宗潜德久彰，海内属望，而嗣服一月，天不假年，措施未展，三案构争，党争益炽，可哀也夫。"③黄宗羲在《海外恸哭记》附录二《大学士机山钱公（钱龙锡）神道碑铭》中说："有明朋党之祸，至于亡国。论者亦止谓其递胜、递负，但营门户，罔恤国是已耳。然所以亡之故，皆不能指其事实；至于易代而后明也……顾使之（袁崇焕）诬死，从此精锐尽丧，士卒不可以经战阵矣。逆案虽未翻，而烈皇之胸中已隐然疑东林之败类；由是十余年之行事，亲小人而远君子，以至于不救。然则有明之亡，非逆案之小人亡之乎？"④康熙三十年（1691），黄宗羲应钱柏龄之请，撰钱龙锡墓志铭，兼记袁崇焕杀毛文龙，阉党乘机罗织袁崇焕罪名，崇祯帝以"与清廷议和"等罪案，将袁崇焕凌迟处死。此后，崇祯帝十余年来亲小人而远君子，最终导

---

① 黄宗羲《〈弘光实录钞〉自序》。按，该书原署名为文震亭，据杨凤苞《南疆逸史跋》中可知，作者应为黄宗羲无疑。
② 黄宗羲：《弘光实录钞》卷一。
③ 张廷玉等：《神宗本纪二》，《明史》卷二十一，中华书局1974年版，第295页。
④ 黄宗羲：《大学士机山钱公（钱龙锡）神道碑铭》，《海外恸哭记》附录二，《台湾文献丛刊》本。

186

第四章 《明史》修纂过程中对清朝文化认同的阐述

致明亡。卢象晋之孙卢豪然请求方苞作传，方苞在《书〈卢象晋传〉后》文中指出，崇祯朝朋党之争日趋激烈，相互倾轧，党同伐异，争权夺利，妒忌贤能，铲除忠良，不以国家社稷危亡为重，深刻地剖析了朋党之祸是明代灭亡的根本原因。同时，对崇祯帝明亡殉国之举发出感慨："所可惜者，以聪明刚毅之君，独蔽惑于媚疾之臣，身死国亡而不寤！岂非天哉？"①《四库全书总目》卷五十四提要（明）陆梦龙《梃击案始末》一卷："是书乃其官刑部员外郎时所记，备述张差事始末，明末三案之一也，于一时诸人牵就弥缝情状，摹写甚详，核以《明史·张问达传》，语皆相合，盖实录也。"②

第五，将明朝灭亡原因归咎于"流贼"之祸。戴名世作《〈孑遗录〉自序》中说："自秦、汉以来，天下承平之久未有如明，而其败亡之祸亦未有如明之烈者也。明之取天下也于盗贼，而其失天下也亦于盗贼。彼秦寇者，皆国家之赤子，受休养之恩，垂三百年，非若敌国外患，而一旦称兵起事，横行天下，斩艾良民，藩王灭，天子死，而国祚随之，此自古以来之所未有也。"③显然，戴名世言论涉及清廷之忌讳，后戴氏因《南山集》案发，被处死，其《南山集》《孑遗录》诸书被列为禁书。又如，冯甦在《明末两渠贼传序》中认为明亡于流贼之祸，他说：

> 凡一朝之兴，无不访求前代事实，以推论其兴衰之由，匪徒开成令范，足备仪型，即在倾覆前车，亦资惩诫……明有天下几三百年，而卒亡于流贼。当武庙时，刘六、赵风子之流，屠毒兖、豫，几成燎原，以祖宗遗泽尚存，旋即扑灭。至神宗倦勤，纪纲废弛，重以嗣君短祚，孙谋不臧，阉宦擅权，正人诛斥。崇祯初年，寇盗蜂起，渐至三十六营、七十二营之多，竭天下之力以图之，随息随炽。迫开县告败，洛城不守，自成、献忠分扰江河南

---

① 方苞：《望溪集》卷四，《四库全书》本。
② 《四库全书总目》卷五十四。
③ 戴名世：《〈孑遗录〉自序》，《南山集》卷二，《续修四库全书》本，第59—60页。

北,而明以亡焉。盖天下治久必乱,乱必有所酿以成;乱极必治,治必有所因以致。祸乱之生,皆天之所以开圣人也。①

同时,认为祸乱之生必有因由,"皆天之所以开圣人也"。认为明亡清兴,乃天命所归、大势所趋。他在序文中进一步指出:"当神宗中年,我太祖皇帝龙兴辽水,景命有仆。太宗皇帝嗣之以宽仁,远近向附。语曰:'不有所废,将何以兴?'然则明之亡,非自成、献忠之能亡之,乃天命有归,时产二寇为之驱除祸难耳。虽然,运数去留固由天命,亦宁非人事哉?"②显然,冯甦强调明清易代乃天命所归,显然迎合清廷对明亡看法。康熙五十六年(1717)十一月,康熙帝诏书中也有一段话:

> 自古得天下之正,莫如我朝。太祖、太宗初无取天下之心,尝兵及京城,诸大臣咸奏云当取。太宗皇帝曰:"明与我国,素非和好,今取之甚易。但念中国之主,不忍取也。"后流贼李自成攻破京城,崇祯自缢,臣民相率来迎,乃剪灭闯寇,入承大统。昔项羽起兵攻秦,后天下卒归于汉,其初汉高祖一泗上亭长耳。元末陈友谅等并起,后天下卒归于明,其初明太祖一皇觉寺僧耳。我朝承袭先烈,应天顺人,抚有区宇,以此见乱臣贼子无非为真主驱除耳。③

虽然各自论述上有区别,但官方认为明亡于"流贼"李自成之手,清朝兴仁义之师为明雪耻,拯救万民于水火之中,清朝得天下,顺乎人心,乃天命所归,名正言顺,无疑在强调清朝"正统"地位。如,雍正帝亲自与曾静进行辩论:

> 问曾静:旨意问你书内云"明亡之恨"等语。前明之亡国,

---

① 冯甦:《明末两渠贼传序》,《见闻随笔》卷一,见宋世荦辑《台州丛书甲集》本,上海古籍出版社2013年版,第1页。
② 冯甦:《明末两渠贼传序》,《见闻随笔》卷一,见宋世荦辑:《台州丛书甲集》本,上海古籍出版社2013年版,第1—2页。
③ 《清实录·圣祖仁皇帝实录》卷二百七十五,中华书局1985年版,第695页。

第四章 《明史》修纂过程中对清朝文化认同的阐述

亡于流寇李自成之手,与我朝毫无干涉。自有明之季,政教不修,纲纪废弛,内则盗贼纷起,李自成等扰乱残虐,沦陷京师,外则边警时闻,各处蒙古外藩,皆为劲敌。是蹂躏中国,消耗明之元气,非独本朝也……迨李自成已陷北京,明愍帝殉国而死,明祚已绝,明位已移,始请兵我朝,来除寇乱。太宗皇帝命将兴师,兵至山海关,一战而胜。李自成二十万之众,望风逃窜,席卷长驱,是以我世祖皇帝君临万邦,廓清群寇,救亿万臣民于水火之中,为明朝报仇雪耻,是我朝深有德于前明,显然著明可白万世者也。我朝得国,较之汤武征诛,更为名正言顺,何明亡之有恨乎?①

此外,毛奇龄在史馆分撰《土司传》《流贼传》等,他参稽冯甦《见闻随笔》,并为之作序。他在序文末深刻认识到明末"流贼"之祸和明末党争乃是明朝灭亡的根本原因。乾隆四十六年(1781),乾隆帝下令诸皇子选编《明臣奏议》,尤其强调修书的宗旨在于"以明为鉴"。由此可见,清初朝野本着"以史为鉴"、存故国之史等高度责任感,对明朝灭亡的原因进行理性的分析和探讨,在总结明亡教训方面,朝野又有一致的看法,可谓殊途同归。

关于南明历史的断限及纪年原则的探讨,明清易代之际,清朝官方不承认南明福王、鲁王、唐王、桂王,一律视之为僭伪政权,将明朝灭亡时间定于1644年3月29日。康熙二十三年(1684),徐元文、徐乾学兄弟在万斯同协助下,拟成早期指导《明史》修纂的纲领性文件——《修史条议》。其中对南明四王的书法义例予以说明:"《庄烈愍皇帝纪》后,宜照《宋史·瀛国公纪》后二王附见之例,以福、唐、鲁、桂四王附入,以不泯一时

---

① 雍正帝(胤禛)撰,张万均、薛予生编译:《大义觉迷录》,中国城市出版社1999年版,第72—73页。

189

事迹，且见本朝创业之隆也。承干按，此议《明史》亦未照行。"①显然，当初史馆主张仿照《宋史·瀛国公纪二王附》之例，将南明四王附于《庄烈愍皇帝纪》后，目的就是为了存留南明史实，以见"本朝创业之隆也"。另，徐乾学在《条陈明史事宜疏》中说：

> 有明之祚，讫于愍皇，至福、唐、桂三王一线虽在，大命已倾，然一代终始，不可不详也。考之《宋史》，瀛国降号，尚从纪体，而益、卫二王即于本纪之后附为列传。今以愍帝终本纪之篇，三王从附传之列，削彼僭伪，存其事迹，既著覆亡之效，愈明历数之归，揆诸体例，实为允合。②

徐乾学主张仿照《宋史·瀛国公纪二王附》之例，将福王、唐王、桂王事迹附于《崇祯本纪》后，并削去诸王僭伪之称号，存留三王事迹，以示明朝盛衰兴亡之缘由。《修史条议》中强调附载福王、鲁王、唐王、桂王，而徐氏只强调附载福王、唐王、桂王，未及鲁王。可是，此建议并未得到康熙帝的准允。后来，王鸿绪也主张甲申以后纪年应当仿照《宋史》附载二王之例，他说："今《明史》甲申以后，以大清顺治纪年，明季诸王年号止一见于传中，而不以纪年，史体当如此。敢以质诸当代之大人君子。"③后来，殿本《明史》将明亡断限于崇祯十七年三月二十九日崇祯帝上吊自杀，彻底否定南明诸王及其历史地位，这是明清易代之际较为敏感的问题。值得注意的是，由于主张将南明历史写入《明史》内，尊奉南明四王为正朔，戴名世《南山集》案发，遂引发了康熙朝最大文字狱案，牵连达数百人之多。戴名世也认为应该将明史与南明史综合为一书，才能成为"一代之全史"。康熙二十一年（1682）至康熙二十四年（1685）间，戴名世在舒城授徒期间，致书给其弟子余湛，阐述其对南明史的意见。戴

---

① 刘承干辑：《徐健庵〈修史条议〉》，《明史例案》卷二，吴兴刘氏嘉业堂刊本。
② 刘承干辑：《徐健庵〈条陈明史事宜疏〉》，《明史例案》卷九，吴兴刘氏嘉业堂刊本。
③ 刘承干辑：《王横云〈史例议上〉》，《明史例案》卷二，吴兴刘氏嘉业堂刊本。

第四章 《明史》修纂过程中对清朝文化认同的阐述

名世认为南明历史首尾十八年，与刘备在蜀称帝和宋卫王赵昺事迹相类似，明代全盛之书，且还未见成书，而南明事迹却渐渐湮没，史馆征集史料仍然存在诸多忌讳，即凡涉及明清早期关系之书或史料，民间汰去不上；除史官指明购买书籍之外，民间有价值的稗官碑志记载，凡史馆所不及知者都不得上，他发出对有明"一代之全史"难成的感叹。他在《与余生书》一文中说：

> 终明之末三百年无史，金匮石室之藏，恐终沦散放失，而世所流布诸书，缺略不详，毁誉失实。嗟乎！世无子长、孟坚，不可聊且命笔。鄙人无状，窃有志焉，而书籍无从广购，又困于饥寒，衣食日不暇给，惧此事终已废弃。是则有明全盛之书且不得见其成，而又何况于夜郎、筇笮、昆明、洱海奔走流亡区区之轶事乎？前日翰林院购遗书于各州郡，书稍稍集，但自神宗晚节事涉边疆者，民间汰去不以上；而史官所指名以购者，其外颇更有潜德幽光，稗官碑志纪载出于史馆之所不及知者，皆不得以上，则亦无以成一代之全史，甚矣其难也！①

康熙四十八年（1709），戴名世中一甲第二名进士，授翰林院编修。他对清官修《明史》，历数十年而未成，十分不满，认为史馆征书，各地凡涉及明清早期关系则予以忌讳而不上，对明代文献日渐湮没而痛心疾首。他除撰《孑遗录》之外，十分关心南明史事，广泛搜集史料，尤其遵奉方孝标《滇黔纪闻》记载南明四王历史。殊不知，《与余生书》后来成为赵申乔弹劾戴名世的借口，成为《南山集》案的导火索。戴名世尤其不满清修《明史》过程中，对明朝灭亡时间、明清易代等重大问题上的忌讳，痛感南明文献日益散佚而无征，而史馆征书又拘泥于多忌讳而未能广为搜集，造成诸多史料非常难见，难成"一代之全史"之叹。因此，他又在《与弟

---

① 戴名世：《与余生书》，《南山集》卷五，《续修四库全书》本，第111—112页。考余生即为余湛，戴名世弟子，后因《南山集》案牵连致死。

子倪生书》中说:"本朝当以康熙壬寅(1662)为定鼎之始。世祖虽入关十八年,时三藩未平,明祀未绝,若循蜀汉之例,则顺治不得为正统。"①显然,戴名世这一主张与清官方对明亡时间的定论相违背。戴名世还在《南山集》中褒扬清初忠孝节义,宣扬南明抗清斗争及历史地位,尊奉南明诸王为正朔,载入弘光、隆武、永历年号,借此不承认顺治朝的"正统"地位,认为清康熙元年(1662)才为清朝定鼎之始,才享有"正统",这种论调显然与清官方不承认南明的历史地位,并将明亡清兴时间定在顺治元年(1644)的主张背道而驰,故而为后来爆发康熙朝最大"《南山集》案"埋下了伏笔。康熙四十年(1701),戴名世弟子尤云鹗刊刻《南山集》,该书于是广为流传,影响非常大。尤云鹗在《〈南山集〉序》中也说:"盖先生下笔妙天下,而尤虚怀不自信如此。云鹗无以塞四方学者之意,乃检平日所藏钞本百余篇,在先生集中仅五之一,为刊而布之。余俟后有定本,再锓诸版……先生留心先朝文献十余年,网罗散轶(佚),次第略备,将欲成一家之言,与《史记》《五代史》相颉颃。"②康熙五十年(1711),都察院左都御史赵申乔弹劾戴名世《南山集》,认为其文"倒置是非,语多狂悖",应当严加惩处。据张玉编译:《戴名世〈南山集〉案史料》内收录《刑部尚书哈山为审明戴名世〈南山集〉案并将涉案犯人拟罪事题本》,记载戴名世供词如下:

> 臣等会同吏部、都察院、大理寺看得都察院左都御史赵申乔参戴名世一案。经夹讯戴名世,据供:《南山集》《孑遗录》俱系我等年轻时混写悖乱之语,并未与别人商议,亦无按我授意整编之人。《孑遗录》系方正玉刻的,《南山集》系尤云鹗刻的,王源

---

① "戴名世南山集案",收入徐珂编:《清稗类钞》第三册,中华书局1984年版。另外,据《川沙县续志》记载,倪生为倪山堂,戴名世弟子,是桐城学派的一名学者,去世于1706年。后因《南山集》案牵连,其家人被充军流放到闽、浙沿海。

② 戴名世:《南山集》,据复旦大学藏光绪二十六年(1900)刻本影印。

第四章 《明史》修纂过程中对清朝文化认同的阐述

批的。尤云鹗是我门生，不通文义，我作了序，仿他名字。汪灏、方苞、方正玉、朱书、王源的序是他们自己作的，刘岩不曾作序。我寄余生等人书，伊等未曾回文。我与余生书内有方学士名，即方孝标。他作的《滇黔纪闻》内载永历年号，我见此书，即混写悖乱之语，罪该万死等语。①

刑部尚书哈山等人审讯戴名世后，又一一审讯方孝标②之子方登峄、汪灏（作序）、方苞（作序）、方正玉（刻《孑遗录》）、尤云鹗（刻《南山集》）诸人，他们都一一招供认罪。关于尤云鹗刊刻《南山集》的时间，据《南山先生年谱》记载说："（康熙四十年辛巳）……是年，门人尤云鹗为刻先生古文，凡百有十余篇，名曰《南山集》。"③据戴名世供词，尤云鹗不通文义，尤云鹗《序》是他代作后，写上其名字。④又对方孝标《滇黔纪闻》作如是说：

据方孝标所写《滇黔纪闻》，内有：永历初在广东，延至广西，终于云贵。与隋之清泰于洛、唐之昭宣于巴颜、宋之帝昺于崖州，同不可称之为伪朝。又金陵之弘光、闽越之隆武败亡后，两广复立已故桂王之子永明王于肇庆，改号永历等语。方孝标身受国恩，已为翰林，因犯罪发遣宁古塔，蒙宽宥释归。顺吴逆为伪官，迫其投诚，又蒙洪恩免罪，不改悖逆之心，尊崇弘光、隆

---

① 张玉编译：《戴名世〈南山集〉案史料》，《历史档案》2001年第2期，第21页。为满汉文合璧题本，张玉编译《戴名世〈南山集〉案史料》发表稿录自汉文部分，并以满文部分校勘。另外，戴名世《孑遗录》，记明末桐城兵变事，为《四库全书》禁毁书目之一，流传不广，杭州西泠印社2015年拍卖《孑遗录》旧抄本一函一册。
② 方孝标（1617—1697），安徽桐城人，方拱乾之子，顺治六年（1649）进士，本名玄成，后避康熙帝玄烨讳，以字行，一号楼冈，又号楼江，《南山集》案发时，方孝标已去世十余年，但康熙帝仍将《滇黔纪闻》案与《南山集》案并案处理，由其子方峄受审，处理非常严重，可见清廷"文字狱"的残酷性。另外，方苞为方孝标侄孙，曾为戴名世《南山集》作序，受牵连，后康熙帝因其才名，赦免其罪。
③ 戴名世：《南山集》，《续修四库全书》本。
④ 戴名世：《南山集》卷首冠朱书《〈南山集〉序》，《续修四库全书》本。

武、永历年号，书记刊刻遗留，大逆已极。方孝标依大逆律凌迟，今已身死，咨行该巡抚，剉碎其尸，财产入官。①

对此，王彬在《清代禁书总述》中对《南山集》案发生原因进行了说明："因书中写有南明政权弘光、隆武、永历年号，并将南明政权与蜀汉、南宋帝昺相提并论，又引用方孝标《滇黔纪闻》中所载桂王时事，于是导致《南山集》案爆发，该书也被毁，后又为湖广总督图恩德奏缴，乾隆四十四年（1779）十一月初一日奏准禁毁。"②《南山集》案的处理结果：戴名世以"谋反"罪被杀，此案牵连多达数百人，方登峄、方云旅、方世樵都从宽免死，其余牵涉人员一律发派，其妻女、家人没为奴。此外，戴名世的《南山集》《孑遗录》及方孝标所作《钝斋文集》两册、《广璧堂文集》一册、《滇黔纪闻》一册，均被毁版，列为禁书。此外，戴名世所作其他书及书版也严查上缴。康熙帝对《南山集》案的处理，显现了清廷"文字狱"的残酷性，尤其对朝野触及官方禁忌话题者，不惜代价，严惩不贷，更不惜采取一切措施予以压制，表明清官方对南明历史的态度和处理上有欠成熟。后来，乾隆帝进一步重新评价明清易代之际历史，规定南明诸王的书法义例及明朝灭亡时间：对南明诸政权不必书写为"伪"，将下延至顺治二年（1645）五月南明福王被执。乾隆三十一年（1766）五月甲午，乾隆帝谕令编纂国史时，下达谕文中说：

今日国史馆进呈新纂列传内《洪承畴传》，于故明唐王朱聿键加以"伪"字，于义未为允协。明至崇祯甲申，其统已亡。然福王之在江宁，尚与宋南渡相仿佛；即唐、桂诸王转徙闽、滇，苟延一线，亦与宋帝昺、昺之播迁海峤无异。且唐王等皆明室子孙，其封号亦其先世相承，非若异姓僭窃及草贼拥立一朱姓以为号召者可比；故不必概从贬斥也。当国家戡定之初，于不顺命者，自

---

① 张玉编译：《戴名世〈南山集〉案史料》，《历史档案》2001年第2期，第22页。
② 王彬：《清代禁书总述》，中国书店1991年版，第320页。

第四章 《明史》修纂过程中对清朝文化认同的阐述

当斥之曰"伪",以一耳目而齐心志。今承平百年有余,纂辑一代国史,传信天下万世;一字所系,予夺攸分,必当衷于至是,以昭史法。①

乾隆帝认为崇祯十七年(1644),明统已亡,然福王在南京与南宋之南渡相似,而唐、桂诸王转徙福建、广西、云南,苟延残喘,与南宋帝昰、帝昺相似,且唐王等皆明宗室子孙,其封号承袭其先世,与异姓僭窃及草贼拥立一朱姓为号召者不可比拟,故在国史列传中不必一律书为"伪",清朝承平百年有余,编纂一代国史,传信后世,以昭史法。乾隆四十年(1775),乾隆帝下令解禁朱璘《明纪辑略》一书,并在谕文中说:"设以为载笔有体,凡事涉二王(唐王、桂王)者,不妨直以'彼'字称之,用存偏正之别。而其臣则竟书为某王之某官某,概不必斥之为伪也。《明纪辑略》已命有司弛其禁,而《通鉴辑览》校刊将竣,其令《四库全书》馆总裁,铨叙唐、桂二王本末,别为附录卷尾。"②四库本《明史》其实遵照殿本《明史》的书写原则,并未把唐、桂二王本末附录于后。由此可见,乾隆帝看待南明历史较清初更为客观,此举目的在于为贬低"贰臣"及褒扬忠义思想进一步扫清障碍。

与此相反,杨陆荣《三藩纪事本末》一书却因鼓吹清朝而贬低南明,经乾隆帝下旨存留,才被列入《四库全书》存目。杨陆荣《三藩纪事本末》四卷(康熙五十六年刻本),该书史料价值不高,大多采自野史,记载南明史事为主,但在体例上尊奉清朝为"正统",将南明福王、唐王、鲁王、桂王视为明代僭越作乱的"藩王",书中特作《三藩僭号》,认为清朝代替明朝复君父之仇,鼓吹清朝名正言顺夺得天下,与清官方言论相一致。原来被各省列入上缴应毁书目名单内,经四库馆臣核查,确认无触犯忌讳,乾隆帝特别下旨,才被列入《四库全书》内存目。如,杨陆荣在《〈三藩纪事本末〉

---

① 《清实录·高宗纯皇帝实录》卷七百六十一,中华书局1986年版,第373页。
② 《清实录·高宗纯皇帝实录》卷九百九十五,中华书局1986年版,第301页。

文化认同视角下的清代《明史》修纂研究

自序》中说：

> 闯成肆逆，祸及君后，明之子孙臣庶不能讨。圣朝念万古君臣之义，不可以不正，共怒兴师，逆成西窜，胜朝不共之仇，借以复焉。真人出而大难平，乾坤之位定矣……天既厌明德，尚思挺而走险，岂惟违乎仁、悖乎义云尔哉？抑亦不智甚矣！然犹藩之者，何也？曰：不没其实，正所以不予其僭也。其实藩也，则明之祖宗未尝以统授之也，明之百姓未尝以统归之也。上不以统授，下不以统归，而妄干大号，是僭而已矣。僭窃之人，王法之所不宥，然则诸藩之随起随灭，身膏斧锧，夫亦其自取焉。①

全祖望在《鲒埼亭集外编》卷四十三《答陆聚𫖮编修论〈三藩纪事〉帖子》中对此书予以严厉批评。②

陆奎勋，字聚𫖮，康熙五十八年（1719），陆奎勋受江西巡抚白潢之聘，参与《江西通志》编修工作。由于《江西通志》多处征引杨氏《三藩纪事本末》，故而受谙熟南明史事的全祖望所诟病。全氏批评《三藩纪事本末》"尽属不经之语"，其中人名、地名、时间、史事记载舛误之处较多，并以"鲁监国死于郑氏"为例予以说明。对鲁监国之死，穷原竟委，考证严谨，得出鲁王死于康熙元年十一月（死于郑成功之后）的重要结论，由此进一步指出《明史》记载郑成功"沉王"之举为非，所论尤为至当。其实，全祖望对鲁王死亡时间的考证，是正确的；但认为鲁王死地不在金门，则是错误的。1959年，鲁王墓及《明鲁监国圹志》在金门发现，就足以证明鲁王

---

① 杨陆荣：《〈三藩纪事本末〉自序》，《中国西南文献丛书》本。另外，斧锧：古代刑法之一，置人于铁砧上，以斧砍之，故以斧锧指诛戮之事。

② 全祖望：《答陆聚𫖮编修论〈三藩纪事〉帖子》，《鲒埼亭集外编》卷四十三，《四部丛刊》本。函丈：对老师的尊称，旧时讲席之间相隔一丈，以容人听讲，故有此称。寄公：原指失国后寄居别国的诸侯，后泛指失位而流亡者。另，张书才主编：《纂修四库全书档案》(上海古籍出版社1997年版，第1526页）之"闽浙总督陈辉祖奏缴应禁书籍折（附清单一）"附"查缴应禁书籍清单"中有：《冰槎集》一部，抄本。是书明张煌言著。不分卷。按煌言在海上称兵，是集皆其所作诗文，首标永历年号，语意悖犯甚多。"

196

第四章 《明史》修纂过程中对清朝文化认同的阐述

死地确在金门。[①] 全祖望还纠正杨陆荣《三藩纪事本末》中的观点和《明史》记载之谬误，他在《鲒埼亭集内编》卷三十《明故太仆斯庵沈公诗集序》文中进一步予以说明。全祖望将此文寄给陆奎勋，希望他在参修志书时有所参考和更正。后来，修《四库全书》时，乾隆帝下令向各省征书，后来发展为"寓禁于征"，各省上缴禁书时，也将杨陆荣《三藩纪事本末》列入，一并解入北京。[②] 由于之前乾隆帝已经将明亡时间推延至顺治二年（1645）五月南明福王被执时，并下令将鲁、唐、桂三王事迹附载于后，作为明代历史的终结，还下令附载于《御批通鉴辑览》。所以，杨氏《三藩纪事本末》因尊奉清朝为"正统"，且视福王、唐王、桂王为"三藩"，一律视之为僭伪政权，不承认南明历史地位，各省在查缴禁书时，推测此书不合时宜，故而将之列入查禁书单名目内。乾隆四十七年（1782）十二月十八日，乾隆帝下令人员询问总纂纪昀、陆锡熊等，杨陆荣《三藩纪事本末》中"有无违碍"字句。纪昀、陆锡熊等回奏内容，见于《纂修四库全书档案》九四九"军机大臣奏遵旨询问纪昀等《三藩纪事本末》有无违碍等情片"：

> 乾隆四十七年（1782）十二月十八日，遵旨将《三藩纪事本末》一书其中有无违碍语句，询问总纂纪昀、陆锡熊等。据称：此书现于《四库全书》内编列存目，其中并无违碍。各省查缴禁书时，将此书列入，一并解入销毁。现在翰林院检出存贮者，尚有一百三十五部。所有此次发下《三藩纪事本末》一部，系从前呈进销毁各书误夹入霉烂错杂书捆内，未曾检出之本等语。谨奏。（军机处上谕档）[③]

纪昀、陆锡熊说明其中并无违碍字句，各省上缴禁书时，将此书列入，

[①] 参见笔者：《全祖望与〈明史〉关系探论》，《古籍整理研究学刊》2014年第6期，第62页。
[②] 杨陆荣：《三藩纪事本末》，《四库全书存目丛书》本。
[③] 张书才主编：《纂修四库全书档案》（下册），上海古籍出版社1997年版，第1696—1697页。

文化认同视角下的清代《明史》修纂研究

一并解入销毁。现在翰林院检出存贮之书，尚有一百三十五部，所有此次发下的《三藩纪事本末》一部，系从前呈进销毁各书内误夹入霉烂错杂书捆内，未曾检出。乾隆帝并未予以追究，此书才列于《四库全书》存目。检王彬主编《清代禁书总述》则仍将该书列入查禁之列。① 试想，如果《三藩纪事本末》被列为禁书，显然不可能列入《四库全书》存目。查《四库全书总目》提要云：

> 《三藩纪事本末》四卷，浙江巡抚采进本，国朝杨陆荣撰。陆荣有《易互》已著录。是编成于康熙丁酉（1717）。首纪福王、唐王、桂王始末及四镇、两案、马阮之奸；次纪顺治初年平浙、平闽、平粤、平江右事迹及鲁王、益王之乱、饶州死难诸人、金声桓之乱及大兵南征、何腾蛟、瞿式耜之死、孙可望、李延龄之变；次为桂王入缅、蜀乱、闽乱及杂乱。其凡例自云："搜罗未广，颇有疏漏"，又间有传闻异词者。如，《明史·文苑传》载艾南英以病死，而此载其自缢殉节，亦仅据其耳目所及，未一一详核也。右纪事本末类四部二十六卷（内一部无卷数）皆附存目。②

由此可知，四库馆臣似乎对此问题有一些忌讳，提要中逐一扼要叙述其书内容，并举《明史·文苑传》载艾南英病死、非自缢殉节为例，批评其书仅据耳目所及，未一一详核也。由此可知，乾隆时期修《四库全书》时，对清初众家南明史著述进行彻查和禁毁。乾隆帝下令多次复查杨陆荣《三藩纪事本末》，馆臣没有发现违碍字句，且因该书奉清朝为"正统"，乾隆帝特旨予以存留。查《三藩纪事本末》在国内多有馆藏，杜泽逊先生将杨陆荣《三藩纪事本末》之所见刻本、影印本和石印本之依据及各本在国内图书馆

---

① 按，王彬主编：《清代禁书总述·清代禁书题解》（中国书店1991年版，第360页）对杨陆荣《三藩纪事本末》题解中说："全书奉清为正统，多颂谀之辞，但歪曲之余，于清军南下之屠毒，仍不免有所披露，乾隆年间，此书被列入应缴违碍书籍各种名目内。"

② 《四库全书总目》卷四十九。

第四章 《明史》修纂过程中对清朝文化认同的阐述

馆藏情况,一一梳理。① 杨陆荣《三藩纪事本末》虽被列入查禁之列,但因作者遵奉清廷为"正统",且与清初官方言论一致,列入《四库全书》存目,得以流传下来。

乾隆四十年(1775),乾隆帝撰《御制书〈通鉴辑览〉明崇祯甲申纪年事》《命〈通鉴辑览〉附明唐、桂二王事迹谕》两文,命令四库馆臣刊改《御批历代通鉴辑览》,正式将明亡时间下延至1645年5月福王被执之时,于1644年大书崇祯十七年,分书顺治元年以别之。② 与官方舆论的变化相适应,清初许多私修南明史著述,由于附记南明诸王年号和事迹,大多被列为禁书,不得广为流传。明代灭亡时间的重大问题,是易代修史存在忌讳问题。③ 乾隆四十年(1775),乾隆帝在《命〈通鉴辑览〉附明唐、桂二王事迹谕》中指出:

> 甲申岁,我国家既定鼎京师,而明福王朱由崧为南京诸臣迎立改元,首尾一载。其后,唐王朱聿键、桂王朱由榔相继称号者,又十有余年。当时以其事涉本朝开创之初,凡所纪年号,例从芟削。即朱璘之《明纪辑略》亦以附三王纪年,为浙江抚臣等所奏毁。兹已搜访遗籍,外省奏进此书,阅其体例,非不尊崇本朝,且无犯讳字迹,徒以附纪明末三王,自不宜在概禁之列。前命编纂《通鉴辑览》馆臣,请补录福王事实。因念历朝嬗代之际,进退予夺,系乎万世公论。若前代偏私袒徇之陋习,以曲笔妄为高下,朕实鄙之……《明纪辑览》已命有司弛其禁,而《通鉴辑览》校勘将竣,其令《四库全书》馆总裁铨叙唐、桂二王本末,别为附录卷尾。凡彼时仗节死义之人,考订事迹,悉与备书,朕将亲为裁定,宣附刊行。俾读者咸知朕大中至正,未尝有一毫私意偏

---

① 杜泽逊:《四库存目标注》卷十三,上海古籍出版社2007年版,第531—532页。
② 傅恒等人奉敕撰:《御批历代通鉴辑览》卷首,《四库全书》本。
③ 参见笔者:《官修〈明史〉的幕后功臣》,人民出版社2011年版,第20—21页。

文化认同视角下的清代《明史》修纂研究

倚其间，而崇奖忠贞，亦足以为世道人心之劝。书成，即以此谕同《御制辑览》并冠卷端，庶将来有所参考，喻朕意焉。①

由以上引文可以得知，乾隆帝确认明朝灭亡时间以及附载唐、桂二王始末的本意，认为是"因念历朝嬗代之际，进退予夺，系乎万世公论"。于是，特命馆臣补撰《明唐、桂二王始末》四卷，附于《御批历代通鉴辑览》卷末，命将官方就明亡时间的定论正式载入官修史书。同时，在附记南明历史的同时，着重叙述明亡清兴为历史发展的必然，并从理论上进一步完善和论证了清朝得天下乃顺乎民意，得乎民心，天命所归。但对于殿本《明史》及四库本《明史》，对明朝灭亡时间的定论，则仍沿用明亡于崇祯十七年的观点。与此同时，开始正式解禁朱璘的《明纪辑略》。对此，《御批历代通鉴辑览·凡例》中对乾隆帝论定明亡时间的问题上，给予高度评价说：

> 正统偏安之辨，其界最严。前史每以兴代，而记载前朝，因多偏徇。若《续纲目》于宋元明之际，更属不公，瀛国（公）既执，而犹以宋纪年；顺帝未亡，而即标明国号，任意低昂，适足贻识者者。今自景炎而后至正以前，皆恪奉宸裁，统归元纪。至于明之崇祯十七年明统尚存，亦用大书纪岁，而福王事迹并遵旨采辑，附书明纪。大公至正，旷古无伦。谨于卷内恭录御制文，冠诸卷首，以昭定论。②

由此可见，清初官方对南明历史的不承认，导致凡涉及清廷忌讳的南明史著多遭受禁毁的命运，由此体现出清朝学术屈从于政治的态势。如，朱璘《明纪辑略》就被列入禁书，不得流传。查《皇朝文献通考》卷二百九十四《四裔考二》记载乾隆三十六年（1771），朝鲜国王李昑遣使来贡。同年八月，礼部集议朝鲜国王奏请国内流传朱璘《明纪辑略》、陈建《皇明通纪》记载朝鲜"有关小邦"之语进行刊改的要求，记载如下：

---

① 《御批历代通鉴辑览》卷首，《四库全书》本。
② 傅恒等人奉敕撰：《御批历代通鉴辑览·凡例》，《四库全书》本。

第四章 《明史》修纂过程中对清朝文化认同的阐述

（乾隆三十六年）八月，礼部议朝鲜国王李昑奏：国内流传康熙丙子年间朱璘所撰《明纪辑略》，本于明人陈建之《皇明通纪》，载其先世之事，因讹袭谬，诬妄含冤，请将二书中"有关小邦"之语，并行刊去等语。查朱璘《辑略》于乾隆二十二年浙江巡抚杨廷璋奏请销毁，其陈建《通纪》遍访京城内外，书肆并无售者，是二书中国久已不行，奚事改削？至该国王所称，书中污蔑其国祖康献王旦世系及其四世祖庄穆王倧事迹二条，今恭阅钦定《明史·朝鲜列传》载其始祖世系及国人废珲立倧之处，考据已极详明。乾隆三年，我皇上允该国王所请刷刊，颁给该国，自当钦遵刊布，使其子孙臣庶知所信从。若陈建《通纪》、朱璘《辑略》二书，该国尚或有流传，应令该国王于其国中自行查禁焚销，永杜疑窦。①

从以上引文中，蕴含几点重要信息：第一，陈建《皇明通纪》、朱璘《明纪辑略》流传到朝鲜，影响较大。朝鲜国王李昑也注意到两书对朝鲜国先世记载的谬误，请求清廷予以修改。但提到朱璘《明纪辑略》成书于康熙丙子是不正确的，康熙丙子年，即康熙三十五年（1696）。实际上，朱璘所撰《历朝通鉴辑略》五十六卷（清顺治间刻本），成于顺治年间，虽然遭受被禁至解禁的过程，顺治年间刻本还幸存于世。②而《耐严考史录》和《明纪辑略》则是抄自《历朝通鉴辑略》而已。可见，抄传本《明纪辑略》比原书更具影响力，流传甚为广泛，见之于著录，而原书没有著录。乾隆二十二年（1757），该书被列为禁书。乾隆三十六年（1771），令朝鲜国王于其国内查禁焚毁。乾隆四十年（1775），乾隆帝重新划定明朝灭亡时间，于是外省将此书征集而来，乾隆帝阅后觉得此书只是罗列三王年号和事迹，不是不遵

---

① 张廷玉等奉敕撰，后嵇璜、刘墉等奉敕撰，纪昀等校订："四裔考二"，《皇朝文献通考》卷二百九十四，《四库全书》本。

② 朱璘：《明纪辑略》，《续修四库全书》本。

文化认同视角下的清代《明史》修纂研究

奉清朝，遂将《明纪辑略》解禁，此书得以幸存下来。据《续修四库全书提要》中称：

> （《历朝通鉴辑略》）是书上述往古，以迄明季、三藩、清廷攻克郑氏平定台湾止。当时原书流传甚广，或取有明一代为《明纪全载》，或曰《明纪辑略》。又有勾稽记载建州史事，更名为《耐严考史录》者。实即由史书辗转传钞，割裂撮辑而成者也。惟是书所记，就有明一代而论，于制度沿革、政治兴废，记述颇有条理。其论明之败亡，非由于将士之不勇，实由于训遣之失策，而行军多受制于内廷，号令乃出于阉党，坐是败困，其言可谓甚确。至记南渡以后史事，多凭传闻，犹沿郑成功沉鲁监国于海之谬说；记永历时事，亦多失实，岂当时道远时荒真确记载尚未出耶？又是书全帙不见昔人著录，至别行之《明纪全载》《明纪辑略》，则已见与禁书目录。故流传之本，将记建州史事，刊落殆尽，其专取记辽事之《耐严考史录》，固可以备治清初史迹之参考。惜仅有江安傅氏藏园所藏钞本，亦流传不广。经幸有原书发现于世，朱氏撰书之旨，可以略明，而昔人沿袭传抄之迹，于此可以著焉。弥可珍矣。①

第二，清廷就朝鲜国王提出之事进行回复：乾隆二十二年（1757），浙江巡抚杨廷璋奏请朱璘《明纪辑略》触犯忌讳，请求销毁并列入禁书，得到清廷的许可。同时，陈建《皇明通纪》在京城内外书铺并未出售流传，认为二书既不流传，又何以修改？第三，查阅钦定《明史·朝鲜列传》认为已经将朝鲜国王李昑所提两事已经进行刊改，并予以颁布流传。第四，认为陈建《皇明通纪》、朱璘《明纪辑略》如在朝鲜流传，则下令朝鲜国王在其国内自行查禁销毁。乾隆三十七年（1772），李昑又派使者朝贡，申明禁坊间刻本

---

① 王云五主持：《续修四库全书提要》第五册，台湾商务印书馆1972年版，第150—151页。

《明纪辑略》事。乾隆四十年（1775），乾隆帝下令将明朝历史下延至1645年南明福王被执，同时在审阅朱璘《明纪辑略》后，才正式下令解禁此书。

先前，徐元文和徐乾学兄弟曾建议《庄烈愍皇帝纪》内附载南明四王事迹的主张，但未得到许可。明清易代之际，如何看待或评价南明诸王及历史地位？这是一个敏感的政治问题，它牵涉到清朝统治合法性等诸多重大的历史与现实问题，因此，清官方在这一时期显然不可能接受徐氏兄弟的提议。直至乾隆四十年（1775），乾隆帝才下令在《御批历代通鉴辑览》中大书"崇祯十七年"，承认明朝灭亡于顺治二年（1645）五月南明福王被执，后附注《唐、桂二王始末》四卷，至此南明诸王及南明历史地位正式载入官修史书中。对此，徐宗亮在《戴先生传》文中对戴名世罹难致死，表达了深切的悲悯和同情。他说："伏读高宗皇帝《御批通鉴辑览》，以福、唐、桂三王终明代焉。大哉王言，非以著万世之公论哉！赵申乔疏摘《南山集》有狂悖语，世传即指《与余生书》，故备著于编，以俟权史者考之。呜呼！可悲也夫。"①

（二）关于明太祖、明成祖及景帝"正统"问题的讨论

在清官修《明史》过程中，对于明代帝王继承统系正当性的讨论，主要涉及朱元璋早期是否曾尊奉韩林儿"龙凤"正朔的讨论，关涉到《明太祖本纪》的书法问题；明成祖朱棣夺取帝位的正当性讨论，牵扯到建文帝下落之争；英宗发动"夺门之变"的正当性讨论，这一问题牵涉到景帝"正统"地位及其本纪的书法问题。

关于朱元璋早期是否曾尊奉韩林儿"龙凤"正朔的讨论，钱谦益、汤斌、王鸿绪等人提出不同的看法。如，钱谦益在《太祖实录辩证》中说：

乙未春正月，上率镇抚徐达、参谋李善长取和阳。谨按《太

---

① 戴名世：《南山集》卷首收入徐宗亮《戴先生传》，《续修四库全书》本。

文化认同视角下的清代《明史》修纂研究

祖实录》壬辰闰三月，上从滁阳王（郭子兴）起义，命为九夫长。癸巳六月，以上为镇抚。乙未春，子兴命上率兵二千规取和阳，上率镇抚徐达、参谋李善长等数十人径进。中山王之称镇抚，见于此。当是时，中山虽隶太祖麾下，其实属滁阳王部曲。太祖与中山之为镇抚，皆滁阳命之也。史家不悉本末，皆云一见上，即授镇抚，位诸宿将上。不知乙未之春，子兴命太祖总兵，和阳诸将犹不肯率从，久而后定。中山岂能遂踞诸将之上乎？太祖御制《神道碑》云：命为帅首，凡有微征以代朕行。至克姑孰（姑苏），始云命王为将。定建业，始云命王为大将。此可见史家夸大之词，皆非事实也。渡江以后开帅府，丙申为吴国公，以逮于称吴王，凡有拜除，皆出龙凤之命，或如藩镇承制故事。国史多忌讳，皆没而不书。然亦往往有可考见。以太史公《秦楚月表》之意求之，不没其实可也。①

钱谦益显然主张"朱为韩臣"之说，认为明太祖朱元璋崛起之时曾尊奉宋韩林儿"龙凤"正朔。丙申封吴国公，后来封为吴王，其间所有官职的拜封，均受韩林儿之命。钱谦益还进一步指出，《明太祖实录》由于忌讳过多，史臣有意刊落"龙凤"年号，是不当之举，主张仿照司马迁《史记·秦楚之际月表》之例，作《龙凤月表》，强调朱元璋起兵至即位之前十余年用"龙凤"年号纪年，以彰显朱元璋早期曾尊奉宋韩林儿名号之实。②康熙二十三年（1684），史馆订立《修史条议》，仍沿袭钱谦益的上述说法。史馆主张明太祖朱元璋初兴之时，其官爵皆受之于宋韩林儿，而《太祖实录》全

---

① 钱谦益著，钱曾笺注，钱仲联标校：《牧斋初学集》卷一百一，上海古籍出版社1985年版，第2101—2102页。另外，关于钱谦益《太祖实录辩证》的成书情况，可参考余茜：《钱谦益〈太祖实录辩证〉成书考》，收入杨共乐主编：《史学理论与史学史学刊2014卷（总第12卷）》，社会科学文献出版社2014年版。

② 钱谦益著，钱曾笺注，钱仲联标校：《牧斋初学集》卷一百一，上海古籍出版社1985年版，第1201—1202页。

204

第四章 《明史》修纂过程中对清朝文化认同的阐述

都予以避讳，建议修《明史》时应一律改正，不应沿袭《太祖实录》之谬误，"太祖之兴，其官爵皆受之于宋。如乙未四月，授左副元帅。丙申七月，授平章政事。己亥八月，授中书左丞相。辛丑正月，加太尉，封吴国公。甲辰正月，进吴王，皆历历可考，而《实录》尽讳之，今当悉为改正，不宜仍前伪谬"[1]。显然，《修史条议》指出明太祖初兴之时，其官爵皆受之于宋韩林儿，而《太祖实录》尽避讳之，建议修《太祖本纪》时予以更正。同时，进一步指出《太祖实录》凡三修，一为建文之时所修，二为永乐之初重修，三为永乐十五三修，凡前两次所修之《实录》未见，现存永乐十五年所修之本，其间对史实避讳过多，《实录》疏漏、舛讹之处较多，修史应参考诸书，予以考辨，不当以《明太祖实录》为定论。随后，又进一步指出《太祖本纪》的书法问题："太祖受职于宋，即用龙凤年号，并不尊至正之朔，今为《高帝本纪》，当以甲子纪年，而至正及龙凤之年数，明疏于下可也。"[2]此条直接说明太祖崛起早期官职受韩林儿之封，即用龙凤年号，不尊元顺帝为正朔，《高祖本纪》内当以甲子纪年（省去年号），将"至正"年数和"龙凤"年数明确记载于下。还指出元末群雄如韩林儿、徐寿辉、张士诚、陈友谅、明玉珍、陈友定、方国珍等人，《元史》未载入，建议在《明史》内，详细记载诸人事迹，且不得过于简略。

汤斌则认为朱元璋不受韩林儿之封官，元末群雄各自割据建国号，互不统属，明太祖在自身势力弱小的情况，不得已才凭借韩林儿之名号以令军中的事实。汤斌进一步指出："（至正十五年）郭子兴卒，会颍川人刘福通奉韩林儿称帝亳州，改元龙凤，国号宋。移檄以郭子兴子天叙为都元帅，张天佑、太祖为左右副元帅。太祖慨然曰：'大丈夫宁能受制于人耶？'然是时，徐寿辉据蕲州，方国珍据台州，张士诚在高邮，其余跨州郡僭名号者甚众，

---

[1] 刘承干辑：《徐健庵〈修史条议〉》，《明史例案》卷二，吴兴刘氏嘉业堂刊本。
[2] 刘承干辑：《徐健菴〈修史条议〉》，《明史例案》卷二，吴兴刘氏嘉业堂刊本。

文化认同视角下的清代《明史》修纂研究

而林儿以宋后为名，乃用年号以令军中。"①对此，王鸿绪在《史例议》中详细驳斥钱谦益《龙凤月表》一说的观点。他说：

> 虞山蒙叟（钱谦益）之论龙凤也，其言曰："滁阳即世（去世），上方孤军无倚，渡江以来，声势翕合，实有藉于龙凤。姑苏之役，犹称皇帝圣旨、吴王令旨，圣祖何嫌于奉龙凤哉！今之史家，刊落龙凤之事，使元宋之际不得比于《秦楚之月表》，此后世媚臣腐儒之所为。"噫！蒙叟《月表》之说，可谓未审矣。夫子婴既诛，暴秦云亡，诸侯尊怀王为义帝，而项羽自立为西楚霸王，沛公为汉王，此时天下无主，而项王、沛公皆亲事义帝者也。故以义帝元年表之。若明太祖本借郭子兴之遗众，渡江而取金陵，未曾稽首于韩林儿之庭，借其一旅为所命遣，事与汉祖异，不过因崛起草泽，人心未附，借宋号以收召东南尔。犹陈胜之称大楚也。若以为曾奉其名号，便当表林儿为君，明祖为臣，则九江王（英布）之杀义帝，德庆侯（廖永忠）之沉林儿，千古有同罪矣。明太祖其心服乎……皆各自为主，与龙凤无涉，非秦楚时诸侯因楚发难而同起者比，何得以龙凤为冠，比于义帝月表之例乎？即以太祖论之，吴元年乃至正之二十七年（1367），洪武元年乃至正之二十八年（1368），而当时修《元史》，撰《顺帝本纪》，尚不以吴与洪武之号参杂其间，何有于龙凤？今《明太祖本纪》吴元年以前当以至正纪年。而蒙叟撰《实录辩证》，书曰："龙凤戊戌克婺"，是直欲吴元年以前书龙凤矣。②

王鸿绪认为元末群雄各自建国号改元，互不统属，不能与秦楚之际相比。徐寿辉建国号天完，改元治平；陈友谅建国号汉，改元大义；张士诚建国号大周，改元天佑，后自立为吴王；明玉珍建国号大夏，改元元统，方国

---

① 汤斌撰，田兰芳评：《明太祖本纪》，《汤文正公史稿》卷一，康熙二十七年刻本。
② 刘承干辑：《王横云〈史例议上〉》，《明史例案》卷二，吴兴刘氏嘉业堂刊本。

第四章 《明史》修纂过程中对清朝文化认同的阐述

珍占据庆元,皆各自为主,未曾宗奉宋韩林儿正朔,与"龙凤"年号绝无相涉,因此,显然与秦末诸侯奉楚怀王义帝之命发难起兵者不同,不能与《秦楚之际月表》相比拟,主张《明太祖本纪》中关于明太祖即位之前不以"龙凤"纪年,而以元"至正"纪年,至太祖即位乃用"洪武"年号纪年。王鸿绪的建议和主张,殿本《明史·太祖本纪一》予以采纳。此外,王鸿绪认为元末群雄割据十余年之久,明太祖靠武力平定群雄,最终获得胜利,建立了明朝,这是上天所以护佑明朝,而不仅仅凭借"龙凤"年号以成王业。他进一步指出:"何用以月,人各有传,亦何待于表耶……数年之间,灭汉平吴,地益广,兵益强,皆是武臣力血战而得,岂借龙凤二字虚声遂成王耶?第是林儿僭号扰乱中原,蹂躏西北,元人无暇南讨,太祖得以铲暴开基,及察罕大兴义旅,攻复汴梁,林儿败遁,势窥江左,旋为王士诚所刺,此天之所以祚明也。"① 王鸿绪还进一步辨析钱谦益《明太祖实录辩证》、俞本《纪事录》记载之谬妄,重申他的观点:

> 愚意太祖未即位以前,概称太祖,其封公、封王从《实录》诸将与群臣为文。其纪年也不用干支,而书至正某年,直至太祖即帝位,则书洪武元年,如是为安。至奉宋号,纪中早已叙明,未讳其实也。敢以质诸当代之大人君子。②

对此,朱端强先生在《万斯同与〈明史〉修纂纪年》中概括总结说:"据《实录》等再驳明清野史关于韩林儿封朱元璋为吴王事,称'林儿事迹已无日月可稽,而太祖进封之事为群臣所拥戴'。主张'太祖即位以前概称太祖,其封公封王从《实录》诸将与群臣(拥戴)为文',再次重申'刊落龙凤年号'。"③ 王鸿绪在详细辩驳元末群雄之争的史实与秦末明显不同,认为韩林儿不能号令一方,元末群雄各自建国立号,自立为王,割据称雄一

---

① 刘承干辑:《王横云〈史例议上〉》,《明史例案》卷二,吴兴刘氏嘉业堂刊本。
② 刘承干辑:《王横云〈史例议上〉》,《明史例案》卷二,吴兴刘氏嘉业堂刊本。
③ 朱端强:《万斯同与〈明史〉修纂纪年》,中华书局2004年版,第296—297页。

方，而明太祖朱元璋称吴王，乃为诸将群雄所拥戴，并非受韩林儿之封，主张明太祖即位以前一律称太祖，其封公、封王事实，以《实录》所载诸将群臣拥戴之文为据，纪年不用干支，而是用"至正"某年，直至太祖即位，才用"洪武"年号纪年，再次主张《明史》必须刊落龙凤年号。殿本《明史·太祖本纪一》大体上采纳了汤斌、王鸿绪的观点，纪年书写大体已定。殿本《明史·太祖本纪一》记载："三月，郭子兴卒。时刘福通迎立韩山童子林儿于亳，国号宋，建元龙凤。檄子兴子天叙为都元帅，张天佑、太祖为左右副元帅。太祖慨然曰：'大丈夫宁能受制于人耶。'遂不受。然念林儿势盛可倚藉，乃用其年号以令军中。"① 对此，乾隆帝在《御批通鉴辑览》中仍认同汤斌、王鸿绪的观点。他说：

> 汉高之尊义帝，光武之事更始，崛起时，皆不得无所凭藉，明祖之于韩林儿亦然，方滁阳一旅初兴，子兴旋没，势实孤弱无依，而林儿僭号之始，四方响应，遂尔奉其年号，以为号召之资，及闻副元帅之檄，乃谓"大丈夫宁能受制于人？"固已中情流露，异日林儿迎至建康而死，则瓜步沉舟之事，未必尽污也。②

乾隆帝认为汉高祖刘邦曾尊奉楚怀王为义帝，光武帝之事更始帝（刘玄，公元23年2月—公元25年9月在位），都因崛起之时，不得不有所凭借，明太祖朱元璋崛起之初与韩林儿关系也是如此。当时郭子兴一旅初兴，郭子兴不久而死，明太祖势力孤弱无依，而韩林儿僭号之始，四方响应，颇具声势，于是不得已尊奉其年号，但不受韩林儿封官。后来，明太祖下令将韩林儿迎至建康，廖永忠在瓜步将韩林儿沉舟，未必对明太祖全为污蔑。

关于明成祖朱棣夺取帝位正当性讨论，学者也有一些不同的看法。明成祖朱棣发动"靖难之役"来夺取帝位，为了歌颂靖难之役，张扬功业，强调其取得政权的合理性，遂对建文朝初修的《太祖实录》，进行了两次重修，

---

① 张廷玉等：《太祖本纪一》，《明史》卷一，中华书局1974年版，第4页。
② 刘承干辑：《高宗纯皇帝〈御批通鉴辑览〉》，《明史例案》卷一，吴兴刘氏嘉业堂刊本。

第四章 《明史》修纂过程中对清朝文化认同的阐述

多次更换监修、总裁及纂修官，同时还删改《明太祖实录》，为明太祖掩饰不利的记载，并删略建文朝臣的不满言论，为靖难之役歌功颂德，强调其取得政权的合法性。正因为如此，朱棣没有下令史臣为建文帝修实录，建文帝亦无庙号、谥号，也就在情理之中了。[①] 同时，朱棣下令修纂《永乐大典》《四书大全》《五经大全》《性理大全》诸书，以此化解靖难之役产生的不利影响。

关于明成祖是否革除建文年号的问题，由于明初至中叶，文网甚密，很多士子甚至不知建文帝统治之年限，对建文朝事迹更是模糊不清。万历二十二年（1594），有官修国史之举，针对《太祖实录》中只记元年、二年、三年、四年，没有书写建文年号的情况，王祖嫡、沈鲤、杨天民等相继上书，希望借修国史的契机，请求恢复建文年号，才准允在《明太祖实录》卷末附载建文四年事迹。据《明史》卷九十七《艺文二》记载：“《明太祖实录》二百五十七卷，建文元年，董伦等修。永乐元年，解缙等重修。九年，胡广孝等复修。起元至正辛卯，讫洪武三十一年戊寅，首尾四十八年。万历时，允科臣杨天民请，附建文帝元、二、三、四年事迹于后。”[②] 又据《御批历代通鉴辑览》卷一百十一记载：“初，司业王祖嫡（德州人）以建文不宜革除上请，礼部尚书沈鲤（字仲化，归德人）力赞之，帝不从。至是，礼科给事中杨天民（字正甫，山西太平人）复以为言，始诏复建文年号，附事迹于《太祖实录》之末。”[③] 他们的建议得到许可，表明晚明时期对建文帝的评价比先前较为宽松，各种禁忌也稍微缓解。在上文引文最末还有小注说："未几，南京太常卿沈子木疏言：'建文帝御宇五年，顾不得一盂麦饭，下同齐民，于义未忍，请祔食于懿文太子之侧。'章下部议，不果行。沈子木，

---

① 谢贵安：《试论〈明实录〉对建文帝的态度及其变化》，《北京联合大学学报》（人文社会科学版）2010年第3期。
② 张廷玉等：《艺文二》，《明史》卷九十七，中华书局1974年版，第2377页。
③ 《御批历代通鉴辑览》卷一百十一，《四库全书》本。

209

归安人。"① 按，建文帝在位时间为四年零一个月，故沈子木在此处说五年，其实有误。沈子木进一步主张确立建文帝祀典，请求于懿文太子庙之侧另立庙，进行定时庙祭，但部议仍然未予以实行。查《明史》卷二百三十三《杨天民传》记载："时方纂修国史，与御史刘应元请复建文年号，从之。"谢贵安教授在《试论〈明实录〉对建文帝的态度及其变化》一文认为万历年间建文年号其实并未全面恢复。②《明史》本传未引疏文的内容，可查（雍正）《山西通志》卷一百八十七《艺文》收录杨天民《复建文年号疏》全文，文中称：

> 臣惟神器相承，天下之大事也。名号显扬，直与天壤共敝，其迹恶可泯也。国史纂修，一代之大典也。记载昭垂，将通今古为信，其实恶可枉也。以大典识大事，以必不可泯之迹，笔必不可枉之书。故从古以来，即余分闰位，亦不得以窃据，废编年之体。况属在正统者，能令湮没乎？即触忌冒嫌，犹不得以私情夺《春秋》之法，况本无嫌忌者可强为委曲乎？臣尝反复于斯，不能不扼腕于建文革除之既误，又不能不滋惑于累朝因循之无谓也……夫建文为太祖嫡孙，固皇上一脉骨肉之亲也。若听其泯灭，如宗谊何？臣仰窥圣衷，必灼知情理之不容恝，祖孙两朝，名分各殊，就中皆有嫌微当辨。若令孙蒙祖号，则几无别矣。臣仰窥圣衷，必灼知统系之不宜混，识大识小贵在不遗。今革除几二百年，其事已不无散逸失，今再不搜辑，将散逸愈多，可令熙朝无完史耶？臣仰窥圣衷，必灼知典谟之不当缺，朝有史，野亦有史，固并存于世者。此时，纵无改于革除之旧，而亿万世之后，能保其不从野史中搜遗事乎？臣仰窥圣衷，必灼知后世之不可欺，有

---

① 《御批历代通鉴辑览》卷一百十一，《四库全书》本。
② 谢贵安：《试论〈明实录〉对建文帝的态度及其变化》，《北京联合大学学报》（人文社科版）2010 年第 3 期。

第四章 《明史》修纂过程中对清朝文化认同的阐述

一于是,则革除之复,宜不俟终日可矣。乃因仍至今,若有所顾忌,而不肯遽许,得非终任口雌黄,而反致圣祖心事不白于后世,非计之得者以此。臣知革除之复,固不徒为建文存实录,正所以善成成祖之是也。①

由上述引文可知,杨天民从多角度进行论说,请求修国史时恢复建文年号。他大体从三个方面予以论说:强调建文帝为明太祖之嫡孙,与万历皇帝为一脉骨肉之亲,不能任其事迹湮没不存;认为政权相承,统系不宜混淆,"识大识小,贵在不遗"。应广泛搜集建文散佚的资料,以备有明一代全史;认为国史不当湮没建文史事,若国史不复建文年号而缺典,而国史、野史并存于世,则不能保后世之人从野史中搜集史事,造成信口雌黄,混淆是非;认为后世之人不可欺,革除之恢复,不仅为建文保存实录,正可以善体成祖之心,"史以传信,不信则疑,疑则讹,此必然之势也。"关于明成祖是否革除建文年号问题,清初顾炎武撰《革除辨》一文予以辩论,他说:

革除之说何自而起乎?成祖以建文四年六月己巳即皇帝位,夫前代之君若此者,皆即其年改元矣。不急于改元者,本朝之家法也;不容仍称建文四年者,历代易君之常例也。故七月壬午朔诏文一款—"今年仍以洪武三十五年为纪,其改明年为永乐元年"。并未尝有革除字样,即云革除,亦革除七月以后之建文,未尝并六月以前及元二三年之建文而革除之也。故建文有四年而不终,洪武有三十五年,而无三十二、三十三、三十四年,夫《实录》之载此明矣。自六月己巳以前书四年,庚午以后特书洪武三十五年,此当时据实而书者也。第儒臣浅陋,不能上窥圣心,而嫌于载建文之号于成祖之录,于是创一无号之元年以书之史。使后之读者彷徨焉不得其解,而革除之说自此起矣。夫建文无实

---

① 觉罗·石麟等修:(雍正)《山西通志》卷一百八十七,《四库全书》本。

211

录，因成祖之事不容缺此四年，故有元年以下之纪。使成祖果革建文为洪武，则于建文之元，当书洪武三十二年矣。又使不纪洪武，而但革建文，亦当如《太祖实录》之例书己卯矣。今则元年、二年、三年、四年书于成祖之录者，犁然也。是以知其不革也。既不革矣，乃不冠建文之号于元年之上，而但一见于洪武三十一年之中，若有所辟而不敢正书，此史臣之失，而其他奏疏文移中所云洪武三十二、三十三、三十四年者，则皆臣下奉行之过也。且《实录》中每书必称建文君，成祖即位后与世子书，亦称建文君，而后之人至目为革除君。夫建文不革于成祖，而革于传闻，不革于诏书，而革于臣下奉行者之文，是不可以无辩。或曰，洪武有三十五年矣，无三十二、三十三、三十四年，可乎？考之于古，后汉高祖之即位也，仍称天福十二年，其前则出帝之开运三年。故天福有十二年，而无九、十、十一年，是则成祖之仍称洪武，岂不暗合者哉。①

顾炎武认为，明成祖下令将建文四年六月庚午以后改记为"洪武三十五年"，但并未革除建文元年、二年、三年，是遵循逾年改元的做法，"故建文有四年而不终，洪武有三十五年，而无三十二、三十三、三十四年。夫《实录》之载此明矣"。认为史臣编纂《明太祖实录》，不敢直书建文年号，于是创造无年号之元年、二年、三年记载于史书，以致贻误后人，认为建文年号被明成祖革除，甚至还将元年书写成洪武三十一年，是史臣怕触犯忌讳而不敢直书，而其他奏疏公文中所云洪武三十二、三十三、三十四年者，是臣下迎合奉行之过也。所以，顾炎武认为，"夫建文不革于成祖，而革于传闻；不革于诏书，而革于臣下奉行者之文，是不可以无辩"。并认为成祖将建文四年七月庚午之后改为洪武三十五年，与后汉高祖即位称天福

---

① 顾炎武：《革除辨》，《亭林文集》卷一，《四部丛刊》本。犁然：释然、自得之貌。

第四章 《明史》修纂过程中对清朝文化认同的阐述

十二年暗合。清代学人王士禛十分赞同顾氏的观点，他在"洪武纪年"中也说："昆山顾绛亭林作《革除辨》，其言确当不可易，此史馆所当知者。"[①] 王士禛间引顾炎武上述之论，认同顾炎武的说法，认为史馆尤其应该予以注意。可见，在野学人对明代史事的考证，因与史馆诸公之间的密切关系，而得以被《明史》采纳。王鸿绪《明史稿》和《明史》都采纳明成祖并未"革除"建文年号的观点。雍正年间，史官杨椿在《成祖论》中仍支持顾炎武的观点，他说：

> 革除建文年号，明代诸书俱言之，甚有称建文时为"革除年间"者。余考之不然。《实录》："四年六月己巳，燕王即皇帝位。翼日庚午，命今年仍称洪武三十五年。七月壬午朔，大赦天下，诏今年仍以洪武三十五年为纪。"云今年者，明六月己巳前尚为建文之年，六月庚午后方为洪武三十五年也。盖成祖不欲于季夏改元，又不欲用建文年号，故于即位后仍以洪武纪年，犹后汉高祖改晋开运四年二月为天福十二年，非并从前开运年号尽革除之也。[②]

史官杨椿进一步说明朱棣下令建文四年六月庚午后改为洪武三十五年，犹如后汉高祖刘暠将晋开运四年二月改为天福十二年，但并未革除开运年号。他又补充材料进一步申说：

> 万历十六年，司业王祖嫡请复建文年号。大学士申时行以《成祖实录》首书元年、二年、三年、四年为未尝革除之证。同时王尚书世贞、本朝顾处士炎武、王尚书鸿绪俱主申说。世贞谓："儒臣浅陋，嫌于载建文之号于《成祖实录》之前，于是创一无

---

① 王士禛著，赵伯陶点校："洪武纪年"，《古夫于亭杂录》卷五，中华书局1988年版，第110页。按，康熙四十三年（1704），王士禛辞去刑部尚书之职，归家里居，至康熙四十四年（1705），续成《香祖笔记》之后，又采缀闻见，以成《古夫于亭杂录》。

② 杨椿：《成祖论一》，《孟邻堂文钞》卷三，清嘉庆二十五年杨鲁生红梅阁刻本。

号之元年书之。"则其义未尽也。祝允明《九朝野记》：张太后大渐，召问杨士奇："国家尚有何大事未行者？"士奇请修《建文实录》。太后云："建文年号，历日已革除之。"乃知所谓革除者，永乐间之钦天监见洪武三十五年之诏，遂于所进历日，不敢复书建文，尽妄改之为"洪武"。成祖悦其如是，未之禁。于是，诸臣奏疏、有司文移始皆有洪武三十二年、三十三年、三十四年之称。《实录》：三十五年八月壬戌，礼部言："《大统历》例在先岁九月朔进呈。比因即位之初，造历未备，请以十一月朔进。从之，命著为令。"亦未言革除建文年号也。史臣未奉革除之令，故于《实录》书"元年、二年、三年、四年"，不敢正钦天监之失，故不书年号。惟于四年六月庚午诏下之日，始书"洪武三十五年"。而六月己巳，燕王即位之日，则尚属之四年。此史臣纪实，而后之读之者，可晓然建文年号之未革除矣。故为之论，以补申、顾、二王之说所未及。①

显然，诸人所论明成祖朱棣并未下文革除建文元、二、三年年号，只许在建文四年六月庚午之后，开始记载"洪武三十五年"，而当时历官见此诏书，不敢复书建文元年、二年、三年，尽妄改建文年号为"洪武"，但朱棣并未明令禁止。因此，诸臣上奏疏、有司文移竞相效仿历官的做法，以并不存之洪武三十二年、三十三年、三十四年、三十五年取代建文元年、二年、三年、四年之年号。明朝史官也于《太祖实录》中去掉建文年号，仅记元年、二年、三年、四年，至四年六月庚午日开始，才记"洪武三十五年"，可能因避免忌讳而改。《明史·恭闵帝纪》大书建文年号，乾隆元年（1736），召集群臣集议，追祀建文帝为"恭闵惠皇帝"，至此，建文朝史事才得以载入《明史》，同时，在《恭闵帝纪》后附赞语中说："乃革命而后，

---

① 杨椿：《成祖论一》，《孟邻堂文钞》卷三，嘉庆二十五年杨鲁生红梅阁刊本。

第四章 《明史》修纂过程中对清朝文化认同的阐述

纪年复称洪武,嗣是子孙臣庶以纪载为嫌,草野传疑,不无讹谬。更越圣朝,得经论定,尊名壹惠,君德用彰,懿哉。"[1]足见,殿本《明史·恭闵帝纪》复"建文"年号,但在其他地方则仍沿袭"洪武"年号而未改。如,殿本《明史》卷三百十八《广西土司二》记:"都康州,宋置,隶横山寨。元属田州路。洪武间,为蛮僚所据。(洪武)三十二年复置,隶布政司。土官冯姓,其界东南抵龙英,西至镇安,北至向武。"[2]四库本《明史》后附章宗瀛考证:"建文元年复置。臣章宗瀛按,洪武止三十一年,其三十二年,乃建文元年也。永乐时,革除建文年号,故统称洪武。今《本纪》既列建文年号,而传中不宜仍循明时记载之文,谨据改。"[3]章宗瀛在刊修殿本《明史》时,将"三十二年"改为"建文元年",将纪传统一用建文年号,不使纪传在纪年上产生抵牾,是比较恰当的。四库本《御批历代通鉴辑览》卷一百一记载云:"(四年)秋七月,革建文年号。以是年为洪武三十五年,明年为永乐元年。凡建文中所更政令条格,悉罢复旧。"其后小字批注如下:

> 革除之说,议论纷如。考当时成祖不欲用惠帝年号,又不欲季夏改元,故于即位之初,仍以洪武三十五年为纪。说者遂谓止改是年,不知诏内所云止就现在而计,遂举是岁六月为例,以便遵循。实则前三年皆以并从改革,故当时钦天监所进历日,直书洪武三十二年至三十五年。其后,史官修永乐《实录》于洪武三十五年六月以前,但书元、二、三、四年而无号。盖其子孙曲为迁就以掩其非,而不知其转相矛盾。夫纪年必有号,自汉武帝以来,历代皆然。若去其号,而但纪其年,则所谓元、二、三、四年者,将于何属?虽欲不为之革除而不得也。在从前王世贞、申时行辈,讳其祖宗朝事,故多饰词偏护,而《旧史例议》乃据

---

[1] 张廷玉等:《恭闵帝纪》,《明史》卷四,中华书局1974年版,第66页。
[2] 张廷玉等:《广西土司二》,《明史》卷三百十八,中华书局1974年版,第8255页。
[3] 张廷玉等:《广西土司二》,《明史》卷三百十八附章宗瀛考证,《四库全书》本。

215

其说，而力辨当时并无革除之事，又安足为定论乎？①

上述之论，显然主张明成祖即位之后，随即一并革除建文年号，当时钦天监所进日历，直接记洪武三十二年至三十五年，其后史官纂修《明成祖实录》时，只记载元、二、三、四年而无号，认为此举乃明成祖朱棣子孙曲为迁就而掩饰其非，实则不免自相矛盾，自汉武帝以来，纪年必有号，只记载元、二、三、四年，而不知年号，虽欲不为之革除而不得也。同时，质疑王士祯、申时行、王鸿绪等力主明成祖朱棣并未"革除"建文年号的观点，认为诸人论辩，尚不足为定论。对此，顾颉刚为李晋华《明代敕撰书考》作序，其中称：

> 凡一代创业之君，以其得之之艰，辄欲制之极密，防之极周，图子孙久长之业。此固无代不然，而明为尤显。观此二百种敕撰书中，成于洪武永乐两朝者超过半数，洪武一朝又几两倍永乐，可以征矣……成祖继之，自以靖难之师之有惭德，虑天下之叛己也，则诏集诸名士，纂《永乐大典》《四书》(《四书大全》)、《五经大全》《性理大全》诸书以消磨之。其御世之术不必论，若《大典》部帙数量之巨，保存明以前材料之夥，不可谓非文化史上剧迹，两《大全》支配有明一代士人思想，使之归于一尊，亦学术史上至重要材料。②

此外，杨永康在《朱棣"革除"建文年号考——以孔尚任所藏〈燕王靖难札付〉为证》一文中认为朱棣"革除"建文年号的史实确实存在，而且是在靖难起兵即位之前去除建文年号，即位后"革除"建文年号的做法只是对其早先"去除"建文年号的行为的正式认可和合法继承。他进一步说：

---

① 《御批历代通鉴辑览》卷一百一，《四库全书》本。
② 李晋华：《明代敕撰书考》卷首，民国二十一年（1932）铅印本。另，据《钦定四库全书简明目录》卷四记："《四书大全》四十卷，明永乐中翰林学士胡广等奉敕撰。其书因倪士毅《四书辑释》，稍加点窜。然有明取士惟重四书义，四书义惟遵此书，坊刻讲章千汇万状，皆此书之支流，亦不能不谓之一朝典制焉。"

第四章 《明史》修纂过程中对清朝文化认同的阐述

"孔尚任所藏《燕王靖难札付》精确地解释了朱棣靖难起兵去除建文年号的详细经过：'初用建文年号，后除去但用庚辰，后复用洪武年号，览此则靖难革除之事班班可考矣。'建文元年，起兵之初朱棣还尊奉建文年号；建文二年，朱棣开始不使用建文年号，用干支庚辰纪年；建文三年，朱棣去除建文年号，用洪武三十四年纪年，并追改建文年号。建文四年，朱棣自然使用洪武三十五年纪年。"①对于明成祖是否革除建文年号问题，此篇论文亦值得参考。

关于建文帝下落问题，《明史》纂修官持不同意见，朱彝尊、陆葇等主"崩死宫中"，徐嘉炎、邵远平力主"逊国"之说，众说纷纭，但都暗含了对明成祖朱棣发动靖难之役夺取政权正当性的强烈谴责。朱彝尊撰《文皇帝本纪》三卷，力主建文"崩死宫中"的主张，并在其归里前，将其所撰史稿上缴史馆。后来，他见徐嘉炎撰《建文帝本纪》主"逊国"之说，唯恐二人书法不一致，自相抵牾，于是作《史馆上总裁第七书》，详细辩论有关建文帝十余事之不足信，认为野史不足为凭，《实录》之失在于是非不公，但岁月可考，后人不难定论，主张建文史事当以《实录》记载为据。②认为有关建文"逊国"群书，十有八九皆附会，无稽之谈，批评程济的《从亡随笔》及史仲彬《致身录》，欺人欺天之甚，没有超过这两书的了。《修史条议》中说："建文出亡之事，野史有之，恐未足据。其尤诞妄者，史氏《奇忠志》《忠贤奇祕录》二书是也。史贵缺疑，姑著其说，而尽削其从亡姓名，不以稗官混入正史可耳！"③朱彝尊归里后，见范守己《明史提纲》一书，见其记载建文帝事迹时，削去"逊国"二字，认为具有良史之见识。他在《〈明史提纲〉跋》一文中说：

---

① 杨永康：《朱棣"革除"建文年号考——以孔尚任所藏〈燕王靖难札付〉为证》，《文史哲》2018年第5期。
② 参见笔者：《官修〈明史〉的幕后功臣》，人民出版社2011年版，第52—54页。
③ 刘承干辑：《徐健庵〈修史条议〉》，《明史例案》卷二，吴兴刘氏嘉业堂刊本。

217

文化认同视角下的清代《明史》修纂研究

  《明史》开局，监修、总裁诸公以《建文帝本纪》书法下问，余以"宫中火，帝崩"对。同馆徐胜力固争，当从逊国，群书具述其事，遂任编纂。《纪》成，诸公终未以为然也。逊国群书可信者绝少，十九皆作伪无稽。尤可怪者，《从亡随笔》之程济、《致身录》之史仲彬，欺人欺天，莫此甚矣。归田后，得洧川范氏（守己）《明史提纲》四十三卷，书成于万历戊申（1608）夏，自洪武迄隆庆，其书惠宗，削逊国二字之非，可谓具良史之识者。①

  查（旧题）万斯同《明史稿》、王鸿绪《明史稿》均主张建文帝"崩死宫中"，而《明史》卷四《恭闵帝纪》则记"宫中火起，帝不知所终。燕王遣中使出帝后尸于火中，越八日壬申葬之。或云帝由地道出亡。正统五年，有僧自云南至广西，诡称建文皇帝。思恩知府岑瑛闻于朝。按问，乃钧州人杨行祥，年已九十余，下狱，阅四月死。同谋僧十二人，皆戍辽东。自后，滇、黔、巴、蜀间相传有帝为僧时往来迹。正德、万历、崇祯间，诸臣请续封帝后，及加庙号，皆下部议，不果行"②。由此可以看出，《明史》关于建文帝下落，没有给出明确的定论，而是持一种存疑态度。③出现这种情况的主要原因在于，《实录》无征、传闻异辞、野史谬妄。

  清官修《明史》过程中，关于建文帝下落的众说纷纭，也明显影响到史书和地方志的编纂。如，清初冯甦任云南永昌府推官时，撰《滇考》一书。他采纳《致身录》《从亡日记》等记载，主张建文帝"逊国"之说，故特撰《建文遁迹》篇：

    右《致身录》与《日记》所载至详，述其略如此。近年，朱

---

  ① 朱彝尊：《〈明史提纲〉跋》，《曝书亭集》卷四十五，《四部丛刊》本。考范守己，万历甲戌（万历二年）进士，其《明史提纲跋》一书成于万历三十六年（1608），见朱保炯、谢沛霖编：《明清进士题名碑录索引》，上海古籍出版社1980年版，第2559页。
  ② 张廷玉等：《恭闵帝纪》，《明史》卷四，中华书局1974年版，第66页。
  ③ 关于建文帝下落争论，可以参见笔者《官修〈明史〉的幕后功臣》，人民出版社2011年版，第265—267页。

第四章 《明史》修纂过程中对清朝文化认同的阐述

彝尊上史馆书中,力辨其伪。予在滇,求帝踪迹于浪穹、鹤庆,无知之者。即所谓白龙庵,亦未详其处,岂即今龙隐庵乎?而《录》与《日记》又不载。帝常至武定狮子山,何也?要之,建文帝不死于火,出亡在外,诸书言之甚明。当永乐时,禁令苛切,而不闻有告之以取宠者,谓非有贤者相从以拥护之,不能然矣!至欲确指其姓名,则当时已自没其迹。今世远人亡,复何由征信哉!友人顾舆山岱(顾岱)守武定,并为程济等置主配帝于龙隐庵,亦善善从长之意云。①

对此,《四库全书总目》指出:"其中《建文遁迹》一篇,虽不免沿袭《致身录》之说。至其《征麓川》《三宣六慰》《镇守太监》《(议开)金沙江》诸篇,皆视史传为详。且著书之时,距今仅百余年,所言形势,往往足以资考证。"②由此可见,冯甦《建文遁迹》篇,深受《致身录》《从亡随笔》的影响。由于殿本《明史》采取存疑态度,因此,四库馆臣并没有对此提出批评,在论说上是相互一致的。又如,乾隆初年,沈彤参与《吴江县志》纂修时,关于建文帝下落问题,他极力赞同李清、朱彝尊、潘耒及王鸿绪诸人对《致身录》之辩驳,十分赞同建文"崩死宫中"的说法,驳斥《致身录》等野史附会建文"逊国之说",兼及诸臣从亡事迹的谬妄不实。他说:"乾隆间,刊修《明史》,从而断云:'考仲彬实未尝为侍书(九品官尚未为则,其他可知故,止辨侍书也),《致身录》晚出,附会不足信。'则其事矫诬,在今日如狱成案,定上下昭彰,莫可得而变动矣。"③因此,沈彤在参与编纂《吴江县志》时,对史仲彬后人"争言(史仲彬)入仕从亡之非伪"的观点,

---

① 冯甦:《建文遁迹》,《滇考》卷下,《四库全书》本。考顾岱,江苏无锡人,顺治十五年(1658)进士,康熙五年(1666)任武定府知府。
② 《四库全书总目》卷四十九。
③ 沈彤:《书〈吴江县志〉改刊〈史彬传〉后》,《果堂集》卷八,《四库全书》本。另据《明史》卷一百四十三记:"及万历时,江南又有《致身录》,云得之茅山道士中,建文时,侍书吴江史仲彬所述,纪帝出亡后事甚具。仲彬、程济、叶希贤、牛景先皆从亡之臣……然考仲彬实未尝为侍书,《录》盖晚出,附会不足信。"

文化认同视角下的清代《明史》修纂研究

以及要求将其从亡事迹载入志书的要求，持一种非常审慎的态度。沈彤进一步说明其所拟传记，主要依据吴文定所撰墓表，并增加记载史仲彬任陕西和税长时之事迹，收入志书之《义行》篇，传后附《明史》之论断为之证明，并不敢在志书中存"（史仲彬）入仕从亡"之事迹。可后来之人续修《吴江县志》时，史仲彬后人乃以众绅士呈请署县事王公削去《义行》篇传及附载《明史》之内容，而于《名臣》篇内改刊屈氏所作传及跋文，于祠墓二篇各增一条其官衔事迹，而论辩一切本之于《致身录》，沈彤极力批评擅自修改志书的行为。因此，他特作《书〈吴江县志〉改刊〈史彬传〉后》，对前后所修《吴江县志》中关于史仲彬事迹记载不同的原委进行说明：

> 康熙中，叶氏志传疑之说焉。今《志》已刊行，仲彬后人乃以众绅士呈请署县事王公，削《义行》篇传与所载《明史》，而于《名臣》篇改刊屈氏所为传及跋，于祠墓二篇各增一条其官衔事迹，论辨一切，本诸《致身录》。则是叶氏之传疑尚未得，而《致身录》之附会仍足信。诸老先生之辨证皆非，而《明史》之论断亦舛也。其呈词据《明纪纲目》："惠帝不知所终"语，以为出亡，显然从亡自真，岂知出亡虽有征而从亡终无据？周览《纲目》于实仕建文诸臣，号为从亡者，曾不一及，何况仲彬？乃遂敢削除正史，而改刊虚传，弗思甚矣！且《明史》之载于县志者可削，其颁自朝廷者，可得而并削耶？载《明史》之县志，其已流布者，可尽追而易之耶？又安知异时无握权，从正改今之所改，以还其真者耶？余穷老诸生，成书而竣，且一载于此事，论而不议可也。①

乾隆时期所修的《御批历代通鉴辑览》卷一百一记载："六月，棣兵渡江，犯京师，谷王橞及李景隆降，京师陷，帝不知所终。"② 沿袭《明史》的存疑，同时，还附记另一说法"逊国说"："或曰帝由地道出亡，其后滇、黔、

---

① 沈彤：《书〈吴江县志〉改刊〈史彬传〉后》，《果堂集》卷八，《四库全书》本。
② 《御批历代通鉴辑览》卷一百一，《四库全书》本。

第四章 《明史》修纂过程中对清朝文化认同的阐述

巴、蜀间传有帝为僧时往来迹,世遂以帝为逊国云。"其后用小字注释说:

> 逊国之说,《旧史例议》力辨其妄,且言建文帝阖宫自焚,身殉社稷,死之正也。后人心恶成祖诛夷忠烈之惨,而不忍建文之遽陨,故诡言削发出亡,以明帝之不死于火耳。此其言诚是,但据王鳌、陆树声、薛应旂、郑晓、朱国桢等所载诸书,皆历历可考,虽有舛讹,或未必悉由附会。且史传称黄观募兵未还。或谓曰宫中火,帝已失。后神宗时,常命阁臣录帝在滇诗以进,似又非尽无稽者,第事难征核,姑从缺疑,今故附录出亡之略,而复辨之如此。乃革命而后,纪元复称洪武,嗣是子孙臣庶以纪载为嫌,草野传疑遂多讹。"①

清康熙年间,馆臣纂修《明史》,多主删削建文帝出亡事迹,而邵远平因不满陆葇撰《建文本纪》不载逊国出亡,故依据《致身录》《从亡随笔》《皇明逊国臣传》等书,撰成《建文帝后纪》一卷。另外,王士禛在《古夫于亭杂录》卷四"建文景泰二帝"中说:

> 李先请追议建文、景泰二帝庙号,于是上故懿文太子庙号曰兴宗、建文帝庙号曰惠宗,景泰帝庙号曰代宗。已又疏请修《建文实录》,略云:"惠庙历载有四,其《实录》成之甚易,祇缘当时珥笔诸臣摇手革除,于是化国史为家乘,而子虚乌有皆佐笔端,则史彬《致身录》其最也。若非先臣吴宽《集》(《匏庵集》)中载彬墓铭甚详,安知从亡之说赝,而从亡十臣之说皆赝之赝乎"云

---

① 《御批历代通鉴辑览》卷一百一,《四库全书》本。

221

云。寻以金陵不守，其言不果行，然而正议不可泯已。[①]

从上面的记载可知，南渡之后，李先请求追议建文、景泰帝庙号，得到允可，上懿文太子庙号为"兴宗"，建文帝庙号为"惠宗"，景泰帝庙号为"代宗"。后又上疏请求修《建文帝实录》，李先指出建文帝下落记载中，最属子虚乌有者，以史仲彬《致身录》为最，如果没有吴宽《匏庵集》中所载史仲彬墓志铭，则怎能知从亡之说为假，从亡十臣之说更是无稽之谈。李先其实也反对建文帝"逊国"之说。李先疏请修《建文实录》，可是，南明旋即灭亡而未果。明代关于建文帝的撰述特别多，但多为野史，尤为庞杂无稽，对其下落，一般持两种观点："崩死宫中"；逊国出亡，但两种观点都暗含着对明成祖朱棣夺取地位的不满和谴责。清修《明史》过程中，纂修官也延续了明代关于建文帝下落的两种观点，但殿本《明史》最终采取存疑的态度。

对于明代诸多有关建文帝的著述，在清代的流传际遇大不相同，有的收入《四库全书》，有的则遭受禁毁的厄运。从收入《四库全书》的相关著述，也可以窥见清廷对于这一问题的态度和主张。如，《四库全书总目》提要朱睦㮮《革除逸史》二卷时说：

> 臣等谨按《革除逸史》二卷，明朱睦㮮撰。睦㮮周藩宗室，居于开封，授镇国中尉，博学通经，著述极富，是书以编年体纪建文帝一朝事迹，《明史·艺文志》载有睦㮮《逊国志》二卷，当即此书，盖其后所改名也。革除间事，明人撰述者极多，皆据《从

[①] 王士禛著，赵伯陶点校："建文景泰二帝"，《古夫于亭杂录》卷四，中华书局1988年版，第87页。按，"明初功臣""建文景泰二帝""赵南星集"等，《四库全书》本《古夫于亭杂录》未予以收录。赵伯陶先生分析王士禛《古夫于亭杂录》的几种版本优劣问题时说："《古夫于亭杂录》的最早刊本为康熙间所梓，有五卷本和六卷本之别。两种刊本所载条目数量略有参差，编次不同，文字亦有小异……但《文渊阁四库全书》据以抄录的本子却是五卷本（见台湾商务印书馆影印《文渊阁四库全书》第八七十册）四库本删削太多，如钱谦益著述于乾隆年间遭禁毁，四库本将有关他的文字或条目概行删削，加之校勘不多精，笔误甚多，实不足为据。但四库本保留有俞兆晟序一篇，可资考证。"由此观之，赵伯陶点校本，应该是《古夫于亭杂录》的最佳本。

第四章 《明史》修纂过程中对清朝文化认同的阐述

亡》《致身录》所记，往往失实。睦㮮《自序》，独力辨建文帝髡缁遁去，及正统间迎入大内之说，乃好事者为之。故载建文四年六月事，只以"宫中火起，帝逊位"为传疑之词。其识视诸家为卓矣。乾隆四十一年十月恭校上。①

由上段提要内容可知，经四库馆臣考证，《明史·艺文志》著录朱睦㮮《逊国志》二卷，后改名为《革除逸史》，实为同一书，认为朱睦㮮比诸家有卓识之见，遂将该书收入《四库全书》。另外，潘柽章《国史考异》六卷原来收入《四库全书》，并已撰有提要。据张书才主编：《纂修四库全书档案》之"军机大臣奏遵旨阅看纪昀奏毁各书并缮清单进呈片（附清单一）"中说："《国史考异》系考订明太祖、成祖两朝国史之是非。其中引钱谦益之说甚多，而不著其名，且词相连属，难以删削，应行撤毁。"②由此看来，大凡钱谦益著述或与其酬唱之人，其著述中征引钱谦益文字者，在乾隆时期大多遭受禁毁、抽毁、删削的命运。乾隆五十二年（1787）十月初三日，军机大臣奏遵旨阅看纪昀奏毁各书并缮清单进呈片附"应行撤毁、抽毁、删削各书"，从中可以看出，潘柽章《国史考异》、姚之骃《元明事类》、仇兆鳌《杜诗详注》、朱鹤龄《愚庵小集》均因转引或涉及钱谦益文字而遭撤毁、抽毁或删削。③

乾隆帝下令重查《四库全书》时，军机大臣逐一详阅，发现潘柽章《国史考异》征引钱氏说法甚多，认为不好从字句上删削，于是提议撤毁全书。据郭伯恭《四库全书纂修考》抄录《国史考异》提要如下：

> 臣等谨案：《国史考异》六卷，不著撰人名氏。以其所引诸书证之，盖明末人也。其书以实录野史及诸家文集碑志，参证同异，断其是非，而攻驳郑晓《今言》者最多。所考止于洪武、永乐两

---

① 见《四库全书总目》提要朱睦㮮《革除逸史》。
② 张书才主编：《纂修四库全书档案》，上海古籍出版社1997年版，第2065页。
③ 张书才主编：《纂修四库全书档案》，上海古籍出版社1997年版，第2065—2066页。

223

文化认同视角下的清代《明史》修纂研究

朝，其或为纂而未竣，或为竣而佚缺，或以太祖开基草昧，稗官每异传闻，成祖倡乱革除，史氏曲为忌讳，故订讹正舛，只以两朝，均未可知。第据此六卷观之，大抵引据赅洽，辨析详明：如建文逊国一条，不以自焚之说为信，亦不以从亡之事为真；谓胡濙奉使，郑洽逮治，建文之为存为殁，成祖亦在疑信之间，后来孰从质实？但既鸿冥而去，自必潜踪灭迹，不可复寻，又岂肯到处题诗，暮年归国，自践不测之危机？疑以传疑，持论最为平允……要其辨误传信，可取者则已多矣。[①]

清初，潘柽章与吴炎有志于明史，顾炎武曾将所藏明代史料借给两人，对两人寄予很高的期望，可惜书未成而两人因"庄氏史狱"牵连致死。关于建文帝下落问题，潘氏在《国史考异》中既不以"自焚"之说为信，也不以"从亡"之说为真，主张"疑以传疑"。由上文所引可知，提要写于乾隆五十一年（1786），随后该书收入《四库全书》史部下史评类。然而，乾隆五十二年（1787）乾隆帝下令彻查《四库全书》内有无"违碍"书籍的情况，该书由于多引钱谦益之说，因受钱氏牵连而撤毁。

关于明英宗发动夺门之变的正当性讨论，也持有不同的看法。土木堡之变，英宗被俘，景帝在特殊情况下秉承皇太后诏谕而登上帝位，号召抵御也先的进攻，获得北京保卫战的胜利，最后赢得了和也先谈判的主动权。也先本来想利用明英宗作为谈判的资本，但发现没有预期想象的那样，遂将明英宗归还。明英宗回来之后，景帝将其禁锢在南宫，后来明英宗发动夺门之变，重新夺得帝位。对于这一历史事件，将英宗统治明显分为前、后两段，中间夹着景帝统治七年时间，故《明史》在体例上进行了创新，即英宗本纪分为《英宗前纪》《英宗后纪》，中间夹进《景帝本纪》。殿本《明史》卷十二《英宗后纪》赞语说："英宗承仁、宣之业，海内富庶，朝野清晏。大

[①] 郭伯恭：《四库全书纂修考》，岳麓书社2010年版，第140—141页。

臣如三杨、胡濙、张辅，皆累朝勋旧，受遗辅政，纲纪未弛。独以王振擅权开衅，遂至乘舆播迁。乃复辟而后，犹追念不已，抑何其惑溺之深也。前后在位二十四年，无甚秕政。至于上恭让后谥，释建庶人之系，罢宫妃之殉葬，则盛德之事可法后世者矣。"① 对此，四库本《明史》则稍改赞语为："……前后在位二十四年，威福下移，刑赏僭滥，失亦多矣。乃或胪举盛德，以为无甚秕政，岂笃论哉！"② 省略部分内容与前面所引相同，两段内容进行比较后可知，删略"至于上恭让后谥，释建庶人之系，罢宫妃之殉葬，则盛德之事可法后世者矣"。对殿本《明史》评价明英宗"无甚秕政"之说提出批评。

（三）关于"大礼议"之争论

对于嘉靖帝以宗藩入承大统，继承帝位，在礼制上面临着如何"尊亲"与正德皇帝之间的关系，即如何解决"继嗣"与"继统"的问题。对此，杨廷和、毛澄等主"继嗣"，即嘉靖帝须以明武宗为"皇考"，而以其生父为"皇叔考兴国大王"、其母为"皇叔母兴国太妃"。张璁、桂萼、方献夫力排众议，提出反对意见。他们上疏主张嘉靖帝应"考兴献王"。如，方献夫在疏文中说：

> 今日之事，臣尝为之说曰："陛下之继二宗（孝宗和武宗），当继统而不继嗣。兴献之异群庙，在称帝而不称宗。夫帝王之体，与士庶不同。继统者，天下之公，三王之道也。继嗣者，一人之私，后世之事也。兴献之得称帝者，以陛下为天子也。不得称宗者，以实未尝在位也。伏乞宣示朝臣，复称孝宗曰皇伯，兴献帝曰皇考，别立庙祀之。夫然后合于人情，当乎名实，非唯得先王

---

① 张廷玉等：《英宗前纪》，《明史》卷十二，中华书局1974年版，第160页。
② 张廷玉等：《英宗前纪》，《明史》卷十二，《四库全书》本。

制礼之意，抑亦遂陛下纯孝之心矣。"①

张璁等人为了阿谀奉承，力主"继统"而不继嗣，极力迎合明世宗。"继嗣"派与"继统"派之争基本上形成，相持不下。后来，"继统"派获胜。对此，赵克生在《明嘉靖时期国家祭礼改制》中说："嘉靖祭礼改制实质是明世宗（1521—1566在位）重塑帝系、变小宗为大宗、追求皇位合法性的政治行为，前后二十余年，而其起点在嘉靖初年的'大礼议'。"②显然一语中的。清官修《明史》过程，仍沿袭当时"大礼议"中所争论"继统"与"继嗣"，史官当中亦有争论。如，汤斌在《汤文正公史稿》卷首《明史凡例议》中提出以汉定陶王之例，不书明世宗本生父兴献王入《本纪》，而将其载入《诸王传》之内。殿本《明史》卷十八《世宗本纪》赞语中说："世宗御极之初，力除一切弊政，天下翕然称治。顾迭议大礼，舆论沸腾，幸臣假托，寻兴大狱。夫天性至情，君亲大义，追尊立庙，礼亦宜之；然升祔太庙，而跻于武宗之上，不已过乎？"③对"大礼议"评价，可谓一语中的。

二、"道统"问题的讨论

（一）关于《明史》是否设立《道学传》的讨论

宋代程朱理学家自视超越汉、唐诸儒而直接上承尧、舜、禹、商汤、文王、周公、孔子、孟子一脉相承的授受"道统"。他们将《大学》《中庸》《论语》《孟子》合为"四书"，朱熹《四书章句集注》对后世影响十分深远。元至正年间，修《宋史》时，专列《道学传》，将"道学"与"儒林"分为二途，主要目的在于彰显程朱理学家上承孔、孟"道统"，与此相反，非程朱学派的儒者如陆九渊等则不得列入《道学传》。从此，学者之

---

① 张廷玉等：《方献夫传》，《明史》卷一百九十六，中华书局1974年版，第5187—5188页。
② 关于"大礼议"之争的来龙去脉，亦可参考赵克生：《明嘉靖时期国家祭礼改制》，社会科学文献出版社2006年版。
③ 张廷玉等：《世宗本纪》，《明史》卷十八，中华书局1974年版，第250页。

第四章 《明史》修纂过程中对清朝文化认同的阐述

间因不同的思想主张，划分"道统"标准也各异，导致门户对立，党同伐异，势同水火，贻害无穷。朱熹著《伊洛渊源录》十四卷，备录程颐、程颢、周敦颐、邵雍及门人弟子言行，尤其推崇二程的学术，并将二程所在之地河南作为程朱理学的发源地。该书成之后，《宋史》以此为蓝本，分《道学传》《儒林传》，宋人谈道学宗派自此书始，而宋人分道学门户亦自此书始。这样一来，不仅文章之士、记诵之才不得列于儒，汉唐以来传经有功者也几乎不得列于儒，讲学者之间相互标榜，妄自尊大。明以来，谈"道统"者，盛气凌人，互相倾轧，最终酿成门户之争，贻害无穷。万斯同目睹门户之争，党同伐异带来的弊病，著《儒林宗派》八卷。[1] 万斯同此书不立门户之见，将汉、唐诸儒传经有功者一一列入，其持论较为平允。

然而，如何划分"道统"谱系，由于各家立足点不同，所持观点各异，门户纷争，众说纷纭，莫衷一是。因此，如何评论明儒各家学术源流、宗旨及异同，便成为修史过程中遇到的一个较为棘手的问题。《明史》如设立《道学传》，哪些明儒可以归入？如果不设《道学传》，如何评判明儒各学派学术宗旨及异同？哪些明儒归入《儒林传》？哪些明儒归入《名卿列传》？《修史条议》规定仿照《宋史·道学传》之例，《明史》设立《道学传》（或称《理学传》），特为表彰明儒中尊奉程朱理学者而设。当时，《修史条议》规定设立《理学传》，[2] 共四个条款：

第一款，仿《宋史·道学传》例，确立以程朱一派为标准，主张将明儒薛瑄、曹端、康与韐、陈真晟、胡居仁、周蕙、章懋、吕柟、罗钦顺、魏校、顾宪成、高攀龙、冯从吾凡十余人归入《理学传》。另外，陈选、张元祯、罗伦、周瑛、张邦奇、杨时乔其学虽然推崇程朱，但论说不存，虽有建树，也不必入。由此看来，此条确定尊奉程朱一派，作为入选《道学传》的

---

[1] 《四库全书总目》卷五十八。
[2] 参见刘承干辑：《明史例案》。据朱端强先生考证，徐氏兄弟在万斯同等协助下，康熙二十三年（1684）订立《修史条议》，成为指导《明史》修纂的纲领性文件。

标准，确定将薛瑄等人归入《道学传》，而陈选等六人虽尊崇程朱理学，但论说不存，故不入《道学传》。

第二款，认为明儒陈献章、王守仁、湛若水学术宗旨不同，且王守仁、湛若水弟子各立门户，学术宗旨皆与程朱一派不合，应仿照《宋史》将陆九渊、杨简①归入《儒林传》之例，主张将陈献章及其门人湛若水、贺钦、陈茂烈诸人统归入《儒林传》。王守仁弟子当中，"王门弟子江右为盛，如邹东廓（守益）、欧阳南野（欧阳德）、安福四刘（文、敏、邦、采）、二魏（良器、良政），在他省，则二孟（化鲤、秋），皆卓越一时。罗念庵（罗洪先）本非阳明弟子，其学术颇似白沙（陈献章），与王（王守仁）甚别。许敬庵（许孚远）虽渊源王（王守仁）、湛（湛若水），而体验切实，再传至刘念台（刘宗周），益归平正，殆与高（高攀龙）、顾（顾宪成）符合矣。阳明、念台功名既盛，宜归入《名卿列传》，其余总归《儒林》"。显然，评说陈献章、王守仁、湛若水各派学术宗旨各异，主张将王守仁、刘宗周入《名卿列传》，其余归入《儒林传》。

第三款，指责、批评浙东学派之流弊，"阳明生于浙东，而浙东学派最多流弊。"批评阳明后学王畿、王艮渐失师说，不必专门立传，附于江西诸儒之后即可。

第四款，指出凡入《理学传》者，皆胜于入《儒林传》者，这是尊崇程朱学派而排挤陆王学派所致，进一步指出程朱后学能笃守师说，切实平正；而阳明后学渐失师说而流于狂禅邪僻之弊：

《宋史》程朱门人亦多有不如象山者，特学术源流宜归于是。

学程朱者，为切实平正，不至流弊耳。阳明之说，善学则为江西

---

① 检杨简未入《宋史·儒林传》，而入于《宋史》卷四百七《杨简传》附（其弟子）钱时。《四库全书总目》提要杨简《慈湖遗书》时云："金溪之学（陆九渊心学），以简（杨简）为大宗。所为文章，大抵敷畅其师说，其讲学纯入于禅，先儒论之详矣。"另外，《四库全书》收录杨简著述五种：《杨氏易传》《五诰解》《慈湖诗传》《先圣大训》《慈湖遗书》。

第四章 《明史》修纂过程中对清朝文化认同的阐述

诸儒；不善学则为龙溪（王畿）、心斋（王艮）之徒，一再传而后若罗近溪（罗汝芳）、周海门（周汝登）之狂禅，颜山农（颜钧）、何心隐之邪僻，固由弟子寖失师传，然使程朱门人不必至此。①

《修史条议》批评王学末流流于狂禅之弊病。由此可见，《修史条议》主张《明史》设立《道学传》，入传人物以尊奉程朱一派为标准，将王守仁、刘宗周归入《名卿列传》，而王派弟子归入《儒林传》。史馆关于设立《道学传》的建议，在朝野学者中引起很大反响。②黄宗羲、毛奇龄、朱彝尊、张烈、陆陇其力主《明史》不设《道学传》。如，黄宗羲《移史馆论不宜立理学传书》，反对《明史》设立《道学传》。毛奇龄则在《辨圣学非道学文》中说：

> 圣学不明久矣！圣以道为学，而学进于道，然不名道学。凡道、学两字六经皆分见之，即或并见，亦只称学道，而不称道学。如所云："君子学道，小人学道"，盖以学该道，而不以道该学。其在《论语》则曰："君子学以致其道。"③而在《学记》则曰："人不学，不知道。"如是而已……是道学本道家学，两汉始之，历代因之，至华山（指陈抟）而张大之，④而宋人则又死心塌地以依归之，其为非圣学断断如也。向在史馆，同馆官张烈倡言阳明非道学，而予颇争之，谓道学异学不宜有阳明，然阳明故儒也。时徐司寇闻予言，问道学是异学何耶？予告之，徐大惊，急语其弟监修公暨史馆总裁，削道学名，敕《明史》不立《道学传》，只立《儒林传》，而以阳明隶勋爵，出《儒林》外，于是道学之名从此削去，为之一快！当是时，予辨阳明学，总裁启奏，赖皇上圣明，

---

① 刘承干辑：《明史例案》卷二，吴兴刘氏嘉业堂刊本。
② 还可参考笔者：《官修〈明史〉的幕后功臣》相关章节。
③ 见《论语·子张》子夏曰："百工居肆以成其事，君子学以致其道。"
④ 北宋陈抟，自号"华山道士"。

直谕："守仁之学，过高有之，未尝与圣学有异同也。"于是众论始定。即史官尤侗作《阳明传》，其后史断亦敢坦坦以"共学适道"，取"学道"二字归之，阳明特圣学何在？则终无实指之者。①

由上述所引文献得知，毛奇龄认为圣学包含道，但只用"学道"，而不用"道学"，六经之中都是把学、道二字分开来说，从未用过"道学"之名；他还简单地回顾了道教在历史上的传播与传承，认为"道学"乃为道家之学；同时，还兼论北宋陈抟道学对周敦颐、程颐、程颢、张载、朱熹理学思想的影响，实现将"道学"纳入儒家思想系统中，后来《宋史》专设《道学传》，毛奇龄由此提出"南宋诸儒皆以得附希夷道学"的观点。毛奇龄认为"道学"异学不宜有阳明，阳明为故儒，因此主张削去"道学"名，不立《道学传》，将王阳明归入《名卿列传》。随后，毛奇龄回顾了尤侗作《阳明传》，尤侗对阳明评价以"学道"二字归之，甚为不满，所以他结合儒家经典所记，认真辨析"学道"与"道学"二者之间既非二途、又非二事，且并无功夫次第从事的问题，因此，他说："于此，学在是，道即在是焉，是以道学只在忠恕。"张烈、陆陇其立门户之见，强烈反对《明史》设立《道学传》。他们二人均尊崇程朱理学，不遗余力排挤、贬低陆王心学。值得注意的是，关于汤斌与陆陇其学术宗旨异同，《四库全书总目》的分析较为精辟：

斌在国初与陆陇其俱号醇儒。陇其之学，笃守程朱，其攻击陆王，不遗余力。斌之学源出容城孙奇逢，其根柢在姚江，而能持新安、金溪之平，大旨主于刻励实行，以讲求实用，无王学杳冥放荡之弊，故二人异趣而同归。今集中所载语录，可以见其所得力。又斌虽平生讲学，而康熙已未召试，实以词科入翰林。故集中诗赋杂文，亦皆彬彬典雅，无村塾鄙俚之气。至其奏议诸篇，规画周密，条析详明，尤昭昭在人耳目者矣。盖其著述之富虽不

---

① 毛奇龄：《辨圣学非道学文》，《西河集》卷一百二十二，《四库全书》本。另外，"共学适道"，《论语·子罕》子曰："可与共学，未可与适道；可与适道，未可与立；可与立，未可与权。"

第四章 《明史》修纂过程中对清朝文化认同的阐述

及陆陇其,而有体有用,则斌尤通达治体云。①

上文分析了陆陇其与汤斌在清初俱号"醇儒",汤斌学问根底在姚江(王守仁),大抵上能持朱熹理学与陆九渊心学之平,宗旨在于刻苦勤勉实行,无王学"杳冥放荡之弊",称赞汤斌没有门户之见,持论较为公允。但陆陇其推崇程朱理学而极力排挤王学,他在《学术辨上》《学术辨中》《学术辨下》②中,将明朝灭亡原因归咎于王学,指出王学及末流实流于禅,认为"阳明以禅之实而托于儒,其流害固不可胜言",认为程朱立教源清而流浊,而王学则属于"立教之弊",认为"源浊而流亦浊"。他说:

> 故愚以为,明之天下不亡于寇盗,不亡于朋党,而亡于学术。学术之坏,所以酿成寇盗、朋党之祸也。今之说者犹曰:"阳明与程朱同师孔孟,同言仁义,虽意见稍异,然皆圣人之徒也,何必力排而深拒之乎?"夫使其自外于孔孟,自外于仁义,则天下之人皆知其非,又奚待吾之辨?惟其似孔孟而非孔孟,似仁义而非仁义,所谓失之毫厘,差以千里,此其所以不容不辨耳!或又曰:"阳明之流弊非阳明之过也,学阳明之过耳。程朱之学岂独无流弊乎?今之学程朱者未必皆如敬轩(薛瑄)、敬斋(胡居仁)、月川(曹端)之丝毫无疚也。其流入于偏执固滞以至偾事者亦有矣,则亦将归罪程朱乎?"是又不然。夫天下有立教之弊,有末学之弊。末学之弊如源清而流浊也,立教之弊如源浊而流亦浊也。学程朱而偏执固滞是末学之弊也,若夫阳明之所以为教则其源先已病矣。是岂可徒咎末学哉?③

陆陇其不遗余力地推崇程朱理学,极力贬低王学,认为王学"似孔孟而非孔孟,似仁义而非仁义",一定要予以详细辩论,指出程朱理学属"末

---

① 《四库全书总目》卷一百七十三。
② 陆陇其:《三鱼堂文集》卷二,《四库全书》本。
③ 陆陇其:《学术辨》上,《三鱼堂文集》卷二,《四库全书》本。

学之弊"，而王学则属于"立教之弊"，二者之间有着本质上的不同。因此，不仅仅归咎于王学末流之弊，应该追究王守仁"立教之弊"。陆陇其反对设立《道学传》，而汤斌则认为立与不立均可。①史官汤斌、彭孙遹主可立、可不立。如立《道学传》，则应详细明辨明儒学术宗旨及归属问题；如不立《道学传》，则统归于《儒林传》。史馆诸公对《明史》是否设立《道学传》展开了深入的讨论，黄宗羲《移史馆论不宜立理学传书》，阐述了作者的见解，持论较为公允，最终史馆最后确定《明史》不设立《道学传》，将王守仁归入大传，王派弟子入《儒林传》，体现史馆博采众家之长，最后折中诸家议论，确定不立《道学传》。与此同时，清初学术思想领域出现一股"由王返朱"的思想倾向，对阳明心学及王派弟子多有訾议，史馆最后确定《明史》不设立《道学传》，显然没有门户之见。②缪荃孙在《〈明史例案〉序》文中说："徐健庵之例，王横云颇有依违，王横云之例，张文和亦显有出入。无一定之例，有一定之理，无非借古以鉴今，遂得由今而返古。是编一出，诸秉笔者可以得师矣。"③对此，王士禛在《池北偶谈》中也说：

> 王文成公为明第一流人物，立德、立功、立言，皆蹻绝顶。康熙中，开《明史》馆，秉笔者訾謷太甚，亡友叶文敏方蔼时为总裁，予与之辩论，反复至于再四。二十二年四月，上宣谕汤侍读荆岘斌，令进所著诗文，且蒙召对。中有《王守仁论》一篇，上阅之，问汤意云何？汤因对以守仁致良知之说，与朱子不相刺谬，且言守仁直节丰功，不独理学。上首肯曰："朕意亦如此。"睿鉴公明，远出流俗之外，史馆从此其有定论乎！④

---

① 汤斌：《明史凡例议》，《汤文正公史稿》卷首，康熙二十七年刻本。
② 参见笔者：《〈明史·王守仁传〉编纂考论》，《史学集刊》2007年第3期。
③ 刘承干辑：《明史例案》，吴兴刘氏嘉业堂刊本。
④ 王士禛："王文成"，《池北偶谈》卷九，中华书局1982年版，第201—202页。考叶方蔼卒于康熙二十一年四月，而王士禛所言与方蔼讨论应在此之前，所以史馆内订立《理学传》的条款也应更早一些。

第四章 《明史》修纂过程中对清朝文化认同的阐述

王士禛也非常认同汤斌的观点，史馆最后决定《明史》不设立《道学传》，统归《儒林传》，将王守仁归入大传，才平息各方争论。关于程朱理学与陆王心学两派之争，《四库全书总目》卷九十四儒家类存目提要附馆臣按语分析尤为明确：

> 案：八儒、三墨，见于《荀子》，非十二子，亦见于《荀子》，是儒术构争之始矣。至宋而门户大判，仇隙相寻，学者各尊所闻，格斗而不休者，遂越四五百载。中间递兴递灭，不知凡几，其最著者，新安、金溪两宗而已。明河东一派，沿朱之波。姚江一派，嘘陆之陷。其余千变万化，总出入于二者之间。脉络相传，一一可按。……①

自孔子去世之后，儒家分为八个门派，《四库全书总目》认为是儒术构争之始，自宋门户更是水火不容，纷争不止，超越四五百年，中间有兴有废，不知有多少，而对后世影响最大者为朱熹理学和陆九渊心学，后来学者各尊一派而彼此争斗，学术门户日炽。

（二）关于王守仁、刘宗周传归属讨论

如上面所述，《修史条议》确定设立《道学传》条款有四，其中主张将王守仁归入大传。对王守仁、刘宗周二人传记的归属，学者之间有不同的看法。如，汤斌在《拟明史凡例议》中指出《明史》如列《道学传》，则可分为三卷，并兼及各卷人物传记的归属。他说：

> 今日修史，如依《宋史·道学传》例，则当以薛文清（薛瑄）、曹月川（曹端）、吕泾野（吕柟）、胡敬斋（胡居仁）、蔡虚斋（蔡清）、罗整庵（罗钦顺）等为一卷；王文成（王守仁）、邹东廓（邹守益）、钱绪山（钱德洪）、罗念庵（罗洪先）等为一卷；

---

① 《四库全书总目》卷九十五。新安、金溪：新安之学指朱熹理学，金溪之学则指陆九渊心学。

233

文化认同视角下的清代《明史》修纂研究

顾泾阳（顾宪成）、高景逸（高攀龙）、冯少墟（冯从吾）、刘念台（刘宗周）等为一卷。《道学传》不便用多人，诸公以道学为重，亦不必入前大传矣。大约成、弘以上，文清之派为盛；嘉、隆之际，文成之派为盛；万历以后，高（高攀龙）、顾（顾宪成）诸君子终焉。平叙一代之学统，而序中论其学术同异，稍稍言及流弊固无妨也。①

汤斌主张如仿照《宋史·道学传》例，则以薛瑄、曹端、吕柟、胡居仁、蔡清、罗钦顺等归为一卷；王守仁、邹守益、钱德洪、罗洪先等为一卷；顾宪成、高攀龙、冯从吾、刘宗周等归为一卷。明代学术大约成化、弘治以前，以薛瑄派为盛；嘉靖、隆庆之间以王守仁派为盛；万历以后以高攀龙、顾宪成东林诸君子为盛。认为入传诸儒以道学为重，亦不必入大传。公正叙述一代之学统，于序中详论其学术异同，稍言及各派末学流弊也无妨。汤斌没有明显的门户之见，尤其主张将王守仁、刘宗周归入《道学传》。汤斌认为《明史》如不设《道学传》，则将薛瑄和王守仁归入大传，其余诸公归入《儒林传》。他说：

如不立《道学传》，只称《儒林传》，则薛（薛瑄）以相臣，王（王守仁）以勋封，俱入大传。《儒林》则以曹月川（曹端）、陈白沙（陈献章）、陈克庵（陈选）、胡敬斋（胡居仁）、罗念庵（罗洪先）、王龙溪（王畿）、罗近溪（罗汝芳）诸公可得一二十人与注经释传者先后并列焉。②

黄宗羲《移史馆论不宜列理学传书》中反对《明史》设立《道学传》，他批驳《修史条议》将王守仁、刘宗周以功名之盛归入《名卿列传》之不当，认为理由并不充分，同时肯定浙东学派的学术贡献，认为后世学者依然受其学术之影响。经过各方的争论，史馆决定《明史》不设《道学传》，将

---
① 汤斌：《明史凡例议》，《汤文正公史稿》卷首，康熙二十七年刻本。
② 汤斌：《明史凡例议》，《汤文正公史稿》卷首，康熙二十七年刻本。

第四章 《明史》修纂过程中对清朝文化认同的阐述

王守仁、黄宗周归入《名卿列传》。①检《明史·儒林传序》中说："有事功可见，列于正传者，兹不复及。"《明史》卷一百五十九《王守仁传附冀元亨》中，充分肯定王守仁事功，记载非常详细，且涉及其死后从祀孔庙、后代袭封情况。并于传末赞语中说："王守仁始以直节著。比任疆事，提弱卒，从诸书生扫积年逋寇，平定孽藩。终明之世，文臣用兵制胜，未有如守仁者也。当危疑之际，神明愈定，智虑无遗，虽由天资高，其亦有得于中者欤。矜其创获，标异儒先，卒为学者讥。守仁尝谓胡世宁少讲学，世宁曰：'某恨公多讲学耳！'桂萼之议，虽出于媢忌之私，抑流弊实然，固不能以功多为讳矣。"②传中备载王守仁事功，而对其学说记载甚为简略，评价较低，明显有尊奉程朱理学而排挤王学的思想倾向。同时，认识到王守仁弟子遍及天下，而有传者不涉及，附弟子冀元亨的原因，是因为其与王守仁患难与共。由此可见，《明史》编纂过程中对于《王守仁传》归属及其学术评价，充分反映出清初至中叶官方逐渐提升程朱理学地位，与此同时也逐渐产生贬低王学的思想倾向，也充分反映出史学与社会政治之间的密切关系。刘宗周亦归入《明史》卷二百五十五。传文中详载其疏文，指陈时弊，对其予以肯定。同时专门记载刘宗周于顺治二年（1645）五月南明福王被执后，绝食殉国而死，宣扬其忠义思想。《明史》本传对刘宗周之死，予以详细记载：

> 明年五月，南都亡。六月，潞王降，杭州亦失守。宗周方食，推案恸哭，自是遂不食。移居郭外，有劝以文（文天祥）、谢（谢枋得）故事者。宗周曰："北都之变，可以死，可以无死，以身在田里，尚有望于中兴也。南都之变，主上自弃其社稷，尚曰可以死，可以无死，以俟继起有人也。今吾越又降矣，老臣不死，尚

---

① 检张廷玉等：《王守仁传附冀元亨》，《明史》卷一百九十五，王派弟子归入《儒林传》；《明史》卷二百五十五《刘宗周传附祝渊、王毓蓍》、《黄道周传附叶廷秀》。

② 张廷玉等：《王守仁传附冀元亨》，《明史》卷一百九十五，中华书局1974年版，第5170页。另外，关于王守仁传记归属及史官分拟情况，亦可参见笔者：《〈明史·王守仁传〉编纂考论》，《史学集刊》2007年第3期。

何待乎？若曰身不在位，不当与城为存亡，独不当与土为存亡乎？此江万里所以死也。"出辞祖墓，舟过西洋港，跃入水中，水浅不得死。舟人扶出之，绝食二十三日，始犹进茗饮，后勺水不下者十三日，与门人问答如平时。闰六月八日卒，年六十有八。①

值得注意的是，《御批历代通鉴辑览》卷一百十七记载与上文大同小异，②比较两段文献，都对刘宗周不惜以身殉节给予高度评价，并将之载入《明史》《御批历代通鉴辑览》，目的在于突出忠君思想。乾隆中后期，乾隆帝重新评价明清之际殉节死难人物时，称赞刘宗周、黄道周等人在明末政局败坏的情况下，仍能持守刚正不阿，极力上疏抗争，指陈时弊，明亡后殉节，乾隆帝称赞二人为"一代完人"，他在《御题刘宗周、黄道周集有序》文中说：

> 比因汇辑《四库全书》，各省传访遗编以进，裒聚既广，则甄别宜精。而明末诸人文集内，多有论列边防、兵事，抵触本朝者。馆臣随时检出请毁，理固宜然，亦不可不有所决择。因于几余披览衡定之……若黄道周之《博物典汇》、刘宗周之疏稿则不可毁，盖二人当明政不纲，权移奄宦，独能守正不阿，多所弹劾，至今想见其风节凛然，而且心殷救败，凡有指陈，悉中时弊。假令当日能用其言，覆亡未必如彼之速，卒之致命遂志，以身殉国，允为一代完人。若因字句干犯，并其全书而弃之，致使忠臣正士其言论不能并传不朽，余岂忍为之哉！③

乾隆帝针对各省上奏禁毁书名单之内，涉及刘宗周、黄道周之书，下令大凡二人著述中涉及触犯之处，略加删改，仍存录其书，使天下后世"知余大公至正之心，维持名教而不苟小节，重其人因及其书，且为千古之君若

---

① 张廷玉等：《刘宗周传》，《明史》卷二百五十五，中华书局1974年版，第6590页。
② 《御批历代通鉴辑览》卷一百十七，《四库全书》本。
③ 刘宗周：《刘蕺山集》卷首，《四库全书》本。

第四章 《明史》修纂过程中对清朝文化认同的阐述

臣垂戒示劝，不徒昧其文艺而已"①。《四库全书总目》对刘宗周学问给予评价："宗周虽源出'良知'，而能以'慎独'为宗，以敦行为本。临没犹以'诚敬'诲弟子，其学问特为笃实。"②同时，认为刘宗周在明末刚正不阿，不卷入东林与阉党之争，且上疏指陈时弊，"一陑于魏忠贤，再陑于温体仁，终陑于马士英。而姜桂之性，介然不改，卒以首阳一饿，日月争光。在有明末叶，可称皭皭完人，非依草附木之流，所可同日语矣"③。

三、晚明党争的讨论

明万历年间，顾宪成、高攀龙在东林书院讲学，以主持清议为己任，他们在讲学之余，抨击时弊，一时在政治上失意的士大夫趋炎附势，导致人数越来越多，东林书院难以容纳这么多人，东林书院名声大振，于是招来许多忌恨者。与此同时，阉党和东林党之间关系日趋复杂，相互抨击，树立门户之见，党同伐异，朋党之势渐成，致使明末政局日渐败坏。崇祯二年（1629），崇祯帝钦"定逆案"，处理魏忠贤阉党，为顾宪成及东林党平反，下诏重新修复东林书院，肯定顾宪成为首的东林党及东林书院讲学的贡献，并追赠顾宪成为吏部右侍郎，谥号"端文"。明季诸臣随后请求将顾宪成从祀孔庙，但建议由于明朝灭亡而未果。关于东林党的评价，明末清初大体上持肯定者较多。至清中叶，对其评价出现了一个明显的逆转，批评门户对立、党争日炽，甚至有人将明亡原因归咎于东林党，清代帝王严防大臣之间也出现党争，因而对明代党争持贬低和否定的态度，这是顾宪成在清代未获允从祀文庙的主要原因。④

关于东林党评价引起的纷争，并没有因明亡而终结，明末至清初学者

---

① 刘宗周：《刘蕺山集》卷首，《四库全书》本。
② 《四库全书总目》提要刘宗周《刘蕺山集》。
③ 《四库全书总目》提要刘宗周《刘蕺山集》。
④ 参见张宪博：《顾宪成赠谥、从祀文庙成败探析》，《中国史研究》2010年第4期。

文化认同视角下的清代《明史》修纂研究

仍然争论不休。毁谤者认为东林党误国殃民,混淆视听以致亡国;肯定者则将明朝灭亡原因归咎于宦官乱政。因此,清官修《明史》过程中,如何恰如其分地评价顾宪成及东林党的功过是非,是比较棘手的问题之一。《修史条议》中说:"凡魏忠贤余党龂龁东林、复社诸君子者,虽有小善,必摘发其心术,使不能掩其大恶。"① 顾宪成之孙顾枢编、顾宪成曾孙顾贞观订补,并汇刻《顾端文公遗书》三十七卷附《年谱》一卷,② 希望借助清官修《明史》之机,将顾宪成事迹载入《明史》。③ 顾宪成讲学及思想主张,各方诽谤和诋毁过甚,忌者甚至将后来卷入各种政争之人,一概视为东林党,并借助魏忠贤势力,将其一网打尽。《明史》卷二百三十一《顾宪成传》如实记录东林党与阉党之争。④ 清官修《明史》对于顾宪成的评价仍持肯定态度,但也批评党附东林之人,明末政局混乱造成朋党势成,小人之祸遗患无穷,东林党与阉党之争,东林党人被杀戮禁锢,"善类为一空"。此种党争之祸,"迄明亡而后已"。考当时具体实情,其实对东林党的抨击与肯定,一直成为双方争论的焦点,众说纷纭,莫衷一是。康熙二十年(1681),都察院佥都御史张吉午等人上疏请求将明儒方孝孺、罗钦顺、顾宪成、高攀龙、冯从吾、刘宗周六人从祀文庙,充分肯定他们的功劳和著述,认为他们六人"或阻于忌讳,或扼于权奸,所以故明末及表章,实为胜国之缺。今正在纂修《明史》之时,伏乞覃恩从祀,登之学宫两庑,使天下知正学"⑤。都察院佥都御史张吉午想借《明史》编纂之机,上疏请求将六人从祀文庙,但未获得康熙帝准许。朝野关于明清易代的深刻反省之中,大多数人持明亡于晚明党争观点,认为党争致使国事日坏,以致亡国。乾隆帝彻底否定东林党讲学之功,

---

① 刘承干辑:《徐健庵〈修史条议〉》,《明史例案》卷二,吴兴刘氏嘉业堂刊本。
② 《钦定续通志》卷一百六十著录为《顾端文公年谱》二十七卷有误,实为三十七卷。
③ 参见张宪博:《顾宪成赠谥、从祀文庙成败探析》,《中国史研究》2010 年第 4 期。
④ 张廷玉等:《顾宪成传》,《明史》卷二百三十一,中华书局 1974 年版,第 6032 页。另,辇毂:比喻帝王所在之地。
⑤ 王士禛著,靳斯仁点校:《从祀疏》,《池北偶谈》卷二,中华书局 1982 年版,第 37—38 页。

第四章 《明史》修纂过程中对清朝文化认同的阐述

一概否认明崇祯帝对顾宪成和东林书院的评价,似有将明朝灭亡归咎于东林讲学之嫌疑,认为朋党之争一开,门户之见日炽,贻害无穷,高攀龙、顾宪成首开讲学之风,其对明朝灭亡难辞其咎。对此,乾隆帝在《御制题〈东林列传〉》一文中,对顾宪成及东林讲学予以彻底否定与批评。他说:"东林讲学,始以正而终以乱,驯致与明偕亡……盖有讲学,必有标榜。有标榜,必有门户,尾大不掉,必致国破家亡,汉宋明其殷鉴也。夫至国破家亡,黎民受其涂炭者不胜数,而方以死节殉难者多,为有光于古,收讲学之效。则是效也,徒成其为害,真所谓国家将亡,必有妖孽而已。"[①] 因此,终清之世,顾宪成没有能够获允从祀文庙,也就不足为奇了。清人陈鼎撰《东林列传》二十四卷,被收入《四库全书》。《四库全书总目》卷五十三提要陈鼎《东林列传》时说:

> 明万历间,无锡顾宪成与高攀龙重修宋杨时东林书院,与同志讲学其中,声气蔓延,趋附者几遍天下,互相标榜,自立门户,流品亦遂糅杂。迨魏忠贤乱政之初,诸人力与枝拄,未始非谋国之忠。而同类之中,贤奸先混,使小人得伺隙而中之,于是党祸大兴,一时诛斥殆尽,籍其名颁示天下。至崇祯初,权阉既殄,公论始明。而余孽尚存,竟思翻案,议论益纠纷不定。其间奸黠之徒,见东林复盛,竟假借以张其锋,水火交争,彼此报复。君子博虚名以酿实祸,小人托公论以快私仇,卒至国是日非,迄明亡而后已……厥后树帜分朋,干扰时政,祸患卒隐中于国家,足知聚徒讲学,其流弊无所不至,虽创始诸人,未必逆料如此。而推原祸本,一二君子不能不任其咎也。[②]

[①] 陈鼎:《东林列传》卷首,《四库全书》本。据张书才主编:《纂修四库全书档案》(上海古籍出版社1997年版,第2066页)"乾隆五十二年十月初三日军机大臣奏遵旨阅看纪昀奏毁各书并缮清单进呈片(附清单一)":"吴伟业《绥寇纪略》、陈鼎《东林列传》二书,均无违碍,而内外之词称谓有乖体制,应一律改正。"

[②] 《四库全书总目》卷五十八。

239

文化认同视角下的清代《明史》修纂研究

比较《明史》《御制题〈东林列传〉》《四库全书总目提要》等对东林党的评价，《明史》的记述和评价要相对客观一些，乾隆帝对东林党及讲学活动予以一概否定，造成清廷虽然陆续增加部分明儒入祀孔庙，但顾宪成没有在列，足以说明乾隆帝的评价已成定论，无人敢推翻。因此，乾隆帝对顾宪成及东林党的评价，无疑左右或影响了后世对顾宪成和东林党的评价尺度。检《四库全书总目》一再重申明朝灭亡于讲学和朋党之争，所持的论调与乾隆帝对《东林列传》的评价一脉相承，对东林党明显持贬低和否定的态度。检《四库全书总目》卷五十七提要《庆元党禁》时说：

> 总之，儒者明体达用，当务潜修；致远通方，当求实济。徒博卫道之名，聚徒讲学，未有不水火交争，流毒及于宗社者。东汉不鉴战国之横议，南北部分而东汉亡。北宋不鉴东汉之党锢，洛蜀党分而北宋亡。南宋不鉴元祐之败，道学派盛而南宋亡。明不鉴庆元之失，东林势盛而明又亡。皆务彼虚名，受其实祸。决裂溃覆之后，执门户之见者犹从而巧为之词，非公论也。①

上文阐述东汉、两宋、明朝党争与朝代灭亡之间的密切关系，认为"皆务彼虚名，受其实祸"，尤其指出"东林党势盛而明又亡"，显然将明亡原因归咎于东林党。《四库全书总目》卷九十七提要张烈《王学质疑》中说："夫明之亡，亡于门户。门户始于朋党，朋党始于讲学，讲学则始于东林，东林始于杨时，其学不出于王氏也。"② 针对门户、朋党对于明末政局的影响，《四库全书总目》精辟地分析说："……迨其末流，弥增诡薄，非独小人牟私，君子亦不过争名。台谏哄于朝，道学哗于野。人知其兵防、吏治之日坏，不知其所以坏者，由阁臣、奄竖为之奥援。人知阁臣、奄竖之日讧，不知其所以讧者，由门户、朋党为之煽构。盖宋人之弊，犹不过议论多而成功

---

① 《四库全书总目》卷五十七。
② 《四库全书总目》卷九十七。

第四章 《明史》修纂过程中对清朝文化认同的阐述

少。明人之弊,直以议论亡国而已矣。"① 此外,《四库全书总目》卷一七二提要顾宪成著《泾皋藏稿》二十二卷(浙江孙仰曾家藏本)说:

> 明末,东林声气倾动四方。君子、小人互相搏击,置国君而争门户,驯至于宗社沦胥,犹蔓延诟争而未已。《春秋》责备贤者,推原祸本,不能不遗憾于清流,宪成其始事者也。考宪成与高攀龙,初不过一二人,相聚讲学,以砥砺节概为事,迨其后标榜日甚,攀附渐多,遂至流品混殽,上者或不免于好名,其下者甚至依托门墙,假借羽翼,用以快恩仇而争进取。非特不足比于宋之道学,并不得希踪于汉之党锢。故论者谓:"攻东林者多小人,而东林不必皆君子。"亦公评也。足见聚徒立说,其流弊必至于此,实非世所宜有。惟宪成持身端洁,立朝大节,多有可观,且恬于名利,论说亦颇醇正,未尝挟私见以乱是非,究不愧于儒者,故特录其集,并详论末流之失,以示炯戒焉。②

《四库全书总目》将明亡归罪于东林聚徒讲学,讲学引发朋党门户之争,"虽顾宪成等主持清议,本无贻祸天下之心,而既已聚徒,则党类众而统品混;既已讲学,则议论多而是非生。其始不过一念之好名,其究也流弊所极,遂祸延宗社。《春秋》责备贤者,宪成等不能辞其咎也"③。又在《四库全书总目》卷一百四十八《集部·总叙》中一再强调明亡于东林讲学的观点:

> 大抵门户构争之见,莫甚于讲学,而论文次之。讲学者聚党分朋,往往祸延宗社。操觚(简)之士笔舌相攻,则未有乱及国事者。盖讲学者必辨是非,辨是非必及时政,其事与权势相连,故其患大。文人词翰所争者,名誉而已,与朝廷无预,故其患小

---

① 《四库全书总目》卷五十五。
② 《四库全书总目》卷一百七十二。
③ 《四库全书总目》卷九十六。

也。然如艾南英以排斥王（王世贞）、李（李攀龙）之故，至以严嵩为奸相，而以杀杨继盛为稍过当。岂其扪心清夜，果自谓然？亦朋党既分，势不两立，故决裂名教而不辞耳。至钱谦益《列朝诗集》更颠倒贤奸，彝良泯绝，其贻害人心风俗者，又岂鲜哉！今扫除畛域，一准至公，明以来诸派之中，各取其所长，而不回护其所短，盖有世道之防焉，不仅为文体计也。①

认为讲学之贻害大于论文之害：讲学必引门户纷争，讲学往往聚党分朋，祸害延及国家。为文章之士，笔舌相攻，仅争名誉而已，与朝廷无更多牵涉，其祸害甚小，不像讲学者一样祸乱国家。认为讲学必辨是非，辨是非必涉及时政，而时事与权势相连，故其祸害甚大。进一步指出如艾南英排斥王世贞、李攀龙，②严嵩杀杨继盛为过当，认为"朋党既分，势不两立，故决裂名教而不辞"，最后祸及宗社。四库馆臣在提要刘宗周《刘蕺山集》十七卷时说："讲学之风至明季而极盛，亦至明季而极弊。"③后来，方东树反对《四库全书总目》作者将明亡原因归咎于东林讲学的观点，他在《汉学商兑》中说：

夫自古亡国，以用小人；近世议论，专以亡国之祸，归之君子。或谓之曰党，曰道学，曰讲学之家，曰讲学门户……或曰洛、蜀党争而北宋亡，道学派盛而南宋亡。试平心核之，徽、钦之亡，外以海东青（鹘鹎或雕），内以花石纲，于洛、蜀党何干？赵汝愚，韩侂胄之分党，而启党禁也，固也。南宋之亡，果以道学之盛之故乎？夫不咎蔡京、童贯，而咎洛、蜀党；不咎韩侂胄而咎

---

① 《四库全书总目》卷一百四十八。
② 王世贞、李攀龙的文学主张：文主秦汉，诗规盛唐，继"前七子"之后，倡导文学复古运动，改变台阁体主导文坛的局面。万历年间，公安袁宏道兄弟创立公安派，反对"文必秦汉，诗必盛唐"的文风。天启间，艾南英极力排斥复古文风。王世贞著有《弇州山人四部稿》《弇山堂别集》《嘉靖以来首辅传》《觚不觚录》等。
③ 《四库全书总目》卷一百七十二。

第四章 《明史》修纂过程中对清朝文化认同的阐述

道学派;不咎严、魏,而咎东林,此果为理实之言乎?①

梁启超从清初学术演变的源流,充分肯定顾宪成、高攀龙对王学的第一次修正,他在《中国近三百年学术史》中说:

> 王学在万历、天启年间,几与禅宗打成一片。东林领袖顾泾阳宪成、高景逸攀龙提倡格物,以救空谈之弊,算是第一次修正。刘蕺山宗周晚出,提倡慎独,以救放纵之弊,算是第二次修正。明清嬗代之际,王门下惟蕺山一派独盛,学风以渐趋健实。清初讲学大师,中州有孙夏峰、关中有李二曲,东南则黄梨洲。三人皆聚集生徒,开堂讲道,其形式与中晚明学者无别,所讲之学,大端皆宗阳明,而各有所修正。②

梁启超认为顾宪成、高攀龙讲学,是对王学末流流于禅的第一次修正,对他们的讲学活动给了很高的评价,认为是开启了清初经世致用的史学思潮,清初讲学大师孙奇逢、李颙、黄宗羲所讲之学,"大端皆宗阳明,而各有修正"。

对于阉党乱政以致亡国,清初士子亦多有深刻反省。《明史》卷三百六《阉党传序》中说:"明代阉宦之祸酷矣,然非诸党人附丽之,羽翼之,张其势而助之攻,虐焰不若是其烈也……痛乎哉!患得患失之鄙夫,其流毒诚无所穷极也。其今录自焦芳、张彩以下,迄天启朝,为《阉党列传》,用垂鉴戒。"③《明史》列《阉党传》,目的在于提供宦官乱政、外官党附而导致亡国

---

① 东方树:《汉学商兑》卷下,朱维铮主编《汉学师承记》(外二种),生活·读书·新知三联书店1998年版。另外,海东青,猎鹰,又称为隼、鹘或鹰鹘,是一种鹰科鸟类。其最神俊者名为海东青,是满族的最高图腾。据厉鹗著《辽史拾遗·天祚帝一》(《四库全书》本)记:"又有俊鹘,号海东青者,能击天鹅,人既以俊鹘而得天鹅,则于其嗉得珠焉。海东出五国,五国之东接大海。自海东而来者,谓之海东青,小而俊健爪白者,尤以为异,必求之女真。"花石纲:宋徽宗尤其喜爱奇异的花木和石头,蔡京就派专差向民间搜刮,用船只运往京城,专供皇帝赏玩。运送花石的船队,号称为"花石纲"。十艘船编在一起为一纲,称"纲运"。
② 梁启超:《中国近三百年学术史》,生活·读书·新知三联书店2001年版,第44页。
③ 张廷玉等:《阉党传序》,《明史》卷三百六,中华书局1974年版,第7833—7834页。

之鉴戒。对此,张廷玉在《进〈明史〉表》中说:"盖貂珰之祸,虽汉、唐以下皆有,而士大夫趋势附膻,则惟明人为最夥,其流毒天下亦至酷,别为一传,所以著乱亡之源,不但示斧钺之诛也。"① 表明设立《阉党传》的目的,为后世提供鉴戒。中国古代有着易代修史的传统,目的在于突出新政权统治地位的合法性,同时也弘扬"以史为鉴"的社会功能,充分彰显史学与社会政治之间的密切关系。从这一点看来,清官修《明史》过程中,总结明亡教训及"以明为鉴"的思想尤其凸出。

四、明清易代之际士人"忠节"的评价

明清易代之际,清廷依赖明朝的降臣、降将、降兵的效力,迅速定鼎中原,稳定政局。与此同时,清廷为了安定人心以明顺逆,授予他们不同的官职,极力予以笼络。在政治机构设置中,规定满、汉同占一定的份额,使他们安心地继续为清廷效力。清廷正是倚靠他们逐渐铲平了李自成农民起义军残部、南明残余势力,平定察哈尔之乱及"三藩之乱",收复台湾等一系列战争,最后完成统一大业。清初,清廷从现实政治利益大局出发,虽对汉人有防范和戒备之心,并没有以"效忠一朝"的忠义标准来评价他们,对他们也并没有过分的谴责与批评。

随着清朝统治的进一步巩固,康熙帝深知缓和满、汉民族矛盾,加强历史文化认同,是清廷巩固统治及建构清朝享有"正统"的关键所在。在文化领域内,采取"崇文右儒"的文化政策,汉族士子或明遗民的大量南明史著述的刊刻都在这一时期,清廷对文化意识形态控制相对宽松。如,康熙四十二年(1673),龚鼎孳刊刻其《定山堂集》,② 将钱谦益序文冠于卷首,并没有受到官方的控制或惩罚。至乾隆时期,由于乾隆帝对"贰臣"评价

---

① 《四库全书总目》卷四十六。
② 按,龚鼎孳于康熙四十二年刊刻《定山堂集》四十七卷,分为《定山堂诗集》四十三卷,《定山堂诗余》四卷。

第四章　《明史》修纂过程中对清朝文化认同的阐述

的逆转，下令彻底禁毁钱谦益著述和与钱氏相关的文字。①如，先前山东巡抚国泰上奏称龚鼎孳《定山堂诗集》"内有钱谦益序文"，请求予以撤毁。乾隆四十四年（1779）六月初四日，乾隆帝奏准禁毁。王彬主编：《清代禁书总述》题解该书时说："此书有康熙间吴兴祚刻本。龚鼎孳的诗感时伤世，极力烘染盛衰变幻的悲凉气氛，眷恋故国，为清廷不满。故其著作皆不免被禁。此书为山东巡抚国泰奏缴：'内有钱谦益序文'。"②乾隆帝下令收缴刻板，将该书列为禁书，造成此刊本在世间罕有流传。又如，乾隆四十八年（1783）九月，内阁所藏档册中有《检查红本处办应销毁书籍总档》一本，一共涉及前后七次应销毁书籍七十六种，并逐一罗列书名、著者、内容及销毁原因（大多为触犯清朝忌讳）。而大凡涉及钱谦益有关的著述或文字，均在销毁之列。③如，"《徐忠烈公遗集》一本，系明海盐徐从治撰，因篇首有钱谦益墓志铭，应毁"，"《冯默庵诗文稿》一本，系明末冯舒撰，因由钱谦益序，应毁"。④此外，彭廷梅选《国朝诗选》，内收录钱谦益、屈大均、龚鼎孳、王仲儒诗文。乾隆四十七年（1782）六月初四，署理两江总督萨载奏"续缴应禁书折（附清单一）"，⑤建议将《国朝诗选》内所收诸人之诗文抽毁。

---

①　乾隆中后期，乾隆帝对钱谦益评价出现逆转，乾隆帝对其人品节操大肆讨伐和苛责，遂造成"因人废言"，全面、彻底地禁毁或抽毁钱谦益著述及与之相关的文字。如，王士禛《古夫于亭杂录》卷一"赵南星集"和卷三"钱牧斋先生书三通"，文字涉及钱谦益，该书被收入《四库全书》时将其抽毁，删略"赵南星集"中王士禛引用钱谦益对赵南星《集》的评价："牧斋钱公称其文滔滔莽莽，输写块垒而起伏顿挫，不能禀合古法，要其雄健磊落，奔轶绝尘，北方之学者未能或之先也。"（参见王士禛著，赵伯陶点校：《古夫于亭杂录》，中华书局1988年版，第4页。）由此可知，乾隆时期禁毁钱氏著述或相关文字，是非常彻底的。
②　王彬主编：《清代禁书总述·清代禁书题解》，中国书店1991年版，第138页。
③　《乾隆四十八年销毁书目》。另外，冯舒（1593—1645），字已苍，号默庵，别号屏守居士，江苏常熟人，与其弟冯班，合称"二冯"。《冯默庵诗文稿》初刻于康熙间，后修《四库全书》时列为禁书，康熙刻本传世较少。至清末，翁同龢曾孙翁之廉获之于北京，1900年刊刻《冯默庵遗集》八卷（清光绪庚子翁之廉刊红印本），行于世。
④　《检查红本处办应销毁书籍总档》，《清代档案史料丛编》本，第258页。
⑤　张书才主编：《纂修四库全书档案》，上海古籍出版社1997年版，第1584页。

245

文化认同视角下的清代《明史》修纂研究

乾隆时期，乾隆帝极力褒奖明末殉节死难诸臣，认为"诸臣各为其主，节义究不容掩"，认同他们为明殉节，大力表彰他们的忠义事迹。同时，乾隆帝将明朝灭亡时间下延至顺治二年（1645）五月南明福王被执之时，并下令于《御批通鉴辑览》后附南明诸王事迹。同时，他还命儒臣编订《钦定胜朝殉节诸臣录》十二卷。与此相呼应，则不惜大肆贬低清初降清之人，下令在国史中将他们编入《贰臣传》。后来，乾隆帝再次重申将《贰臣传》分甲编、乙编，以区分"贰臣"降清之后行事之顺逆。乾隆四十一年（1776）十二月，乾隆帝在谕文中强调将钱谦益归入《贰臣传》乙编，认为钱谦益应与洪承畴等（列入《贰臣传》甲编）相区别。乾隆帝在《御制读〈熊廷弼传〉》一文中，高度赞扬熊廷弼："夫廷弼岂非与我祖宗开创时作难者？然各为其君，理应竭力尽心。数百年论定之后，予且嘉之，而怜其屈死，然则彼时之为彼君者，谓曰：'无人心而丧天良'，亦非苛论而已矣。"[①] 乾隆帝统治时期，清朝立国已一百多年，承平日久，国力日益强大，乾隆帝对明清之际降清之人、抗清殉节的忠烈人物的评价出现很大逆转。他极力"褒奖忠贞"，在于劝勉士子"臣节"的忠君思想，肯定明末清初抗清之人"效忠一朝""各为其主"，为褒扬忠义思想扫清障碍。乾隆四十一年（1776），乾隆帝下令编纂《钦定胜朝殉节诸臣录》十二卷，并亲自作序。该书分"逊国诸臣"为"专谥""通谥"两类，共计一千六百余人，至于"诸生、韦布未通仕籍者及姓名无考，如山樵、市隐之流，则入祀所在忠义祠，统计又二千余人，各为一册进"[②]。

如，黄淳耀，字蕴生，嘉定人，号陶庵，崇祯十六年（1643）进士，未授官，家居讲学。顺治二年（1645），清兵南下，福王被执，随后攻取嘉定城，黄淳耀与其弟黄渊耀起义守城，兵败之后，同赴僧寺自缢而死。侯玄泓撰黄淳耀行状，对此事记载非常详细，他说：

[①]《御制文集二集》卷三十六，《四库全书》本。
[②]《钦定胜朝殉节诸臣录》卷首，《四库全书》本。

第四章 《明史》修纂过程中对清朝文化认同的阐述

乙酉五月，南都陷，安抚使至吴，士大夫竟削手版求见纾祸，先生与先纳言（侯岐曾）共誓行遁。时嘉定乡兵起，绅士分门而守，守十余日，城陷，敌薄东闉而上。时先生守西门，从者四人，掖先生遁。先生正色曰："尔辈不识事势，未有城破而城外犹得幸免者也！"伟恭（先生三弟，名渊耀）在旁，见从者持先生急，大言曰："阿兄主意须定。"携手入僧寺，闭门拒从者，从者排户入，求出不已。先生曰："吾意素定，岂汝辈哀祈能骤易乎！"伟恭曰："汝辈不去，为乏行赍邪？"出袖中遗金投之曰："尔速去，从死无益！"从者痛苦而去。僧元等与先生兄弟为方外交，问曰："君虽进士，犹未授职，可以无死。"先生曰："城亡与亡，是儒家本分事，今某托上人之荫，死此干净地，于心足矣！"军声益迫。伟恭曰："此其时矣。"先生遂索纸书，略曰："进士某于某年月日（按是日为乙酉七月四日）自裁于西城僧舍。呜呼！进不能宣力皇朝，退不能洁身自隐，读书寡益，学道无成，耿耿不没，此心而已！"凡数千言，不尽录。书毕，与伟恭同缢死焉！时年四十一。①

考《四库全书》收入黄淳耀著《陶庵全集》二十二卷，并在提要中对其殉节死难给予高度赞扬："其立志之坚确如此，卒之致命成仁，垂芳百世，卓然不愧其生平，可以知立言之有本矣。"乾隆四十一年（1776），赐谥"忠节"。何冠彪在《生与死：明季士大夫的抉择》一书中详细罗列《钦定胜朝殉节诸臣录》所列人数，共计3787人，他还指出："就算单就《钦定胜朝殉节诸臣录》而言，上表所述数字乃根据书中各卷标目列出的逊国者计算出

---

① 关于侯玄泓所作黄淳耀行状，原文不见于四库本《陶庵全集》，而见之于柴德赓：《明季留都防乱诸人事迹考上》一文所征引，收入《史学丛考》，中华书局1982年版，第35—36页。据黄虞稷《千顷堂书目》著录侯玄泓《掌亭集》。侯玄泓，侯岐曾之子，字研德，后更名玄涵，字中德，嘉定县学生，黄淳耀弟子，乡人私谥所贞宪先生。

247

来，至于书中各传附载与他们同殉的父母、妻妾、子女、孙辈和亲属则因记载不详，无法统计。"①乾隆四十一年（1776），乾隆帝下令国史馆编纂《贰臣传》。②他在谕文中大肆贬低明末清初的降兵降将及降臣，认为当时利用他们，是为了开创大一统之规模，用以安定人心而明顺逆。可事后平心而论，这些人都以明朝臣僚遭遇时艰，不能为其主临危授命，贪生怕死，厚颜无耻降清，怎能称之为完人？其背后的动机就是强调臣子忠于一君的儒家纲常伦理思想。他说："盖开创大一统之规模，自不得不加之录用，以靖人心而明顺逆。今事后平情而论，若而人者，皆以胜国臣僚，乃遭际时艰，不能为其主临危授命，辄复畏死幸生，腆颜降附，岂得复谓之完人？"③"贰臣"在清初扮演的社会文化功能应给予以重新认识和评价。

乾隆帝《命国史馆编列〈明季贰臣传〉谕》文中④包含三个方面的内涵：

其一，乾隆帝在审阅江苏所进应毁书籍名单时，发现有朱东观选辑《明末诸臣奏疏》一卷及蔡士顺辑《同时尚论录》数卷，其中记载刘宗周等人疏文，指出明末秕政，导致政局混乱，认为他们的疏文应该予以存留，不应销毁，但对有碍清廷统治的字句予以删削后，抄录保存原书。乾隆帝指出王永吉、龚鼎孳、吴伟业、张缙彦、房可壮、叶初春等人在明朝已出仕，转而又出仕清朝，大节有亏，其人不足道，其文不足存，下令予以一概删削。

---

① 何冠彪：《生与死：明季士大夫的抉择》，台湾联经出版有限公司2005年版，第16页。
② 清国史馆编，王锺翰点校：《贰臣传》，《清史列传》卷七十八、卷七十九附录，甲乙两编共收录明清之际在两朝为官的人物共120余人，甲编51人，包括洪承畴、李永芳、孔有德等；乙编69人，包括钱谦益、冯铨、孙可望等。李永芳为明边将降后金的第一人，据《满文老档》（中华书局译注本1990年版，第57—58页）记载努尔哈赤劝降书："倘尔不战而降，则不扰尔属兵众，不损尔之大业，仍照原礼，予以豢养。尔乃博学聪明之人也。我已擢拔多人，以女妻之，结为亲家。况且对尔岂有不超升尔原职，不与我一等大臣等并列豢养之礼乎？望尔勿战。战则我兵所发之矢，岂能识尔？若为无目之矢所中，必亡矣。""降与不降，尔等应熟思为好。毋以一时之小忿而无信于我，勿失事机，出城降可也。"《清史稿·李永芳传》记载犹详，可供参考。
③ 《御制文集二集》卷七，《四库全书》本。
④ 《御制文集二集》卷七，《四库全书》本。

第四章 《明史》修纂过程中对清朝文化认同的阐述

由此可见，清代政治与学术之间扭曲的运转模式，大凡学术违碍清廷统治之处，一律抽毁或禁毁。

其二，说明明末清初洪承畴、祖大寿、冯铨、王铎、宋权、谢升、金之俊、党崇雅、左梦庚、田雄等人降清原因不同，但当时清廷利用他们以安定人心，从巩固政权的现实角度加以考量，不得不采取的举措。

其三，指出降清之人转而又复仕清朝，作为臣子忠义大节有亏，因此一概不能入《明史》，而清国史中，如果对降清之人记载过于简略，则这些臣节有亏之人事迹反而被掩盖，无以传信后世。故认为对明末死事诸臣已追谥，可以发潜德之幽光。与此同时，则对投降之人，斧钺之诛，不宜偏废，须在清国史中另立《贰臣传》，认为此时核定《贰臣传》正逢其时，"以补前世史传所未及"。言外之意，列《贰臣传》，就是补充《明史》记载之所未及。

乾隆四十三年（1778），再次强调《贰臣传》应分甲乙两编，乾隆以"忠君"标准为原则，把降清后，一直效忠清朝之人，列入甲编，使他们的后人感到乾隆帝通情达理，减少他们后人对清朝的抵触情绪。而对那些降清后不久又从事反清活动之人，则列入乙编，使汉族知识分子了解乾隆帝提出编纂《贰臣传》及分甲乙两编的初衷。乾隆四十三年（1778），乾隆帝认真审查张元锡案后，认为其不应与冯铨、龚鼎孳、钱谦益等一同列入《贰臣传》，因此，下令国史馆重新核实，"有身事本朝而在胜国时仅登科第、未列仕版者"，不用编入《贰臣传》。据《清实录·高宗纯皇帝实录》卷一千三百七十五记载：

> 至张元锡服官本朝，并无劣迹，虽系明季庶吉士，未经授职，与曾任前明清要、腼颜改节者不同，非但不应列入《贰臣》乙编，并不应列入《贰臣传》内。乃国史馆臣不加详审，辄与冯铨、龚鼎孳诸人，一例编辑，该总裁亦不免存偏袒附和之见。著饬行该馆，从前所办诸臣列传，有身事本朝，而在胜国时仅登科第、未

249

文化认同视角下的清代《明史》修纂研究

列仕版者，均著查明改正，勿庸概列《贰臣》，以昭信史。朕彰善瘅恶，一秉大公，于偷生贪禄，行同犬彘之流，即身后亦不能幸邀宽假，而核其事迹，实与贰臣有间者，则必明示区别，使得薰莸不至混淆。如张元锡等地下有知，固当衔感于泉壤，而天下万世知朕于满汉诸臣，一视同仁，褒贬悉归至当，益可晓然于激劝之大义也。①

乾隆五十六年（1791）三月，乾隆帝在核实顺治朝张元锡案时，也承认清初满汉臣工之间存在歧视与偏见，由于偏袒麻勒吉，致使张元锡含冤自缢，强调此事若在此时，必以重典处理，绝不宽贷。对于张元锡出仕清朝，认为"虽系明季庶吉士，未经授职，与曾任前明清要、腼颜改节者不同，非但不应列入《贰臣》乙编，并不应列入《贰臣传》内"。乾隆帝在《命国史馆以〈明季贰臣传〉分甲乙二编》中确定入《贰臣传》甲、乙编的标准，主要按其降清后效忠清朝与否作为区别，以"忠贞"节操为标准，对降清之人进行大肆诋毁。并命令将洪承畴、尚可喜、祖大寿、贾汉复等归入《贰臣传》甲编。而将钱谦益、龚鼎孳等归入《贰臣传》乙编，批评钱谦益、龚鼎孳等在诗文中宣泄对清朝的不满，认为二人进退无据，应与降清之后积极为清廷奔走的洪承畴等有所区别。②后来，又下令四库馆臣，附载南明忠烈人物事迹，达到"劝世道人心"之目的。与对"贰臣"人物严厉贬低的同时，则对明清易代之际抗清人士予以了表彰和褒扬，在舆论上大肆宣扬"忠义"思想，目的在于维护君主专制的中央集权。四库本《大清一统志·凡例》中规定说："前明忠烈诸臣，于乾隆四十一年奉旨赐谥，其姓名事迹未入前志者，俱照《褒忠录》，详查载入。"③乾隆帝在其统治兴盛时期，尤其对明清

---

① 《清实录·高宗纯皇帝实录》卷一千三百七十五，中华书局1986年版，第460—461页。
② 《御制文集二集》卷八，《四库全书》本。与此同时，乾隆帝又下令将吴三桂等四十余人，编入《逆臣传》。
③ 《大清一统志》，《四库全书》本。

第四章 《明史》修纂过程中对清朝文化认同的阐述

易代人物的评价和清理,从官方的角度予以了论定,一方面彰显清廷重新宣扬忠君思想的必要,另一方面也表现出皇权对于文化思想领域内的浸透更加深入,"因人废言"现象十分严重,这是不言自明的。以忠君思想作为标准,对历史人物进行严判,一褒一贬之间,在舆论导向上要求士子效忠清廷,也彰显着清廷需要用儒家"忠君"思想作为武器,牢牢地掌握文化思想领域的话语权。乾隆帝提出编纂《贰臣传》及其分甲、乙编,就是彰显了清朝统治者对汉文化尤其是儒家文化忠君思想的继承和认同,并以此区分贰臣与"忠义"的标准,也深刻表明文化认同在这一时期已经更加深入。

康熙朝至乾隆初期,官方并未平反多尔衮案。[①]直至乾隆三十八年(1773),乾隆帝下诏曰:"睿亲王多尔衮摄政有年,威福自专,殁后,其属人首告,定罪除封。第念定鼎之初,王实统众入关,肃清京辇,檄定中原,前劳未可尽泯。今其后嗣废绝,茔域榛芜,殊甚悯恻。交内务府派员善葺,并令近支王公以时扫祭。"[②]显然,乾隆帝充分肯定了多尔衮定鼎中原之功,由于多尔衮无子,豫亲王子多尔博为其继子,多尔衮案发后,顺治帝下令其继子归宗。因此,至乾隆朝,多尔衮墓日渐杂草丛生,乾隆帝下令内务府予以修葺,并令近支王公定时扫祭。这其实也是带有试探性口吻,为后来彻底为多尔衮案平反扫清了道路。乾隆四十三年(1778)正月,乾隆帝再次下诏,为多尔衮"谋逆"说进行彻底平反。[③]后来,还下诏豫亲王多铎配享太庙。乾隆帝为诸王平反的目的不言自明,彻底解决清初诸多案件,充分肯定多尔衮等定鼎中原之功,同时也为进一步嘉奖明末清初的忠义人物扫清障碍,而对那些所谓出处上"失节"者,则不惜严厉鞭挞,决不宽恕和原谅。

---

① 顺治七年(1650)十二月,摄政王多尔衮病逝,清廷给予的谥号"懋德修道广业定功安民立政诚敬义皇帝",庙号为成宗。大臣纷纷上书告发多尔衮,随即掀起了反多尔衮的浪潮,顺治帝随即下诏,夺爵定罪,撤出庙享,罢其母"孝烈恭敏献哲仁和赞天俪圣武皇后"谥号,没收多尔衮财产,充入内廷,下令继子归宗,并肃清与多尔衮有关联的刚林、祁充格等人,处以死刑。

② 赵尔巽等:《多尔衮传》,《清史稿》卷二百十八,中华书局1977年版,第9032页。

③ 赵尔巽等:《多尔衮传》,《清史稿》卷二百十八,中华书局1977年版,第9032页。

文化认同视角下的清代《明史》修纂研究

乾隆四十年（1775）十一月，乾隆帝十分严厉地苛责钱谦益、金堡、屈大均贪生怕死，腼颜苟活，强调他们若能以死殉国，则当在旌表之列，他们既不能舍命殉国，还借语言文字粉饰其偷生，实属"进退无据"之辈。他在上谕中说：

> 至钱谦益之自诩清流，腼颜降附；及金堡、屈大均辈之幸生畏死，诡托缁流，均属丧心无耻。若辈果能死节，则今日亦当在予旌之列。乃既不能舍命，而犹假语言文字，以图自饰其偷生，是必当明斥其进退无据之非，以隐殛其冥漠不灵之魂。一褒一贬，衮钺昭然，使天下万世共知，予准情理而公好恶，以是植纲常，即以是示彰瘅。凡诸臣事迹之具于《明史》及《通鉴辑览》者，宜各征考姓名，仍其故官，予以谥号，一准世祖时例行，其令大学士、九卿、京堂、翰詹、科道集议以闻。①

乾隆帝在谕文中对明末死节诸臣予以褒奖，而对尚未死节降清者和逃禅为僧者一一概予以贬斥，尤其将钱谦益降清与金堡、屈大均逃禅相提并论，认为他们如能死节，应在表彰之列，痛斥他们贪生怕死，腼颜苟活，尤借语言文字，以自饰其偷生，一褒一贬之间，目的在于扶植君臣"纲常"，强调臣子忠于君主的儒家纲常伦理。对此，赵园在《明清之际士大夫研究》中说：

> 尤可怪者，是对于"失节"持论严厉绝不宽贷的，首推清朝皇帝。乾隆命史馆编明降臣刘良臣等百二十余人为"贰臣传"且"圣谕"至二至三，倒真的像是在代"亡明"复仇；至于以金堡、屈大均、钱谦益并提，将"遁迹缁流"与"身事两朝"一例看待，均斥之为"不能死节腼颜苟活"，则真不知何所据而云然。屈氏诗文之"悖逆"或属事实，而罪其"不能死节"，实在是别出心裁，

---

① 《清实录·高宗纯皇帝实录》卷九百九十六，中华书局1986年版，第317—318页。

第四章 《明史》修纂过程中对清朝文化认同的阐述

持论较士夫更苛，且苛到莫名所以。①

乾隆中后期对明末清初的抗清义士或"殉节"之士予以重新评价，赐予"节愍"等谥号，褒奖忠义，鼓励士风。如，孙嘉绩，字硕肤，浙江余姚人，明大学士孙如游之孙，崇祯十年（1637）进士，初授南京工部主事，后改兵部主事，不久升任职方员外郎。据《大清一统志》卷二百二十七记载："中官高起潜求世荫，嘉绩格之。起潜乘间进谗，下狱。时黄道周亦下狱，嘉绩力为调护，因徒受《易》。后刑部尚书徐石麟具爰书奏，乃释。鲁王航海从至舟山而死。"② 孙嘉绩被高起潜陷害下狱，经徐石麟营救被获释，后随鲁王至舟山而死。乾隆四十一年（1776），赐谥"节愍"。③ 乾隆帝此举显然对清初官方对忠义人物评价上的逆转。据《清史稿·高宗本纪五》载：

> （乾隆四十一年）十一月甲申，命《四库全书》馆详核违禁各书，分别改毁。谕曰："明季诸人书集词意抵触本朝者，如钱谦益等，均不能死节，妄肆狂狺，自应查明毁弃。刘宗周、黄道周立朝守正，熊廷弼材优干济，诸人所言，若当时采用，败亡未必若彼其速，惟当改易字句，无庸销毁。又直臣如杨涟等，即有一二语伤触，亦止须酌改，实不忍并从焚弃。"④

乾隆帝下令改毁触犯清朝的违禁书籍，其出发点是为了维护清廷的统治，但其实是一种对文化典籍的摧残，在思想领域内的严厉控制，严重损害了学术风气和文化自由发展。乾隆四十一年（1776），下令严格区分《四库全书》应刊、应钞、存目之书。同时，对明末清初学人如钱谦益、屈大均等人予以严厉的批判，严禁将其书收入《四库全书》，并下令一律予以禁毁。

---

① 赵园：《明清之际士大夫研究》，北京大学出版社1999年版，第37页。
② 《大清一统志》卷二百二十七，《四库全书》本。
③ 穆彰阿等：《嘉庆重修一统志·绍兴府》，《四部丛刊》本。
④ 赵尔巽等：《高宗本纪五》，《清史稿》卷十四，中华书局1977年版，第507页。《四库全书》对钱谦益文字禁毁较为彻底，关键是乾隆帝以"失节"为准绳而大肆诋毁钱谦益文章，出现了"因人废言"的严重现象。

文化认同视角下的清代《明史》修纂研究

乾隆帝在《观钱谦益〈初学集〉因题句》："平生谈节义，两姓事君王。进退都无据，文章那有光？真堪覆酒瓮，屡见咏香囊。末路逃禅去，原为孟八郎。"① 与对钱谦益的严苛评价相反，乾隆帝对刘宗周、黄道周、熊廷弼、王允成、叶向高诸人则给予一些宽容，认为他们的著述牵涉明末丧乱的缘由，足资考镜，凡其著述中涉清朝忌讳之处加以改易，无须销毁。将杨涟、左光斗、李应升、周宗建、缪昌期、赵南星、倪元璐诸人著述依此类推，修改触犯清朝忌讳之处，肯定他们"各为其主"的忠君原则。②

乾隆四十四年（1779）十一月十八日，闵鹗元奏请："各省郡邑志书内，如有登载应销各书名目及悖妄著述人诗文者，请一概俱行铲削。"得到乾隆帝允许，遂发布上谕，要求各省严查省府州县志书内存留钱谦益、屈大均、金堡等人诗文或事迹，下令详细查明，并予以奏毁。据张书才主编：《纂修四库全书档案》之"寄谕各省督抚将志乘所载应禁诗文及著者事实书目概行删节"：

> 大学士于（敏中）字寄各省督抚，乾隆四十四年十一月二十四日奉上谕：据闵鹗元奏各省郡邑志书内，如有登载应销各书名目及悖妄著书人诗文者，请一概俱行铲削等语。所奏甚是。钱谦益、屈大均、金堡等所撰诗文，久经饬禁，以裨世教而正人心。今各省郡邑志书，往往于名胜、古迹编入伊等诗文，而人物、艺文门内并载其生平事实及所著书目，自应逐加芟削，以杜缪妄。至从前各省节次缴到应毁书籍，经朕发交馆臣覆勘，奏定应行毁销者，俱经该馆陆续咨行各省，自可遵照办理。著传谕各督抚，将省志及府州县志书悉心查核，其中如有应禁诗文而志内尚复采

---

① 《御制诗集三集》卷八十七，《四库全书》本。下小注云："禅宗以不解真空妙有者，为孟八郎。"

② 《圣谕》，《四库全书总目》卷首一。另，查《乾隆四十八年销毁书目》记杨涟被禁之书：《杨忠烈公遗集》，禁毁缘由为："系明杨涟所撰奏疏等文，现存三册。查此书内语涉干碍，应毁。"（《清代档案史料丛编》本，第259页。）

第四章 《明史》修纂过程中对清朝文化认同的阐述

录并及其人事实书目者，均详悉查明，概从芟节，不得草率从事，致有疏漏。钦此。①

于是，各省官员开始彻查地方志书内记载应禁诗文及著者事迹书目的情况，凡有记载或涉及之处，则一律予以抽毁。此外，四库馆诸臣议定《查办违碍书籍条款》九则，其中规定钱谦益、吕留良、金堡、屈大均等所著之书，应一律禁毁，因人废言。而对抄录其诗文词者，则遵照谕旨而行，将涉及其文字部分抽毁，于原板内铲除，但仍存各书。郭伯恭在《四库全书纂修考》中依据抄本《禁书总目》抄录如下：

> 钱谦益、吕留良、金堡、屈大均等，除所自著之书，俱应毁除外；若各书内，有载入其议论，选及其诗词者，原系他人采录，与伊等自著书不同，应遵照原奉谕旨，将书内所引各条，签明抽毁，于原板内铲除，仍各存其原书，以示平允。其但有钱谦益序文，而书中并无违碍者，应照此办理。②

查《乾隆四十八年销毁书目》凡涉及钱谦益文字而被销毁的著述有：《徐忠烈公遗集》一本，销毁原因是该书卷首收入钱谦益文，"系明海盐徐从治撰。因篇首有钱谦益墓志铭，应毁"③。又《冯默庵诗文稿》一本，销毁原因为收入钱谦益序文，"系明末冯舒撰，因有钱谦益序，应毁"④。赵园在《明清之际士大夫研究》中说："在士人看来，更为可惧的，应是禁书及'改毁'。被禁绝声音，在以'言'为重要存在形式的士人，几等于死。文字狱与公然的'禁'是'消灭'；'改毁'则是'修改历史'。由存史的角度看，后者的恶果或更有甚于前者。……至于不待他人刊落、当局抽毁，本人动手

---

① 张书才主编：《纂修四库全书档案》，上海古籍出版社1997年版，第1129页。
② 郭伯恭：《四库全书纂修考》，岳麓书社2010年版，第26页。
③ 见《乾隆四十八年销毁书目》，中国第一历史档案馆编：《清代档案史料丛编》（第7辑），中华书局1980年版，第258页。
④ 见《乾隆四十八年销毁书目》，中国第一历史档案馆编：《清代档案史料丛编》（第7辑），中华书局1980年版，第258页。

削板使'铁'者，也大有人在。"① 由此看来，钱谦益著述不但遭受禁毁，而且其他著述中收录其有关文字者也一并牵连，更有甚者为避免触犯忌讳，主动删除与钱谦益有关的文字。

乾隆帝与沈德潜在诗文上相互切磋，君臣相得甚深。乾隆十三年（1748），沈德潜以年老自请退职归里，乾隆帝准予其致仕。沈德潜在归里前，请乾隆帝为其《归愚集》作序。乾隆帝在《故礼部尚书衔原侍郎沈德潜》一文中说明他应允作序的原因说："德潜早以诗鸣，非时辈所能及。余耳其名已久，频年与之论诗，名实信相副。笑俞所请，因云非常之人，然后有非常之遇。德潜受非常之知，而其诗亦今世之非常者，故以非常之例序之，盖异数也。"② 乾隆帝应其请，撰《沈德潜〈归愚集〉序》中称：

> 沈德潜将锓其《归愚集》，前稽首而请序。且曰："人臣私集，自古无御序例，第受特达之知，敢侍宠以请。不即望序，或训示数语可乎？"德潜老矣，怜其晚达而受知者，惟是诗，余虽不欲以诗鸣，然于诗也，好之，习之，悦性情以寄之，与德潜相商榷者有年矣。兹观其《集》，故乐俞所请而序之……夫非常之人，然后有非常之遇，德潜受非常之知，而其诗亦今世之非常者，故以非常之例序之。③

可见，乾隆帝特别赏识沈德潜在诗文方面的造诣，二人在诗文方面多有交流，且令其教授皇子读书，乾隆帝欣然接受其请求而作序。乾隆十九年（1754），沈德潜开始选编《国朝诗别裁集》（后改名《清诗别裁集》），至乾隆二十二年（1757）完成，乾隆二十三年（1758）初刻。后又在初刻本的基础上，改错讹，补缺略，至乾隆二十五年（1760），有教忠堂重刻本，共三十六卷。乾隆二十六年（1761），乾隆帝下令南书房诸臣将《国朝诗别裁

---

① 赵园：《明清之际士大夫研究》，北京大学出版社1999年版，第236页。
② 《御制诗集四集》卷五十九，《四库全书》本。
③ 《御制文集》卷十一，《四库全书》本。沈德潜：《归愚诗钞》二十卷，清乾隆十六年刻本。

第四章 《明史》修纂过程中对清朝文化认同的阐述

集》收录的钱谦益、龚鼎孳、吴伟业、陈之遴、周亮工、屈大均、吴炎、吴兆骞、侯方域、冒襄等人诗文删去，并下令重新刊刻，改为三十二卷。据《御制文集》卷十二《沈德潜选〈国朝诗别裁集〉序》，乾隆帝一改往日的极尽赞美之词，而对沈德潜《国朝诗别裁集》中选钱谦益、龚鼎孳、吴伟业、戴名世等人诗文提出严厉批评，还下令抽毁后，重新刊刻。乾隆帝在《沈德潜选〈国朝诗别裁集〉序》文中说：

> 沈德潜选国朝人诗，而求序以光其集。德潜老矣，且以诗文受特达之知，所请亦无不允，因进其书而粗观之，列前茅者，则钱谦益诸人也。不求朕序，朕可以不问；既求朕序，则千秋之公论系焉，是不可以不辨。夫居本朝而妄思前明者，乱民也，有国法存。至身为明朝达官，而甘心复事本朝者，虽一时权宜，草昧缔构所不废，要知其人，则非人类也！其诗自在，听之可也，选以冠本朝诸人则不可，在德潜则尤不可。且诗者何？忠孝而已耳。离忠孝而言诗，吾不知其为诗也。谦益诸人为忠乎？为孝乎？德潜亦深知此义。今之所选，非其宿昔言诗之道也，岂其老而耄荒，子又不克家，门下士依草附木者流，无达大义具巨眼人捉刀所为，德潜不及细检乎？此书出，则德潜一生读书之名坏，朕方为德潜惜之，何能阿所好而为之序！又钱名世者，皇考所谓名教罪人，是更不宜入选；而慎郡王则朕之叔父也，虽诸王自奏及朝廷章疏署名，此乃国家典制，然平时朕尚不忍名之。德潜本朝臣子，岂宜直书其名？至于世次前后倒置者，益不可枚举。因命内廷翰林为之精校去留，俾重锓板以行于世，所以栽培成就德潜也，所以终从德潜之请而为之序也。乾隆二十有六年岁在辛巳仲冬月御笔。①

---

① 《御制文集》卷十二，《四库全书》本。另，慎郡王为康熙帝第二十一皇子慎靖郡王胤禧，雍正帝异母弟，雍正即位后，为避讳，将胤改为允字排行，又称允禧。

文化认同视角下的清代《明史》修纂研究

乾隆帝认为沈德潜《国朝诗别裁集》中所收钱谦益、吴伟业、戴名世、钱名世等人诗有悖大义，下令将诸人诗文抽毁后校勘，重新编排刊刻。随后，沈德潜与翰林官一起，遵照乾隆帝旨意，删除上述诸人的诗文，代之以满族权贵歌功颂德之诗文，修改后重新刊刻，充分体现出乾隆中后期文化专制政策带来的影响。①乾隆四十三年（1778）九月，徐述夔之子刊刻其父《一柱楼诗集》，乾隆帝发现其中有"悖逆"之语，下令彻查与之相关人员及情况。由于查出沈德潜曾为徐述夔作传，乾隆帝认为沈德潜"忘国，庇逆臣"，及其诗中亦有逆词，还收录为皇帝代笔之诗文，触怒乾隆帝。对此，乾隆帝作了一番反省和说明处理沈德潜的缘由，他在《故礼部尚书衔原侍郎沈德潜》一文中说：

> 戊戌（乾隆四十三年）秋，徐述夔逆词案发，沈德潜曾为作传，称其品行文章皆可法，直视悖逆诗句为泛常，转欲为之记述流传，则良心澌灭尽矣。使其身尚在，获罪不小，虽已死，亦不可竟置不论，因下廷臣议，佥云应削夺所有阶衔、祠祀，并仆其墓碑，以为众戒。并从之。今作怀旧诗，仍列词臣之末，用示彰瘅之公，且知余不负德潜，而德潜实负余也。②

由此可以看出，乾隆帝对钱谦益、吕留良、屈大均、金堡以及戴名世、王锡侯、尹嘉铨、徐述夔诸人的著述彻查非常严厉，对沈德潜《国朝诗别裁集》中选钱谦益、吴伟业、戴名世等诗文尤其不满，予以大肆鞭挞，下令抽毁，重新编排后刊刻。从上文可知，乾隆时期"文字狱"的彻底性及残酷

---

① 按，沈德潜等选编《清诗别裁集》（上海古籍出版社2013年版）以乾隆二十五年（1760）教忠堂刊本为底本，摒弃了沈德潜晚年重刻本。该书卷一以钱谦益诗作为清诗之冠，同时，还收录了吴伟业、戴名世、钱名世、龚鼎孳、陈之遴、周亮工、屈大均、吴炎、吴兆骞、侯方域、冒襄等人诗文，基本上反映出清初诗坛的面貌。至乾隆中后期，乾隆帝大肆挞伐以上诸人，并代之以"因人废言"，全面、彻底地禁毁以上诸人著述及与之相关的文字，致使诸人著述及文字没有在《四库全书》中存留，也为沈德潜死后的遭遇埋下了伏笔。在经历了清廷严禁文字风波之后，沈德潜等选编《清诗别裁集》三种刻本都有幸留存下来，而属教忠堂刊本价值最高。

② 《御制诗集四集》卷五十九，《四库全书》本。

第四章 《明史》修纂过程中对清朝文化认同的阐述

性,严重影响了学术文化的自由、正常发展。徐述夔及其子徐怀祖已死,都遭戮尸惩处,其家族成员一并受惩罚。

从清初至中叶,随着清朝统治的逐步巩固,文化认同进一步深化,汉族士子已然认同清朝的统治。可是,乾隆帝在重新清理明清易代之际的历史及人物评价的过程中,按照忠义史观的评价标准,在修《四库全书》时,掀起了全国范围内的"违碍"书籍的彻查工作,并下令予以禁毁、抽毁、刊削等措施,对文化典籍的严重摧残及对后来清朝统治由盛转衰,有不可推卸的责任。

第五章 《明史》修纂方式所反映的清朝文化认同观念

中国古代素有易代修史的传统，新朝迫切需要总结胜朝亡国的历史经验教训，以此作为新朝立国之借鉴，同时彰显新朝政权享有"正统"地位，为新朝的统治找到合法性理论依据。但是，新朝与胜朝之间总有一些历史的纠葛，新朝一旦掌握了统治权，在一定程度上也就拥有了对胜朝历史褒贬的话语权。自唐朝以来，官修史书一般由重臣宰相任监修，可见皇帝对官修史书的高度重视。清代官修《明史》在监修的任命上，略显不同，清朝刚入关不久，在官修史书等方面没有实际经验可言。顺治二年（1645），开馆纂修《明史》，任命内三院大学士冯铨、洪承畴、李建泰、范文程、刚林、祁充格为《明史》总裁；任命以詹霸、赖衮、伊图、宁完我、蒋赫德、刘清泰、李若琳、胡世安、高尔俨、陈具庆、朱之俊为《明史》副总裁；以郎廷佐、图海、罗宪汶、刘肇国、胡统虞、成克巩、张端、高珩、李奭棠为《明史》纂修官。随后又陆续增入人员参与修撰。[①] 顺治七年（1650），刚林、祁充格因多尔衮案受牵连，被处以死刑。冯铨、洪承畴系降清之人，修史非其所

---

① 为避免重复赘述，关于顺治、康熙、雍正、乾隆初《明史》修纂人员，可详细参考笔者《官修〈明史〉的幕后功臣》附录一。

第五章 《明史》修纂方式所反映的清朝文化认同观念

长,由于时局多变,任非其人,此期《明史》修纂成果寥寥。徐元文,顺治十六年(1659),中状元。康熙十八年(1679)十一月,补授内阁学士和《明史》监修,开局纂修《明史》,随后《明史》修纂经历康熙朝、雍正朝至乾隆初,殿本《明史》刊刻颁行,至四库本《明史》成书,在历代官修史书中历时最长,参与人数达两百余人。本章以文化认同为视角探讨《明史》修纂过程中,涉及的重大问题的讨论及论争,进一步探究《明史》编纂活动与社会政治之间的密切关系。清代官修《明史》在文化认同或史学传统的继承方面,主要体现在以下四个方面。

一、史书体例的继承性

易代修史作为中国古代的一项优良传统,一方面,由于时代较近,很有必要总结前朝兴亡的经验教训,为新朝统治提供历史借鉴;另一方面,从政治上宣布前代已成为历史,前朝"正统"(国祚、天命)已转移到新朝,彰显史学与社会政治之间的密切关系。司马迁《史记》创立纪传体通史体裁,分为本纪、书、表、世家、列传五部分。后来,班固《汉书》改为纪传体断代史,取消世家,归入列传;改书为志,分为本纪、表、志、列传,被后世史家奉为圭臬,奠定了纪传体皇朝史作为中国古代史书中最正规、最重要的地位。唐朝史学评论家刘知幾在《史通》中说:"如《汉书》者,究西都之首末,穷刘氏之废兴,包举一代,撰成一书。言皆精练,事甚该密,故学者寻讨,易为其功。自尔迄今,无改斯道。"[1]从唐朝伊始,纪传体断代史作为易代修史首选的体裁,历经朝代的变迁,集结为二十四史。《明史》作为"二十四史"的最后一部,在继承其他史书体例优点的同时,也有一定的创新,较为全面地反映明代历史。

史馆诸公讨论扬榷前代史书体例,目的就是为《明史》体例提供依

---

[1] (唐)刘知幾:《六家第一》,《史通》卷一,《四库全书》本。

据,从而避免自己的主张触犯清廷忌讳,为自己的论说提供合理依据。顺治十一年(1654),汤斌上《陈史法以襄文治疏》一文,① 对《明史》修纂提出了一些建议:第一,提出"立法宜严,取材贵备",《明实录》未足为据。如,明成祖发动靖难之役,夺得帝位后,命史臣重修《实录》,史臣于低昂高下之间,记载难以如实客观。尤其对靖难之役、建文易号的记载,恐多掩饰失实,难以为凭。其他如土木堡之变、大礼议,因史事多涉及忌讳,也难以为据。况天启以后,《实录》无存,修史何所依据?第二,指出明代二百七十余年,英贤辈出,"有身未登朝而懿行堪著,或名仅闾巷而至性可风,万一輶轩未采,金匮失登,姓氏无传,何以发潜德之光?"前代史书中,隐逸、独行、孝友、列女传事迹,《实录》多所未备者,修史应广搜博采。第三,史书中凡涉天文、地理、律历、河渠、礼乐、兵刑、艺文、财赋以及公侯将相,"为志为表,不得其人,不历其事,不能悉其本末原委。"应该趁着故老犹存,遗书未烬,广开献书之赏,下令广泛购求明代遗书,凡先儒著述中有关史事可信者,予以参考,《明史》才能做到"庶几道法明而事辞备矣"。第四,赞赏清初官方表彰范景文、倪元璐、刘理顺诸臣之举,同时进一步提出对明末清初死节、殉国诸人进行表彰,敕令各省督抚广泛搜集资料,与范景文、倪元璐等一同记入《明史》,褒扬殉节死难之人的忠义事迹,"发潜德之幽光"。然后,汤斌在论证其观点时,汲取前代史书的优劣予以说明:欧阳修《新五代史》不为韩通列传,为后世所讥;而《宋史》不讳文天祥、谢枋得之忠,《元史》记载丁好礼、普颜不花之事迹,为古今人所赞赏,随后引出《明史》应该仿照《宋史》《元史》之例,对明末死节、殉国诸人进行记载,敕令各省督抚广泛搜集资料,上缴史馆,以劝勉世道人心,颁布宽宥之诏书,以免史官的后顾之忧。同时,汤斌还进一步指出明末清初死节、死事诸臣,"此与海内混一,

---

① 汤斌:《陈史法以襄文治疏》,《汤子遗书》卷二,《四库全书》本。

第五章 《明史》修纂方式所反映的清朝文化认同观念

窃名叛逆者，情事不同"。他说：

> 明末寇氛既张，蹂躏数省。或衔命出疆，或授职守土，或罢官闲居，或至布衣之士、巾帼之妇，其间往往有抗节不屈、审义自裁者。幸遇皇上扶植人伦，发微阐幽，而忠魂烈节犹有郁郁寒泉之下者，则后世何劝焉？伏乞敕下各地方督抚，确访奏闻，并将实迹宣付史馆，与范、倪诸臣并例同书，则阐幽之典愈为光昭矣……然元二年间，亦有未达天心，徒抱片节硁硁之志，百折靡悔，虽逆我颜行，有乖倒戈之义，而临危致命，实表岁寒之心。此与海内混一，窃名叛逆者，情事不同。伏望皇上以万世之心为心，涣发纶音，概从宽宥，俾史臣纂修，俱免瞻顾。①

汤斌深刻地认识到史书发挥的社会功能，他说："窃惟史者，所以昭是非，助赏罚也。赏罚之权行于一时，是非之衡定于万世。"因此，他不怕触犯清廷忌讳，在疏文中大胆建议在《明史》中广泛褒奖明末清初殉节死难者，极力褒扬他们的忠义思想，目的就是为史官修史免除后顾之忧，同时也不失为缓和满、汉矛盾的一剂良方。汪琬在《工部尚书充经筵讲官汤公墓志铭》中谈及汤斌建议修史对明末清初抗节死事诸人的书法问题，不能一律记载为"叛"。②另外，姜宸英在《工部尚书睢阳汤公神道碑》一文中记载："甲午（顺治十一年），授检讨。时议修《明史》。上言宜依《宋》《辽》《金》《元》史例，录南渡后死事诸臣。执政诧其言。疏上，夜半，传旨召至南苑，人皆为公惧，乃世祖皇帝顾与温语。移时，不以为罪也。"③但这一时期由于现实政治的因素，汤斌建议不可能得到采纳。直至乾隆中后期，乾隆帝开始大规模地褒扬明末清初殉节死难的忠义人物，才得到官方认同。值得注

---

① 汤斌：《陈史法以襄文治疏》，《汤子遗书》卷二，《四库全书》本。
② 汪琬：《工部尚书充经筵讲官汤公墓志铭》，《尧峰文钞》卷十四，《四库全书》本。
③ 姜宸英：《工部尚书睢阳汤公神道碑》，《湛园集》卷五，《四库全书》本。

意的是，崇祯十五年（1642），农民起义军攻克河南睢州之时，汤斌之母赵氏不屈被杀。顺治十七年（1660），汤斌将其母殉节始末上奏。顺治帝因为念及汤斌学问渊博，地位显贵，追封其母为"太恭人"，并允许在其家乡睢州立牌坊，旌表其节。随后，康熙十八年（1679），汤斌再次以"鸿博"身份入史馆，纂修《明史》。汪琬撰写《睢州汤烈妇旌门颂并序》记其在顺治十七年（1660），巡按河南御史臣粹然与其谈及汤斌之母殉节事，随后至康熙十八年（1679），汪琬与汤斌同为史官，汤斌将其母殉节死难事迹详细告知汪琬，希望将其母事迹载入《明史》。汪琬在文中称：

> 顺治十七年，巡按河南监察御史臣粹然言："睢州诸生汤祖契妻赵氏，值明末李自成之乱，贼入祖契家，挺刃劫氏，将驱之出。氏厉声呵曰：'国家何负于若？乃至屠割民人，裸辱女妇，天诛将降，行见磔，若曹肉馁饲犬彘，曾不愍死。尚敢以刀锯胁我！'贼大怒，遂刃之以死。"……越康熙十八年，氏子侍讲某暨琬俱职禁林，具述其母节死始末。惟我世祖章皇帝诞受天命，甫定鼎宅土于燕，即谕臣僚博求明末死事诸臣，凡得二十有三人，赠官赐谥有差，与古之释囚、封墓者，信无异焉！盖兴王尊崇义烈，甚隆甚渥，于以作新臣，庶变易憸偷，创国规模莫先于此。然则氏之得与褒宠，岂不宜哉？琬忝史官，幸得厕某之后，以文字为职。不揣固陋，敢造旌门颂一章，授某镌诸乐石，垂示永永。①

汪琬在文中高度赞扬其母殉节死难事，汤斌之母事迹已经载入《明史·列女传》。另外，雍正年间，王士俊等修《河南通志》，记载更为详细："汤祖契妻赵氏，睢州人，明崇祯壬午流贼寇归德，势及睢。氏先命子斌从伯父贽皇读书北郭外，斌依依不忍去，辄叱遣之。已而，睢城果陷，急语祖契，负其姑，匿芦荻中，获免。氏遂投缳，家人解之，复从井，井水浅，又

---

① 汪琬：《睢州汤烈妇旌门颂并序》，《尧峰文钞》卷三十七，《四库全书》本。另，镌：雕刻之意。

第五章 《明史》修纂方式所反映的清朝文化认同观念

出之。氏怒曰：'我累世名门，义不苟全。'言未毕，贼已至，环刃相向，氏大骂不绝口，遂遇害。后以子斌贵，赠太恭人，顺治十七年旌表。"①（乾隆）《大清一统志》卷一百五十五记载，抄录自《明史》和（雍正）《河南通志》。可见，史书记载的内容，有时也成为志书主要取材来源，体现出史志编纂之间的密切关系。此外，许多纂修官纷纷提出自己对《明史》体例的看法。②如潘耒提出："先生谓有明三百年，史事繁委。宜博采而精于考证，分任而一其义例，秉笔严而论平，岁月宽而帙简。遂作《议》以上，总裁然之。令撰《食货志》而兼订他纪传自洪武及宣德五朝，具有成稿。"③潘耒为早期《明史》顺利开展亦作出了重要贡献。

《修史条议》中对于《明史》本纪、志、表、传各部分承担的功能及记载的内容繁简等问题，予以特别强调和说明：

> 史之有志，所以纪一代之大制度也。如，郡县之沿革、官职之废置、刑罚之轻重、户籍之登耗以及于兵卫修废、河槽通塞、日食星变之类，既详列于《志》，不得复入《本纪》。本纪之体，贵乎简要。《新唐书》文求其省，失之略。《宋》《元》史事求其备，亦失之繁。斟酌乎二者之间，务使详略适宜，始惟尽善。今惟大典、大政登诸《本纪》；其他宜入《志》者，归之于《志》；宜入《表》者，归之于《表》；宜入《传》者，归之于《传》，则事简而文省矣。前史具在，尚其折衷。④

强调史书中的《志》专门记载一代之大制度，包括郡县沿革、官职废置、刑罚轻重、户籍增减以及兵卫修废、河槽通塞、日食星变之类，既然详载于《志》，则不得复入《本纪》。《本纪》之体，贵在简要，详略得当；"其

---

① 王士俊等：（雍正）《河南通志》卷六十七，《四库全书》本。
② 参见笔者《清官修〈明史〉的幕后功臣》相关论述。
③ 沈彤：《征仕郎翰林院检讨潘先生行状》，《果堂集》卷十一，《四库全书》本。
④ 刘承干辑：《徐健庵〈修史条议〉》，《明史例案》卷二，吴兴刘氏嘉业堂刊本。

他宜入《志》者，归之于《志》；宜入《表》者，归之于《表》；宜入《传》者，归之于《传》"。《明史》在体例上，充分汲取前史的优点。史官纷纷上书监修、总裁，他们纵论前代史书体例得失，充分汲取前代史书体例上的优点，并结合明代历史实际，在体例方面提出自己的独到看法。明代只有《实录》、野史及家乘。明万历以后，野史尤其混杂，真伪莫辨，而崇祯朝无《实录》，修史最难，莫难于万历之后。顾炎武也认识到修史之难，莫难于万历以后史料缺失，众说纷纭，是非难以论定。因此，建议其外甥徐元文《明史》修纂以明代邸报为基础，粗具草稿，以待后人，效仿刘昫《旧唐书》即可。他在《又与公肃甥书》中说：

> 窃意此番纂述，止可以邸报为本，粗具草稿，以待后人，如刘昫《旧唐书》可也。（唐武宗以后无实录。）忆昔时邸报至崇祯十一年方有活板，自此以前，并是写本。而中秘所收，乃出涿州之献，岂无意为增损者乎？访问士大夫家，有当时旧钞，以俸薪别购一部，择其大关目处略一对勘，便可知矣……今日作书，正是刘昫之比，而诸公多引洪武初修《元史》故事，不知诸史之中《元史》最劣，以其旬月而就，故舛谬特多……惟是奏章是非同异之论，两造并存，而自外所闻，别用传疑之例，庶乎得之。此虽万世公论，却是家庭私语，不可告人，以滋好事者之腾口也。①

如上文所知，顾炎武还建议，修史须仔细校勘邸报真伪，他指出明代邸报在崇祯十一年（1638）以前都为写本，数量流传有限，崇祯十一年（1638）之后，邸报才有活板，流传数量增多。明代秘府所藏邸报，多为冯铨所献，而冯铨可能有意对此增损，访问士大夫家，有用旧钞俸薪别购有一

---

① 顾炎武著，华忱之点校：《又与公肃甥书》，《亭林文集》卷三，收入《顾亭林诗文集》，中华书局 1959 年版，第 54—55 页。另，考顾炎武去世后，其弟子刊刻其诗文稿，但因怕触犯清廷忌讳而对其诗文进行删削、修改，所刻之书未为全本。后来，中华书局出版的《顾亭林诗文集》应是收录顾氏诗文最全之本。顾炎武因避仇人的陷害，曾使用过蒋山佣的名字，学者称为亭林先生。因此《蒋山佣残稿》三卷，为顾炎武所著无疑。

266

第五章 《明史》修纂方式所反映的清朝文化认同观念

部,建议选择其中之大略,将之予以校勘,便可知邸报真伪与否。同时,顾炎武还针对《元史》之不足之处,建议修史不宜速成,略具草稿以待后人。关于明末典籍如孙承泽《崇祯事迹》(又名《山书》)、张岱《石匮书后集》、文秉《烈皇小识》,崇祯朝事迹多赖之以存。孙承泽所撰《山书》,录章奏和邸报较多,为修史提供了丰富的史料来源。康熙十八年(1679),总裁令史官万言、汪霖等六人,负责《崇祯长编》的编纂工作,以供修史之参考。对此,朱彝尊建议汲取(宋)李焘《续资治通鉴长编》的优点,提出编纂《崇祯长编》时也要"宁失于繁,勿失于略"的思想,提出《崇祯长编》的编纂仅依据邸报,则是非何以明?同异何以别?挂一漏万,失李焘之体例。他主张广泛参考资料,无妨众说并陈,草创讨论而会于一。他在《史馆上总裁第七书》中说:

> 《明史》成书,莫难于万历之后,稗官踳驳,是非易以惑人。至崇祯一朝无实录,依据尤难措手。日者,阁下选同馆六人,先纂《长编》,可谓得其要矣。《长编》成于李焘,其旨宁失于繁,勿失于略。故国史官文书而外,家录、野纪靡不钩索,质验旁互而参审焉。无妨众说并陈,草创讨论而会于一。今则止据十七年邸报,缀其月日,是非何以明?同异何以别?挂一而漏万,失焘之体例矣。家录、野纪虽未足尽凭,然亦当错综铨次,而后是非不可揜,本末具见。阁下奚不取诸史馆四方所上之书,凡涉崇祯朝事,俾纂修者一一穿联之。①

由此可见,清官修《明史》历经近百余年时间,在二十四史中当属历久难成之书。康熙二十三年(1684)史馆确定了《修史条议》六十一条,用来指导《明史》修纂的纲领性文件。康熙四十五年(1706)之后,王鸿绪以一己之力审订《明史》时,又对之前制定的《修史条议》有所依违,其所制

---

① 朱彝尊:《史馆上总裁第七书》,《曝书亭集》卷三十二,《四部丛刊》本。

267

文化认同视角下的清代《明史》修纂研究

定的《史例议》,体现其审订史稿的宗旨和思想。继而雍正至乾隆初年,张廷玉等监修《明史》时,又对《修史条议》、王鸿绪《史例议》折中的同时,也有一定的依违,这表明清代官修《明史》过程中指导思想上的变化。如,雍正年间,史官杨椿建议《明史·地理志》仅记有明一代,无须兼顾前代。他在《上一统志馆总裁书》中说:"椿往在《明史》馆,见徐公所撰《地理志》,建置沿革亦繁。请于总裁朱公曰:'志为《明史》之志,宜纪明一代之事,宋元前可不必',朱公深以为然。"① 清代官修《明史》在体例上在继承前史体例的同时,也兼顾明代历史的特殊性,因而在《明史》纪、志、表、列传方面也有创新,目的在于充分彰显史学的社会借鉴功能。对此,《四库全书总目》卷四十六在《明史》体例方面的创新,给予高度的评价:

> 其间诸志,一从旧例,而稍变其例者二:《历志》增入各图,以历生于数,数生算,算法之句股面线,今密于古,非图则分刌不明。《艺文志》惟载明人著述,而前史著录者不载。其例始于宋孝王《关中风俗传》,刘知幾《史通》又反复申明,于义为允。唐以来弗能用,今用之也。《表》从旧例者四:曰《诸王》,曰《功臣》,曰《外戚》,曰《宰辅》。创新例者一:曰《七卿》。盖明废左、右丞相,分其政于六部,而都察院纠核百司,为任亦重,故合而七也。《列传》从旧例者十三,创新者三:曰《阉党》,曰《流贼》,曰《土司》。盖貂珰之祸,虽汉唐以下皆有,而士大夫趋势附膻,则惟明人为最夥,其流毒天下亦至酷,别为一传,所以著乱亡之源,不但示斧钺之诛也。闯、献二寇,至于亡明,剿抚之失,足为炯鉴,非他小丑之比,亦非割据群雄之比,故别列之。至于土司,古所谓羁縻州也,不内不外,衅隙易萌,大抵多建置于元,而滋蔓于明,控驭之道,与牧民殊,与御敌国又殊,故自

---

① 杨椿:《上一统志馆总裁书》,《孟邻堂文钞》卷一,嘉庆二十五年杨鲁生红梅阁刊本。

第五章 《明史》修纂方式所反映的清朝文化认同观念

为一类焉。①

从上面引文可知，《明史》体例《志》从旧例，只是稍变其例有二：《历志》增加图；《艺文志》只著录明人著述。《表》从旧例者四：《诸王表》《功臣世表》《外戚恩泽侯表》《宰辅年表》；创新者一，《七卿表》。明洪武十三年（1380），明太祖朱元璋废除宰相，权归六部，而都察院纠核百官，其权至重，故将都察院和六部合为七卿。列传从旧例者十三，创新者三：《阉党传》《流贼传》《土司传》。指出阉党之祸，虽汉唐以下皆有，而明代士大夫之趋炎附势者很多，遂致流毒天下，不可收拾，别为一传，"所以著乱亡之源，不但示斧钺之诛也"。明末农民起义军起，声势浩大，遂致亡明，"剿抚之失，足为炯鉴"。而土司则因其特殊性，故独立为《土司传》。由此可见，《明史》体例既沿用前史体例，同时能在体例上更大程度地囊括明代历史，体现其特殊性，修史目的就是为了突出史学的鉴戒功能，秉承中国古代文化传统，这也充分体现出文化认同在《明史》体例上的表现。后来清朝官修国史，就效仿《明史》，没有设立《道学传》，统归入《儒林传》。

二、史料采择的严谨性

顺治二年（1645），开局纂修《明史》。史馆多次搜集资料，许多明代史料纷纷征入史馆。但从顺治朝至康熙初年，《明史》修纂并没有取得实质性进展。徐乾学上《文治四事疏》，请求康熙帝重开史馆，继续《明史》修纂。他说：

> 胜国之史，成于昭代，以鉴隆污，以垂法戒，所关至巨。世祖时，有诏开局纂修，而发凡起例，尚未之讲。近者，天启、崇祯二朝邸报及稗乘可备采录者，亦既渐集阙下矣。恐久之卷轴磨灭，文献凋零，世远迹湮，无从考究。请敕馆阁儒臣，发金匮之

---

① 《四库全书总目》卷四十六。

藏，分科簪笔，仍旁稽轶籍，广辟宿耆，详慎编摹，勒成信史，斯一代之盛典，光千秋之金镜备矣。①

从上文可以看出，徐乾学首先指出易代修史的目的在于借鉴：分析明代政治盛衰兴替之由，从中总结历史经验与教训，以供借鉴，强调修纂《明史》的重要性和必要性。其次，指出顺治朝虽然已开局修史，但修史工作停滞而没有切实开展。近来，天启、崇祯朝邸报及稗官野史已上缴史馆，唯恐时间长久而卷轴磨灭，文献（档案文献和通晓历史的人）凋零，时代越远，事迹湮没，无从考究。请求康熙帝敕令馆臣，发金匮石室之藏书，分门编纂，旁稽散佚之书籍，广泛聘请通晓宿耆，详细慎重编纂，以便撰成信史，为一代之盛典，"光千秋之金镜备矣"。在《明史》编纂过程，由于对万历、天启、崇祯朝史事忌讳颇多，加上明末史料记载缺略，史馆虽然广泛征集明代史料，但仍然成为清官修《明史》难成的一个重要因素。顺治五年（1648），下诏内、外官员，广泛搜集崇祯朝事迹，汇送礼部，移交内三院，以供史官修史参考。顺治五年（1648）九月庚午："谕内三院：今纂修《明史》，缺天启四年、七年《实录》及崇祯元年以后事迹，著在内六部、都察院等衙门、在外督、抚、镇按及都、布、按三司等衙门将所缺年份内，一应上下文移有关政事者，作速开送礼部，汇送内院，以备纂修。"②强调将天启四年、七年及崇祯元年以后事迹，令内外大小臣工将有关政事者，开送礼部，一一汇送内院，以备《明史》纂修。随后，对于所缺年份资料，还多次下令予以征集。康熙十九年（1680），万言、汪懋麟、乔莱等人编纂《崇祯长编》，以备修史参考。据《续修四库全书提要》之《崇祯长编》残卷（痛史本）说：

不著编者名姓，痛史刊有是书。自崇祯十六年癸未十月至甲

---

① 刘承幹辑：《徐健庵〈文治四事疏之一〉》，《明史例案》卷九，吴兴刘氏嘉业堂刊本。另，隆污：比喻世道盛衰或政治兴替。簪笔：喻指将笔插在头上，以备随时记事，即编纂史书的意思。
② 《清实录·世祖章皇帝实录》卷四十，中华书局1985年版，第321页。

第五章　《明史》修纂方式所反映的清朝文化认同观念

申三月十九日止,近国立中央研究院获有崇祯元年起残本十六册,均不著撰辑人姓氏。按董沛《鄞县志·艺文志》万言撰有《崇祯长编》,徐秉义《培林堂书目》有《崇祯长编》三十七册,即或此书。原书全本至少须有三四十卷也。崇祯一代事迹,起居注已亡佚,南都欲修《崇祯实录》,书未成而南都陷……万言中康熙十四年副榜,与修《明史》,然则是书当取材于此也。当时人士鉴于《实录》独缺崇祯一朝,欲奋笔而撰一书者,则又文秉之《烈皇小识》八卷,李逊之《崇祯朝遗事》四卷,孙承泽之《山书》十八卷,而以此书卷帙较繁,最为详备,清修《明史》,于明季三朝,万历、天启、崇祯忌讳最多,是书所辑史料,必有为《明史》所未采者,则是书虽断简残编,然搜集广博,保存史迹不少,庸不可贵欤。[①]

由此可见,万言等人所编《崇祯长编》卷数未详,但肯定比文秉之《烈皇小识》、李逊之《崇祯朝遗事》、孙承泽之《山书》在内容上要全面一些。《崇祯长编》现仅存二卷而已。由于《崇祯长编》涉及明清易代的历史,触犯清廷忌讳。乾隆四十二年(1777)六月十五日,乾隆帝奏准禁毁该书。据王彬主编《清代禁书总述·清代禁书题解》对该书的价值及禁毁原因进行了说明:"此书虽断简残编,然搜辑广博,保存史迹不少,为探究明史者所稽考。传世有《痛史》本、《中国内乱外祸历史丛书》本、《中国历代逸史丛书》本等。此书为浙江巡抚三宝奏缴'有违碍字句'。乾隆四十二年(1777)六月十五日奏准禁毁。"[②]《崇祯长编》现存残卷,只保留了崇祯十六年(1643)癸未十月至崇祯十七年(1644)甲申三月十九日止,提要作者认为原书至少有三四十卷。四库馆臣在刊改殿本《明史》时,有几处征引《崇祯长编》。

---

① 王云五主持:《续修四库全书提要》,台湾商务印书馆1972年版,第136页。
② 王彬主编:《清代禁书总述·清代禁书题解》,中国书店1991年版,第111页。

文化认同视角下的清代《明史》修纂研究

对于明末史料的采择，史官一般都比较慎重。总裁还请亲历史事之人撰写，作为修史参考。如，冯甦久宦云南，叶方蔼向冯甦咨询明末清初西南事实，冯甦撰《见闻随笔》二卷，移交史馆，毛奇龄分撰《流贼传》，史料大多取材于此。据《四库全书总目》提要说：

> 盖时方开局修《明史》，总裁叶方蔼以甦久宦云南，询以西南事实，因摭所记忆，述为此编，以送史馆。毛奇龄分纂《流寇传》，其大略悉取材于此。以视稗野之荒诞者，较为确实，然亦不能一一详备也。①

此外，由于有些史官为明代官宦之后，他们比较清楚自身家族历史，为了将其祖先事迹载入《明史》，他们纷纷向史馆提交家族史料，有的甚至代人转达史料，以便史官参考。如，汤斌与汪琬相交甚深，二人同入史馆，一起参加修史工作，同为经筵讲官。汤斌将其母殉节事一一详细告知汪琬，汪琬撰《睢州汤烈妇旌门颂并序》一文，高度赞扬其母临危不惧殉节死难事，②以可供参考。汤斌之母赵氏事迹也被收入殿本《明史》卷三百三《列女三》：

> 汤祖契妻赵氏。祖契，睢州诸生。氏知书，有志节。崇祯十五年，贼陷太康，将抵睢。氏语家人曰："州为兵冲，未易保也。脱变起，有死耳。"及城破，属祖契负其母以逃，而已阖户自经，家人解之，投井，复为家人所阻，怒曰："贼至不死，非节也，死不以时，非义也。"贼至，环刃相向，牵之出，厉声诃贼，遂遇害。③

此外，史官朱彝尊在《史馆上总裁第七书》④中请求将《太祖实录》《太

---

① 《四库全书总目》卷五十四。
② 汪琬：《睢州汤烈妇旌门颂并序》，《尧峰文钞》卷三十七，《四库全书》本。
③ 张廷玉等：《列女传三》，《明史》卷三百三，中华书局1974年版，第7752页。
④ 朱彝尊：《史馆上总裁第七书》，《曝书亭集》卷三十二，《四部丛刊》本。

第五章 《明史》修纂方式所反映的清朝文化认同观念

宗实录》《世祖实录》及清早期档册与明朝邸报作为参考，希望在史料采择上，兼听并观，而后明晰史事之原委，区别其异同，方能无偏颇之失。朱彝尊由此举例说明：第一，明末朋党之争坚不可摧，封疆大吏不问贤愚，任凭爱憎予以废置。如，袁崇焕之死、钱龙锡之获罪，"负天下之至冤，党人恨不食其肉，非睹《太宗实录》，何由知计出于反间乎？"第二，崇祯帝殉国死难，朝野相传懿安皇后不死，"然《世祖实录》大书：'元年五月，葬明天启皇后张氏于昌平州。'足以洗其冤矣。"第三，应将庄烈愍皇帝之谥号大书简端，以纠正野史记载之谬误。他说："庄烈愍皇帝之谥，定自本朝，而野记纷纭，或书思宗烈皇帝，或书毅宗烈皇帝，或书威宗烈皇帝，或书怀宗烈皇帝，宜以后定之谥，大书简端者也。"第四，甲申殉难诸臣都已赐予谥号，将内官从死者误为王之臣、王之心、王之俊，实际为王承恩，有顺治帝谕祭文可以为证。此外，朱氏说："又莆田王公家彦以兵部右侍郎协力戎政，亦死甲申之难，见闻者无异词。乃顺治九年章皇帝轸念殉国诸臣，特命礼部赐谥易名二十五人，而典礼者独遗王公不与谥，岂非缺典也？"朱彝尊认为，福建莆田王家彦也死于甲申之难，而顺治九年未与殉国诸臣一起获赐谥号易名，实为缺典，其实有误。《明史》卷二百六十五记载，顺治九年（1652），顺治帝下令赐明末殉难诸臣谥号，其实包括王家彦在内。所以，朱彝尊所言顺治九年（1652）王家彦未获赐谥号易名，实际上是有误的。[①] 同时，朱彝尊认为《明史》应将崇祯间死事诸臣分年记载，予以表彰。最后，朱彝尊建议说："阁下奚不请于朝，暂假（通借）文皇帝、章皇帝两朝《实录》，亟令史馆监生誊录一副本，庶纂修者得以参详同异，而不失之偏，此非小补也。不然，以宜书者不书，是编出，览者将谓识大识小无

[①] 张廷玉等：《明史》卷二百六十五，中华书局1974年版。《明史》本传记曰："（南都福王立）赠太子太保、兵部尚书，谥忠端。本朝谥忠毅。"至乾隆四十一年，乾隆帝为了褒奖明末殉节死难诸臣，宣扬忠君思想，特命将《明史》及各省通志诸书所载而未予以谥号者，分别逐一予以追谥。《钦定日下旧闻》卷四十三记载："凡赐谥者一千五百八十四人，列《祀典》者一千九百二人。"另据四库本《大清一统志》记载，乾隆四十一年（1776），追祀王家彦"节愍"。

273

文化认同视角下的清代《明史》修纂研究

一具焉，可不深虑也哉！"①由此可以看出，朱彝尊在《上总裁第七书》中，详细论证修史参考清早期实录和档案、邸报的重要性，并建议徐元文上书康熙帝，暂借《太宗实录》《世祖实录》，令史馆监生誊录一副本，供修史参考。后来，朱氏的建议得到了徐氏兄弟的重视，见于徐乾学《条陈明史事宜疏》，②疏文中要求康熙帝批准史臣参考清早期三朝《实录》，以纠正清早期历史记载的失实。

万斯同尤其谙熟明代历史，对《实录》、野史、家乘和邸报非常熟悉。他提出修史须以《实录》为据，同时反对修史过分拘泥和相信《实录》记载，主张修史广泛参考其他资料，认真考核《实录》记载，确凿无误后，方可采用。他在《石园文集》卷五《读〈洪武实录〉》《读〈弘治实录〉》中，说明《实录》有委屈事实之处，未可据为信史。如，他说："有明之《实录》，未有若弘治之颠倒者也。"③沈德符在《万历野获篇》卷二 "《实录》难据"中说：

> 本朝无国史，以列帝实录为史，已属纰漏。乃《太祖实录》凡经三修，当时开国功臣，壮猷伟略，稍不为靖难归伏诸公所喜者，俱被划削。建文帝一朝四年，荡灭无遗，后人搜括据拾，百千之一二耳！景帝事虽附英宗录中，其政令尚可考见，但曲笔为多。至于兴献帝以藩邸追崇，亦修《实录》，何为者哉！其时总裁费文宪等，苦无措手，至假借承奉长史等所撰《实录》为张本，后书成，俱被酬赏。④

《修史条议》中也指出："诸书有同异者，证之以《实录》；《实录》有疏漏纰缪者，又参考诸书。集众家以成一是，所谓博而知要者也。"⑤钱谦益

---

① 朱彝尊：《史馆上总裁第七书》，《曝书亭集》卷三十二，《四部丛刊》本。
② 徐乾学：《条陈明史事宜疏》，《憺园集》卷十一，《续修四库全书》本。
③ 万斯同：《读〈弘治实录〉》，《石园文集》卷五，《续修四库全书》本。
④ 沈德符："《实录》难据"，《万历野获篇》卷二，中华书局1959年版，第61页。
⑤ 徐乾学：《修史条议》，《憺园集》卷十四，《续修四库全书》本。

第五章 《明史》修纂方式所反映的清朝文化认同观念

在《牧斋有学集》卷十四《〈启祯野乘〉序》文中详细辩驳了明代《实录》、家史、野史之伪，认为修史时不足为据。他说："呜呼！史家之难，其莫难于真伪之辨乎？史家之取征者有三：国史也，家史也，野史也，于斯三者，考核真伪，凿凿如金石，然后可以据事迹，定褒贬，而今则如何也。"①明遗民张履祥在《愿学记》一文中说："本朝可云无史。野史、家乘既不足信，国史存乎《实录》。《实录》者，饰虚之尤也。即如《高皇帝实录》，建文朝修之，永乐朝修之，其后又再修之，有所修必有所废。毋论好恶是非不得其实，其事之真伪，岂足信乎？"②张履祥也认为野史、家乘不足信，而国史存于《实录》。而《实录》虚饰过甚，《明太祖实录》建文朝修之，永乐朝又修之，其后又再修，凡三修，有所修，必有所废，不论好恶是非不得其实，史事之真伪，岂能足信？

康熙十九年（1680），徐元文荐举王士禛等十六名与修《明史》。王士禛家族为明清时期山东新城显赫家族，王氏家族不仅科举人才出众，明代亦有许多人为官，且颇有政声。王士禛入史馆后，为了表彰其先人事迹，以期载入《明史》，存之久远，便积极搜求家族史料，有时还补撰资料，将其先人事迹资料一并上缴史馆，以便史官修史时采纳。如，王士禛高祖王重光（1502—1558），字廷宣，嘉靖十六年（1537）中举，嘉靖二十年（1541）中进士，授工部主事，升户部员外郎，后贬为贵州布政使司左参议。据《山东通志》记载："……累官贵州副使。嘉靖中，贵州诸蛮约四十八寨三万余众攻赤水诸处，抚臣出师不克。重光单骑深入，谕以祸福，诸蛮感服，愿世奉职贡。以采办大木，积劳卒。敕建忠勤祠，春秋祠之。"③又查《贵州通志》卷十九记载云："山东新城人，进士。嘉靖间，贵州左参议，会赤水蛮

---

① 钱谦益著，钱曾笺注，钱仲联标校：《〈启祯野乘〉序》，《牧斋有学集》卷十四，上海古籍出版社1996年版，第686页。
② 张履祥著，陈祖武点校：《愿学记二》，《杨园先生全集》卷二十七，中华书局2002年版，第755页。
③ 《山东通志》卷二十八之三，《四库全书》本。

叛，光亲谕降，部议超擢，以采木留。光出入山箐，冒瘴疠卒。事闻，赐祭赠太仆少卿。"①关于王士禛高祖王重光事迹，（明）郭子章在《黔记·名宦传》中亦有记载。②后来，王士禛同年中进士某为贵州巡抚，抄录郭子章《黔记·王重光传》，将传文寄给王士禛，王士禛予以抄录，并存于《池北偶谈》内，足见王士禛对其家族史料的高度重视。他说：

> 先高祖太仆府君，死事于黔，明世庙谕祭文，有忠勤报国之褒，故称忠勤公。《黔记·名宦传》云：王重光，济南新城人，以进士为司空曹郎。嘉靖中，贵州参政。会赤水黑白羿蛮叛，公与参将於某，冲岚冒瘴疠，勤事以死。事闻，赐祭，赠太仆少卿。公祠在永宁卫，有指挥王之屏、张朝者，奉委采木，不避险艰。水涨，有巨木阁滩头，朝、之屏（光）先卒徒入水，掀拨巨木，溺死。事闻，赐葬。今从祀公祠……此传同年某中丞抚黔时特录相寄。时曲沃卫少师方有纂修《一统志》之请，不一载，滇黔告变，志未进呈，故具录于此。③

由上述记载可知，"会赤水黑白羿蛮叛"，王重光与参将於某，"冲岚冒瘴疠，勤事以死。事闻，赐祭，赠太仆少卿。"王重光祠在永宁卫。后来，指挥王之屏和张朝奉公采办大木溺死，二人配王重光祠，享受祭祀。查《大清一统志》没有记载王重光事迹，《明史》也没有王重光传。王士禛在史馆，见野史《弘光大事记》多处记载失实，认为修史时，野史不足据，也不足信。他在《池北偶谈》卷十"纪载失实"中予以辩证。他说：

> 鼎革时，小说纪载多失实。尝于史馆见一书曰《弘光大事

---

① 《贵州通志》卷十九，《四库全书》本。
② 考黄虞稷《千顷堂书目》卷八著录（明）郭子章《黔记》六十卷，《四库全书》本。
③ 王士禛著，靳斯仁点校："忠勤公黔志列传"，《池北偶谈》卷六，中华书局1982年版，第130页。另，据《四库全书总目》卷七提要《蠙衣生易解》四十六卷（江西巡抚采进本），郭子章，字相奎，号青螺，又自号蠙衣生，泰和人。隆庆辛未（1571）进士，官至兵部尚书。《蠙衣生易解》四十六卷成于万历丁巳（1617），其归田以后所作也。

第五章 《明史》修纂方式所反映的清朝文化认同观念

记》，内言甲申年山东大姓新城王氏、淄川韩氏起义兵。尔时，先伯父御史公与胤全家殉节；先祖布政公年八十余，家居，祭酒公（王士禛父王与敕）奉侍避兵山中，无义兵事。其云韩氏，盖韩氏有仆王某、李某，皆乘乱聚众为群盗，亦非义师。其济南以东举义者，有长山刘相国鸿训之子孔和、李侍郎化熙，而记不及之。又云流贼伪制将军至济南，推官钟性朴死之。按：钟公字文子，顺天人，崇祯癸未（1643）进士，国初为济南府推官，迁本省提学道佥事。予顺治庚寅自童子为诸生，中辛卯乡试，皆钟公所拔，乌有甲申死难事耶？野史之不足信如此。①

王士禛从自己熟悉的史事入手，从三个方面纠证《弘光大事记》记载失实之处，认为野史不足信，也不足据。第一，辩证《弘光大事记》记载甲申之际山东新城王氏、淄川韩氏起义兵为误。王士禛指出崇祯十七年（1644）四月，其伯父王与胤举家殉节，其祖父王象晋年迈家居，与其父王与敕避兵山中，并无起义兵之事。淄川韩氏仆人王某、李某趁乱聚众为群盗，也非义兵。王士禛《渔洋诗话》记载："先世父侍御府君讳与胤，字百斯，崇祯中以劾总兵官邓玘，忤时相，罢归。甲申，闻国难，阖门自经，《明史》载《忠义传》，有《陇首集》一卷。南城陈伯玑录其诗，与雁门（孙白谷）、萧曲（黄海岸）、铃冈（袁临侯）合刻之，为四忠诗。"② 朱彝尊在《明诗综》卷七十五认为山东新城王氏科第最盛，山东新城王氏一族尽节死难者也最多。他在按语中说：

    《诗话》：新城王氏科第最盛，尽节死者亦最多。崇祯五年，吴桥兵变南趋时，则保定同知象复暨其子举人与夔死焉。十五年，

---

① 王士禛著，靳斯仁点校："纪载失实"，《池北偶谈》卷十，中华书局1982年版，第235页。
② 王士禛：《渔洋诗话》卷上，《四库全书》本。《四库全书总目》提要王与胤《陇首集》，将作者改为王与允，显然为避雍正帝名讳而改。

277

城再破时，则贡生与朋暨其子举人士熊、生员士雅死焉。至是侍御暨妻于孺人、子士和又死焉。王氏之门，才甲一世矣。①

康熙十六年（1677），王士禛又虑其伯父举家殉节事迹湮没不传，特请朱彝尊作墓表。朱彝尊应其邀请而作《文林郎湖广道监察御史王公墓表》，文中对明末王氏家族殉国死难之众给予了高度评价。他说：

> 方贼兵之陷京师也，大学士范公景文以下，死者二十三人。事闻江南，江南草野士交填膺扼腕，谓："三百年养士之报，尽节者不宜寥寥若是。"遂持论书义误国，科举可废。彝尊时尚少，亦助之愤惋不平。久而游四方，历战争故垒，访问耆老，则甲申前后，士大夫殉难者，不下数百人，大都半出科第，而新城王氏科第最盛，尽节死者亦最多，然后知报国未尝无人。而往时草野之论，特一时过激，未得其平也。②

又，朱彝尊在《文林郎湖广道监察御史王公墓表》文中还引用王与胤之子王士和所作绝命词云："痛予生之不辰兮，天灭我之立王。吾父母一闻之兮，涕沾沱以彷徨。以身殉国难兮，维千古之臣纲。嗟反面而事仇兮，方臣妾之未遑。哀世秽浊兮，四维不张。大地无容身之隙兮，愿随吾父母归于帝乡。"③王士禛刊刻其伯父王与胤遗诗为《陇首集》，王与胤全家殉节之举遂为世人所知。第二，指出崇祯十七年（1644）济南以东举义者为刘鸿训之子刘孔和、李化熙，《弘光大事记》则未予记载。王士禛在《渔洋诗话》中说："长山刘孔和节之相国青岳先生鸿训子，为诗豪迈雄放，有东坡放翁之风。明末率义旅，南渡，刘泽清忌而杀之。有《日损堂集》，一代奇才也。"④另外，王士禛还在《池北偶谈》卷五"王刘二奇士"条中，进一步

---

① 朱彝尊：《文林郎湖广道监察御史王公墓表》，《明诗综》卷七十五，《四库全书》本。
② 朱彝尊：《文林郎湖广道监察御史王公墓表》，《曝书亭集》卷七十二，《四部丛刊》本。
③ 朱彝尊：《文林郎湖广道监察御史王公墓表》，《曝书亭集》卷七十二，《四部丛刊》本。
④ 王士禛：《渔洋诗话》卷中，《四库全书》本。

第五章 《明史》修纂方式所反映的清朝文化认同观念

详细地记载刘泽清杀刘孔和之缘由,可供参考。第三,辩证"流贼伪制将军至济南,推官钟性朴死之"之谬误。钟性朴为清初济南府推官,顺治六年(1651)擢升山东提学道佥事。查四库本《山东通志》卷二十五之二记载:"钟性朴,江西吉水人,顺天籍,进士。顺治六年,以副使任(提督全省学院)。"①王士禛指出,顺治七年(1650),他由童子考上诸生(中秀才),顺治八年(1651)中乡试,皆为钟性朴所拔,足证钟性朴根本没有死于甲申之难。由此可见,王士禛结合自己切身经历和家族情况,进一步详细地辨析《弘光大事记》记载谬误之缘由,进一步考辨史实,为《明史》在相关史事记载上,提供了更为准确、可信的资料来源。此外,王士禛还进一步辩驳《崇祯纪事》、《弘光大记》(又名《弘光大事记》)两书记载之谬误。他在《池北偶谈》卷四"崇祯纪事"条中记载如下:

>《崇祯纪事》,吴郡姚宗典所著,其中记载多失实,而独于宜兴故相,盛称其功。又见《弘光大记》一书,亦多出传闻,如云:"某年月日,刘泽清杀其叔孔和。"孔和长山故相国青岳先生鸿训子,部领义兵至淮,泽清忌而杀之,非其族也。又云:"流贼伪制将军某至济南,推官钟性朴死之。"钟字文子(上面文献为文梓),顺天人,癸未进士,本朝顺治初为济南府推官,后擢提学道。予即其庚寅(顺治七年)首取士也。而谓死流贼之难,何也?②

王士禛指出姚宗典的《崇祯纪事》记载多失实,却对徐溥称赞有加。同时,还进一步辩证《弘光大记》(又名《弘光大事记》)中记载刘泽清杀其叔刘孔和之谬,指出刘孔和为明故相国刘鸿训之子,"泽清忌而杀之,非其族也"。同时,还论证钟性朴并没有死于"流贼之难"。当时,史馆广泛征集史书,《弘光大事记》《崇祯纪事》这些野史都已征入史馆,但因其记载颇多失实,经过王士禛对史事的考辨和论证,清修《明史》在史料采择上予以

---

① 岳浚等:(乾隆)《山东通志》卷二十五之二,《四库全书》本。
② 王士禛著,靳斯仁点校:"崇祯纪事",《池北偶谈》卷四,中华书局1982年版,第93页。

279

借鉴，避免以讹传讹，这在一定程度上确保了《明史》的质量。

由此可见，史官修史时能博采众长，尤其充分地采纳王士禛的观点和意见，秉笔直书。王士禛曾参加修《明史》，但没有留下任何史稿，而其在《池北偶谈》中对明末史事的考辨和史馆诸公相关事迹的记载，为我们深入研究《明史》修纂提供有价值的史料，王士禛对《明史》修纂的贡献应该予以肯定。又如，谷应泰《明史纪事本末》八十卷，由于成书于《明史》之前，无所折中，故所记史事，多据野史记载，不实之处甚多。乾隆五十一年（1786）七月壬戌，乾隆帝看阅谷应泰《明史纪事本末》，不满该书将击溃李自成农民起义军的功劳归之吴三桂，下令对此进行修改。他说："谷应泰系汉人，犹及明末，未免意存回护，故为左袒，而非当日实在情事，不足传信。著军机大臣详查《皇清开国方略》所载入关杀贼史事，将此书中一节，重行改正，以昭正论信史。"①《四库全书总目》卷四十九提要中对此予以批评：

> 当应泰成此书时，《明史》尚未刊定，无所折衷，故纪靖难时事，深信《从亡》（史仲彬《从亡随笔》）《致身》诸录，以惠帝逊国为实，而于滇黔游迹载之极详。又不知懿安皇后死节，而称其青衣蒙头步入成国公第，俱不免沿野史传闻之误。然其排比纂次，详略得中，首尾秩然，于一代事实极为淹贯，每篇各附论断，皆仿《晋书》之体，以骈偶行文，而遣词抑扬，隶事亲切，尤为曲折详尽。考邵廷采《思复堂集·明遗民传》称："山阴张岱尝辑明一代遗事，为《石匮藏书》。应泰作《纪事本末》，以五百金购请，岱慨然予之。"又称："明季稗史虽多，体裁未备，罕见全书。惟谈迁编年（《国榷》）、张岱列传（《石匮藏书》）两家具有本末，应泰并采之以成《纪事》。"据此，则应泰是编取材颇备，集众长以

---

① 《清实录·高宗纯皇帝实录》卷一千二百五十九，中华书局1986年版，第929页。

第五章 《明史》修纂方式所反映的清朝文化认同观念

成完本,其用力亦可谓勤矣。①

四库馆臣参考《明史》的记载,提出谷应泰《明史纪事本末》沿用野史之谬,同时也肯定了《明史纪事本末》集众家之长,排比类次,详略得当,于一代史事极为博通,每篇各附论断,用力可谓勤矣。由此可见,清修《明史》过程中,多次下诏各省征集明代史料,尤其是《熹宗实录》缺四年、七年的部分及崇祯朝邸报及相关文移,犹有忌讳之处,亦不予以追究,因此,史馆确实收到了许多资料,有助于清修《明史》之参考。万言、汪霖等修《崇祯长编》,虽汇集资料,但多采用明季野史而触及清廷忌讳之处,现所存二卷而已。康熙三十一年(1692)正月丁丑,康熙帝批评《明史》已成之稿,认为于洪武、宣德《本纪》訾议太多,有所失实,应该议论公平,才能成为信史。康熙帝下令说:"纂修史书,虽史臣职也。适际朕时撰成《明史》,苟稍有未协,咎归于朕矣。明代《实录》及《纪》载事迹诸书,皆当搜罗藏弆,异日《明史》告成之后,新史与诸书俾得并观,以俟天下后世之公论焉。前曾以此旨面谕徐元文,尔等当共知之。"②康熙帝认为《明史》在其统治时期成书,如稍有不妥之处,后人便归咎于他。所以,将明代《实录》及《纪》载事迹诸书,都应该予以网罗藏弆,以后《明史》告成,将其与《明史》并观,以待天下后世之公论。《明实录》得以保存下来,不像前代正史修成之后,便将前朝《实录》销毁,让后世之人无从考究,因而留下了许多问题。

乾隆时期,修纂《四库全书》,下令毋庸顾及忌讳,令各省广泛征集典籍,以备编纂《四库全书》。但各省督抚多采取观望态度,对朝廷下令访求书籍、进献书籍的命令,消极应对。乾隆三十九年(1774)八月,乾隆帝明白表示访求"违碍"之书,尤其关注明清易代之际私家南明史著的"违碍"情况,即下令严格彻查书籍内有无违碍清廷统治的内容,如书中有涉及忌

---

① 《四库全书总目》卷四十九。
② 《清实录·圣祖仁皇帝实录》卷一百五十四,中华书局1985年版,第700页。

文化认同视角下的清代《明史》修纂研究

讳、妄诞字句者，予以禁毁或抽毁，转谕各家不必收藏，以此贻祸后世。乾隆三十九年八月初五日，乾隆帝在谕军机大臣等文中说：

前曾谕令各督抚采访遗书，汇登册府，下诏数月，应者寥寥。彼时恐有司等因遗编中或有违背忌讳字面，惧涉干碍，而藏书家因而窥其意指，一切秘而不宣。因复明切宣谕，即或字义触碍，乃前人偏见，与近时无涉，不必过于畏首畏尾，朕断不肯因访求遗籍，于书中寻摘瑕疵，罪及藏书之人。若仍前疑畏，不肯尽出所藏，将来或别露违碍之书，则是有意收存，其取戾转大，所降谕旨甚明。并寄谕江浙督抚，以书中或有忌讳诞妄字句，不应留以贻惑后学者，进到时亦不过将书毁弃，转谕其家不必收存，与藏书之人并无干涉。至督抚等经手汇送，更无关碍。朕办事光明正大，各督抚皆深知之，岂尚不能见信于天下？该督抚等接奉前旨，自应将可备采择之书，开单送馆。其或字义触碍者，亦当分别查出奏明，或封固进呈，请旨销毁，或在外焚弃，将书名奏明，方为实力办理。乃各省进到书籍，不下万余种，并不见奏及稍有忌讳之书。岂有裒集如许遗书，竟无一违碍字迹之理？况明季末造，野史者甚多，其间毁誉任意，传闻异辞，必有抵触本朝之语，正当及此一番查办，尽行销毁，杜遏邪言，以正人心而厚风俗，断不宜置之不办。此等笔墨妄议之事，大率江浙两省居多，其江西、闽粤、湖广，亦或不免，岂可不细加查核？[①]

乾隆时期纂修《四库全书》，将诸多南明史著述及涉及"违碍"清廷统治的书，大多予以销毁、抽毁处理，因而造成《明史》所据资料大多未能幸存下来。

---

① 张书才主编：《纂修四库全书的档案》，上海古籍出版社1997年版，第239—240页。

第五章　《明史》修纂方式所反映的清朝文化认同观念

三、史实叙述的真实性

清代官修《明史》，十分注重继承传统史学中"以史为鉴"的功能。对此，史官之间私下就明代史实展开辩论，并力求择善而从，史官之间的互动和秉笔直书的精神，在一定程度上确保了殿本《明史》的质量。如，王士禛在《池北偶谈》中对明代野史的辩证，殿本《明史》也予以采纳。史官在史馆修史，亦慎重辨析各种史料，精益求精，撰写传记，而清修《明史》由于经历时间较长，且某些重大史事经过详细反复考辨，尽量如实客观地记录史事，使得明代历史的叙述尽量接近真实，关于这一点，应该予以肯定。如，《修史条议》中亦提出：

> 史以昭万世之公，不必徇情而曲笔。先人有善而后人不为表章，先人无善而他人代为谀语，均不可也。今日仕宦诸君，先世多有显达，若私滥立传，能无秽史之讥？愿秉公心共成直道。①

《修史条议》明确指出，史书的功能在于昭示万世之公，不必徇情而曲笔，要求尽量如实记录历史，希望史官诸公"愿秉公心共成直道"，明确指出修史须秉笔直书的重要性。康熙二十二年（1683）八月，康熙帝问学士牛钮、张玉书、汤斌等修史进展，并强调时代既近，则徇情易生，作史以昭示永久，关系甚大，务宜从公论断，《清实录·圣祖仁皇帝实录》对此予以记载：

> 上问大学士牛钮、张玉书、汤斌等："尔等所修《明史》如何？"牛钮等曰："嘉靖以前已纂修过半，万历朝事迹甚多，天启朝《实录》有残缺，崇祯朝无《实录》，今就所有邸报编纂事迹，方可分作《纪》《传》，所以万历以后成书较难。"上曰："时代既近，则瞻徇易生，作史昭垂永久，关系甚大，务宜从公论断。尔

---

① 刘承干辑：《徐健庵〈修史条议〉》，《明史例案》卷二，吴兴刘氏嘉业堂刊本。

文化认同视角下的清代《明史》修纂研究

等勉之。"①

此后，康熙帝多次下诏，强调秉笔直书的重要性。康熙四十二年（1703）四月，康熙帝御览熊赐履进呈史稿四本，就其中的一些问题，提出看法。据《清实录·圣祖仁皇帝实录》记载说：

> （康熙四十二年四月）戊戌，上发出熊赐履呈览明神宗、熹宗以下史书四本。谕大学士等曰："朕自冲龄，即每事好问，明时之太监，朕皆及见之，所以彼时之事，朕知之甚悉。太监魏忠贤恶迹，史书仅记其大略而已，犹未详载也。明末之君，多有不识字者，遇讲书则垂幔听之，诸事皆任太监办理，所以生杀之权，尽归于此辈也。"又谕曰："此书所载杨涟、左光斗死于北镇抚司狱中，闻此二人在午门前受御杖死，太监等以布裹尸出之。至于随崇祯殉难者，乃太监王承恩。因此，世祖章皇帝作文致祭，并立碑碣，此书载太监王之心从死，明系错误。至于本朝兴兵声讨之故，书并未记载，可问熊赐履、王鸿绪等。"寻大学士等复奏："熊赐履等奉旨复行详察，崇祯死难太监，果系王承恩，非王之心，应遵照谕旨改正。至于左光斗、杨涟，察考诸书，俱云死于北镇抚司狱中，故照彼书书之。我太祖高皇帝兴师之由，详载《太祖本纪》，是以《明史》内未曾载入。"上曰："太祖兴师之故，虽不详载《明史》，记其大略，未始不可。"②

康熙四十二年（1703）四月，康熙帝阅览熊赐履进呈史稿四本，指出稿本对于魏忠贤恶迹记载不详，明末诸事一切委任太监，生杀大权尽归之此辈，需要详细记载。同时，还提出三个问题：第一，认为史稿所载杨涟、左光斗死于北镇抚司狱中，闻此二人在午门前受御杖死，"太监等以布裹尸出之"，对史稿记载杨涟、左光斗死地提出质疑。第二，认为随崇祯帝殉难

---

① 《清实录·圣祖仁皇帝实录》卷一百一十一，中华书局1985年版，第143页。
② 《清实录·圣祖仁皇帝实录》卷二百一十二，中华书局1985年版，第149—150页。

第五章 《明史》修纂方式所反映的清朝文化认同观念

者为太监王承恩,而非王之心,顺治帝还曾作文致祭,立碑碣,予以嘉奖。第三,主张应将清太祖努尔哈赤兴兵声讨伐明之大略载入《明史》。熊赐履等人针对康熙帝提出的问题,认真详查、核对史料,然后逐一予以回复:诸书所载杨涟、左光斗确实死于北镇抚司狱中,仍照原书记载;随崇祯帝死难者确为太监王承恩,遵照谕文已改;至于在《明史》中彰显清太祖努尔哈赤兴兵之缘由,由于《太祖本纪》已经详载,所以未予以载入。对于前面两个问题的回复,康熙帝没有异议,但他仍坚持主张将清太祖兴师之故略载入《明史》。史官广泛参考文献,相互之间慎重考辨史事,交换意见,正因为他们严谨的治史态度和秉笔直书的精神,确保了殿本《明史》的质量。此外,《明史》编纂过程中,对私家著述也存在广泛予以采纳的情况,这是值得注意的一个现象。又如,明清易代之际,关于襄城伯李国祯之死因存在诸多说法:有人持明朝灭亡时李国祯殉节而死;有人持李国祯投降了李自成农民起义军,后因索贿不足,被起义军拷打后自缢而死。对此,李清在《三垣笔记》中也主张李国祯殉节而死,他说:"上用人屡不效,又思用侯伯,曰:'毕竟是我家世官。'其最属意者,襄城伯李国桢(永乐初李浚裔,和州人)与抚宁侯朱国弼(景泰初朱谦裔,夏邑人)、诚意伯刘孔昭(刘基裔,青田人)、忻诚伯赵之龙也。国桢后殉难。"[①]李清在《三垣笔记》中,主要根据南明诸臣上应表忠之疏中,将李国祯名列入正祀武臣内,因此持第一种说法。谷应泰则在《明史纪事本末》卷八十记载如下:

> 襄城伯李国桢,贼李自成弑帝后梓官于东华门外设厂,百官过者,莫进视,国桢泥首去帻,踉跄奔走,跪梓官前大哭。贼执国桢见自成,复大哭,以头触阶,血流被面,贼众持之。自成以

[①] 李清:《三垣笔记》(中),《元明清史料丛刊》本,中华书局1982年版,第75—76页。另外,李清《三垣笔记》、谷应泰《明史纪事本末》及《大清一统志》等书中记载为"李国桢",以张廷玉等:《明史》卷一百四十六《李濬传》、吴伟业《绥寇纪略》等书中所记李国祯为准。

文化认同视角下的清代《明史》修纂研究

好语诱国桢使降，国桢曰："有三事，尔从我即降。一、祖宗陵寝不可废；一、须葬先帝以天子礼；一、太子、二王不可害。"自成悉诺之，扶出。贼以天子礼藁葬先帝于田贵妃墓，惟国桢一人斩衰徒步往葬，至陵，襄事毕，恸哭作诗数章，遂于帝后前自缢死之。①

《大清一统志》记载大体沿袭谷应泰上述说法，只是把名字改为"李国祯"。②万言等人辑《崇祯长编》时，也主张李国桢死于国难。③可是，后来吴伟业从明新乐侯刘文炳（城破时殉节）的幼弟刘文焰处得知李国桢之死的确切真相：甲申之难，李国桢先投降李自成农民起义军，农民起义军向他索贿，因索贿数额不足而对其严刑拷打，李国桢最后自缢而死。对此，吴伟业在《吴门遇刘雪舫》诗中有："宁同英国死，不作襄城生。"④甲申之难，刘文焰家殉国死节者四十余人，刘文焰，字雪舫，宛平人，著有《揽蕙堂偶存》。由此可见，吴伟业并没有盲从李国桢殉节而死的说法，而是根据听闻，还原了李国桢之死的真相，对此《明史》予以采纳。检《明史》卷一百四十六《李浚传附李国桢》记载说：

……四传至守锜，累典营务，加太子少保。崇祯初，总督京营，坐营卒为盗落职，忧愤卒。子国桢嗣。有口辩。尝召对，指陈兵事甚悉，帝信以为才。十六年命总督京营，倚任之，而国桢实无他能。明年三月，李自成犯京师，三大营兵不战而溃。再宿，城陷。贼勒国桢降，国桢解甲听命。责贿不足，被拷折踝，自缢死。⑤

此外，《明史》之孙传庭、杨嗣昌、左良玉、李自成、张献忠传，大多

---

① 谷应泰：《明史纪事本末》卷八十，《四库全书》本。
② 《大清一统志》卷九十一，《四库全书》本。
③ 佚名：《崇祯长编》，《中国历史研究资料丛书》本，上海书店1982年版，第112—113页。
④ 吴伟业：《吴门遇刘雪舫》，《梅村集》卷一，《四库全书》本。
⑤ 张廷玉等：《李濬传》附记，《明史》卷一百四十六，中华书局1974年版，第4109页。

286

第五章 《明史》修纂方式所反映的清朝文化认同观念

取材于《绥寇纪略》，吴伟业虽未亲自参与修史，但由于《明史》多取材于《绥寇纪略》，吴伟业对《明史》成书的贡献应该予以肯定。赵翼在《檐曝杂记》卷六中也予以论述：

> 惟李国桢列于正祀武臣七人之内，书云："襄城伯，赠太子太师，进侯，李贞武公国桢。自注云：襄城之死稍后矣。然不屈而死，祀之可也，进侯则过矣云云。"然《明史·李浚传》谓："国桢被执即降，旋以拷赃自缢死。"则谓其不屈而死者，误也。想梅村先据礼臣表忠之疏，书于正祀武臣内，后知其拷赃缢死，故又于《赠刘雪舫》诗内有"宁为英国死，不作襄城生"之句。可见其一字不假易矣……《明史》孙传庭、杨嗣昌、左良玉及流贼李自成、张献忠等传，大概多取之于吴梅村《绥寇纪略》。盖梅村于顺治九年辑成此书，而本朝修《明史》，则在康熙十七年以后，时天下野史、稗乘、碑志之类皆送史馆，故《明史》于此数传皆以《纪略》为底本。其间稍有不同者，卷七内以杨嗣昌伏毒死，下云嗣昌自缢死，卷八内亦称嗣昌缢死，此未免歧误。《御批通鉴辑览》则云杨嗣昌自杀。①

赵翼充分地肯定吴伟业对李国桢之死的考证，且认为《明史》孙传庭、杨嗣昌、左良玉、李自成、张献忠等人传记，大多取材于《绥寇纪略》，并指出《绥寇纪略》卷七、卷八记载杨嗣昌"伏毒死""自缢死"之间的歧误，指出应以《御批历代通鉴辑览》记载"自杀"为准。《明史》卷二百五十二《杨嗣昌传》记载："福王遇害，益忧惧。遂不食。以三月朔日卒，年五十四。廷臣闻襄阳之变，交章论列，而嗣昌已死矣。"②显然主绝食而死。全祖望在《鲒埼亭集外编》卷二十九《跋〈三垣笔记〉后》中对李清记载李国桢死于甲申之难提出批评。他说：

---

① 赵翼：《檐曝杂记》卷六，《清代史料笔记丛刊》本，中华书局1982年版，第110页。
② 张廷玉等：《杨嗣昌传》，《明史》卷二百五十二，中华书局1974年版，第6520页。

文化认同视角下的清代《明史》修纂研究

> 映碧先生《三垣笔记》最为和平，可以想见其宅心仁恕。当时多气节之士，虽于清议有功，然亦多激成小人之祸。使皆如映碧先生者，党祸可消矣……其中记甲申死难诸臣有李国桢，记乙酉死难诸臣有张捷、杨维垣，则失考也。至郑鄤一案，当主梨洲先生之说，而笔记所言太过耳。①

全祖望指出李清不立门户之见，倘若都如李清者，则明末党争之祸害可以消除矣，给予李清高度评价。与此同时，指出李清记载甲申死难诸臣有李国桢，乙酉死难诸臣有张捷、杨维垣，因则失考而所记谬误。同时，全祖望还指出对于郑鄤一案，当采用黄宗羲之说为当，《三垣笔记》所言太过。

乾隆四年（1739），殿本《明史》刊刻颁行。《明史》颁布之后，还有某些明朝大臣后代子孙，对《明史》记载其祖先事迹简略甚为不满，他们为其祖先求美传于其他文人学者，以使祖先事迹流传于后世。如，杨廷枢事迹附于《明史》卷二百六十七《徐汧传》中，后附四库馆臣的考证："宋玫、高名衡、徐汧、杨廷枢，以上通谥'忠节'。"乾隆六年（1741），杨廷枢之孙杨绳武不满意《明史》对其祖父事迹记载的简略，邀请方苞为其祖父另作传文以广流传。方苞欣然应其所请，而作《书〈杨维斗先生传〉后》，方苞在传文中对钦定《明史》本传予以认同，又进一步说明杨廷枢逐顾秉谦、吕纯如、钱裔肃之高义及与顾宪成之评价问题，"至今为淫辞所蔽晦"，没有澄清事实，故而有必要进一步予以揭示和表彰。他说：

> 乾隆六年，《明史》成。先生之孙绳武，以本传辞事太略，请余别为之文以识之。余曰："无以为也，万氏所定史稿，以先生与徐公汧合传，谓并死于水。今钦定之史，已正其误矣。临刑不屈，首已坠，而声从项出，既大书特书，则小者不足道矣。惟逐秉谦、

---

① 全祖望：《跋〈三垣笔记〉后》，《鲒埼亭集外编》卷二十九，《四部丛刊》本。

第五章 《明史》修纂方式所反映的清朝文化认同观念

屏吕（吕纯如）、钱（钱裔肃）之义与泾阳之显明臧否，至今为淫辞所蔽晦，故表而出之。九原可作当以余为知言，而畅然于鄙夫贸儒五脏之症结，可一朝而荡涤也。"①

方苞认为万斯同《明史稿》将杨廷枢与徐汧合传，并谓同投水死为误。对此，钦定《明史》已予以纠正，认为对杨廷枢之死已大书特书，则小者已不足道。查四库本《明史》卷二百六十七《徐汧杨廷枢传》分别叙述了二人之死：

明年，南京失守，苏、常相继下。汧慨然太息，作书戒二子，投虎邱新塘桥下死，郡人赴哭者数千人。时又有一人儒冠蓝衫而来，跃虎邱剑池中，土人怜而葬之，卒不知何人也。于是，廷枢闻变，走避之邓尉山中，久之，四方弄兵者群起，廷枢负重名，咸指目廷枢。当事者执廷枢，好言慰之，廷枢谩骂不已，杀之芦墟泗州寺，门人冻绍原购其尸，葬焉。②

另外，据陈鼎《东林列传》卷十二《杨廷枢传》记载：

四方名公卿日以社艺相质，后学来问字者踵相接。其实为斯文作干城，为世道人心作砥柱，非徒从事于声气间也。是时，东林之后，复社聿兴，说者共疑为顾、高诸公复起云……乙酉国变，避居光福山中，勿复问人间事矣。居亡何，忽有兵徒自山中来者，呼曰奉宪，即缚之去，系之舟，乃饿五日，不死。因于舟中，赋诗十二首、作家书，以遗其孤而死。外史氏曰："先生当国亡时，潜身草莽中，仰天泣血，处之无可奈何而已。及其被

---

① 方苞：《书〈杨维斗先生传〉后》，《方望溪先生全集》卷五，《四部丛刊》本。另外，方苞曾为戴名世《南山集》作序，康熙五十二年（1713）《南山集》案发，受牵连，被逮至北京，入刑部大牢一年多，被判死刑，康熙帝念其古文才名，李光地非常赏识方苞学问，并极力挽救方苞，最终说服康熙帝免方苞死刑。其实，康熙帝对方苞学问给予极高的评价，方苞被免死罪后，入值南书房，兼英武殿总裁官。另，杨廷枢著有《古柏轩诗集》行世。

② 张廷玉等：《明史》卷二百六十七，《四库全书》本。

难，从容就义，有古人之风焉。呜呼！杀身成仁，安在其非孔孟之道乎？"①

陈鼎《杨廷枢传》较《明史》记载更为详细，可以相互参考。其实，杨廷枢因其弟子戴之俊为吴胜兆运筹起义，事败而受牵连，为清军所获，不惜以身殉国难。此外，方苞五世祖方法的事迹，也载入《明史·方孝孺传》中。方苞在《望溪先生集外文》卷十《与陈占咸大受》文中涉及其五世祖方法事迹，他说："又，先断事公讳法，苞五世祖也。明洪武初设制科，中己卯乡试，出正学先生（方孝孺）门。为四川都使司断事，不拜燕王。诏本省羁囚，又以正学先生十族赴诏狱，至三江口自沉。尸骸不得，以衣冠葬。事载钦定《明史·正学传》。"② 此外，雍正年间，史官杨椿据《实录》记载，进一步考辨（明）李梦阳《石将军战场歌》及郑晓《今言·石亨传》所记石亨事迹存在自相矛盾和谬妄之处。他在《上一统志馆总裁书》中说：

也先之遁，未经定州；石亨之败敌，未尝蹑击。椿前书已悉之矣。献吉（李梦阳字）诗所以作者，《实录》"十四年十二月戊申，署都督佥事石彪剿杀瓦剌余寇于定州某村"。某村在今清风店北。献吉诗云："清风店南逢父老，告我己巳年间事。店北犹存古战场"，盖指此石将军，即彪也。又云："父子英雄古来少"，因彪而及亨耳！正统己巳，至献吉过时，已六十年，父老喜谈往事，震石氏父子威名，未免过于夸诩，献吉兴会所至，作为诗歌。室甫（郑晓字）增饰之，为传。二百年来，李诗、郑史流播人间，无不奢为美谈。而不知剿杀者，余寇非也先；杀之者石彪，非石亨也……献吉借题作诗，不计事之有无大小，盖诗人常态。室甫作一代史，不详加考核，言之无征，视李诗为甚……否则其战甚

---

① 陈鼎：《杨廷枢传》，《东林列传》卷十二，《四库全书》本。
② 方苞：《与陈占咸大受》，《望溪先生集外文》卷十，《四部丛刊》本。

第五章 《明史》修纂方式所反映的清朝文化认同观念

小，不志之亦可，惟阁下裁之。①

查《大清一统志》未记载此事，《明史》记载石亨、石彪史事，大多采纳杨椿考证和简介。检《明史》卷一百七十三《石亨传从子彪传》中记载说：

> 郕王监国，尚书于谦荐之。召掌五军大营，进右都督。无何，封武清伯。也先逼京师，命偕都督陶瑾等九将，分兵营九门外。德胜门当敌冲，特以命亨。于谦以尚书督军。寇薄彰仪门，都督高礼等却之，转至德胜门外，亨用谦令，伏兵诱击，死者甚众，既而围孙镗西直门外，以亨救引却，相持五日，寇敛众遁。论功，亨为多，进侯。②

又记载追击也先余寇者，为石彪。"也先逼京师，既退，追袭余寇，颇有斩获，进署都指挥佥事。"③杨椿认为：《明史》成于国初遗老之手，而万季野功尤多。纪、传长于表、志，而万历以后各传，又长于中叶以前。袁崇焕、左良玉、李自成传，原稿皆二巨册，删述融汰，结构宠肃，远在《宋》《元》诸史上。"清官修《明史》由于历时较长，参与人数众多，引起了朝野学者的广泛关注，史官对史料详细考辨，治史态度非常严谨，精益求精，记载力求真实和秉笔直书，在一定程度上确保了《明史》的质量。因此，杨椿评价《明史》质量远在《宋史》《元史》之上，显然是比较中肯的。

四、史事评价的合理性

殿本《明史·杨嗣昌传》赞语云："明季士大夫问钱谷不知，问甲兵不知，于是嗣昌得以才显。然迄无成功者，得非功罪淆于爱憎，机宜失于遥制故耶？吴甡按山右有声，及为相，遂不能有为。进不以正，其能正邦乎？

---

① 杨椿：《孟邻堂文钞》卷一，嘉庆二十五年杨鲁生红梅阁刊本。
② 张廷玉等：《石亨传》，《明史》卷一百七十三，中华书局1974年版，第4614—4615页。
③ 张廷玉等：《石亨传》，《明史》卷一百七十三，中华书局1974年版，第4617页。

抑时事实难，非命世材，固罔知攸济也。"① 又见四库本《明史》本传赞语则改为："嗣昌以议兵、议饷结主知，而卒至厉民纵寇，明事遂不可为，岂非巧宦之才有余、经国之略不足耶？甡（吴甡）才仅足捍一隅，而顾于危急之时，委以天下之重，其不敢任也固宜，然较偾军误国者，则差有间矣。"② 比较两段赞语看来，发现四库本《明史》本传评价更为贴切合理。认为杨嗣昌、吴甡之才，不足以委以天下之重任，经国之略不足，但两者实际上与使军队溃败以致误国者，则稍有不同。殿本《明史》的论赞充分体现出史官对明代史事评价上的恰如其分，一分为二。又如，《明史》在充分肯定明成祖朱棣的功绩时，也指出其发动靖难之役，乃倒行逆施之举。殿本《明史》卷七《成祖三》赞曰："文皇少长习兵，据幽燕形胜之地，乘建文孱弱，长驱内向，奄有四海。即位以后，躬行节俭，水旱朝告夕振，无有壅蔽。知人善任，表里洞达，雄武之略，同符高祖。六师屡出，漠北尘清，至其季年，威德遐被，四方宾服，受朝命而入贡者殆三十国，幅员之广，远迈汉、唐。成功骏烈，卓乎盛矣。然而革除之际，倒行逆施，惭德亦曷可掩哉。"③ 又如，《明史》卷二百十三《张居正传》赞语中说："张居正通识时变，勇于任事。神宗初政，起衰振隳，不可谓非干济才。而威柄之操，几于震主，卒致祸发身后。《书》曰：'臣罔以宠利居成功'，可弗戒哉！"④ 可谓一语中的，恰如其分。

陆奎勋《陆堂文集》卷九《史馆拟明太祖本纪论》《史馆拟明太祖本纪赞》及《陆堂文集》卷十一《与同馆论明史书》三篇，充分体现了陆氏修史

---

① 张廷玉等：《杨嗣昌传》，《明史》卷二百五十二，中华书局1974年版，第6525页。
② 张廷玉等：《杨嗣昌传》，《明史》卷二百五十二，《四库全书》本。
③ 张廷玉等：《成祖本纪三》，《明史》卷七，中华书局1974年版，第105页。
④ 张廷玉等：《成祖本纪三》，《明史》卷二百十三，中华书局1974年版，第5653页。另据（汉）孔安国传，（唐）孔颖达疏：《尚书注疏》卷七《商书》(《四库全书》本)："臣罔以宠利居成功。传：成功不退，其志无限，故为之极以安之。"孔颖达疏云："成功者退。臣既成功，不知退谢，其志贪欲无限，其君不堪所求，或有怨恨之心。君惧其谋，必生诛杀之计。自古以来，人臣有功不退者，皆丧家灭族者众矣。经称：'臣罔以宠利居成功'者，为之限极以安之也。"

第五章 《明史》修纂方式所反映的清朝文化认同观念

时用春秋义理的思想来评价史事的倾向。尤其值得说明的是，陆氏《史馆拟明太祖本纪论》论曰："太祖起自濠梁，不阶尺土，克成帝业，同符汉高。乃用兵者，十有七载而后削平群雄，混一区宇，戡乱盖若斯之难也。藉非本不嗜杀之仁心，运以不世出之武略。"①陆氏在《史馆拟明太祖本纪论》《史馆拟明太祖本纪赞》中充分肯定明太祖戡乱和混一区宇之功绩，将明太祖与汉高祖刘邦功业相媲美。对此，殿本《明史·太祖本纪》赞语中对明太祖给予高度评价，充分肯定其建立明朝之功，认为是汉以后所未有，对其政治措施给予高度评价："武定祸乱，文致太平，太祖实身兼之。"康熙六十一年（1722）四月初九日，康熙帝下令大学士马齐等讨论历代帝王庙增祀，他在谕文中进一步表达了对明朝灭亡原因及崇祯帝的评价："又如有明天下，皆坏于万历、泰昌、天启三朝，愍帝即位，未尝不励精图治，而所值时势，无可如何。明之亡，非愍帝之咎也。朕年少时，曾见明耆旧甚多，知明末事最切。野史所载，皆不足信。愍帝不应与亡国之君同论，万历、泰昌、天启实不应入崇祀之内。"康熙帝对崇祯帝的政绩及殉国死难给予高度评价。此外，纂修官群体在明代史事评价上较为如实、客观，对明朝灭亡的原因分析和评价尤为深刻，充分体现了以明亡为鉴的思想。

---

① 陆奎勋：《史馆拟明太祖本纪论》《史馆拟明太祖本纪赞》，《陆堂文集》卷九，《四库全书存目丛书》本。

第六章　清官方对《明史》纂修官群体的整合

《明史》作为"二十四史"中最后一部，具有十分显著的特点：修撰时间长、参与人数多、几易其稿而后成，且修史活动与清初至中叶社会政治之间的关系尤为密切。实际上，清朝官方历史文化认同的深入基本上与《明史》编纂进程同步，与此同时，二者之间相互渗透，相得益彰，充分反映出清初至中叶史学活动与诸多重大历史问题之间的关系。从清初至中叶，清廷经历了定鼎中原，平定"三藩之乱"，收复台湾，平定准噶尔叛乱等一系列战争，逐步实现了疆域大一统格局。伴随着清朝政权的逐步巩固，满、汉民族矛盾逐步缓和，清官方在思想文化领域内也逐步获得了话语权，相继建构清朝享有"正统"地位，进一步确立起清朝在中国历史上的重要地位及作用。本章重点分析《明史》编纂过程中，清官方文化认同在修史过程中的体现与反映，即探究清官方如何整合纂修官群体，如何利用他们的学术优势来为修史服务。

围绕这一思想宗旨，并结合清初至中叶社会历史变迁的实际，本章侧重四个方面予以论述：纂修官的遴选原则、纂修官的家世背景、纂修官之间的修史互动、纂修官的修史贡献。由此揭示《明史》修纂过程中，纂修官群

第六章　清官方对《明史》纂修官群体的整合

体之间交谊与学术关系，纂修官之间的修史互动，纂修官对《明史》成书所作出重要贡献，以期进一步分析清官方与纂修官群体之间如何达成了妥协与共识，并最终完成明代历史的书写——《明史》。

一、纂修官的遴选原则

清朝官修《明史》的过程，从顺治二年（1645）至乾隆四年（1739），殿本《明史》成书，断续大约95年时间，这一时期，先后参与修史人数多达二百余人。乾隆五十四年（1790），殿本《明史》刊刻完成，收入《四库全书》，这一时期参与校勘人数较少，不计算在内。综合而言，清官方对纂修官的遴选，大体分为以下四种情况。

第一种情况：直接从翰林院遴选史官，由皇帝下诏书，具体任命监修、总裁、副总裁及纂修官若干员。由于修史时间较长，其间纂修人员由于官职升迁、降调、外任、病故、归里等原因，造成史馆修史人员流动较为频繁，这样一来，为了确保修史的顺利进行和人员的充足，皇帝会不定期从翰林院编修、检讨中遴选若干人员充入史馆，这类情况基本上属于常规任命。如，康熙二十一年（1682），《明史》总裁叶方蔼病逝，康熙帝下令陈廷敬补其缺。《清实录·圣祖仁皇帝实录》卷一百三十记载了康熙帝增补人员的目的和用意。康熙帝在谕文中说："此缺著补陈廷敬。纂修《明史》，事关紧要，更极繁难，若监修、总裁人少，恐或偏执私见，不符公论。可将满汉大学士以下，编修、检讨以上职名开列具奏。"[①] 先由官员推荐候补人员，经皇帝裁决定夺，进一步扩充监修、总裁人数。又据《清实录·圣祖仁皇帝实录》卷一百三十记载："康熙二十一年（1682），以大学士勒德洪、明珠、李霨、王熙为纂修《明史》监修总裁官。内阁学士阿兰泰、王国安，翰林院掌院学士牛纽、侍读学士常书、侍讲学士孙在丰、侍读汤斌、侍讲加侍读学士王鸿绪

---

① 《清实录·圣祖仁皇帝实录》卷一百三十，中华书局1985年版，第37页。

文化认同视角下的清代《明史》修纂研究

为总裁官。"① 又如，康熙二十一年（1682）七月二十五日庚午，康熙帝任命《明史》总裁、内阁学士王国安出任浙江巡抚。据《康熙起居注》记载：

> 内阁、翰林院会题，为《明史》总裁王国安员缺，将王守才等开列。大学士明珠奏曰："纂修《明史》，垂示永久，关系大典，甚为紧要，必学问优长之人，方能综理成书。前皇上亲点总裁，极为允当。今王国安员缺应补，臣等公举徐乾学，人品颇优，学识淹贯，似堪补此缺。伏候睿裁。"上曰："徐乾学人品学问果系优长。"谕毕，翰林院学士等出。②

康熙二十一年（1682）六月，王安国擢升内阁学士，充《明史》总裁官。同年七月，内阁学士王安国出任浙江巡抚。因此，王安国实际上没有参与修史。随后，内阁和翰林院会题，将王守才等人开列，以补王国安员缺，请康熙帝定夺。大学士明珠当面向康熙帝推荐徐乾学，指出徐乾学"人品颇优，学识淹贯，似堪补此缺"。得到康熙帝批准。查《清实录·圣祖仁皇帝实录》卷一百三十记载："壬申，以左赞善徐乾学充纂修《明史》总裁官。"③

第二种情况：康熙十八年（1679），特设"博学鸿词科"，遴选五十"鸿博"，分别授予翰林院侍读、侍讲、编修、检讨之职，与修《明史》。考五十"鸿博"中，李因笃、冯勖、陈鸿绩未入史馆修史，因此，五十"鸿博"中共有四十七人参与《明史》修纂工作。④ 这是清官修《明史》过程中，当属扩充、遴选史官最多的一次。此次"博学鸿词科"的开设，所遴选人员均为清代学术造诣较高的杰出群体，他们通过与清廷的实际合作，逐步认同清朝的统治。清廷通过网罗、利用他们参与《明史》修纂，通过他们的社会

---

① 《清实录·圣祖仁皇帝实录》卷一百三十，中华书局1985年版，第39页。
② 中国第一历史档案馆整理：《康熙起居注》，中华书局1984年版，第870—871页。
③ 《清实录·圣祖仁皇帝实录》卷一百三十，中华书局1985年版，第45页。
④ 参见笔者：《官修〈明史〉的幕后功臣》，人民出版社2011年版，第276页。

第六章　清官方对《明史》纂修官群体的整合

关系广泛延揽人才，达到扩充修史人员的目的，以此进一步缓和满汉矛盾。清廷此次制科的开设，目的在于选拔文学顾问之士，以备员修史。因此，此次"博学鸿词科"考试，在人员推荐、报名、考试程序、录取、授官等方面，不拘泥于科举考试的常例。他们在史馆纷纷献言献策，为早期修史工作的顺利进行作出了重要贡献。因此，清廷此次"博学鸿词科"的开设，可谓收一举两得之效。如，朱彝尊提出了睿智之见，考辨史事，澄清事实，还在史馆草拟史稿，为《明史》成书作出了重要贡献。此次开设"博学鸿词科"，录取的五十"鸿博"，堪称清代杰出的人才群体，后人为之津津乐道，赞誉不已。潘耒在《〈曝书亭集〉序》文中盛赞到：

> 竹垞之学，邃于经，淹于史，贯穿于诸子百家。凡天下有字之书，无弗披览。坠闻逸事，无弗记忆。蕴蓄宏深，搜罗繁富。析理论事，考古证今，元元本本，精详确当。发前人未见之隐，剖千古不决之疑。其文不主一家，天然高迈，精金百炼。削肤见根，辞约而义丰，外淡而中腴，探之无穷，味之不厌，是谓真雅真洁……竹垞既享当世盛名，而异日论今代之文章，亦将以竹垞为首称。斯文之正系在焉，不可得而磨灭也。①

朱彝尊在史馆七次上书总裁：《史馆上总裁第一书》《史馆上总裁第二书》《史馆上总裁第三书》《史馆上总裁第四书》《史馆上总裁第五书》《史馆上总裁第六书》《史馆上总裁第七书》，② 主要针对明代历史的特点，分别就修史的体例、搜集史料、宽延期限、慎重史事评价等方面展开论述，献言献策，立论确当。

第三种情况：在《明史》编纂过程中，有时监修、总裁还通过他们的社会关系，广泛延聘或荐举人才，与修《明史》。有的授予翰林官，有的不

---

① 潘耒：《序》，《曝书亭集》卷首，《四部丛刊》本。
② 朱彝尊：《曝书亭集》卷三十二，《四部丛刊》本。另外，还可参考笔者：《官修〈明史〉的幕后功臣》第二章《朱彝尊与〈明史〉纂修》，人民出版社 2011 年版，第 49—58 页。

文化认同视角下的清代《明史》修纂研究

授官，但所荐举之人，也在史馆参与史稿的分撰工作，监修、总裁在审订时，对他们所拟史稿也偶有采纳之处。然而，类似情况在前代官修正史中比较少见。在早期《明史》编纂过程中，康熙帝尤其注重以修史为契机，进一步网罗、笼络汉族士子，继而将修史活动与现实政治紧密结合在一起，这一举措无疑有效地稳固了清朝的统治。清廷通过《明史》修纂，逐渐缓解了满汉矛盾，充分地体现出清官方深层的历史文化认同。如，万斯同以布衣身份修史，长达二十一年之久，为《明史》成书作出了重要贡献。① 康熙十八年（1679）十二月，《明史》监修徐元文荐举卢琦、② 王士禛、王鸿绪、李振裕、翁叔元、沈涵、李应荐、李涛、沈上墉（原名沈胤城）、③ 徐潮、王尹方、李柟、孟亮揆、李录予、陈论、董讷十六人参与修史，得到康熙帝批准。在《明史》修纂过程中，此次荐举修史人员属于规模最大的一次。④ 考以上所举十六人中进士时间如下：王士禛中顺治十五年（1658）进士；陈论中康熙三年（1664）进士；董讷、卢琦同中康熙六年（1667）进士；李录予、孟亮揆、李振裕同中康熙九年（1670）进士；王鸿绪、王尹方、李柟、徐潮、沈上墉（原名沈胤城）同中康熙十二年（1673）进士；翁叔元、沈涵、李应荐、李涛同中康熙十五年（1676）进士。此外，王原曾入徐乾学幕府，后经徐乾学推荐，参与《明史》编纂工作。王原在潘耒基础上撰《明食货志》十二卷，成为《明史·食货志》成书的主要蓝本。康熙十七年（1678）大学士李霨、杜立德、冯溥荐举曹溶，参与"博学鸿词科"考试，但曹溶实际上

---

① 参见朱端强：《万斯同与〈明史〉修纂纪年》，中华书局2006年版。
② 卢琦事迹见《浙江通志》卷一百九十《四库全书》本）记："卢琦，《钱塘县志》，字景韩，康熙丁未（1667）进士，选庶吉士，授编修，历詹事府少詹，擢内阁学士兼礼部侍郎。文章尔雅，尤熟朝章典故。既参密，勿门无杂宾；应酬竿牍，一切谢绝。归田后，日课子，读书不与户外事。官至三品，家产不逾中人，粗衣菲食，淡如也。"
③ 朱宝炯、谢沛霖：《明清进士题名碑录索引》（上海古籍出版社1980年版，第2658—2659页）记沈胤城，康熙十二年（1673）癸丑科，中三甲第七名进士。后因避雍正帝胤禛讳，后被人改名为沈上墉，浙江秀水人，翰林院侍读学士。
④ 关于不同时期官修《明史》参与人数，可参考笔者：《官修〈明史〉的幕后功臣》附录一。

298

第六章　清官方对《明史》纂修官群体的整合

没有参加此次制科考试。康熙十九年（1680）二月，徐元文上《特举遗献录用史材疏》荐举李清、黄宗羲、姜宸英、万言、汪懋麟、曹溶、黄虞稷与修《明史》。据《清实录·圣祖仁皇帝实录》卷八十八记载：

> 吏部遵旨议复，内阁学士兼修《明史》徐元文疏言："纂修《明史》，宜举遗献。请将扬州府前明科臣李清、绍兴府名儒黄宗羲延致来京。如果老疾不能就道，令该有司就家，录所著书送馆。至监生姜宸英、贡生万言，应速行文该督抚移送。其后补主事汪懋麟，丁忧服满到部，应以原衔食俸，入馆修史。原任副使道曹溶、布衣黄虞稷，现在丁忧，俟服阕后，咨送到馆。告成日，一并甄叙。"从之。①

除李清、黄宗羲、曹溶未响应之外，其余四位先后入馆，参与修史，他们都为《明史》的成书作出了重要贡献。曹溶（1613—1685），于康熙二十四年（1685）病逝，卒年七十三。沈季友编《檇李诗系》中记载："戊午，以宏（鸿）博征，复荐修《明史》，俱辞不赴。乙丑八月，卒年七十三。"②《浙江通志》记曹溶享年八十三，有误，特此订正。康熙十九年（1680）二月，万言、汪懋麟入史馆，与修《明史》。康熙二十六年（1687），王源、黄百家、刘献廷与修《明史》。

雍正、乾隆朝初年，史官大都为皇帝直接任命，但也有个别被荐举而录用者。如，雍正元年（1723），诸生汪由敦被《明史》总裁徐元梦荐举，充《明史》馆纂修官。雍正二年（1724）八月，汪由敦中进士，仍然充任纂修官，他为《明史》最后成书作出了重要贡献。③后来，史官杨椿开列雍正、乾隆朝纂修官名单，一共二十五名：孙嘉淦、乔世臣、汪由敦、杨椿、郑

---

① 《清实录·圣祖仁皇帝实录》卷八十八，中华书局1985年版，第1116—1117页。
② 沈季友编：《檇李诗系》卷二十三，《四库全书》本。
③ 关于汪由敦修史的具体情况，可参见笔者《官修〈明史〉的幕后功臣》第十三章，人民出版社2011年版，第243—249页。

文化认同视角下的清代《明史》修纂研究

江、彭廷训、胡宗绪、陶贞一、蒋继轼、陆奎勋、梅毂成、杨尔德、闫圻、姚之骃、吴启琨、韩孝基、冯汝轼、吴麟、蓝千秋、唐继祖、吴龙应、王叶滋、姚焜、金门诏、万邦荣。这一时期，纂修官参与修史时间长短不一，情况各异。如，姚之骃曾编《元明事类》一书，其后来参与《明史》编纂，参考明代《实录》等资料，将元明两朝史事发之于诗，成《乐府古今体》若干卷。汪由敦在序文中感叹学问之道，新故之间随时发生转化，"夫学因故而得新，世阅新而成故。今之所见为故者，固向之所为新，更阅数千百年，而新者又故矣！"①

第四种情况：地方志书记载其他纂修官参与修史，但其具体任命和修史情况不详。如，程邑，江南上元人。查（乾隆）《江南通志》卷一百六十五记载其参与修史："程邑，字翼苍，江宁人，工诗能文。顺治己丑（1649）进士，授庶吉士，以不谙国书，出为苏州教授，课士有法，迁国子助教，纂修《明史》。"②《词林典故》《明清进士题名碑录索引》记程邑，江南上元人，清顺治九年（1652）中三甲第三十三名进士。董允辉在《中国正史编纂法》一书中说：

> 唐代以后，皆开局修书。遂考选翰林诸臣中品诣学问最著者，以为纂修官，而命宰相兼监修之职也。如修《明史》时，天子召试文学之士于体仁阁，擢高等五十人，同日官翰林，纂修之是也。亦有由大臣荐举通儒，而以礼征聘之者，及但以布衣征入史馆者，要皆清尚之事，所谓官不坐曹，居多暇日，每自娱于文字笔墨之间，盖指此而言也。至于史职之分，派诸臣纂修，初以阄贴名氏，随所得者为之，后归提调之分排，宜区处各当其身，然后可成良史。凡史官入馆，先搜构其乡大臣事迹之在群书者，而后拈分其

---

① 汪由敦：《姚侍御先生新体诗序》，《松泉集》卷九，《四库全书》本。
② （乾隆）《江南通志》卷一百六十五，《四库全书》本。另，考《江南通志》记程邑于顺治六年（1649）中进士，时间有误。

第六章　清官方对《明史》纂修官群体的整合

题以成之。如王守仁为毛奇龄同乡，故毛氏先为撰一传稿焉。①

上段文字中还提到了当时修史分派原则：先抓阄分题，史官随所阄得题，草拟史稿，后归提调依史官长处而进行分派，然后又规定史官入馆后，就其乡大臣事迹在群书者，先搜集资料而后拟成传记，供后来阄得其题者修史时参考。此外，也有一些人对明代史事非常谙熟，但仍未能入选为纂修官的情况。如，卢宜对明代史事非常熟悉，其在浙江参加科举考试时，涉及策试《明史》修纂的相关问题，卢宜就明代靖难之役、夺门之变诸大事多有论述，《明史》也多采纳其意见或建议，但其未入馆修史。对此，毛奇龄在《皇清敕封文林郎弗庵卢公墓志铭》中说：

> 暨予召京师，丹徒相公以学士方掌院事，即曩公中试时主文官也。见予，骤询公近状，且促公赴试，不报。会上开制科，故事：科目惟制科最重。凡有学术者，不限已仕、未仕，皆许入试，掌院已荐公，而公复辞之。且公长史学，熟明代掌故。方试浙时，上厌薄八比，改书义为对策，首以明史大事次第列问，而公卷岿然冠一，经条对甚晰。至是制科所取中，悉授纂修官，敕撰《明史》。凡靖难、夺门诸大事，多奉公文为蓝本。而翻以未试，不得共编纂，为史事憾……生平谙国史，并多识明代事，既以策对明史起家，而究不得入史馆撰史，终抱怏怏。②

毛氏认为卢宜谙熟明代史事，叶方蔼也曾荐举卢宜参与"博学鸿词"科考试，但卢宜推辞而没有参加考试，故不得与修《明史》，毛奇龄对此为其深感遗憾。

康熙三十三年（1694），大学士等奏《三朝国史》《典训》《大清一统志》《明史》尚未成书，请求康熙帝将在籍的徐乾学、王鸿绪、高士奇、韩菼诏

---

① 董允辉：《中国正史编纂法》，正中书局1936年版，第56页。
② 毛奇龄：《皇清敕封文林郎弗庵卢公墓志铭》，《西河集》卷一百六，《四库全书》本。据《词林典故》卷七记载："康熙十七年十二月，叶方蔼由侍读学士升任，江南昆山人。"

301

来京师，令他们专任修史，书可速成。康熙帝同意徐乾学、徐秉义一并来京修史。康熙帝认为韩菼原系内阁学士告假回籍，不能与曾经处分之人来京修史，下令以原官诏请来京师。据《清实录·圣祖仁皇帝实录》卷一百六十四记载：

> （康熙三十三年七月）丁亥，上命大学士等，于翰林官员内，知有长于文章学问超卓者，具奏。大学士等奏曰："徐乾学、王鸿绪、高士奇、韩菼文章、诗赋颇为优长。又进士唐孙华长于诗赋，文章亦佳。"上召唐孙华考试。谕大学士等："观唐孙华文学实优，但字不甚佳，著额外授为礼部主事，令于翰林院行走。"大学士等奏曰："《三朝国史》《典训》《一统志》《明史》尚未成书，徐乾学、王鸿绪、高士奇、韩菼等在籍，皆文学素优之人。若召令各纂一书，书可速成。"上曰："徐乾学等，著来京修书。徐乾学之弟徐秉义学问亦优并著来京。韩菼原系内阁学士告假回籍，不便与曾经处分之人，一体取来修书。著以原官召取来京。"①

乾隆三年（1738），沈廷芳参与《明史》校勘工作。据汪中撰《浙江杭州府仁和县忠清里沈廷芳年七十一状》一文中称："乾隆元年，故左都御史杨恪勤公汝谷时以兵部右侍郎祭告南岳还朝。上命续举所知，遂以公名及其学行对。十月，御试保和殿，名在二等，选翰林院庶吉士。明年，授编修，入直武英殿，同修《起居注》，总理宗人府各学。三年，充《一统志》纂修官，兼校勘《明史》。"②但杨椿开列的二十五名纂修官名单中未予以录入，其具体修史情况不详，特此说明。

---

① 《清实录·圣祖仁皇帝实录》卷一百六十四，中华书局1985年版，第791—792页。
② 汪中：《浙江杭州府仁和县忠清里沈廷芳年七十一状》，收入《述学别录》，《四部丛刊》本。

第六章　清官方对《明史》纂修官群体的整合

二、纂修官的家世背景

清官方以《明史》修纂为契机，广泛网罗了一大批清代学术水平较高的人才群体，他们均有较高的文化造诣，清廷也借助他们与明遗民之间千丝万缕的联系，尽量将修史活动与朝野学者的关注紧密联系在一起，同时争取获得修史的主动权和在思想文化上的话语权。此外，清廷还通过《明史》监修、总裁荐举相关人员，使其参与《明史》修纂，因而清官方能够最大限度地集中纂修人员的智慧，引荐他们积极参与修史，从而在一定程度上确保《明史》的质量。① 康熙十八年（1679），《明史》馆开馆，对于参与《明史》修纂的人员情况，江阴缪荃孙在《〈明史例案〉序》中说："第《明史》馆开，留翰林卢琦等十六人，鸿博翰林彭孙遹等五十人，随时保入姜宸英等又若干人，其文集有得见者，有不得见者，倘续得而有论史之文，再当俟之补编矣。"② 修史人员的家世背景，大体可以分为以下几类：

第一类，系前明降臣。如，钱谦益、冯铨、李建泰、范文程、洪承畴等。钱谦益尤其留心明史，并撰一百卷，后毁于绛云楼火灾，没有流传下来。但其《牧斋初学集》早已刊刻，乾隆中后期经禁毁之难后，得以幸存下来。邹镃在《〈牧斋有学集〉序》文中说："先生目下十行，老而好学，每手一编，终日不倦，尤留心于明史，博询旁稽，纂成一百卷，惜毁于绛云一炬，岂天丧斯文耶？或所论之人为造物所忌而靳（吝啬）之耶？抑如龙门是非有谬于圣而不欲传之耶？幸《初学集》已经付梓，得留人间。"③

第二类，系明代达官显宦的后代。尤以江南世家大族后代居多，出现为世人瞩目的进士群体。如，王士禛、彭孙遹、王顼龄、乔莱、姜宸英、朱彝尊等祖先都是明代达官显宦。他们非常了解其家世背景和祖先的事迹，将

---

① 为避免重复，关于清朝官修《明史》参与人数及刊修殿本《明史》人数总计二百余人，请参考笔者《官修〈明史〉的幕后功臣》附录一。
② 刘承干辑：《明史例案》卷首，吴兴刘氏嘉业堂刊本。
③ 钱谦益：《牧斋有学集》卷首，《四部丛刊》本。

303

文化认同视角下的清代《明史》修纂研究

其祖先资料上缴史馆,以备修史人员参考,希望将他们的祖先事迹载入《明史》。他们积极参与修史,为《明史》的成书作出十分重要的贡献。另,王士禛以诗文闻名于世,康熙帝先后咨询过李霨、冯溥、陈廷敬、张英:"今世博学善诗文者孰最?"他们都以王士禛对。[①]康熙帝遂召王士禛,入懋勤殿召对,王士禛赋诗,契合康熙帝心意,遂召王士禛入翰林院,授予侍讲,后迁侍读,入值南书房。康熙帝还下令词臣录王士禛诗文三百篇,名曰《御览集》,常置案头,随时阅览,足见康熙帝非常喜爱王士禛诗文。[②]

清初,王士禛提倡"神韵"说,以其卓越的诗文造诣而成为诗坛盟主,他撰写的大量诗文,深受康熙帝的喜爱和知遇之恩,由此确立起清初诗坛的正宗地位。当时文人学者刊刻诗集,卷首冠以"渔洋山人点评""渔洋山人序"为荣耀,而下至小说如《聊斋志异》等,偶有王士禛在行间点评数语,也大书"王阮亭先生鉴定"一行,弁于卷首,然后才刊刻流传。足见,清初,王士禛诗文名望非同一般,《四库全书总目》作者认为王士禛可与宋之苏轼、元之虞集、明之高启相媲美。[③]

黄居中,字明立,晋江人,万历乙酉年(1585)举人,官南京国子监丞,黄虞稷之父。黄居中一生酷爱藏书,所藏善本经其详细校勘,其家所藏善本书籍达八万余册。朱彝尊在《静志居诗话》卷十五"黄居中"说:"黄居中,字明立,晋江人。万历乙酉年(1585)举人,自上海教谕迁南京国子监丞,有《千顷斋集》。监丞锐意藏书,手自抄撮。仲子虞稷继之,岁增月益,太仓之米五升,文馆之烛一梃,晓夜孜孜,不废雠勘,著录凡八万册。坟土未干,皆归他人插架,深可惋惜也。"[④]又附录朱彝尊的评价说:"明立专勤学古,得异书,必手自缮写。侨居金陵,年八十余,犹篝灯诵读,达旦

---

① 赵尔巽等:《王士禛传》,《清史稿》卷二百六十六,中华书局1977年版,第9952页。
② 赵尔巽等:《王士禛传》,《清史稿》卷二百六十六,中华书局1977年版,第9952页。
③ 《四库全书总目》卷一百七十三。
④ 朱彝尊著,黄君坦点校:"黄居中",《静志居诗话》卷十五,人民文学出版社1990年版,第463页。

第六章　清官方对《明史》纂修官群体的整合

不倦。古称老而好学，斯无愧焉。"①黄虞稷父子是清初著名的藏书家，黄虞稷撰《千顷堂书目》以备《艺文志》采用。黄虞稷《千顷堂书目》当以其家藏书为主要依据，兼及宋、辽、金、元四朝著述，但王鸿绪删订史稿时，特将宋、辽、金、元四朝著述予以删略，仅著录有明一代著述，此举被全祖望、杭世骏等人所诟病。

第三类，系清初理学名臣。如汤斌不仅政绩显著，且在理学方面也颇有造诣。据王士祯在《渔洋山人自撰年谱》卷下记载说：

> 康熙十八年己未，四十六岁。在翰林，充《明史》纂修官。是岁，以博学鸿儒征者，云集京师。三月，乡试体仁阁下，入翰林者五十人，彭孙遹第一，施闰章、汪琬皆在焉。时公卿庶僚，皆得荐人。魏侍郎象枢询于山人，对曰："公以躬行闻天下，荐士不当专以文艺，必如睢州汤斌者，斯无愧矣。"魏笑曰："得之矣。"遂疏荐之，山人与汤初未倾盖也。汤后以阁学出抚江南，入为大宗伯，为本朝第一名臣。天下竟知汤公之荐由魏公，而不知魏公之荐汤公，自山人发之也。②

人们一般只知道汤斌参加"博学鸿词科"考试，是由魏象枢荐举；但未详明魏象枢荐举汤斌是由王士祯推荐。据王士祯在上文记载，魏象枢曾向王士祯询问荐举人选，王士祯与汤斌当时还没相交亲切，但他已知汤斌躬行实践而名闻天下，遂向魏象枢建议荐举汤斌。魏象枢于是上疏荐举汤斌参与"博学鸿词科"考试。此次开科，一共录取五十"鸿博"，但此时他们对修史持观望态度。可是，《明史》监修徐元文至京，《明史》修纂工作顺利开展之后，他们修史态度由悲观、消极而转向积极、主动。如，施闰章中"鸿博"后，他起初对清修《明史》之举，显然持一种消极抵触情绪，可随着《明

---

① 朱彝尊著，黄君坦点校："黄居中"，《静志居诗话》卷十五，人民文学出版社1990年版，第463页。
② 王士祯著，惠栋注补：《渔洋山人自撰年谱》卷上，《四部备要》本。

史》修纂工作的顺利开展，施闰章从消极态度转向积极主动参与修史，其思想在很短时间内发生了很大转变。他在《中鸿博后家书》中令其家人将家藏明代史料运送来京，以备其修史参考。从其《中鸿博后家书十四通》中内容来看，足见这一时期施闰章思想已悄然发生变化。应该说，这一时期纂修官积极参与修史，不但有力地推动修史工作的顺利开展，而且在一定程度上也起到逐步缓和满汉矛盾的效果。清朝官方也凭借修史为手段，逐步扩大与汉族士子的合作，从而不断增进历史文化的深层认同，二者之间相互促进，相辅相成。汤斌在《汤子遗书》卷七《翰林院侍读愚山施公墓志铭》一文中高度评价施闰章诗文、行谊与政绩，高度称赞施闰章为良史才，为其《明史》未成而先亡感到十分惋惜。他说："嗟乎！以公之才使专精史事，久于其职，一代君臣事迹庶有伦叙，乃事未竣而遽殁，不但平生交游之情为可恸，而国家失此良史才为可惜也，悲夫！"[①]

第四类，系布衣。五十"鸿博"中，以布衣身份中"鸿博"者有四人：潘耒、严绳孙、朱彝尊、李因笃。除李因笃未参与《明史》修纂外，其他三人都参与了《明史》编纂工作。他们在史馆积极提出《明史》修纂的建议与主张，为《明史》编纂的顺利进行作出非常重要的贡献。如，潘耒为顾炎武弟子，其兄潘柽章受"庄氏史狱"牵连致死。康熙十八年（1679），潘耒被荐举，潘耒曾以母老赡养为由，极力推辞"博学鸿儒"之荐，终不获允。后来，潘耒参与"博学鸿词科"考试，以布衣身份中"鸿博"，授翰林院检讨，与修《明史》。潘耒在中"鸿博"，授官之后，又几次上吏部，"以独子终养请代题"，仍未获允，后来迎母来京奉养。对此，沈彤在《检讨潘先生耒传》文中也说："耒初被征，以母老力辞，不获命。乃行，除官后，又牒吏部，以独子终养请代题者三，卒不得请，乃受职，遂迎母养之。及去职，母殁，终三年未尝见齿。"[②] 由此可见，潘耒作为顾炎武的弟子，同时也是"庄氏史

[①] 汤斌：《翰林院侍读愚山施公墓志铭》，《汤子遗书》卷七，《四库全书》本。
[②] 沈彤：《检讨潘先生耒传》，《果堂集》卷十，《四库全书》本。

第六章　清官方对《明史》纂修官群体的整合

狱"牵连者潘柽章的弟弟，在其内心深处是不愿出仕清廷的，但在多次以养母力辞而未果之后，才迫不得已参与《明史》编纂工作。他在出仕之后，充当过日讲官、起居注官，而在这一时期，潘耒对清廷多了一份认同和理解，甚至其不愿与清廷合作的态度也稍微发生了一些转变，这是不容怀疑的。然而，潘耒与修《明史》的时间较短，关于三布衣修史及潘耒降调归里的原因，沈彤在《果堂集》卷十一《征仕郎翰林院检讨潘先生行状》一文中述及，①康熙二十三年（1684），潘耒降调归里的原因大致有二：馆阁应奉文均为三布衣所擅长，如果不经三人之手，翰林院掌院学士就不甚满意，故三布衣遭"资格自高者"的嫉妒；潘耒同列应对，辄征引经史诸子百家，从容应答，直言相对，从未谦虚避让，故在三布衣中最遭人嫉妒。康熙二十三年（1684），满族人牛钮弹劾潘耒，潘耒降调归里。②潘耒还参与《圣训》《清世祖章皇帝实录》的编纂工作，其著有《遂初堂集》四十卷、《类音》八卷，而其《明五朝史稿》藏于家，因未刊刻，现仍未见存本。关于潘耒、朱彝尊、严绳孙入史馆后的情况，陈康祺在《郎潜纪闻四笔》卷五"江浙三布衣"中也说：

> 潘稼堂检讨与竹垞、藕渔，同以布衣举鸿博，骤起为史官，所谓"江浙三布衣"者也……罢退后，值圣祖南巡，陈文贞（陈廷敬）相国方扈驾，相见欲荐起之，先生曰："止，吾初志也。"赋《老马行》以谢，竟不复出。难进易退若先生，谓之浮躁可乎？谗言害正，直道忤时，不意康熙间已如此。嗣竹垞以镌秩归，藕渔官亦不显。③

康熙二十八年（1689）八月，黄宗羲之子黄百家游京师，特请朱彝尊为其父撰写寿文，朱彝尊在《黄征君寿序》一文中表达了他愧对黄宗羲之

---

① 沈彤：《征仕郎翰林院检讨潘先生行状》，《果堂集》卷十一，《四库全书》本。
② 关于潘耒参与《明史》修纂的情况，可参考笔者：《官修〈明史〉的幕后功臣》第十章，人民出版社2011年版，第171—177页。
③ 陈康祺："江浙三布衣"，《郎潜纪闻四笔》卷六，《清代史料笔记丛刊》本，中华书局1990年版，第93页。

意。他说:"予之出,有愧于先生。顾性好聚书,传抄不辍,则与先生又瓷芥之合。明年归矣,将访先生之居而借书焉。百家其述予言,冀先生之不我拒也。"① 此外,朱彝尊为明太子太保、礼部尚书兼文渊阁大学士朱国祚曾孙,朱彝尊参与修史时,上其曾祖父诰命两道入史馆,以供史官参考。同时,朱彝尊五十多年来搜集其祖父草拟的奏疏尺牍,并装订合为六册,他在《书先太傅〈奏疏尺牍〉卷后》说:

> 先太傅通籍后,未尝引书记相助,故平生疏牍皆自具草。彝尊少日,睹有容堂西庑,留有四楔,经乱尽失之。既而搜访掇拾五十年,装界成六册。书其后曰:"先公万历中,以礼部左侍郎掌本部尚书事,清德著闻。是时朋党纷争,先公中立不倚,惟力持谠议,抗疏建储。迨册立旨下,出仪注于袖,信宿而大典行。他若劾郑国泰外戚不当预国事,利玛窦宜勒其归国,琉球遣使,当仍依会典差给事行人,不可失信外蕃。在政府日,救邹公元标、王公纪,皆存朝廷大体。即如尺牍草稿,十九多与封疆大臣论边防,绝不及私也。《明史》开局,同官已为先公立传。近闻执政有断自万历三十五年止之议,是公之列传犹属未定。留此六册,贻我子孙,庶几他日有览彝尊跋尾,知不诬其祖,稍见先公立朝之大节焉。"②

朱彝尊作为清代著名学者,对其曾祖父事迹尤其熟悉,他作为史官,非常关注史官草拟其曾祖父朱国祚传记的情况,同时积极将其家所藏资料上之史馆,后又历经五十年时间尽量网罗其曾祖父奏疏尺牍,并装订成六册,并撰《书先太傅〈奏疏尺牍〉卷后》,详细叙述曾祖父立朝刚正不阿的事迹及其所记奏疏尺牍之内容。又闻知其曾祖父传记还未拟定,故而希望史官诸公能参考其曾祖父的《奏疏尺牍》六册及其所撰写的跋文。朱彝尊还进一步

---

① 朱彝尊:《黄征君寿序》,《曝书亭集》卷四十一,《四部丛刊》本。
② 朱彝尊:《书先太傅〈奏疏尺牍〉卷后》,《曝书亭集》卷五十一,《四部丛刊》本。

第六章 清官方对《明史》纂修官群体的整合

补充其曾祖父资料，撰《书先文恪公〈覆杨通政劾罗近溪疏〉后》：

> 明自正德以后，讲学者多师王伯安（王守仁），伯安诸弟子，渐流于禅。至万历初，南城罗维德拾禅宗之余唾，惑世诬民，益无忌惮，狂澜不可遏矣。杨公官南通政使（杨时乔），上疏纠之，先公掌礼部尚书事，覆疏千言，要以去邪说、正人心为先务。《实录》未之载者，殆史臣惮伪学之虚声，曲护其短，讳之云尔。杨公，上饶人，讳时乔，嘉靖乙丑进士，仕至吏部左侍郎，赠尚书，谥端洁。①

明万历年间，杨时乔弹劾罗汝芳之讲学，"惑世诬民，益无忌惮"，朱国祚覆疏千言，"要以去邪说、正人心为先务"，支持杨时乔的观点。但《实录》没有予以记载，朱彝尊认为是史臣曲护其短，为之避讳罢了。朱彝尊补崇记载其曾祖父此事，显然希望史官草拟传记时参考，以便载入《明史》。殿本《明史》卷二百四十《朱国祚传》未予以记载。而《明史》卷二百二十四《杨时乔传》则记载如下：

> 时乔受业永丰吕怀，最不喜王守仁之学，辟之甚力，尤恶罗汝芳。官通政时具疏斥之曰："佛氏之学，初不溷于儒。乃汝芳假圣贤仁义心性之言，倡为见性成佛之教，谓吾学直捷，不假修为。于是以传注为支离，以经书为糟粕，以躬行实践为迂腐，以纲纪法度为桎梏。逾闲荡检，反道乱德，莫此为甚。望敕所司明禁，用彰风教。"诏从其言。②

朱彝尊补载其曾祖父朱国祚之事，《明史》本传虽未予以记载，也可补《明史·杨时乔传》之缺略。由此可以看出，清廷通过主导《明史》编纂，进一步凝聚了学人的向心力，在纂修人员当中，有的先人在明朝为官，经历

---

① 朱彝尊：《书先文恪公〈覆杨通政（杨时乔）劾罗近溪疏〉后》，《曝书亭集》卷五十三，《四部丛刊》本。
② 张廷玉等：《杨时乔传》，《明史》卷二百二十四，中华书局1974年版，第5909页。

文化认同视角下的清代《明史》修纂研究

了明代重大历史事件，他们不仅对明代史事非常熟悉，同时也希望将他们的祖先事迹载入《明史》。伴随着清官方文化认同逐步深入，在修史过程中也体现得十分明显，姜宸英被荐举，入史馆参修《明史》，一时成为美谈。

第五类，系科第出身者。五十"鸿博"中，先前已中进士为官者较多，另外，史官一般从翰林院遴选。先前既考取功名而后又中"鸿博"者，入史馆，参与纂修《明史》。在五十"鸿博"中，李因笃、冯勖授官后不久，即归里。陈鸿绩授官不久，即卒。另外，陈维崧也曾参与修史，康熙二十一年（1680），去世。《明史》监修徐元文将陈维崧负责的王崇古等八传，另嘱附方象瑛在其基础上草拟。关于陈维崧事迹，据《大清一统志》卷六十一记载："陈维崧，字其年，贞慧子，工诗古文，尤长骈体。康熙己未，举博学宏（鸿）词，授检讨，文名冠馆阁，著《湖海楼集》行世。"[①] 陈维崧之父陈贞慧为《留都防乱公揭》首领之一，公开揭发阮大铖之罪恶，阮大铖对其恨之入骨，欲将复社诸君子置之死地而后快。对此，全祖望在《梨洲先生神道碑》文中说："甲申难作，大铖骤起南中，遂按揭中百四十人姓氏，欲尽杀之。时公方之南中，上书阙下而祸作。太夫人叹曰：'章妻滂母，乃萃吾一身耶？'贞慧逮至，镌论死，寿民、应箕、士柱亡命，公等惴之不保，驾贴未出而大兵至，得免。"[②] 对此，陈维崧在《陈迦陵文集》卷五《敕赠征仕郎翰林院检讨先府君行略》中记载：

  贵池吴先生次尾（吴应箕）时读书余家，与府君扼腕此事。会无锡顾子方先生（顾杲）来，三人者雅相善也，意又相合。吴先生随于灯下草一揭，顾先生首倡，府君次之。盖揭中虽遍列当世清流，然主之者实止秋浦、梁溪、阳羡三君，揭未布，或泄之

[①] 《大清一统志》卷六十一，《四库全书》本。
[②] 全祖望：《鲒埼亭集》卷十一，《四部丛刊》本。滂母：指东汉范滂之母。范滂陷党锢之祸，自诣狱就死，见范晔《后汉书·党锢传》。另外，驾贴：指明代秉承皇帝意旨，由刑科签发的逮捕人的公文。

第六章 清官方对《明史》纂修官群体的整合

怀宁。怀宁愧且恨，恨乃次骨……①

又《大清一统志》卷六十一记："陈贞慧，字定生，明少保于廷子，少在复社有名。阮大铖以逆案久锢，谋复用贞慧。与池州吴应箕、无锡顾杲等草檄攻之。后大铖起南都侍郎，乃以他事属镇抚司，逮治，寻得脱。屏居故里，不入城市凡十二年，卒。"②陈于廷著有《定轩稿》。

韩菼、韩孝基父子先后参与《明史》编纂。韩菼，字元少，长洲人，康熙十二年（1673），韩菼中状元，力主裁撤三藩，授翰林院修撰，屡迁内阁学士。韩菼以其学问和才名，深得康熙帝赏识，先后参与《孝经衍义》《明史》《大清一统志》等书籍的编修工作。后因病里居，研究经史及唐宋古文。归里八年之后，康熙帝命其以原官重新起用。康熙三十六年（1697）十月，韩菼擢升翰林院掌院学士、礼部尚书，凡有廷议，则侃侃而谈，多所建议。③韩孝基，韩菼之子，康熙三十九年（1700）中进士。康熙四十二年（1703），散馆之后，改官他任。康熙四十三年（1704），韩菼去世，韩孝基将其父归葬于长洲，建宗祠，修家谱，二十余年居家教育子弟。雍正元年（1723），开馆续修《明史》，公卿相继向雍正帝上书推荐韩孝基与修《明史》。韩孝基遂入史馆，参与《明史》编纂。韩孝基完成修史任务后，不久告归。对此，彭启丰在《芝庭文稿》卷七《朝议大夫翰林院庶吉士韩先生墓表》中说："雍正初，世宗宪皇帝重开《明史》局，总裁疏请先生名，召赴阙下，以原衔食俸，分纂明英宗、景帝本纪及列传数十篇，事竣，移疾归。"④方苞也在《送韩祖昭南归序》文中回顾韩孝基之父韩菼每于廷议后，归则颓然沮丧。方苞挽留之，韩孝基道出身不由己的处境，方苞以韩菼的人

---

① 陈维崧：《敕赠征仕郎翰林院检讨先府君行略》，《陈迦陵文集》卷五，《四部丛刊》本。次骨：入骨，形容程度极深。
② 《大清一统志》卷六十一，《四库全书》本。
③ 《大清一统志》卷五十七，《四库全书》本。
④ 彭启丰：《朝议大夫翰林院庶吉士韩先生墓表》，《芝庭文稿》卷七，《四库未收书辑刊》本。

文化认同视角下的清代《明史》修纂研究

品及学识勉励韩孝基,告诫其归里后向其父学习,"学古人之学以成其身,以陶铸乡之后进,则所以成孝与忠者在是矣"。告诫韩孝基切勿逍遥山水之间,为忘世自得之人,应该切实为国家振兴人才而努力,希望韩孝基将他的告诫之语一并转告其兄,彼此互相勉励。

第六类,系明遗民后裔子弟。康熙二十四年(1685),万斯同引荐王源,修纂《兵志》。明朝灭亡之后,王源之父王世德避世为僧,与梁以樟等往来甚密。王世德深感野史记载崇祯朝史事之诬妄,不可传信于后世,作《崇祯遗录》一卷,后来成为修史的参考资料,"康熙间修《明史》,有司录其副本上史馆"①。黄宗羲作为一代大儒,以明遗民自居,清廷虽多次下诏征召,黄宗羲推辞未就。康熙十九年(1680),徐元文荐举黄宗羲,参修《明史》,但黄宗羲力辞不赴,在乡里授徒讲学。后来,康熙帝命地方官到黄宗羲家抄录其藏书和所著之书,送入宫内,以供阅览。黄宗羲为之深受感动,让自己的弟子万斯同和其子黄百家参与修史。对此,余秋雨先生认为:"这不是变节,也不是妥协,而是一种文化生态意义上的开始认同。既然康熙帝对汉文化认同那么诚恳,汉族文人为什么就完全不能与他认同呢?政治、军事不过是文化的外表罢了。"②康熙十七年(1678),康熙帝下达荐举"博学鸿儒"的上谕,要求内外大臣荐举"博学鸿儒",以备顾问著作之选,但在遗民中并未产生很大反响,他们大多仍然坚持洁身自保,誓不与清廷合作,甚至对清廷征召不惜以死抗拒。如,顾炎武秉承其嗣母遗命"勿为异国臣子"之训,拒绝出仕清朝。顾炎武在《与叶讱庵书》中道出了缘由,韩菼曾写信给顾炎武,谈及他想与叶方蔼一起荐举顾炎武,参与修《明史》,不久后中止。顾炎武在书信中,向叶方蔼说明其不能出仕的原因,在于其嗣母王氏临终遗命"无仕异代"之言,"故人人可出,而炎武必不可出矣。"他甚至还向叶方蔼表示,如果清廷强迫他出仕,他就不惜以死殉之。他说:

① 赵尔巽等:《王世德传》,《清史稿》卷五百,中华书局1977年版,第13820页。
② 余秋雨:《一个王朝的背影》,收入《山居笔记》,文汇出版社2002年版,第19页。

312

第六章　清官方对《明史》纂修官群体的整合

去冬韩元少书来，言曾欲与执事荐及鄙人，已而中止；顷闻史局中复有物色及之者，无论昏耄之资不能黾勉从事，而执事同里人也，一生怀抱，敢不直陈之左右。先妣未嫁过门，养姑抱嗣，为吴中第一奇节，蒙朝廷旌表。国亡绝粒，以女子而蹈首阳之烈。临终遗命，有无仕异代之言，载于志状。故人人可出，而炎武必不可出矣。《记》曰："将贻父母令名，必果；将贻父母羞辱，必不果。"七十老翁何所求？正欠一死，若必相逼，则以身殉之矣。一死而先妣之大节越彰于天下，使不类之子得附以成名，此亦人生难得之遭逢也。谨此奉闻。①

后来，随着《明史》修纂的顺利进行，顾炎武请求总裁叶方蔼、张玉书将其嗣母王氏事迹载入《明史·列女传》，他在《与史馆诸君书》中进一步详细述及其嗣母生平事迹及殉节之事，希望将其事迹载入《明史》。他说：

视草北门，紬书东观，易代文献，属之巨公，幸甚幸甚。列女之传，旧史不遗，伏念先妣王氏未嫁守节，断指疗姑，立后训子，及家世名讳并载张元长先生传中。崇祯九年巡按御史王公（一鹗）具题，奉旨旌表。乙酉之夏，先妣时年六十，避兵于常熟县之语濂泾。谓不孝曰："我虽妇人，身受国恩，义不可辱。"及闻两京皆破，绝粒不食，以七月三十日卒于寓室之内寝。遗命炎武读书隐居，无仕二姓。迄今三十五年，每一念及，不知涕之沾襟也。当日间关戎马，越大祥之后，乃得合葬于先考文学之兆。今将树一石坊于墓上，藉旌门之典，为表墓之荣。而适当修史之时，又得诸公以卓识宏才膺笔削之任，共姬之葬，特志于《春秋》，漆

---

① 顾炎武：《与叶讱庵书》，《亭林诗文集》卷四，《四部丛刊》本。查（汉）郑玄注、（唐）陆德明音义、孔颖达疏：《礼记注疏》（《四库全书》本）卷二十七："父母虽没，将为善思，贻父母令名，必果；将为不善思，贻父母羞辱，必不果……疏《正义》曰：此一节论子事父母，父母虽没，思行善事，必果决为之；若为不善思，遗父母羞辱，必不得果决为之。"

313

文化认同视角下的清代《明史》修纂研究

室之言,独传于中垒,不无望于阐幽之笔也。炎武年近七旬,旦暮入地,自度无可扬名以显亲,敢沥陈哀恳,冀采数语存之简编,则没世之荣施,即千载之风教矣。①

后来,顾炎武又撰《与施愚山》一文,内容大体包括三方面的内容:说明施闰章不能守其叔父之丧,并表达其同情、哀悼之意;说明其嗣母王氏殉节事迹,希望其能在《明史·列女传》中载入,其所谈内容《与史馆诸君子书》一致;说明先前曾致书总裁叶方蔼、张玉书,并补充资料,"因乏誊手,不能遍呈,并祈鉴宥"②。由此可以看出,顾炎武与黄宗羲一样以遗民身份自处,但二人都对清修《明史》也给予了高度关注,这是一个值得注意的文化现象。清代官修《明史》过程中,无论纂修官群体,还是明遗民及其后代子孙,都十分关注修史情况。他们纷纷向史馆提供家藏祖先墓志传状资料,并补撰祖先资料,希望将他们祖先的事迹载入《明史》,由此充分体现史学活动与社会政治之间的密切互动关系。朱端强先生在《万斯同与〈明史〉修纂纪年》第91页中说:"按:李集《鹤征前录》、秦瀛《己未词科录》等书所记,与顾、黄、吕(吕留良)、万(万斯同)辞鸿博之荐的名士尚有李清、徐夜、闻性道、费密、杜越、张九征、魏禧、应撝谦、嵇宗孟、李容(李颙)、王宏撰、傅山、李邺嗣等共计二十八人,多为遗民故家子弟。"③虽然遗民多为全其气节而不仕清朝,但随着清朝统治的逐步巩固,许多士子改变先前不与清廷合作的态度,而纷纷参与科举考试,对仕途趋之若鹜,而明遗民后代子弟也大多参与其中。对此,顾炎武在《与苏易公》一文中说:

---

① 顾炎武著,华忱之点校:《与史馆诸君书》,《亭林文集》卷三,收入《顾亭林诗文集》,中华书局1959年版,第53—54页。

② 顾炎武著,华忱之点校:《与施愚山》,《亭林文集》卷三,收入《顾亭林诗文集》,中华书局1959年版,第209页。

③ 朱端强:《万斯同与〈明史〉修纂纪年》,中华书局2004年版,第91页。按,李容即为李颙,据福格著,汪北平点校:"己未宏词科征士题名",《听雨丛谈》卷四(中华书局1984年版,第91页)记:"李颙,陕西盩厔人,布衣。患病不到。(秦瀛)《宏博录》作李容,避睿庙讳。"考雍正谥号:敬天昌运建中表正文武英明宽仁信毅睿圣大孝至诚宪皇帝,显然为避雍正帝讳而改。

第六章 清官方对《明史》纂修官群体的整合

> 接教以来,忽已半载,想道履弥胜。比者人情浮竞,鲜能自坚,不但同志中人多赴金门之召,而敝门人亦遂不能守其初志。惟李中孚、应嗣寅、魏冰叔与彪翁,可为今日之四皓矣。即青主(傅山)中书一授,反觉多此一番辛苦也。都下书来,言史局方开,有议物色及弟者,弟述先妣遗命,以死拒之……①

商山四皓即指秦时隐士,汉代逸民周术、唐秉、季吴实、崔广四人。关于他们的事迹,可参考司马迁《史记》。顾炎武在上文中认为"今日之四皓"为李颙、应撝谦、魏禧与彪翁,赞同他们入清之后作为明遗民不与清廷合作的政治抉择。

在清代官修《明史》的过程中,先后参与的纂修官,有的专门负责其事,有的还兼任其他的官职,还有陆续参与的人较多,具体修史情况未详。另外,有些纂修官也深得帝王的赏识,如,雍、乾年间史官汪由敦就得到乾隆帝的赏识。乾隆二十三年(1758),汪由敦去世后,乾隆帝作诗一首,表达其深切悲伤、哀悼之情。赵翼曾做过汪由敦幕僚,他在《檐曝杂记》卷二"汪文端公"中说:"汪文端公诗、古文之学最深,当时馆阁后进群奉为韩、欧,上亦深识其老于文学。殁后,上以诗哭公,有云:'赞治尝资理,论文每契神。'公之所以结主知者可想矣。"②又如,康熙二十年(1681)二月,吏部尚书黄机、左都御史折尔肯奉旨甄别部院不称职官员,将列名的李来泰等十一人请旨议革职,李来泰因徐元文力保而得免。③据《康熙起居注》记载:

> (康熙二十年辛酉二月)初五日己丑……少顷,御乾清门,听部院各衙门官员面奏政事。吏部尚书黄机、左都御史折尔肯等奏

---

① 顾炎武著,华忱之点校:《与苏易公》,《顾亭林诗文集》,中华书局1959年版,第206—207页。
② 赵翼:《檐曝杂记》卷二,中华书局1982年版,第23—24页。
③ 张廷玉等奉敕撰,后嵇璜、刘墉等奉敕撰,纪昀等校订:《皇朝文献通考》卷五十九,《四库全书》本。

称："臣等遵旨甄别部院官员，将翰林院侍讲李来泰等十一人议革职。"上问曰："李来泰因何议革？"折尔肯奏曰："翰林院满、汉学士称李来泰懈惰，品行不端，故臣等议革。"徐元文奏曰："此人现在《明史》馆，以臣观之，来泰颇勤谨，学问亦优。"上曰："知道了。"①

《四库全书总目》卷一百八十二提要李来泰《莲龛集》十五卷说："其制艺才藻富，有几社之余风，诗古文乃不逮焉。"②总体上，清官方对纂修官的管理相对较为疏散，并没有严格的考核、管理制度，有的史官进出频繁，或升迁外任，或请假归里，未能专一任事，也是造成《明史》难成的一个原因。但值得肯定的是，清廷不拘一格任用纂修官，能够集思广益，同时也在一定程度上缓和满、汉民族矛盾，他们之间就修史问题开展各种交流，能够进一步使修史工作成为朝野关注的重大问题，有力地促进了史学与社会政治之间的密切关联。

三、纂修官之间的修史互动

清官修《明史》过程中，修史人员之间联系交往密切，他们就某些普遍关心的问题相互切磋，提供资料，这在一定程度上确保了《明史》的质量。③如，黄与坚，江苏太仓人，顺治十六年（1659）进士。后来，被荐举应试"博学鸿词科"，中二等，授翰林院编修，与修《明史》。他随后又参与《大清一统志》的编纂工作，著有《易学阐》《学忍庵文集》等。④黄与坚与汤斌先前就认识，二人互相切磋学问。康熙十八年（1679）汤斌与黄与坚同中"博学鸿词科"，二人同入史馆，参与纂修《明史》。汤斌在《汤子遗书》

---

① 中国第一历史档案馆整理：《康熙起居注》，中华书局1984年版，第659页。
② 《四库全书总目》卷一百八十二。
③ 参见曹之：《〈明史〉预修同僚考略》，《图书情报论坛》1999年第1期。
④ 赵宏恩等监修：（乾隆）《江南通志》卷一百六十六，《四库全书》本。

第六章　清官方对《明史》纂修官群体的整合

卷三《黄庭表集序》文中说：

> 戊申（康熙七年），遇黄庭表先生于锡山，以所著《忍庵集》数卷见示。当是时，吴中文章家方以声华浮艳相高，而先生独原本经术，以古人为绳尺，心窃重之。后十年，同应召至京师，有《明史》之役。遇休沐，辄相过从，遂得尽读其近稿，益叹先生之学大而有本，非时贤所可以颉颃也。①

汤斌高度评价黄与坚的学问，"先生之学大而有体"。但黄与坚参修《明史》情况，已不可考，其撰有《靳圣居传》，或可补《明史》卷二百四十九《段复兴附靳圣居传》之缺略。黄与坚在传中记载了靳圣居的事迹：崇祯十五年（1642），补庆阳府推官。崇祯十六年（1643），擢升刑部主事，未解任，李自成农民起义攻破潼关，进入陕西，不久攻克庆阳，靳圣居死守，城陷被执而死。同时，还记载靳圣居对当时形势的准确判断，后来形势的发展正如其言。黄与坚还谈到其作《靳圣居传》之缘由，他说：

> 夫公所得士房君廷祯，志节士，藏公行实者二十年，欲属一人以为传，久未可。迄余至京师，趋告其子泰，偕持行略并《恤忠录》，以传请余，故不敢辞。次其略，具论之。黄子曰："公之死于贼也，烈矣！曩者，公论中使骫法状，人人且危，公卒不少自沮，非天性忼慨好忠义者能之乎？余闻贼入秦时，有分守道段公讳复兴者，当庆阳城未破，与公同誓死。迨城陷，段公焚其家，自杀，公同日以身殉。其后，庆阳人建双烈祠于交龙寺东，崇祀

---

① 汤斌：《黄庭表集序》，《汤子遗书》卷三，《四库全书》本。吴伟业编《太仓十子诗选》十卷，著录黄与坚《忍庵集》。

之。余问其乡人，祠故毁于贼，今所立碑尚存。"①

由上文可知，靳圣居弟子房廷祯，收藏靳圣居生平事迹（殉节死难）资料二十年，欲嘱托一人为其立传，久未得其人。后来，黄与坚至京师，与修《明史》。房廷祯得知，奔走告知靳圣居之子靳泰，两人一起携带靳圣居行状资料并《恤忠录》，向黄与坚求传，黄与坚欣然应允。考黄与坚所作传文，较《明史》本传更为翔实可靠，可补《明史》记载之缺略。考（乾隆）《大清一统志》记载："靳圣居，长垣人，崇祯末，为庆阳府推官，时已授刑部主事，未行。贼围城，佐段复兴死守，城破，被执，骂不绝口死。"②《畿辅通志》卷一百四收入黄与坚《靳圣居传》，彰显史志之间密不可分的关系。乾隆四十一年（1776），赐谥号"节愍"。

在清官修《明史》过程中，纂修人员之间就体例、义例、史事评价、史料考辨等某些问题进行探讨，他们经常相互切磋，精益求精，秉笔直书。汤斌在《汤子遗书》卷六《二十一史论》文中谈论史书的质量，依据"道法"与"辞备"明备与否，作为判定史书的等次：即"道法明而事辞备"为上等；"事辞章而道义犹不悖"为次一等；"道法事辞皆失"为下等。他还说："苏洵曰：'经以道法胜，史以事辞胜。经非一代之实录，史非万世之常法。'是不明《尚书》之义、《春秋》之旨也。夫经史之法，同条共贯。《尚书》备帝王之业，经也而通史；《春秋》定万世之宪，史也而为经。修史者，盖未有不祖此者也。故道法明而事辞备，此史之上也；事辞章而道义犹不悖焉，次也；二者皆失，斯为下矣。"随后，汤斌纵论二十一史体例上的优劣

---

① 《畿辅通志》卷一百四，《四库全书》本。考《恤忠录》作者为（明）梁梦龙，参见钱谦益《牧斋有学集》（《四部丛刊》本）卷二十八《明柱国光禄大夫太子太保吏部尚书赠少保谥贞敏梁公墓志铭》及《牧斋初学集》（《四部丛刊》本）卷三十《梁少保〈恤忠录〉序》）。钱谦益在《梁少保〈恤忠录〉序》文中认为应该对张居正功过并论，他说："当江陵之骤败也，天下争抉摘其罪；比其后也，则又争傅会其功。余则以为江陵之功可录，其罪亦不可贯（赦免、宽恕）……以梁公之才，宁以江陵故屏退，岂能与狐鼠争路乎？江陵以后，人才之升降，此亦国事之得失之林也。读斯录者，亦可三叹已矣！"

② 《大清一统志》卷二百三，《四库全书》本。

第六章 清官方对《明史》纂修官群体的整合

得失,指出修史时限不宜过急,同时也感叹史才难得,认为史家只有具备刘知幾已所说的史学三长(史才、史学、史识)及"克己无我、幽明不愧"的胸襟,才能扬善惩恶,进一步发挥史学的社会功用。可是到哪里去寻觅如司马光、朱熹等那样的人而与之议论史事呢!他说:

> 今限以条例,要以时日,欲成一代之良史,胡可得也?史才实难,自古叹之。揭傒斯曰:"有学问文章而不知史事者,不可与;有学问文章、知史事而心术不正者,不可与。"然则才必备三长,而克己无我,幽明不愧,后能诛奸谀而发潜德。安得司马君实、朱元晦其人,而与之议史事哉![1]

康熙十九年(1680),史馆汪楫建议编辑《崇祯长编》,广泛搜集崇祯朝史事,以备《明史》纂修。对此,朱彝尊在《通奉大夫福建布政司使内升汪公墓表》一文中予以记述:"公请监修总裁官仿宋李焘,先撰《长编》,然后作史。乃取崇祯十七年事,凡诏谕、奏议、文集、邸报、家传,辑为《长编》。由是十六朝史材皆备。"[2]得到监修总裁的同意,任命汪楫、乔莱、汪懋麟、万言、汪霦等编辑《崇祯长编》。康熙二十一年(1682)春,琉球国上表,请求册封。惯例,朝廷只需命给事中、行人各一人前往册封即可,但康熙帝特命廷臣选拔可出使者,廷臣极力推荐汪楫为正使,出使琉球。史官汪楫于是奉命出使琉球,朱彝尊认为《宋史》《元史》对琉球的记载,语焉不详,希望汪楫此次出使琉球,能留心琉球史事,并将之载入《明史》。朱彝尊又在《送汪检讨使琉球序》文中说道:

> 琉球自隋始通道,至唐无闻。载诸《宋》《元》史者,略焉不详。明之初,析而为三。其后,山南、山北复合于中山为一,其所以分合之故,中土之士多不能言之。君史官也,职修《明史》,

---

[1] 汤斌:《二十一史论》,《汤子遗书》卷六,《四库全书》本。
[2] 朱彝尊:《通奉大夫福建布政司使内升汪公墓表》,《曝书亭集》卷七十三,《四部丛刊》本。

319

记宜考其本末,归上诸史馆,是则吾党私心,属望于君者。①

汪楫到琉球后,非常关注琉球建置沿革及风土人情,"乃入庙,观所立主,一一默识之,撰《中山沿革志》二卷,又述其山川、风俗、礼仪,为《琉球使录》。"②康熙十八年(1679),杨大鹤(杨椿之父)、沈朝初、李绂先后入《明史》馆,与修《明史》。对此,李绂在《穆堂初稿》卷二十五《沈朝初墓志铭》中略有涉及,他说:"(沈朝初)以己未成进士,与余同入史馆,荏苒二十余年。"但关于李绂修史之事,各种文献记载不详。阮葵生在《茶余客话》卷九"李绂为严嵩翻案",涉及李绂主张严嵩不能入《奸臣传》,杨椿力辩之:

> 李穆堂绂记闻最博,而持论多偏。在明史馆,谓严嵩不可入《奸臣传》。纂修诸公争之,李谈辨云涌,纵横莫当,诸公无以折之。最后,杨农先椿学士从容太息曰:"分宜在当日尚可为善,可恨杨继盛无知小生,猖狂妄行,织成五奸十罪之疏,传误后人,遂令分宜含冤莫白。吾辈修史,但将杨继盛极力抹倒,诛其饰说诬贤,将五奸十罪条条剖析,且辨后来议恤议谥之非,则分宜之冤可申。"穆堂闻之,目眙神谔,口不能答一字,自是不复申其说。余闻之李鼎臣先生云。③

由此可知,李绂虽然博闻强记,但持论亦多偏颇。李绂想为严嵩翻案,主张不宜将严嵩列入《奸臣传》。对此,史馆诸公虽然提出反对意见,但终未能将其折服。后来,史官杨椿用反面语气予以辩驳,他指出严嵩果然为善,那么杨继盛则为无知小生,猖狂妄行,罗织严嵩"五奸十罪",以至于贻误后人,致使严嵩含冤莫雪。修史只需将杨继盛极力抹倒,诛其"饰说诬

---

① 朱彝尊:《送汪检讨使琉球序》,《曝书亭集》卷四十一,《四部丛刊》本。
② 朱彝尊:《通奉大夫福建布政司使内升汪公墓表》,《曝书亭集》卷七十三,《四部丛刊》本。
③ 阮葵生著,李保民校点:"李绂为严嵩翻案",《茶余客话》卷九,上海古籍出版社2012年版,第177页。《明史·杨继盛传》记载其疏劾严嵩,而被严嵩处死。

第六章　清官方对《明史》纂修官群体的整合

贤"，然后将"五奸十罪"一一剖析，然而进一步辩论对杨继盛的议恤议谥之非，严嵩含冤就可以申雪了。李绂听后愕然，折服杨椿之论辩，此后不再重申其说。因此，严嵩仍然归入《明史·奸臣传》。可见，史馆诸公对某些重大问题的争论，他们之间互通有无，这在一定程度上确保了《明史》的质量。

此外，毛奇龄撰《明武宗外纪》一卷，认为史官撰《武宗本纪》，没有记载明武宗诸多可以借鉴之事，故从《实录》中摘取九十四条，撰成《武宗外纪》一卷，以补《明史》记载的缺略。但《四库全书总目》却对其评价不高，"《本纪》自有体裁，无缕陈琐屑之例，且其事已据《实录》中，而野史又多备载，既无异闻，何必复赘耶？"①汪琬曾拟王士禛先世传记，其《拟明史列传》卷十八有王象乾（弟象晋、从弟象恒、象春附），但殿本《明史》本传未用汪氏传文。②汪琬归里之后，又作《御史王公传并赞》一文。③史官倪粲也曾拟有传文，二人分撰相同传记，这种情况在清官修《明史》过程中比较常见。据王士禛在《香祖笔记》卷一中说：

> 鄞处士万斯同，字季野，与其兄斯大，字充宗，同游黄太冲之门。充宗研精经学，而季野贯穿史事，于明代三百年典故如指诸掌，史馆总裁诸公聘入京师，一切皆取衷焉。初，先伯祖太师公（讳象乾）列传，汪编修（琬）、倪检讨（粲）各有撰述，季野从《实录》搜采十许事补入，视二君为详。④

由此可见，史官汪琬和史官倪粲各自撰有王士禛先伯祖父王象乾传记，万斯同谙熟明代历史，对明三百年典故了如指掌，其在审订该传记时，又从《实录》中搜采十余事补入，因此，经万斯同审订的传记，比汪琬、倪粲

---

① 《四库全书总目》卷五十四。
② 参见笔者：《官修〈明史〉的幕后功臣》第六章，人民出版社2011年版，第116—128页。
③ 汪琬：《御史王公传并赞》，《尧峰文钞》卷三十四，《四库全书》本。
④ 王士禛：《香祖笔记》卷一，《四库全书》本。

321

文化认同视角下的清代《明史》修纂研究

所撰传文更详，王士禛对此非常满意。此外，乔莱将其父乔可聘行状、墓志铭和史家所拟传记资料交付给陈廷敬，特请陈廷敬为其父撰墓表。陈廷敬在《午亭文编》卷四十七《封征仕郎内阁中书舍人乔公墓表》中说：

> 宝应乔公圣任有子曰莱，官翰林编修，以其先君状志及史家所为立传示廷敬，请表于其墓。夫史之行有日矣，公名在《列传》，传信将来，复何取夫余言也？且吾言乌足以重公？敢以是辞编修君。又介翰林学士张公敦复（张英）书以来曰："史以行世，而表以揭诸其墓也。且编修君必以子言为重，子不可以辞。"则采史氏所记，合以编修君之言，而略为诠次之。①

可见，陈廷敬认为史家已撰《乔可聘传》，收入《明史》，传信将来，无须再作墓表，故而予以推辞。后来，张英寄书给陈廷敬，说明史传与墓表功能及作用之不同，认为乔莱必定以陈廷敬所作墓表为重，希望他不要推辞。陈廷敬遂采纳史传所记，参考乔莱之言，略为诠次，撰成《封征仕郎内阁中书舍人乔公墓表》。张英，字敦复，安徽桐城人，张廷玉之父。康熙六年（1667），张英中进士，官至文华殿大学士。在清官修《明史》早期，《乔可聘传》已由史官分撰，可乔可聘卒于康熙十四年（1675），清官方将明朝灭亡的时间断定为崇祯十七年甲申之变，故而从史书断限上讲，《明史》中不应收录其传记，殿本《明史》只在《曾亨应传》《温体仁传》中，稍微涉及乔可聘相关事迹而已，这一点足以说明《明史》在体例上的严谨性。又如，叶方蔼、徐元文先后荐举姜宸英等十六人入史馆修史，姜宸英在史馆，大约九年时间，主要分撰《刑法志》及相关传记。② 其在修史时，广泛考辨资料，核实详审，所撰《刑法志》多为诸公所推重。如，王士禛在《古夫于亭杂录》卷四条中说："亡友姜编修西溟（宸英），以古文名当世。其文滂沛英发，于苏分为多。未第时，以荐举入《明史》馆，分撰《刑法志》，极言

---

① 陈廷敬：《封征仕郎内阁中书舍人乔公墓表》，《午亭文编》卷四十七，《四库全书》本。
② 参见笔者：《官修〈明史〉的幕后功臣》第七章，人民出版社2011年版。

明三百年诏狱、廷杖、立枷、东西厂卫、缇骑之害,其文痛切淋漓,不减司马子长。"①

四、纂修官的修史贡献

修史人员对《明史》成书作出的主要贡献,体现在三个方面:体例方面的贡献、史料方面的贡献、史事评价方面的贡献。②顺治朝修史,主要体现在史料方面的征集。如,冯铨降清之后,积极奏请搜求明朝典籍,尤其将其家藏资料献给史馆。另外,阚红柳说:"直至康熙统治时期,还曾命官员至冯铨家中,据《涿州志》记载:'康熙九年,圣祖驻跸涿州,命官至大学士冯铨私第,取前明邸报以备史略。'"③此外,王士禛也非常注重搜集明代史料,并对其进行评点,这为《明史》修纂提供充分可靠的资料。如,王士禛在《古夫于亭杂录》卷一"赵南星集"中记载说:

> 高邑赵忠毅公(南星)、高阳孙文正公(承宗),皆北方之伟人,天下望之如泰山、北斗。二公集皆吴桥范文贞公(景文)刻于金陵。予儿启汸官畿南,属购二集,仅得《忠毅公集》十四卷,已佚其半,有公之子清衡印记,盖其家藏本也。公诗长于古选,颇有法度,而又能自见其才思,惜近体佚不可见。文尤长于碑版,如吏部尚书孙清简公(鑨)、山西布政使王公(述古)、兵部职方郎中张公(主敬)诸志铭,翰林侍读学士吴公(中行)传,少傅兵部尚书李公(化龙)、兵部侍郎魏公(允贞)、光禄少卿顾公(宪成)诸碑,于国是之是非、人才之枉直,痛切言之,可裨信史。牧斋钱公称其文滔滔莽莽,输写块垒而起伏顿挫,不能禀

---

① 王士禛著,赵伯陶点校:"姜宸英",《古夫于亭杂录》卷四,中华书局1988年版,第97页。
② 参见笔者《官修〈明史〉的幕后功臣》第十四章,人民出版社2011年版。
③ 阚红柳:《清初史学史上的贰臣——兼谈贰臣的社会文化功能》,《学术研究》2009年第8期,第109页。

合古法，要其雄健磊落，奔轶绝尘，北方之学者未能或之先也。予谓读其文，居然有壁立万仞之概。①

由此可知，王士禛之子启汸在畿南任官，王士禛令其购买赵南星《集》和孙承宗《集》，但其子仅仅购得赵南星《集》家藏本十四卷，王士禛对其诗文点评认为"公诗长于古选，颇有法度，而又能见其思"。可惜其近体诗作，散佚而不可复得。同时，还评点其文尤长于碑版（刻有文字的石碑或石碑上的刻文），所作王述古、张主敬、吴中行、李化龙、魏允贞、顾宪成碑文，"于国是之是非，人才之枉直，痛切言之，可裨信史"。史官张烈分纂弘治、正德朝朝臣传，但其没有完整的史稿留存下来。检（雍正）《畿辅通志》卷一百五收录张烈《朱之冯传》《金铉传》《史可法传》《张罗彦传》《张罗俊传》《金毓峒传》诸篇，可见史志之间的资料密切之关联。②《大清一统志》卷九关于朱之冯事迹直接抄录《明史》本传。此外，陈鼎在《东林列传》卷九《朱之冯传》，所记内容详尽，可供参考，但对其遗疏和家书记载甚略，如《明史》本传仅摘抄朱之冯遗疏中"劝帝收人心，励士节"，甚为简略。朱之冯之子朱敦厚将其父遗疏和家书出示给王士禛，提供资料以便史馆诸公修史参考。对此，王士禛在《池北偶谈》卷九"朱忠庄公（朱之冯）遗疏"中予以抄录：

明中丞朱忠庄公，讳之冯，本名之裔，字德止，号勉斋，京师人。金忠洁公铉，其妹之夫也。二公平日以理学相砥砺，后皆死甲申之变。公子丁未进士敦厚，示公殉节时遗疏及家书各一通，敬录之。疏云："我国家金瓯全盛，不谓人心离散，财用困穷，一至于此。此臣之所为痛哭流涕也。臣力已竭，臣罪滋深。南望九

---

① 王士禛著，赵伯陶点校：《赵南星集》，《古夫于亭杂录》卷一，中华书局1988年版，第4页。另外，四库本《古夫于亭杂录》原文中"牧斋钱公"（钱谦益）改为"或"（有的人），从而看不出这是王士禛引用或赞同钱谦益的评价，足见四库馆臣在删略与钱谦益有关的文字上，是非常彻底的。

② 参见笔者：《官修〈明史〉的幕后功臣》，人民出版社2011年版，第16—47页。

第六章 清官方对《明史》纂修官群体的整合

叩,一死以报我皇上。念我太祖高皇帝功德高厚,我皇上忧勤独深,历数无疆,中兴可待。唯以收人心、培节义,二者为先务而已。收人心在爱民力,爱民力在拔廉官,此《大学》所以反复于用人理财也。我朝士气原振,自逆珰摧折,遂至廉耻风微。从来仗节死义之士,多在敢言极谏之中,此宋朝所以待士仁厚也。"云云。遗书云:"吾弟吾儿,读书须读经世书,占毕之学无用也。吕新吾先生《呻吟语》,不可不读。我以死报国,此心慊然,朝闻夕死,原无二也。勿以为念。"公死时,有宣府诸生姚时中,同日自经于学官。①

王士祯还抄录朱之冯之《在疢记》的部分内容,亦可参考。②殿本《明史》卷二百六十三《朱之冯传》记载:"……之冯抚膺叹曰:'不意人心至此!'仰天大哭。贼至城下,(王)承胤开门入之,讹言贼不杀人,且免徭赋,则举城哗然皆喜,结彩焚香以迎。左右欲拥之冯出走,之冯叱之,乃南向叩头,草遗表,劝帝收人心,厉士节,自缢而死。"③朱之冯所草遗书及诫子家书,谆谆告诫弟子"读书须读经世书,吕新吾先生《呻吟语》不可不读"。殿本《明史》仅记草书内容数语而已,而王士祯所录资料可补《明史》本传记载之缺略。

康熙四十一年(1702),未经过分任各员张玉书、陈廷敬、王鸿绪审阅或同意,监修熊赐履仓促进呈《明史稿》四百一十六卷,康熙帝对此稿非常不满意。同时,康熙帝对《明史》修纂的关注度,也不像前期那样重视,官方《明史》修纂处于中辍状态。康熙四十七年(1708),随着太子

---

① 王士祯著,靳斯仁点校:"朱忠庄公(朱之冯)遗疏",《池北偶谈》卷九,中华书局1982年版,第216页。据《明史》本传,南明福王时,封朱之冯谥号为"忠壮",而王士祯则写为"忠庄",可能不慎致误,特此说明。

② 王士祯著,靳斯仁点校:《在疢记》,《池北偶谈》卷九,中华书局1982年版,第216—218页。

③ 张廷玉等:《明史》,中华书局1974年版,第6808页。注王承胤为宣府总兵,四库本《明史》本传改为"王承允",这是避雍正帝胤禛讳而改。

325

文化认同视角下的清代《明史》修纂研究

胤礽被废,诸皇子之间储位之争越演越烈,许多大臣也被卷入其中。康熙帝下诏大臣举荐太子人选,王鸿绪、阿灵阿、揆叙等谋举胤禩,康熙帝对此很不愉快,下令对他们予以切责,令王鸿绪以原品致仕。[1]王鸿绪归里后,怕列传讹误较多,于是重新对列传稿"删繁就简,正谬订讹",成《明史列传稿》208卷,于康熙五十三年(1714)进呈。王鸿绪在这一阶段内以一己之力对《明史列传稿》进行审订,其间付出大量的辛劳可想而知。他在《史例议上》中说:"史馆原稿立传过多,今删其十之四,然犹未免于瓜分豆剖也。传多事必重见,重见则文不警策,而观者自倦矣。今若合纪、志参订,将列传可削者削之,可并者并之,庶不致苦《宋史》之繁而难阅,复益之以《明史》也。"[2]《清史稿》卷二百七十一《王鸿绪传》记载王鸿绪的疏文:

> 五十三年,疏言:"臣旧居馆职,奉命为《明史》总裁官,与汤斌、徐乾学、叶方霭互相参订,仅成数卷。及臣回籍多年,恩召重领史局,而前此纂辑诸臣,罕有存者。惟大学士张玉书为监修,尚书陈廷敬为总裁,各专一类:玉书任志、廷敬任本纪,臣任列传。因臣原衔食俸,比二臣得有余暇,删繁就简,正谬订讹。如是数年,汇分成帙,而大学士熊赐履续奉监修之命,檄取传稿以进,玉书、廷敬暨臣皆未参阅。臣恐传稿尚多舛误,自蒙恩归田,欲图报称,因重理旧编,搜残补缺,复经五载,成列传二百八卷。其间是非邪正,悉据公论,不敢稍逞私臆。但年代久远,传闻异词,未敢自信为是。谨缮写全稿,赍呈御鉴,请宣付史馆,以备参考。"诏俞之。[3]

---

[1] 赵尔巽等:《王鸿绪传》,《清史稿》卷二百七十一,中华书局1977年版,第10012页。
[2] 刘承干辑:《王横云〈史例议上〉》,《明史例案》卷二,吴兴刘氏嘉业堂刊本。
[3] 赵尔巽等:《王鸿绪传》,《清史稿》卷二百七十一,中华书局1977年版,第10013—10014页。俞:表示允许之意。

第六章 清官方对《明史》纂修官群体的整合

又按，王鸿绪在《史例议》中也说：

> 纪、传、志、表本属一贯，纪编年以载其纲，传列事以详其目，礼乐、兵农、制度、纪传难以具录，则胪沿革于志以成文，用人贤否不能备书，则疏除罢于表以资考，义取相需，无庸矛盾。《明史》初纂时，将志、纪、传各人分开，或一人撰一纪，或一人撰一志，或一人撰数传，分纂者各务博采，重见叠出，绝少裁断。交馆以后，总裁并未通阅。后熊文端公为监修，虽加删订，然告竣甚速，料文端公阁务殷繁，止（只）能斧藻其文，未暇考核其事也……噫，后之君子其纠《明史》之谬误，吾不知其凡几矣。[①]

中国古代官修史书，其优点在于集众人之手而易成，但分修之弊端也较为突出。王鸿绪指出：纪、传、表、志本属一贯，互为表里，不能自相矛盾，因此需要总裁审阅全书，进行核实校对，综合全稿而后成。对此，刘承干在上一段文献按语中说："此言分纂之弊，然开局修书，资借群力，成书较易，是在总核全史者之得人耳！"可谓切中要义。

康熙五十四年（1715），王鸿绪被诏来京修《明史》，同时充《省方圣典》总裁官。他便开始着手对《本纪》《志》部分予以重新修订，最后综合成《横云山人明史稿》。王鸿绪去世之后，由其子于雍正元年（1723）进呈。考，王鸿绪于康熙二十三（1684），任《明史》总裁，随后于康熙三十三年（1694），专门负责列传的审订，康熙四十七年（1708），再次审订列传稿，康熙五十四年（1715），来京复修史，从这一反复的过程看来，王鸿绪参修《明史》时间可谓很长，经他审订《横云山人明史稿》三百一十卷，后来成为雍正、乾隆朝继续《明史》修纂时参考的蓝本，足见王鸿绪对《明史》的成书作出了卓越贡献。

此外，汪琬《尧峰文钞》中还收录部分史馆拟传。[②] 王源在《〈华凤

[①] 刘承干辑：《王横云〈史例议上〉》，《明史例案》卷二，吴兴刘氏嘉业堂刊本。
[②] 参见笔者：《官修〈明史〉的幕后功臣》相关章节。

文化认同视角下的清代《明史》修纂研究

超先生年谱〉序》文中高度赞赏华允诚"得出处之正","大不幸而遇熹宗,法先生其可乎? 法杨(杨涟)、左(左光斗)不可也。"王源在序文中指出:

> 逆阉窃国柄,霾天晦日月,诸君子视死如归,所谓杀身成仁,死而不朽者。然源窃以杨(杨涟)、左(左光斗)之死与杨武选不同。君子不可以苟活,亦不可以徒死。苟活者无足论,若徒感激一时意气,愤然不顾其身之死以成其名,于国家毫无裨益,而祸不止于一身,此固智者之所不为……先生既从忠宪(高攀龙)奉身以退,而其后不与之同死,盖知忠宪之死非得已也。君子不惜其身之死,而忧善人尽,国将亡,小人得志,势不可骤去。惟有全身以观变,时势变,然后救其敝而扶其衰,则身不危而国可保……独先生生平纯粹洁白,始终介然,一无所疵摘,而卒保肤发,全令名以死。若先生者,乃不愧为东林真君子也。①

康熙二十六年(1687),华允诚之孙华王澄请求王源为其祖父年谱撰序,王源欣然应允。王源在《〈华凤超先生年谱〉序》文中,进一步重申明末党争的危害,指出君子不可以苟活,但也严厉批评君子不可徒死以成其名,认为"苟活""徒死成名"都是对国家社稷毫无裨益,甚至贻害无穷。王源在读华允诚《年谱》之后,认为华允诚既与其师高攀龙同进退,但并没有与高攀龙同死,是知道高攀龙之死,属不得已之举,高度赞扬了华允诚随时势变化而力挽狂澜,最后死得其所,不愧为东林真君子。此外,还有史官将其所熟知的明代史事记录下来,希望史官修史时予以参考。如,汪琬在《〈来虞先生年谱〉后序》文中回顾其从祖父汪起凤的政绩,并详细记载其不依附阉党和刚正不阿的高尚气节。他在序文中说:"观此谱者,微独吾族群从子姓宜谨毋忘先生之遗懿,相率起而师之,以求继美于世。即凡百有

---

① 王源:《〈华凤超先生年谱〉序》,《居业堂文集》卷十二,《续修四库全书》本。

第六章　清官方对《明史》纂修官群体的整合

官君子，倘亦当奉之为楷模，为龟鉴，且以俟太史氏有事《明史》者，采择其一二，以备《实录》《起居注》之缺遗，不亦可乎？"①汪琬从祖父汪起凤，《明史》未入传。其事迹载于《广东通志》卷四十，其中称："举卓异，推浙江巡抚，以不附珰，忤魏忠贤，且粤东独无忠贤祠。益怒，矫旨，诬以倚傍门户，与督抚何士晋同日夺职。崇祯初，以原衔起用，推补海南学道，卒于官。粤人思之，祀名宦。"②又如，康熙十八年（1679），严绳孙曾以布衣身份中"鸿博"，授翰林院检讨，与修《明史》。严绳孙在史稿，分撰《隐逸传》，（光绪）《无锡金匮县志》卷三十九著录其《明史拟稿》四卷。检王彬：《清代禁书总述》对此予以提及："(《明史列传》) 此书已残缺，仅存是三册，为列传第一七九至二二六，其中收录了宋纁、陆光祖、袁崇焕、罗喻义等数百人传记。有《四明丛书残本》。此书为两江总督萨载奏缴，乾隆年间奏准禁毁。"③可见，严绳孙所拟《明史列传》，在乾隆年间被列为禁书，故其史稿被学人所知甚少。④康熙六十年（1721），陆奎勋中三甲四十一名进士，授翰林院检讨，入馆与修《明史》。关于陆奎勋参史情况及其主要贡献，笔者在《官修〈明史〉的幕后功臣》一书中论述甚详。⑤雍正、乾隆朝《明史》修纂情况，主要是在王鸿绪《明史稿》为蓝本的基础上进行字句增删、史料考订、语句润色、增补论赞等，这一时期是殿本《明史》成书的关键时期。陆奎勋《明史拟传》五卷的重要价值，在于为我们考订此期《明史》修纂情况提供重要的参考资料。⑥陆奎勋在史馆修史，大约四年时间，其所修史稿卷数，据陆氏自述为："明年成进士，改庶常，簪笔承明，极为荣幸。后以

---

① 汪琬：《〈来虞先生年谱〉后序》，《尧峰文钞》卷三十，《四库全书》本。
② 《广东通志》卷四十，《四库全书》本。
③ 王彬主编：《清代禁书总述》，中国书店1991年版，第308页。
④ 参见陈洁：《〈明史〉前期传记（卷122—212）修纂研究》，博士学位论文，南开大学，2014年。
⑤ 参见笔者：《官修〈明史〉的幕后功臣》第十一章。
⑥ 陆奎勋：《明史拟传》，《陆堂文集》卷十二至卷十六，《四库全书存目丛书》本。

检讨充《明史》馆纂修官,四更寒暑,成列传十二卷,乃谢病乞归。"[1] 陆奎勋自行删订《陆堂文集》二十卷,而其中卷十二至卷十五为《明史拟传》五卷,而其自述列传十二卷,可见其文集仅收录五卷,其余因陆氏未收而至今未见。

易代修史,存在忌讳,这是毋庸置疑的。由于史稿成于众人之手,而史官分工草拟史稿,他们各自所撰的纪、志、表、传各部分之间,难免存在抵牾、义例未能统一的情况。王鸿绪在《史例议》中指出:"《明史》初纂时,将志、纪、传各人分开,或一人撰一纪,或一人撰一志,或一人撰数传……纪有失而传不知,传有误而纪不见,取彼例以较此例则不同,取前传以比后传则不合。去取未明,书法无准。"[2] 王士祯在《古夫于亭杂录》中对清修《明史》事权不专的问题予以揭示:

> 近修《明史》,初以徐阁学立斋(元文)为监修,翰学叶讱庵(方蔼)、左庶子张素存(玉书)为总裁,分撰者数十人。后或迁官给假去,勿论纂修官,即总裁亦迁替不恒。最后乃益以熊相国青岳(赐履),首尾二十余年,成书之难如此。盖事权不专,其在宋时已有然矣。司马子长《史记》、班孟坚《汉书》,皆成于一家父子之手,故其书千古不朽,而成书亦易,惟专故也。[3]

王士祯认为官修史书历久难成,主要原因在于事权不专,自宋修《唐书》时已然,而监修、总裁、纂修官屡易,未能集中时间精力专一合作而成,而司马迁《史记》、班固《汉书》成书于一家父子之手,其书千古不朽而易成书。官修史书过程中存在的忌讳问题,其间又关涉到诸多重大理论与现实问题。此外,康熙朝史官与雍正朝史官大多为父子或亲属关系,他们为

---

[1] 陆奎勋:《陆堂文集》卷首,《四库全书存目丛书》本。
[2] 刘承干辑:《王横云〈史例议上〉》,《明史例案》卷二,吴兴刘氏嘉业堂刊本。
[3] 王士祯著,赵伯陶点校:《唐书》《明史》",《古夫于亭杂录》卷一,中华书局 1988 年版,第 22—23 页。

第六章 清官方对《明史》纂修官群体的整合

《明史》编纂前赴后继，贡献自己的力量。如，杨大鹤杨椿父子、尤侗尤珍父子、陆葇陆奎勋叔侄、张英张廷玉父子、万斯同万言叔侄、徐乾学、徐元文、徐秉义三兄弟、王鸿绪及其族兄王顼龄、梅文鼎及其孙梅瑴成等，他们为《明史》编纂作出了重要贡献。雍正、乾隆朝史官就是在康熙朝史馆旧稿基础上进行修订、补充史料，增补论赞，前赴后继，最终完成了《明史》的编纂工作。①

---

① 关于纂修官修史贡献，还可参考笔者：《官修〈明史〉的幕后功臣》相关章节。

第七章　四库本《明史》对清朝
文化认同的深化

　　乾隆元年（1736），全祖望撰《移明史馆帖子》六通，商榷《明史》之《艺文志》《史表》《隐逸传》《忠义传》，由于此期史馆审订《明史》之处甚少，其建议未予以采纳。《明史》刊刻之后，全祖望遂先对《明史》进行纠谬订误、补充史料，并撰写了大量明末清初忠义人物的墓志传状和题跋之文，极力褒扬明末清初抗清人物的忠义气节，充分彰显浙东学派"经世致用"的治史风格。深入探究全祖望对《明史》之检讨，不仅有助于深入了解全祖望史学思想和治史特色，还有助于深入研究清朝官修《明史》之得失。[①]由于《明史》作为清代官修史书，时人对其赞誉多而批评少。清代史学家赵翼在《廿二史札记》卷三十一中说："近代诸史，自欧阳公《五代史》外，《辽史》简略，《宋史》繁芜，《元史》草率，惟《金史》行文雅洁，叙事简括，稍为可观，然未有如《明史》之完善者。"另外，清代学者钱大昕在《十驾斋养心录》卷九"《明史》"条中对清代官修《明史》的成书过程、体例得当方面给予高度评价：

---

① 参见笔者：《全祖望与〈明史〉关系探论》，《古籍整理研究学刊》2014年第6期。

第七章 四库本《明史》对清朝文化认同的深化

盖阅六十余年之久,议论平允,考稽详核,前代诸史,莫能及也。其例有创前史所未有者,如《英宗实录》附景泰七年事,称郕戾王,而削其帝号,此当时史臣曲笔。今分英宗为前后两纪,而列景帝纪于中,斟酌最为尽善。表之有七卿,盖取《汉书·公卿表》之意,明时阁部并重,虽有九卿之名,而通政、大理非政本所关,则略之。南京九卿亦闲局,无庸表也。阉党前代所无,较之奸臣、佞幸,又下一格,特书以儆人臣。土司叛服不常,既不可列于外国,又不可厕于列传,故皆别而出之。石砫秦良玉,以妇人而列武臣之传,嘉其义切勤王,不以寻常土司例之也。[①]

钱大昕回顾《明史》成书的大体过程,但认为乾隆九年(1744)书成,显然时间是有误的,殿本《明史》完成于乾隆四年(1739),刊刻后颁行。钱大昕作为清代乾嘉时期著名的考据学者,他对《明史》体例的得当与创新进行了充分肯定。如《英宗前纪》《景帝纪》《英宗后纪》的体例为独创,且充分反映了明朝特定时期的历史。《七卿表》是仿照《汉书·公卿表》之意,认为通政司、大理寺非政本所系,略之,为《七卿表》,反映了明代废除宰相后阁部并重的情况。《阉党传》以儆戒人臣。《土司传》有别于"外国",特予以列出。石砫秦良玉以妇人而列武臣传,"嘉其义切勤王,不以寻常土司例之也"。又据全祖望《鲒埼亭集外编》卷四十二《移明史馆帖子四》中说:"有明末造,宗社之奸,未尝不于土司有累焉。其中勤王殉节如秦良玉、龙在田辈亦多有之,皆前史所稀闻也。"[②] 阮葵生在《茶余客话》卷十"修《明史》六十年"中说:"本朝修《明史》,于康熙十八年己未开馆,至乾隆四年己未告成。初以前己未宏(鸿)词翰林纂辑,至丙辰宏词诸公复加参订,前后六十年,较之历代限以年岁者,相胜多多矣。《明史·历志》内增

[①] 钱大昕:"《明史》"条,《十驾斋养心录》卷九,上海书店1983年版,第218—219页。
[②] 全祖望:《移明史馆帖子四》,《鲒埼亭集外编》卷四十二,《四部丛刊》本。

图，历史所未有。其详核实过从前。"①

殿本《明史》刊修之后，由于考据学风的兴盛，乾隆时期纂修《四库全书》，直接推动了二十四史的校勘工作。因此，四库馆臣对殿本《明史》之刊修，就是这种文化意识形态在史学领域内的反映，文化认同在清代官修《明史》中体现尤其明显，清官方也凭借《明史》的编纂，与修史人员共同完成了对明代历史的书写。乾隆五十四年（1789），经过刊修的《明史》，收入《四库全书》，这标志着清代官修《明史》的彻底结束。

一、四库馆臣刊修《明史》之背景

《明史》作为易代修史的产物，大凡关涉到明清易代史的历史，都有可能触犯清朝官方的忌讳，成于众人之手和官方忌讳等诸多原因，《明史》记载会存在语焉不详或含混不清的情况。②如，《明史》仍在史实方面存在错误，前后记载有抵牾之处。如，清早期臣服于明朝以及入关后南明诸王的抗清斗争，在《明史》中多存在隐晦或缺而不录的情况。除此之外，由于清修《明史》，多依据《明实录》《明会典》、野史、家乘及私人文集笔记，对其中的文字多照《实录》，这虽体现了史馆诸公对明人所撰史料的尊重，但也存在考辨不精而致误的情况。如，有人名、地名音译鄙俚，特别是少数民族人地名音译方面尤其突出。如，乾隆四年（1739）八月辛巳，在殿本《明史》即将刊刻完毕前，乾隆帝下令仿照朱熹《资治通鉴纲目》之例，编纂《明纪纲目》。③随即命大学士鄂尔泰、张廷玉为总裁官，大学士赵国麟、户部尚书陈德华、刑部尚书尹继善、兵部尚书杨超曾为副总裁官，编纂《明纪纲目》，不久成书，刊刻颁行。乾隆四十年（1775）五月十五日，乾隆帝在上谕中称：

---

① 阮葵生著，李保民校点：《茶余客话》卷十，上海古籍出版社2012年版，第227页。
② 参见孙卫国：《清官修〈明史〉对万历朝鲜之役的历史书写》，《历史研究》2018年第5期。
③ 《清实录·高宗纯皇帝实录》卷九十八，中华书局1985年版，第486页。

第七章　四库本《明史》对清朝文化认同的深化

前曾命仿朱子《通鉴纲目》体例，纂为《明纪纲目》，刊行已久。兹披阅叶向高《集》，见其《论福藩田土疏》，所叙当日旨意之"养赡地土，原给四万顷，卿等屡奏地土难以凑处，王亦具辞，今减去二万顷"云云。则福王当日所得之田仅二万顷。今《纲目》载"福王常洵之国"条云："赐庄田四万顷，中州腴土不足，取山东、湖广田益之。"与向高言不合。又所载青海、朵颜等人名对音，沿用鄙字，与今所定《同文韵统》音字及改正《辽金元三史国语解》未为画一。是张廷玉等原办《纲目》，惟务书法谨严，而未暇考核精当，尚不足以昭传信。著交军机大臣即于方略馆将原书改纂，以次进呈，候朕亲阅鉴定。其原书著查缴。钦此。[①]

乾隆四十年（1775）五月十五日，乾隆帝认识到《明纪纲目》仍有沿袭《明史》讹误之处。他在批阅叶向高《集》时，发现叶向高《论福藩田土疏》，记载福王据有的藩田仅为"二万顷"，而《明纪纲目》误记为"四万顷"，与叶向高所记不合。乾隆帝还认为青海、朵颜等人名对音，沿用鄙俚字，与当时所定《同文韵统》音字及《钦定辽金元三史国语解》未为划一。[②]于是谕内阁将《明纪纲目》改纂并将原书查缴。《四库全书总目》卷四十七提要说：

至于译语，原取对音。唐以前书，凡外邦人名、地名见于史册者，班班可考。惟两宋屈于强邻，日就削弱，一时秉笔之人，既不能决胜于边圉，又不能运筹于帷幄，遂译以秽语，泄其怨心，实有乖纪载之体。沿及明代，此习未除。如圣谕所指朵颜、青海诸人名，书"图"为"兔"之类，亦往往而有，鄙倍荒唐，尤不

[①] 张书才主编："谕内阁将《明纪纲目》改纂及其原书著查缴"，《纂修四库全书档案》，上海古籍出版社1997年版，第390页。查《明史》卷九十九："叶向高《纶扉奏草》三十卷、《文集》二十卷、《诗》八卷。"

[②] 《御定资治通鉴纲目三编》卷首，《四库全书》本。

文化认同视角下的清代《明史》修纂研究

可不亟厘正。是编仰禀睿裁,于大书体例,皆遵《钦定通鉴辑览》;而细注则详核史传,补遗纠谬,使端委秩然。复各附发明,以阐袞钺之义;各增质实,以资考证之功。而译语之诞妄者,亦皆遵《钦定辽金元三史国语解》,一一改正,以传信订讹。较张廷玉等初编之本,实倍为精密。圣人制事,以至善为期。义有未安,不以已成之局而惮于改作,此亦可仰窥万一矣。①

可见,乾隆帝认为《明史》《明纪纲目》等书所记载青海、朵颜等人名对音讹舛,与《同文韵统》音字和《钦定辽金元三史国语解》未为画一,下令军机大臣将《明纪纲目》进行改纂,《明纪纲目》原书进行查缴。此谕颁布后不久,乾隆帝又下令四库馆臣将《明纪纲目》和《明史》一并刊改。乾隆四十年(1775)五月十八日,内阁奉乾隆帝上谕:

昨因《明纪纲目》考核未为精当,命军机大臣将原书另行改辑,候朕鉴定。因思《纲目三编》,虽亦曾经披览,但从前进呈之书,朕鉴阅尚不及近时之详审。若《通鉴辑览》一书,其中体制书法,皆朕亲加折衷,一本大公至正,可为法则。此次改编《纲目》,自当仿照办理。又《明史》内于元时人地名对音讹舛,译字鄙俚,尚沿旧时陋习,如"喦"作为"兔"之类,既于字义无当,而垂之史册,殊不雅驯。今《辽》《金》《元》史已命军机大臣改正另刊,《明史》乃本朝撰定之书,岂转可听其讹谬?现在改办《明纪纲目》,著将《明史》一并查改,以昭传信。朕非于此等音译字面,有所偏袒,盖各国语音不同,本难意存牵合,即如满洲、蒙古文译为汉文,此音彼字两不相涉。乃见小无识之徒,欲以音义之优劣,强为分别轩轾,实不值一噱。朕每见司法爱书,有以犯名书作恶劣字者,辄令改写。而前此书回部者,每加犬作狪,亦令

① 《四库全书总目》卷四十七。

第七章 四库本《明史》对清朝文化认同的深化

将犬旁削去。诚以此等无关褒贬,而适形鄙俚,实无足取。况当海宇同文之世,又岂可不务为公溥乎?将此通谕知之。所有原颁《明史》及《纲目三编》,俟改正时并著查缴。钦此。①

乾隆四十年（1775）五月十八日,乾隆帝认为《明史》记载元时人名、地名,"对音讹舛,译字鄙俚。"如,"嵒"写作"兔","回"写作"獥",强调用原来的"嵒""回"字,下令大学士等遵照《通鉴辑览》《钦定辽金元三史国语解》之例,对《明纪纲目》《明史》予以查核改正。乾隆帝上谕中仅针对蒙古人名、地名的改译,体现出乾隆帝一定的民族平等观,并有意识地将此观念贯穿于修史实践中,充分彰显出清廷对辽、金、元朝在中国历史上的地位的肯定。同时,乾隆帝还强调"海宇同文之世",要务必"大公至正",确保清朝统治下统一的多民族国家的巩固。清朝对满蒙、满汉以及统辖下的各少数民族采取"包容差异,尊重多样"的文化政策,且对后来史书编纂也产生重要的影响。乾隆四十二年（1777）五月十三日,乾隆帝以《英宗本纪》记载失实为由,下令英廉、程景伊、梁国治、和珅、刘镛等人将殿本《明史本纪》原本进行刊改。现将其谕文征引如下:

兹阅所进签改之《英宗本纪》,如"正统十四年,巡按福建御史汪澄弃市,并杀前巡按御史柴文显",同时杀两御史,而未详其获罪之由,不足以资论定。又,土木之败,由于王振挟主亲征,违众轻出,及敌锋既迫,犹以顾念辎重,不即退军,致英宗为额森所乘,陷身漠北。乃《纪》中于王振事不及一语,尤为疏略。虽《本纪》为全史纲领,体尚谨严,而于帝王政刑征伐之大端,关系国家隆替者,岂可拘泥书法,阙而不备,致读者无以考镜其得失?盖缘当时纪事,每多讳饰,又往往偏徇不公。而《明史》修自本朝,屡淹岁月,直至朕御极以后,始克勒成一书。其

---

① 《御定资治通鉴纲目三编》卷首,《四库全书》本。

文化认同视角下的清代《明史》修纂研究

> 时秉笔诸臣因时代既远，传闻异辞，惟恐涉冗滥之嫌，遂尔意存简括，于事迹要领不能胪纪精详，于史法尚未允协。前因《明纪纲目》所载本末，未为赅备，降旨另行改辑所有《明史·本纪》，并著英廉、程景伊、梁国治、和珅、刘镛等将原本逐一考核添修，务令首尾详明，辞义精当。仍以次缮进，候朕亲阅鉴定，重刊颁行，用昭传信。钦此。①

乾隆帝令英廉等人将所有《明史·本纪》原本逐一考核添修，从而掀起了对殿本《明史·本纪》的刊改工作。殿本《明史》卷十《英宗前纪》记载："（正统十四年五月）庚子，巡按福建御史汪澄弃市，并杀前巡按御史柴文显。"②确实没有详记二人获罪之由，乾隆帝尤其提出这个问题。查《四库全书》本《明史》和《御定资治通鉴纲目三编》对此略微修改，但仍遵循本纪谨严的原则，没有过多叙述。而在《明史·丁瑄传》中详细记载二人祸罪的原因。《御定资治通鉴纲目三编》则抄录《明史·丁瑄传》中的内容。查《四库全书》本《明史》卷十《英宗前纪》记载："（正统十四年五月）庚子，巡按福建御史汪澄坐失机，前御史柴文显匿不奏贼，并逮诛。"本纪体例要求严谨，一般不展开论述，但在传中详其二人祸罪的原因，纲目体史书则要求纲举目张，而对纲也要求谨严，目内才展开论述。汪澄、柴文显获罪的原因，详见《明史》卷一百六十八《丁瑄传》记载：

> 而御史柴文显亦以是得罪。初澄按福建，以茂七乱，檄浙江、江西会讨，寻以贼方议降，止兵勿进，既知贼无降意，复趣进兵，而贼已不可制。浙江巡按御史黄英恐得罪，具白澄止兵状，兵部因劾澄失机，福建三司亦言贼初起，按臣柴文显匿不奏，酿成今患，遂俱下吏，狱成，诏磔文显，籍其家，澄弃市。③

---

① 张书才主编：《纂修四库全书档案》，上海古籍出版社1997年版，第593页。
② 张廷玉等：《英宗前纪》，《明史》卷十，中华书局1974年版，第138页。
③ 张廷玉等：《明史》卷一百六十八，《四库全书》本。

338

第七章　四库本《明史》对清朝文化认同的深化

　　《御定资治通鉴纲目三编》卷十记载："福建巡按御史汪澄坐失机，弃市。并以前御史柴文显匿贼不奏，磔之。"这一条下，详汪澄和柴文显获罪的缘由，抄录《明史》的内容。乾隆帝对《英宗本纪》记载土木堡之变不及王振事甚为不满，要求予以刊改。殿本《明史》卷十《英宗前纪》记载："辛酉，次土木，被围。壬戌，师溃，死者数十万。"①四库本《明史·英宗前纪》略改为："辛酉，次土木，诸臣议入保怀来，王振沮之，被围。壬戌，师溃，死者数十万。"显然谨遵乾隆帝旨意进行改修。应该看出来，对殿本《明史》中补充史实和考订史事上，四库本《明史》在质量上是后来居上的，这一点应该予以充分肯定。

　　乾隆四十七年（1782）前后，《明史·本纪》刊修完毕，《四库全书》本《明史》照改本录入。关于《明史·本纪》原本和补本异同的问题，段琼林在《〈明史本纪〉原本补本异同录》一文中予以了详细说明。②包遵彭将王颂蔚《明史考证攟逸》收入《明史论丛三》，并在《导论》中将段琼林《〈明史本纪〉原本补本异同录》一文进行了评论，他说："考段氏《异同录》计校订史文九百九十六条。虽间有增补史事，订正旧说，远胜前修者，其属文辞之细处，如《太祖本纪一》'今将北伐'，补本伐作征。洪武元年'李善长、徐达等兼东宫官'，补本李上多以字。亦有原本不误，补本反致误者。如洪武元年'放元宫人'，补本宫作官，四库本不误。二年'去岁蠲租，遇旱，惠不及下'，补本租误作免，四库本不误。余则为更易蒙古人地名音译等事。无足观取。"③乾隆帝除对《明史·本纪》下令刊修之外，还下令对《明史·列传》部分也进行了刊改，王颂蔚辑录《明史考证攟逸》四十二卷，可供参考。另外，四库本《明史》传末附有考证，也可以参考。《四库

---

①　张廷玉等：《英宗前纪》，《明史》卷十，中华书局1974年版，第139页。
②　段琼林：《〈明史本纪〉原本补本异同录》，《故宫周刊》第105—121期。
③　王颂蔚：《明史考证攟逸》，收入包遵彭主编《明史论丛三》，台湾学生书局1968年版，第2页。

全书》本《明史》较殿本《明史》究竟取得了哪些成就，可参考乔治忠、杨艳秋《〈四库全书〉本〈明史〉发覆》一文，[1]对其进行了一些论述，可供参考。乾隆帝对《明史》的关注，表达出了以明为鉴的思想。《四库全书》本《明史》卷首冠有乾隆帝《御制读〈明史〉》诗云："几余何所乐，书史案头横。稽古征文献，诠时验治平。百年民物盛，一代纪纲呈。抚卷增乾惕，还垂殷鉴明。"乾隆五十七年（1792），经过刊修的《明史》收入《四库全书》，卷首冠有《御制读〈明史〉》《御制题〈明神宗本纪〉》《御制读〈熊廷弼传〉》三篇，标志着清官方《明史》编纂活动的最终结束。

二、四库馆臣对《明史》之修订

四库馆臣刊修殿本《明史》情况大体上分为四种情况：

第一种情况，对《明史》中少数民族人名、地名不雅之处，进行改译，遵照《同文韵统》《钦定辽金元三史国语解》之例进行改译。由于《明史》所依据的资料大多为明代官、私汇集的资料，因此，在少数民族人名、地名音译上，仍然会存在沿袭明人之称谓而未予以修改的情况。史官修史时一般不会主动去考虑音译正确与否，只是把资料拿来直接使用。如，《明史》卷三百二十七《鞑靼传》中，元后裔蒙古族的称谓，依然沿袭明人"鞑靼"的称呼，这一称呼带有一种贬义，清修《明史》时仍沿袭"鞑靼"称谓，并且四库本《明史》仍沿袭此称呼，只是改正其中的人名、地名音译：人名如"插汉"改为"察哈尔"，"虎墩兔"改译为"胡土克图"等。地名如"哈喇嗔"改为"喀喇沁"，"白言台吉"改为"巴延台吉"等。关于《明史·鞑靼传》专列为一卷，清人丁谦在《丁氏明史外国传西域传地理考证各一卷》中对此予以辩驳，王云五主持的《续修四库全书提要》中说：

元人北归，本大国，《明实录》载正统迄弘治通使来聘，实皆

---

[1] 乔治忠、杨艳秋：《〈四库全书〉本〈明史〉发覆》，《清史研究》1999年第4期。

第七章 四库本《明史》对清朝文化认同的深化

以敌国待之,《实录》书入贡,盖如《后魏书》本纪之待南朝。今明人如韩邦奇等文集奏疏所载迤北文牍,亦自命北朝。明人鄙夷元裔,称为鞑靼,已不可。清人修《明史》,亦沿明称为鞑靼,则大谬不然。甚至乾隆中译文,改大元汗为达延汗,皆万不合者。就《明外国传》而论,当以蒙古为首,是书谓《明史》目元代后裔为鞑靼,不确。洵为有见,盖《明史》编纂,以《明会典》为根据……若使为中国民族,则必有北元书、北元史之辑,《明史》竟称为鞑靼,使北元一代制度事实与塞草而俱荒,斯至可憾者。[①]

王云五在上述提要中,认为元人北归之后,实力仍强,而《明实录》记载正统至弘治时通使来聘,仍以"敌国"视之。明人韩邦奇等人在文集和奏疏中,仍称之为"北朝",但明人鄙视元裔,仍称之为"鞑靼",已不可以。而清修《明史》,仍沿袭明人"鞑靼"之称谓,实属大谬,主张还将其列入《外国传》,仍属偏狭之见。[②]另外,四库本《明史》卷二百三十七《鞑靼传》附方炜对该传的考证:"大清兵遂大会诸部与乌苏河南冈,颁军律焉,而胡土克图已卒。臣方炜谨按,胡土克图即林丹汗,以大兵入境,西奔走于打草滩,见《实录》传末详叙。盖元裔之称汗,至此乃绝,实与明相终始,谨识。《鞑靼传》明未亡而察哈尔先毙,诸部皆折入于大清。臣方炜恭考《太宗文皇帝》,天聪六年平察哈尔,维时为明崇祯五年,谨识。"

乾隆朝改定殿本《明史》甚为严格,收入《四库全书》之后,具体刊改之本一直未见流传,直至清末王颂蔚在方略馆,发现《明史列传考证》进呈本二百十六卷,稿本四十余册,正本三巨册,进呈本于人、地名改译及修改字句处,用黄签粘贴在原文之上,但其仍未见武英殿刻本《明史本纪》

---

① 王云五主持:《续修四库全书提要》第五册,台湾商务印书馆1972年版,第73—74页。
② 鞑靼:古代北方各游牧民族的统称,也单称呼"鞑",宋明时期专门指蒙古族。《明史·鞑靼传》:"鞑靼,即蒙古,故元后也。"

二十四卷。① 据王云五主持《续修四库全书提要》中说：

> 是乾隆朝于改定《明史》厉行甚严，而改刊之本，则讫未见流传也。至光绪时，王颂蔚在方略馆，发现《明史列传考证》进呈本二百十六卷，稿本四十余册，正本三巨册，进呈本人、地名改译及修改字句处，用黄签黏原文之上，惟年久潮湿，脱落甚多，稿本卷面题总裁英阅，于阅，钱阅，及纂修官黄辑，宋辑等字。案语与进呈本略同，颂蔚用三本互校，撰有《明史考证攟逸》，述其事甚详。惟本纪改订原稿，颂蔚则尚未获见，晚近故宫博物院乃发现武英殿刊本《明史本纪》二十四卷，因付影印，于是《明史》改定之本，重复见于世矣。②

第二种情况，四库馆臣在刊改《明史》时，对不同文献记载出入处进行说明，同时也依据《御批历代通鉴辑览》改定的内容进行修改。如，《明史》卷一百五十五《薛禄传》，方炜考证说明，《明史》卷一百五十四谨遵《御批历代通鉴辑览》将"靖难"字样改为"北平"，薛禄授"奉天靖难推诚宣力武臣封阳武侯"，"此处靖难字，乃为原定功臣封号，难于更改，谨考订而仍其旧"。此外，在收录明人文集时，也参考殿本《明史·艺文志》的著录情况。如《四库全书》收入（明）黄淳耀《陶庵集》二十二卷，四库馆臣在提要中说："《集》为其门人陆元辅所裒辑，见于《明史》者十五卷。今此本为文七卷、文补遗一卷、诗八卷、诗补遗一卷、

---

① 李晋华：《明史纂修考》（哈佛燕京学社1933年版，第109页）中说："（乾隆）四十二年五月，又以《英宗本纪》稍有疏略，于史法尚未允协，复命英廉、程景伊、梁国治、和珅、刘墉等，注意考核添修，至乾隆四十七年以前，改修《明史本纪》完成（因《四库全书》成于四十七年，其著录之《明史本纪》即用此次所改修者）。于人地名音译，颇多改易，其他字句增损处，尚不甚多，而卷数仍为二十有四，半页十行，行二十一字，亦与原刊版式无异。此改修之《明史本纪》二十四卷，虽已刊成，但仍藏于宫中，未见颁行，故至今相去百有余年，外间尚罕有知者。去年故宫图书馆将此改修本影印，以供治史者参考之便，此秘本因得见于世矣。"后附《改译人地名表》，可见刊修《明史》对人地名的改译情况。

② 王云五主持：《续修四库全书提要》第五册，台湾商务印书馆1972年版，第75页。

第七章　四库本《明史》对清朝文化认同的深化

《吾师录》一卷、《自监录》四卷，共二十二卷，乃后人续加增辑以行者也。"①殿本《明史》卷九十八《艺文志三》记录"黄淳耀《吾师录》一卷、《语录》一卷、《札记》二卷"；《明史》卷九十九《艺文志四》著录黄淳耀《陶庵集》七卷。可见，四库本《陶庵集》属全本。又在《钦定胜朝殉节诸臣录》卷三中说："进士黄淳耀，嘉定人。力学敦行，闇修自好。嘉定破，忾然入僧舍，索笔，书绝命辞，缢死，弟渊耀从之。见《明史》及《辑览》。"②

第三种情况，四库馆臣在撰写《四库全书总目提要》时，对涉及明代史事，多参考殿本《明史》的记载。如，《四库全书总目》提要明穆孔晖《大学千虑》一卷（副都御史黄登贤家藏本）："《明史·儒林传》附孔晖于《邹守益传》中，称孔晖端雅好学，初不肯宗王守仁说，久而笃信之，自名王氏学，浸淫入于释氏，观是书良不诬云。"③《四库全书总目》在征引依据《明史》立论的同时，也弥补《明史》记载的缺失，纠正《明史》记载的谬误。如，《四库全书总目》提要明人周堪赓《治河奏疏》二卷（侍讲刘亨地家藏本）时，依据其集中有崇祯十六年十二月升南京户部尚书，乞赐骸骨疏。该书提要中还称：

> 《三藩纪事本末》亦载福王时起用户部尚书周堪赓，以疾不赴，则堪赓虽未南京任事，实以尚书归里也。《明史·河渠志》载崇祯十五年，流贼决河灌城，民尽溺死。总河侍郎黄希宪以身居济宁，不能摄汴，请特设重臣督理。命工部侍郎周堪赓督修汴河，此《治河奏疏》盖即是时所上。然史载十六年六月堪赓言，治河之大势尽归于东，运道已通，陵园无恙。疏甫上，决口再溃。帝趣鸠工，未奏绩而明亡云云。而集中有十六年十二月汴工筑塞已

---

① （明）黄淳耀：《陶庵集》卷首提要，《四库全书》本。
② 《钦定胜朝殉节诸臣录》卷三，《四库全书》本。
③ 《四库全书总目》卷三十七。

完,《岁修防守宜豫》一疏,与史不符,未详何故也。①

认为周堪赓《治河奏疏》二卷,应在崇祯十五年周堪赓督理汴河时所上,但又据史书记载十六年六月,决口再溃,未奏绩而明亡,集中有十六年十二月汴工筑塞已完,"《岁修防守宜豫》一疏,与史不符,未详何故也。"再如,四库馆臣提要(明)安磐《颐山诗话》一卷时说:"王士禛《池北偶谈》尝载其数篇,颇婉约可诵。是书《明史·艺文志》作二卷,此本仅一卷,而首尾完具,殆史偶误欤!"②又如,乾隆四十六年(1781)十月二十七日,内阁奉乾隆帝上谕,下令诸皇子等辑录《明名臣奏议》,尤其强调"以明亡为鉴"及探讨明亡清兴之缘由。乾隆帝在上谕中说:

> 至神宗以后,诸臣奏疏内,有因辽沈用兵,涉及本朝之处。彼时主闇政昏,太阿倒置,阉人窃柄,权悻满朝,以致举措失当,赏罚不明。其君缀旒于上,竟置国是若罔闻。遂至流寇四起,兵溃饷绝,种种秕政,皆不胜数。若杨涟、左光斗、熊廷弼诸人,或折冲疆场,或正色立朝,俱能慷慨建议,剀切敷陈。设明之君,果能采而用之,犹不致败亡若是之极。其事距今百十余年,殷鉴不远,尤当引为炯戒。则诸人奏疏,不可不亟为辑录也。除《明史》本传外,所有入《四库全书》诸人文集,均当广为搜采,裒集成编。即有违碍字句,只须略为节润,仍将全文录入。此事关系明季之所以亡,与我朝之所以兴。敬怠之分,天人之际,不可不深思远虑,触目警心。③

在上谕中,乾隆帝下令编纂过程中陆续进呈,等候其亲自裁定,且成书之后,命交与武英殿刊刻,抄入《四库全书》。该书选编不仅从《四库全书》馆内诸人文集中选录,另外四库馆所存书内未载,而其言可录,则从

---

① 《四库全书总目》卷五十六。
② (明)安磐:《颐山诗话》卷首冠提要。
③ 《御选明臣奏议》卷首,《四库全书》本。

第七章　四库本《明史》对清朝文化认同的深化

《明史》本传中摘录奏议（删节）之文，以存其梗概。同时，乾隆帝还下令将《御选明臣奏议》《大清一统志》等书遵照《钦定辽金元三史国语解》进行改正。

第四种情况，四库馆臣参考其他史料时，进一步补充史实，纠谬订误。如，《明史》卷二百五十二《杨嗣昌传》附严福考证："嗣昌以灭贼逾期，疏引罪，荐人自代。严福按：嗣昌所荐之人为侍郎张福臻、李若星、吴牲及职方郎赵光忭，见《崇祯长编》谨附考。"①有时为了避讳，会存在改人名的情况。如，王承胤为避雍正帝胤禛讳，而四库本《明史》改为"王承允"，但殿本《明史》未改。又如，殿本《明史》卷三百二十二《日本传》中记载：

> 明年（永乐二年）十一月来贺册立皇太子。时对马、台岐诸岛贼掠滨海居民，因谕其王捕之。王发兵尽歼其众，絷其魁二十人，以三年十一月献于朝，且修贡。帝益嘉之，遣鸿胪寺少卿潘赐偕中官王进赐其王九章冕服及钱钞、锦绮加等，而还其所献之人，令其国自治之。②

章宗瀛在校勘《日本传》时，查阅了（明）严从简《殊域周咨录》、郑晓《吾学篇》的记载，考订永乐四年（1406）潘赐与宦官王进初次出使日本，当时潘赐的官名非为上文记载的"鸿胪少卿"，而是"行人"，并进行改正。与此同时，他还认为殿本《明史》未记载永乐八年（1410）潘赐与太监雷春第二次奉命出使吊祭日本国王源道义事，史书记载尤为失实。章宗瀛在按语中说：

> 《殊域周咨录》潘赐于永乐初以行人使日本，归进《永乐大典颂》及《归化书》，因擢礼部郎中。（潘）赐以永乐二年成进士，不应于四年，即官鸿胪也。《殊域录》于八年吊祭源道义之使，则为太监雷春、鸿胪少卿潘赐。《吾学编》亦同传于序次，时移

---

① 张廷玉等：《明史》卷二百五十二《杨嗣昌传》考证，《四库全书》本。
② 张廷玉等：《日本传》，《明史》卷三百二十二，中华书局1974年版，第8345页。

文化认同视角下的清代《明史》修纂研究

潘赐后来之官位于其先,而又不载八年使事,殊为失实。谨据改。①

章宗瀛的考证与补充是正确的,查(明)凌迪知《万姓统谱》卷二十五"潘赐"条,就足可以证明之:

> 潘赐,字文锡,浦城人。永乐进士,授行人,出使日本,回献《德化书》《永乐大典颂》,上览之,称善。命入史馆,转鸿胪少卿,再使日本,回升江西参政。仇家摘其诗句,以为妖言,坐落职。宣德间,复除鸿胪寺少卿,又使日本,朝廷深加奖劳,赐"才思高迈,操履方正。"三使外夷,能全大体,以副君命,时论贤之。所著有《梅竹篇》《皇华胜览》《容庵文集》若干卷。②

章宗瀛在校勘时,不仅补充了殿本《明史》记载谬误,还补充史实记载之缺略,进一步丰富了潘赐的事迹及贡献。同时还需指出,严从简的《殊域周咨录》,四库馆臣在刊改《明史》时,多采纳该书的记载,考证史实,补充史料。

三、四库本《明史》之成就

由于殿本《明史》存在一些不足,乾隆帝下令重新刊改。四库馆臣广泛地搜集资料,对殿本《明史》记载之历史人物与历史事件进行考辨,并补充了一些史料,说明考证的依据或资料来源,增强刊改的说服力,尤其对一些文辞不雅驯之处,也进行修改和润色。据《四库全书总目》卷四十五中说:

> 正史之名,见于《隋志》。至宋而定著十有七。明刊监版,合《宋》《辽》《金》《元》四史为二十有一。皇上钦定《明史》,又诏增《旧唐书》为二十有三。近搜罗四库,薛居正《旧五代史》得

---

① 张廷玉等:《日本传》,《明史》卷三百二十二,《四库全书》本。
② (明)凌迪知:《万姓统谱》卷二十五,《四库全书》本。

第七章 四库本《明史》对清朝文化认同的深化

裒集成编。钦禀睿裁，与欧阳修书并列，共为二十有四。今并从官本校录。凡未经宸断者，则悉不滥登。盖正史体尊，义与经配，非悬诸令典，莫敢私增。所由与稗官野记异也。其他训释音义者，如《史记索引》之类。掇拾遗阙者，如《补后汉书年表》之类。辨正异同者，如《新唐书纠谬》之类。校正字句者，如《两汉刊误补遗》之类。若别为编次，寻检为繁，即各附本书，用资参证。至《宋》《辽》《金》《元》四史译语，旧皆舛谬，今悉改正，以存其真。其子部、集部亦均视此。以考校厘订自正史始，谨发其凡于此。①

由此可见，以上提要说明了三点：第一，乾隆帝钦定"二十四"史的情况。第二，说明关涉"正史"的训释音义之书、掇拾遗阙之书、辨正异同之书、校正字句之书，如果与其书分开收录，则会给寻检带来不便，故而将它们分别附录各书之后，以资参考。如《史记索引》《补后汉书年表》《新唐书纠谬》《两汉刊误补遗》分别附录在各书之后，方便读者寻检。第三，说明《宋史》《辽史》《金史》《元史》均照新译改定，然后才收入《四库全书》。由此可以看出，四库馆臣除对《明史》进行纠谬订误、补充史料之外，还对其他史书同样刊改，然后才收入《四库全书》。此外，四库馆臣在提要其他史书时，偶尔也会参照《明史》，并随即指出发现的《明史》谬误之处。如，《四库全书总目》提要（明）安磐《颐山诗话》一卷时说："是书《明史·艺文志》作二卷，此本仅一卷，而首尾完具，殆史偶误欤。乾隆四十六年五月恭校上。"此外，据《御制文二集》卷八《命皇子等编辑〈明臣奏议〉谕》文中，乾隆帝特别强调明末杨涟、左光斗、熊廷弼所拟奏议的重要性，并提出"殷鉴不远，尤当引为炯戒"②。强调应该广为搜罗明臣有益于炯戒的奏议，除《明史》本传中搜罗之外，所有入《四库全书》诸人文集，均应广为

---

① 《四库全书总目》卷四十五。
② 《御制文二集》卷八，《四库全书》本。

347

搜采，如有违碍字句指出，只需稍加删减润色，仍令将全文录入，不可删改，明季诸臣奏疏充分体现了明亡清兴的原因，强调清朝享有"正统"，乃人心所向、天命所归。四库本《明史》考证了一些史事，补充了一些重要史料，纠正了某些谬误，这是应该肯定之处。

四、四库本《明史》之不足

四库馆臣在考订《明史》时虽然取得了一些成绩，但仍存在沿袭殿本《明史》讹谬而未改的情况。如，康熙十九年（1680），明遗民学者李颙发现，其父李可从跟随汪乔年军出关之前寄三封书信给其伯伯和舅舅托孤，在书信中，特别记载了汪乔年军入襄城时间为崇祯十五年（1642）二月十一日，《明史》则误记为二月二日，城陷时间为崇祯十五年（1642）二月十七日，四库本《明史》则误记为"二月二十七日"，其中"二"字为衍文。为进一步考辨史事，现将李颙《跋父手泽》摘录如下：

> 呜呼！此吾父手泽也。吾父崇祯十四年腊月二十四日离家，随邑侯孙公征贼河南，至省数日，虑颙为仇人所陷，托人寄书于吾伯、吾舅，以致丁宁（叮咛）。次年正月，至潼关，又寄书以颙为托。既而侧闻讹传，言颙被官收仓，吾父伤心万状，即寄书伯舅，呼吾堂兄居暨舅仆彭守己赴关，欲面有所嘱，朝夕西盼，望之眼穿。及二人到关，而吾父正月十八日已出关矣。二月十一日薄暮抵襄，被围，逆闯昼夜攻城，知必不免，与同侪泣语，深以颙幼弱无倚为痛。十七日城陷，竟及于难。[①]

从李颙《跋父手泽》可知，李颙看见其父遗留托孤的家书，才深知其父对他安危的牵挂与不舍，李颙此时才明白其父殉职的原委：崇祯十五年（1642）正月十八日，其父李可从跟随总督陕西都御史汪乔年军出潼关，途

[①] 李颙撰，陈俊民点校：《跋父手泽》，《二曲集》卷十九，中华书局1996年版，第228—229页。

第七章 四库本《明史》对清朝文化认同的深化

中挂念李颙的安危及养育,所以三次寄书给李颙的伯父与舅舅,将李颙托孤给他们,对李颙非常牵挂与依依不舍。崇祯十五年(1642)二月十一日,抵襄城,解除郾城之危,但由于寡不敌众,二月十七日,李自成农民起义军攻破襄城,汪乔年被执遇害,李可从、孙兆禄等亦死于难。据近人吴怀清编辑《二曲先生年谱》记载:

> 崇祯十五年壬午,十六岁。正月,信吾公至潼关,复寄书先生伯父及舅氏,以先生为托。既而讹传先生被官收仓,急函召先生从兄居暨舅仆彭守己赴关,欲面有所嘱。比二人至,信吾公已于十八日出关,二月十一抵襄城,被贼围攻。十七日,城陷,汪公被执遇害,信吾公偕监纪孙公俱死之。①

在清官修《明史》过程中,史官方象瑛分到《汪乔年传》,但由于天启、崇祯朝事迹难征,史料不足,恐多谬误,方氏对所撰《汪总督传》(汪乔年)不太满意,故在其《明史分稿残本》中有目录却无传文。②方象瑛在《健松斋集》卷十六《纪分撰〈明史〉》一文中说:"启祯以后,书传无征,间有纪载,未可遽信,虽缀成篇,尚多舛漏,不敢自以为是也。"③《明史》卷二百六十二《汪乔年传》附李可从事迹,但寥寥数语,语焉不详,李颙《跋父手泽》有补正史之不足,具有十分重要的史料价值。查《明史》卷二百六十二《汪乔年传》云:

> 二月二日,乔年入襄城,分人龙、嘉栋、成虎军三路,驻城东四十里,逼郾城而军,而自勒兵驻城外。贼果解郾城而救襄城。贼至,三帅奔,良玉救不至,军大溃。乔年叹曰:"此吾死所也。"率步卒千余入城守。贼穴地实火药攻城,乔年亦穿阱,

---

① 吴怀清编:《二曲先生年谱》,李颙撰,陈俊民点校:《二曲集》,中华书局1996年版,第625—626页。另,陈俊民按:"跋纪汪师抵襄及城破之日与《明史》异,可订史家之讹。"

② 参见笔者:《官修〈明史〉的幕后功臣》,人民出版社2011年版。

③ 方象瑛:《纪分撰〈明史〉》,《健松斋集》卷十六,《四库全书存目丛书》本。

文化认同视角下的清代《明史》修纂研究

视所訾，长矛刺之。贼炮击乔年坐纛，雉堞尽碎，左右环泣请避之，乔年怒，以足蹴其首曰："汝畏死，我不畏死也。"十七日，城陷。巷战，杀三贼，自刭不殊，为贼所执，大骂。贼割其舌，磔杀之。襄城人建祠而祀之。时张国钦、张一贯、党威、李万庆及监纪西安同知孙兆禄、材官李可从、襄城知县曹思正从乔年，皆死之。①

比较上述两段资料可知，李颙《跋父手泽》记汪乔年于崇祯十五年（1642）二月十一日抵襄城，《明史》则记二月二日抵襄城，十七日城陷，四库本《明史》则记二十七日城陷，"二"为衍字。《明史》卷二百六十二赞曰："流贼蔓延中原，所恃以御贼者独秦兵耳。傅宗龙、孙传庭远近相望，倚以办贼。汪乔年、杨文岳奋力以当贼锋，而终于溃偾。此殆有天焉，非其才之不任也。传庭败死，贼遂入关，势以愈炽。存亡之际，所系岂不重哉！"②乾隆四十一年（1776），乾隆帝下令编纂《钦定胜朝殉节诸臣录》十二卷，大肆褒奖明末殉难死节诸臣，李可从也在褒奖之列，但其事迹记录较为简略。乾隆帝谕文中称："崇奖忠贞，所以风励臣节，然自累朝嬗代，凡胜国死事之臣，罕有录予易名者。惟我世祖章皇帝定鼎之初，于崇祯末殉难之大学士范景文等二十人，特恩赐谥。仰见圣度如天，轸恤遗忠，实为亘古旷典。第当时仅征据传闻，未暇遍为搜访，故得邀表彰者止有此数。殆久而遗事渐彰，复经论定，今《明史》所载可按而知也。"③

此外，四库本《明史》仍然沿袭殿本《明史》的一些不足之处。如，

---

① 张廷玉等：《汪乔年传》，《明史》卷二百六十二，中华书局1974年版，第6782页。另，《明史》第6793页注释说："十七日城陷，十七日，原作'二十七日'，'二'字衍。据《明史稿》传一三九《汪乔年传》删。按《国榷》卷九十八页五九一八作'丁巳'城陷，二月辛丑朔，丁巳正是十七日。"
② 张廷玉等：《明史》卷二百六十二，中华书局1974年版，第6792—6793页。
③ 《钦定胜朝殉节诸臣》卷首，《四库全书》本。

第七章 四库本《明史》对清朝文化认同的深化

乾隆帝在《御批历代通鉴辑览》书中认同明朝灭亡于顺治二年（1645）福王被执之时，并下令在该书末附载南明诸王本末，但因牵涉到忌讳等诸多问题，附载的内容较为简略。四库本《明史》仍然遵循殿本《明史》将明朝灭亡时间定于崇祯十七年（1644）三月甲申之变，遂导致《明史》关于南明史的记载，仅在诸王传之下简要涉及，南明历史未能全面、系统地在《明史》中予以记载。对此，乾隆初年，李天根在广泛搜集野史、实录、文集等资料的基础上，撰成《爝火录》三十二卷附录一卷①，系统地补充南明历史，明了明亡清兴乃大势所趋。李天根撰写此书的深刻原因，在《爝火录·自序》中说明他著《爝火录》的主要原因：由于清代官修的《明史》《御批历代通鉴辑览》《明纪纲目》诸书对南明历史记载甚多缺略，故而人们要理解南明史，则不得不参看众多野史的记载，但由于明末野史记载纷繁，附会不实，未能将明亡清兴的大势淋漓尽致地表现出来。同时，野史中还体现出作者对故国的眷恋，故而对南明诸王则称帝、称王，对清朝则称之为"与国"，对明清之际历史因有自身情感的因素，也有妄加论断，谬误之处甚多，未能秉笔直书的情况存在。所以误导读者自幼至老，"究不知圣朝之何以大一统，三王之何以随起随灭"的原因。李天根有感于此，主要依据《明史》的记载，广泛地搜资料，进一步补撰南明历史，撰成《爝火录》三十二卷。该书所引书目和史事记载来看，补充和丰富了《明史》有关南明史记载的缺略。该书原先征引的史书，大多存留不多，其史料价值就更显得弥足珍贵。如，该书记载康熙元年壬寅鲁王朱以海葬于金门，这一记载是对的。②

此外，夏允彝（1596—1645），于顺治二年（1645）九月殉节之前，著有《幸存录》一书。并以续书之事相托其子夏完淳。夏完淳在《〈续幸存录〉自序》中记载得甚为详细，他说：

---

① 参见李天根著，仓修良、魏得良校点：《引用书目》，《爝火录》（"明末清初史料选刊"本），浙江古籍出版社1986年版。

② 参见笔者：《全祖望与〈明史〉关系探论》，《古籍整理研究学刊》2014年第6期。

文化认同视角下的清代《明史》修纂研究

《幸存录》者，先忠惠国变后所述也。首盛衰大势，辽事、门户与流寇，皆有大略，有杂志。井井鳞鳞，本朝中斩之由，莫不次第详尽。述至先帝死社稷，遂绝笔不复记。先忠惠临殁，呼复也，手编而命之曰："余欲述南都之兴废、义师之盛衰焉，今余从义师诸公九京游矣！靡有暇矣！汝虽幼，南都之大政，于庭训犹及闻之。义师之役，汝实朝夕余。余死矣，汝其续余书以成！"呜呼，手泽存焉！父书犹不忍读，何况续其遗书耶！然先志不可违也。自草土以来，恒思纂述，而哀瘠之余，形神俱涸，一经置笔，念及先忠惠风雨一编，便凄然自废。景光如逝，忽焉小祥矣。次先忠惠遗行之后，继此以编。不敢苟，不敢私，不敢以己意曲直。凡南都大略一卷、杂志（指《南都杂志》）二卷，义师大略一卷、杂志（指《义师杂志》）二卷，先忠惠行状一卷，死节考一卷，为《续幸存录》。余生也晚，所见闻未广，后之人谓余多所遗缺也，敢不受责。若失之诬，失之柱，我知免矣。破巢余卵，旦夕待命。藏是编也，名山石室，望一日之中兴，明天子开天禄、石渠，访兰台之遗，追述先朝轶事焉。是编也，或与《幸存录》非小补云。①

可见，夏完淳记述其父夏允彝所著《幸存录》，记载到崇祯帝死社稷，遂绝笔不复记载，无疑为夏允彝死前绝笔之作。夏允彝赴死之前，曾以续记南明史事相托其子。夏完淳后来秉承其父遗愿，著成《续幸存录》八卷：《南都大略》一卷、《南都杂志》二卷、《义师大略》一卷、《义师杂志》二卷、《先忠惠行状》一卷、《死节考》一卷。他认为其见闻未广，后人指摘其多所遗漏，敢不接受责难。将书藏于名山石室，待中兴之日，天子征集遗

---

① （明）夏完淳著：《续幸存录》，http://www.doc88.com/p-099209414868.html。由于夏允彝著《幸存录》及夏完淳秉承其父遗愿所著《续幸存录》后来被列为禁书，不得流传，所以《续幸存录》现存现《南都大略》六则和《南都杂志》二十八则而已，二书收入《四库禁毁书丛刊》。

352

第七章　四库本《明史》对清朝文化认同的深化

书，追述先朝逸事时予以参考，有以待后来君子之意。且认为《续幸存录》对《幸存录》的补充之处较多，"非小补云"。[①]王士禛《池北偶谈》引夏允彝《幸存录》论证人物及史事。此外，朱鹤龄在《愚庵小集》卷十三《书夏瑗公〈幸存录〉后》：

> 明室之祸，起于流寇，不知流寇之所以披猖莫制者，皆成于庙堂诸公但知争门户胜负，而不知以盗贼为忧、生灵为急。甚有以督抚为报怨修隙之资，朝任夕改，致天子茫无足恃，自古败亡之烈，其速如翻掌，易如建瓴，未有甚于思陵之季者也……瑗公先生此《录》，所考门户本末，最为详慎。而以修怨陷督抚致偾国，则未之及。窃欲补入此节，传之信史，为千秋党祸之戒云。[②]

朱鹤龄阐述其对明朝灭亡的观点："明室之祸，起于流寇"，而李自成农民起义军猖狂未能制者，在于朝廷诸公只知朋党之争的胜负，而不以盗贼为忧患、生灵为急务，正因朋党门户之争，遂以抱怨修隙之资，导致督抚朝任夕改，未能专心制敌，而崇祯帝茫然无所凭借，遂导致亡国之烈，自古以来未之有也。朱鹤龄赞同夏允彝《幸存录》一书，认为该书对朋党门户本末考之甚详，"而以修怨陷督抚致偾国，则未之及"，想要予以补充，传之信史，以为"千秋党祸之戒"。然而，宋征舆在《夏瑗公私谥说》中说："乙酉秋八月，华亭夏瑗公自沉深渊以死，而《〈幸存录〉自序》题乙酉九月朔，礼部考公郎中夏允彝敬述，故断以为冒托其名者也。"宋征舆认为顺治二年乙酉（1645）秋八月，夏允彝殉节，沉渊以死，而《〈幸存录〉自序》所题时间为"乙酉九月朔"，故而判断为他人所著，并冒充署作者为夏允彝。对

[①] 还可参考孙惠敏：《书写忠烈明末夏允彝、夏完淳父子殉节故事的形成与流传》，《台大历史学报》第26期，2000年12月，第263—307页。

[②] 朱鹤龄：《书夏瑗公〈幸存录〉后》，《愚庵小稿》卷十三，《四库全书》本。参见周金标：《从〈愚庵小集〉看〈四库全书〉对清初别集的著录标准》（《图书馆工作与研究》2009年第10期）一文中认为，朱鹤龄作为明遗民，其文集能收入《四库全书》，主要原因在于乾隆帝下令彻查、禁毁、删去与钱谦益有关的文字，利用朱鹤龄与钱谦益学术观点的不合，在贬低钱谦益的同时，极力褒扬朱鹤龄《愚庵小稿》，该书才得以收入《四库全书》。

此，巢鸣盛赞同宋征舆的观点。考（旧题）万斯同《明史稿》也仍然沿袭宋征舆的观点，而殿本《明史·夏允彝传》来源于（旧题）万斯同《明史稿·夏允彝传》，仍然持相同的观点。殿本《明史》卷二百七十七《夏允彝传》："未几，南都失，彷徨山泽间，欲有所为。闻友人侯峒曾、黄淳耀、徐汧等皆死，乃以八月中赋绝命词，自投深渊以死。允彝死后二年，子完淳、兄之旭并以陈子龙狱词连及，亦死。而同社徐孚远，举于乡，因松江破，遁入海，死于岛中。"①朱希祖先生考证徐秉义《明季忠烈纪实》、徐鼒《小腆纪年》后，主张夏允彝死于顺治二年（1645）九月初六日。这样一来，在时间上，与夏允彝在《〈幸存录〉自序》中所题的时间并不矛盾，《幸存录》无疑为夏允彝殉节之前所作。②可是，由于清初众多私家南明史著述在乾隆时期大多遭受禁毁。夏允彝与夏完淳父子的《幸存录》《续幸存录》两书也概莫能外，均被列入禁书。因此，四库馆臣在刊改《明史》之时，仍然沿袭殿本《明史》的观点，仍然主张夏允彝殉节时间为顺治二年（1645）八月。由于四库馆臣害怕触及清廷忌讳，对夏允彝所著《幸存录》更是讳莫如深，导致以讹传讹，这是非常值得注意的现象。

---

① 张廷玉等：《夏允彝传》，《明史》卷二百七十七，中华书局1974年版，第7098页。
② 参见朱希祖：《再跋〈幸存录〉》，《明季史料题跋（外二种）》，中华书局2012年版，第7—9页。

第八章　从文化认同视角探讨《明史》修纂的影响及启示

清朝秉承中国古代易代修史的传统，自顺治二年（1645）开馆修史伊始，此后断续历经95年，官方与史官之间关于明代许多重大问题最终达成共识，从而共同完成了对明代历史的书写——《明史》。探究清朝官修《明史》之所以历久难成的原因，关键在于它牵涉到史学与清初社会政治之间的重大问题。明遗民及其后代子孙也十分关注史馆对他们祖先事迹的记载，他们纷纷将自家所藏明代史料及其祖先的行状、家传等史料上缴给史馆，以便史官修史时予以参考，希望史官撰写其祖先传记时，所据资料更加确实无误。因此，史馆搜集的史料非常丰富，进一步补充史事记载之缺略，同时还对某些错误进行纠谬订讹，不断还原明代历史的真实，这无疑在一定程度上确保了殿本《明史》的质量。①

清初修史活动加强了清廷与朝野学人之间的联系，它还在缓和满汉矛盾、巩固统治方面发挥了不可忽视的重要作用。反过来，文化认同在清官修《明史》中起到十分积极的作用，它们之间相辅相成，相得益彰。清朝借助

---

① 可参见曹铁：《〈明史〉与〈明史稿〉史料价值的比较研究》，《河南图书馆学刊》1991年第3期。

修史，更好地凝聚社会的向心力，文化认同的深入也有力地推动了清朝统治合法性的理论建构。

一、文化认同对清代官修《明史》之影响

中国古代有着易代修史的传统，形成了"国可亡，而史不可灭"的文化理念或文化传统。由于正史在史书中地位最高，历史人物事迹如能载入正史，一方面可以光宗耀祖，另一方面也可留美名于后世，永垂不朽。有鉴于此，明代世家大族的后代子孙非常关注《明史》的编纂工作，并积极上缴家族资料，以期将他们先人事迹载入《明史》。清官修《明史》过程中，一直受到朝野学人的广泛关注。反过来，清朝官方也以此为契机，尽量广泛地网罗学者参与其中，为进一步缓和满、汉民族矛盾而不懈努力，清官方历史文化认同的逐步深入与《明史》修纂之间相互渗透，相辅相成，相得益彰。清代官方史学十分繁盛，也能说明这个问题。

在清朝官修《明史》过程中，有一些明遗民及明代大臣的后代子孙希望将其祖先事迹载入《明史》，通过多种途径和方式积极向史官提供材料，为修史提供了丰富的资料。史官在修史时，力求秉笔直书，他们在史馆鉴别史料，去伪存真，尽量还原明代历史的真实，在一定程度上确保了殿本《明史》的质量，纂修官群体的修史贡献应该得到充分的肯定。如，沈彤在《果堂集》卷十《周先生（周靖）墓表》中说：

> 丧除，念朝廷方纂修《明史》，祖父大节并宜列，而所据或有失实，则不足彰信于后。乃录其事之本末，入都，上诸史馆。都中巨公重其人，争罗致于家，先生不肯，即独从陆清献（陆陇其）公学。期年，德益进，谒归。专志养母，教子弟。遂修家谱，刻先人遗书。①

考周靖的祖父为周顺昌，天启年间，以痛骂魏忠贤而得罪阉党，被魏

---

① 沈彤：《周先生墓表》，《果堂集》卷十，《四库全书》本。另，《四库全书总目》提要周靖《篆隶考异》误认为周靖为周顺昌之曾孙，实际上为周顺昌长孙，特此订正。

第八章　从文化认同视角探讨《明史》修纂的影响及启示

忠贤同党李实等人肆意罗致罪名，受诬陷而下诏狱，后被许显纯处死。[①]在《明史》修纂初期，周顺昌之孙周靖怕史官记其祖父事迹失实，不足以彰信于后世，遂详载其祖父死于阉党之本末，入京，上之史馆，以备史官修史时参考。史官汪琬先前曾分撰《周顺昌传》，殿本《明史》卷二百四十五《周顺昌传》偶有采纳。[②]当时周靖已有文名，诸公争相罗致，不愿意，只拜陆陇其为师，跟从其学习。一年之后，归里养亲，教育子弟，编纂家谱，刊刻先人遗书。对此，王士禛在《居易录》卷六中还抄录周顺昌家书。他说："吴门周靖贻其大父（祖父）忠介公霜英堂遗墨。公字蓼洲，天启中死珰祸，忠臣。今录其家书于左……"[③]朱祖文，江苏常州人，素与周顺昌友善，周顺昌忤阉党被逮下诏狱时，朱祖文北上积极奔走，多方营救而未果。[④]周顺昌灵柩归里后，朱祖文哀痛至极，发病而死，后人以其配食周顺昌祠。汪琬在分撰时，特别将朱祖文事迹附记于《周顺昌传》内，殿本《明史》附载《周顺昌传》中。周顺昌撰《忠介烬余集》三卷（两江总督采进本），《四库全书总目》卷一百七十三提要云：

> 初顺昌被逮时，箧衍著作颇多。仓猝间，为友人投火灭迹。后其子茂兰遇片纸只字，必摹而勒之石。至其孙靖复从戚友家搜录成集，故名《烬余》，凡三卷。一卷为纪事公移，二卷为尺牍，三卷为杂文及诗，而以《寻声谱》附焉。《寻声谱》者，当万历乙卯，顺昌在闽中，常以诗扇寄鹿善继。其后扇失，而诗犹为马洁所记忆。崇祯甲戌，善继与洁暨孙奇逢辈咏其事，录而为谱。国朝康熙间，奇逢门人汤斌巡抚江苏，以谱贻靖，附刻《集》后，详见靖跋语中。顺昌气节盖世，本不以文章见长。且收拾于灰灭

---

① 周顺昌事迹详见《明史纪事本末·魏忠贤乱政》和《明史》。
② 参见笔者：《官修〈明史〉的幕后功臣》相关章节。
③ 王士禛：《居易录》卷六，《四库全书》本。两封家书已收入《忠介烬余集》二卷。
④ 《四库全书总目》卷六十四提要朱祖文《北行日谱》。

文化认同视角下的清代《明史》修纂研究

之余，大都案牍、简札随手酬应之文，非所经意。然其隐忧国事，崇尚名检，忠愤激发之气，时流露于楮墨间，尚足以廉顽立懦。观区区题扇一诗，异代且珍重传之。则是集什一仅存，固未可听其湮没矣。①

由上述引文可知几点：第一，周顺昌被逮时，其友人怕被牵连，于仓促之间将其著述投火灭迹，其后周顺昌之子周茂兰搜集遗文，周顺昌之孙周靖从亲戚朋友处搜集其祖父片言只语，汇编成《烬余集》三卷，卷末附《寻声谱》。第二，追述《寻声谱》的形成情况，明万历乙卯（1615），周顺昌常将题有诗的扇子寄给友人鹿善继。后来扇失，而其所题之诗，为马洁所记忆。崇祯甲戌（1634），鹿善继、马洁与孙奇逢歌咏其事，录其诗文而为《寻声谱》。第三，康熙二十三年（1684），汤斌任江苏巡抚，汤斌为孙奇峰弟子，遂将《寻声谱》赠给周靖，周靖遂将《寻声谱》附入《忠介烬余集》，并刊刻流传，《四库全书》据此本收录。彭定求特撰《周忠介公遗事》不分卷，详细记载了周顺昌被魏忠贤党逮捕致死始末。周靖认为韩愈之文待欧阳修而后显，其祖父周顺昌之文得彭定求而后传，感激之情溢于言表。第四，《四库全书总目》评价周顺昌"以气节盖世，不以文章见长"，但其忧国事之心与忠义之气，足可以"廉顽立懦"，②感化社会风气。其集虽十仅存一，但未可任其湮没，故而将《忠介烬余集》三卷收入《四库全书》。后来方炜考证《周顺昌传》中记载"顺昌乃自谒吏"，补充史料，说明缘由："臣方炜按：激变后，有劝顺昌自裁者，顺昌曰：'予小臣也，敢引高公（高攀龙）不辱之义哉！'遂自谒吏。见朱彝尊《诗话》，谨附识。"③

康熙二十四年（1685），王源也将其父王世德《崇祯遗录》上之史馆，

---

① 《四库全书总目》卷一百七十三。
② "廉顽立懦"：使贪婪的人能够廉洁，使怯弱的人能够自立。形容仁德的人，对社会有很大的感化力量。据《孟子·万章下》记载："故闻伯夷之风者，顽夫廉，懦夫有立志。"亦作"顽廉懦立"。
③ 张廷玉等：《明史》卷二百四十五附考证，《四库全书》本。

第八章　从文化认同视角探讨《明史》修纂的影响及启示

以备史官修史参考。明崇祯十七年（1644）三月二十九日，李自成农民起义军攻克北京，王士禛伯父王与胤举家殉节，王士禛希望其伯父殉节事迹载入《明史》。史官汪琬阄题分撰《王与胤传》。康熙二十年（1681），汪琬在归里之前，将其所撰《拟明史列传》二十四卷上缴史馆。① 后来，王士禛将其伯父王与胤全家殉节事迹告之汪琬，并将其伯父王与胤之子王士和所作绝命辞交给汪琬，希望其在拟作《王与胤传》时，予以参考。王士禛在《池北偶谈》卷五"侍御公殉节"中说：

> 伯父侍御百斯公与胤，登崇祯元年戊辰进士，入翰林，改御史。甲申，公家食已八年矣。闻三月十九日之变，同妻子尽节，于几案间得手书一纸云："京师卒破，圣主殉社稷。予闻之雪涕沾衣，不及攀龙髯而殉命，遂偕妻于氏、子士和并命寝室，命也奈何，葬从薄从速，随时也。"②

对此，汪琬根据王士禛提供的资料，重新对先前已上缴史馆的《王与胤传》进行补充完善，他高度赞扬明清易代之际王与胤率妻儿一同殉节之举，他在传后作赞语，传末还进一步补充说明补撰之缘由。汪琬在《尧峰文钞》卷三十四《御史王公传并赞》③ 中表达了以下几个方面的思想：第一，清初官方褒奖甲申殉难诸臣二十三人中，王与胤因降调家居，虽以身殉节而死，但没有在清廷褒奖之列，对此表达了可惜和遗憾之情。第二，汪琬认为，当时王与胤已辞官在家，甲申之变时，早已经居家八年之久，其可以选择"入山蹈海"隐退，以逸民或遗老自居，坚守不仕清朝即可，也会得到人们的谅解，不必要求自己像"封疆之臣则死封疆，社稷之臣则死社稷"，不会受到儒家纲常伦理道德的谴责。第三，汪琬进一步叙述王与胤自身殉节已

---

① 汪琬：《钝翁续稿》，《四库全书存目丛书》本。另外，关于汪琬修史情况，可参考笔者《官修〈明史〉的幕后功臣》第六章汪与《明史》纂修。
② 王士禛著，靳斯仁点校："侍御公殉节"，《池北偶谈》卷五，中华书局1982年版，第115页。
③ 汪琬：《御史王公传》，《尧峰文钞》卷三十四，《四库全书》本。

文化认同视角下的清代《明史》修纂研究

非常难能可贵,还举其全家一起殉节更为难能,高度褒扬王与胤举家殉节之壮举。传文中还增补王士禛补充的史料:王与胤几次求死而未能,最后自缢而死的情况及葬礼上送行群众追打蒋三俊,蒋三俊落荒而逃的细节,对史事进行详细增补。考(民国)《重修新城县志·人物三》之王与胤事迹,主要在汪琬《御史王公传并赞》基础上删润而成。另外,黄虞稷《千顷堂书目》和朱彝尊《明诗综》著录王与胤著有《陇首集》一卷。朱彝尊《明诗综》还收录王与胤《对瓶梅作》诗云:"乡思那可禁,况复逢驿使。念我欲归时,已结垂垂子。"[1] 通过王士禛和汪琬之间的交流,汪琬对王与胤殉节死难事,已了然于胸。汪琬在归里之后,又对先前所拟传记进行补充,撰成《御史王公传并赞》,将其收入《尧峰文钞》内。考《王与胤传》收入(旧题)万斯同《明史稿》卷三百四十八、王鸿绪《明史稿》卷二百二十八,而殿本《明史》则将该传删除。由此可见,在清修《明史》过程中,王与胤原本拟入《明史》,且由史官汪琬、倪粲相继草拟传记,旧题万斯同《明史稿》和王鸿绪《横云山人明史稿》都已收录,殿本《明史》为何将《王与胤传》删除未用?考王士禛祖父王象晋生于明嘉靖四十年(1561),卒于清顺治十年(1653),《明史》卷九十八《艺文志》著录王象晋《群芳谱》,但没有收录其传记。王士禛祖父王象晋著有《群芳谱》(毛奇龄汲古阁刊本)流传已久。康熙帝对此书非常注视,将之征入内府收藏。康熙四十四年(1705)六月十二日,康熙帝下令翰林院编修汪灏、张逸少、汪漋、黄龙眉为纂修官,在此基础上进行续修。康熙四十七年(1708)二月,其书告成,共一百卷。康熙帝赐书名为《御定佩文斋广群芳谱》一百卷,并作序文,冠于卷首。[2] 该书后来收入《四库全书》。查《四库全书总目》提要王象晋《群芳谱》三十

---

[1] 朱彝尊:《明诗综》卷七十五,《四库全书》本。
[2] 王士禛著,张世林点校:"《群芳谱》与《佩文斋广群芳谱》",《分甘余话》卷一,中华书局1989年版,说明了二书之间的关系,并特录康熙帝序文,非常感激康熙帝的知遇之恩。

第八章　从文化认同视角探讨《明史》修纂的影响及启示

卷，提要著者生活的年代则标示为明，①以示其明遗民之意。并强调《佩文斋广群芳谱》与王象晋《群芳谱》之间的关系时则言："特圣人褒纤芥之善，不没创始之功耳。实则新辑者十之八九，象晋旧文仅存十之一二也。"②考王象晋去世于顺治十年（1653），但其在儿子王与胤殉节之后，闭门谢客，不与人交往，并自号"明农隐士"。按纪传体史书的体例，清初之人显然不能入于《明史》，将其视为"明末清初之人"更合适，如王与胤因甲申之难全家殉节事而入《明史》，会造成父不入《明史》，而其子入《明史》的情况。《明史》时间断至崇祯十七年甲申之变，抑或为了使《明史》体例整齐划一，殿本《明史》未收录《王与胤传》，最终导致王与胤全家殉节事迹未载入《明史》，个中缘由大体如此。此外，史官姜宸英在《新城王方伯（王象晋）传》中对王与胤举家殉节事予以说明：

> 今侍读君士祯为某言，其季父死节事甚烈，则公子御史与胤也。御史忤执政，归里。闻甲申三月变，扼掔曰："吾父老矣，且致仕久，吾不可以无死。"乃与其妻于孺人、子士和同登楼缢死。于是公益绝人事，自号明农隐士，门阖谢宾客，不为通。③

其实，王士祯也将其伯父王与胤事迹告知姜宸英，故而姜宸英在撰写《王象晋传》时予以记载，但殿本《明史》删略而未用。又姜宸英在《寄王阮亭宫詹》一文中说：

> 某老居人下，祗益厚颜，俟馆务粗了，即图南下矣。明布衣修《元史》者，多乞还山，此有成例。只无缘一奉清尘，快吐胸臆为恨耳。先传昨始脱稿，录呈。读行状，笔笔传神，只得依样描画，殊负委嘱。然所恃以仰慰孝思者，或亦在此也。欲时达起

---

① 《四库全书总目》卷一百十五。
② 《四库全书总目》卷一百十五。
③ 姜宸英：《新城王方伯传》，《湛园集》卷五，《四库全书》本。

居，邮便，勿吝好音。①

姜宸英向王士禛表达了他年老甘居人下，不知羞耻，待馆务完之后，即有南下归养的想法，他还引用明初布衣修《元史》后，多乞还山为由，阐释自己的想法。可这种想法，却在平日里不能一吐为快，只能在私下与王士禛书信中直抒胸臆而已。由此可见，王士禛和姜宸英二人的交情很深，彼此之间相知相得。从上下引文中推论可知，姜宸英在《寄王阮亭宫詹》中所谈的"先传昨始脱稿，录呈"，就是上文中的《新城王方伯（王象晋）传》，他撰写传记时所看见的行状资料，也可能为王士禛草拟传文后提供给他。清初大学士魏裔介在《兼济堂文集》卷九《与郝雪海书》中说：

> 今纂修《明史》，千古大事。贤人君子精光熠熠在列星中，奸雄佥壬朽骨不容少恕。吾郡赵忠毅天雄、李于田、魏忠、穆文熙、石司马，皆应得佳传。而敝邑有职方张公，讳主敬，清正绝俗，赵忠毅公题其墓为"明之正人"。而先曾祖封大学士乐吾公者（魏大成）真理学、真品格，曾著《养生弗佛二论》，继响昌黎。今以奉览，希详察之，果与耳食！夫佛老同否，果与阴用而阳避之。如王龙溪等者同否？北人不好名，故往往槿户潜修，发潜德之幽光，在于后辈君子也。弟所未举者，不及更仆，此事希台台与大司农雍伯诸公讨论之，以佐太史公之采访，谁谓后世之名不急于生前之升沉显晦也？域中之大，史居一焉，正谓此耳！②

---

① 姜宸英：《寄王阮亭宫詹》，《湛园集》卷八，《四库全书》本。
② 魏裔介：《与郝雪海书》，《兼济堂文集》卷九，《四库全书》本。考《大清一统志》卷三十四记载（《四库全书》本）："郝浴，字冰涤，定州人，顺治乙丑进士，授御史，巡按四川。时刘文秀等据滇、黔，吴三桂领兵进讨无功，川东西皆失守，三桂将退走汉中。浴一昼夜七驰书，趣之还，为指授方略，与贼战，遂大破之。因条上安蜀诸疏，且密陈三桂跋扈状，三桂深衔之，摭浴疏中语，诬以冒功，谪戍奉天。三桂反，起浴故官，巡盐两淮，厘剔宿弊，商民称便。擢右副都御史，巡抚广西。粤经兵革后，间阎（间阎：平民百姓）凋敝，浴专意抚绥，甚得民心，以劳瘁卒官。子林，康熙壬戌进士，累官礼部侍郎，加尚书致仕，亦有贤声。"关于郝浴的生平事迹，还可参考汪琬《尧峰文钞》卷十四《广西巡抚右副都御史加四级郝公墓志铭》，《四库全书》本。

第八章　从文化认同视角探讨《明史》修纂的影响及启示

魏裔介（1616—1686）认为"域中之大，史居一焉"，突出史书彰善瘅恶的社会功能。他认为清朝纂修《明史》之举，乃千古大事。因此，《明史》应该表彰贤人君子，而对奸雄小人为恶者不容少恕。他认为同乡"赵忠毅天雄、李于田、魏懋忠、穆文熙、石司马"、张主敬（清正绝俗，赵忠毅公题其墓为"明之正人"）及其曾祖魏大成都应该得美传，目的在于使史书发潜德之幽光。同时，还认为《明史》应褒扬的人物，不胜枚举，希望郝浴与史馆诸公商讨，以备史官修史之采访。考魏裔介高祖魏谦光、曾祖魏大成，其曾祖曾六次参加科考而未中，后退而居家教子，从事著述，著有《乐吾文集》四卷等著述。① 另外，据《四库全书总目》提要魏大成该书云："《养生弗佛二论》一卷（两江总督采进本），明魏大成撰，大成，字时夫，栢乡人。其《养生论》以平情为祛病之本，而深明医之不足恃。其《弗佛论》则明儒理以辟释也，持论颇不诡于正。然《养生论》称：'圣有心而无为，无为则能平情，情平总归无情，所以长生。'久视，则辟佛而转入黄老矣！故退而列之杂家类焉。"② 检魏大成未入于《明史》。在清代官修《明史》过程中，不同时期传记的分合、增删调整情况非常明显，表明不同时期官方修史指导思想的某些变化。

在《明史》修纂的每一个时期，史馆诸公尤其十分注意广搜资料，请求清廷下诏，广征文献，就足以证明之。如，史官潘耒上《修明史议》，阐述其建议。③ 此外，潘耒还上《请广秘府书籍以光文治疏》，他说："臣观古来书目所载之书，今十亡其六七。民间间有异书，流传不广，终归泯灭。至于元明诸人著述，或存或亡，无从遍考。臣奉命纂修《明史》，总裁考前史

---

① 李建丽、史云征、李振奇：《魏裔介及其家族墓志综考》，《文物春秋》1996年第4期，第37页。
② 《四库全书总目》卷一百二十五。
③ 沈彤：《征仕郎翰林院检讨潘先生行状》，《果堂集》卷十一，《四库全书》本。另，潘耒分撰《食货志》，后来王原在其基础上撰成《明食货志》十二卷（国家图书馆现存残本），其他史稿未流传下来，在其《遂初堂集》卷十一《书纂修五朝史传后》，充分体现其对明代人物的客观评价，用纲常名教思想谴责明成祖朱棣夺取帝位的非正当性。

文化认同视角下的清代《明史》修纂研究

例有《艺文志》，总裁当时现存书籍大要，以内府书目为据。今修《明史》，不凭内府藏书，《艺文》一志亦难编辑。伏愿皇上及此百废俱举之时，广征天下遗书，克入秘府。"[①] 又如，《明史》成书之后，也为地方志的编纂、取材提供了重要参考。由于《明史》为清代官修史书，志书中凡涉及明代史事，修志者大多抄袭或尊崇《明史》的定论，体现出史志之间的密不可分的关系。如，沈彤反对今本《吴江县志》中关于《史仲彬传》的刊改，他认同史馆诸公关于建文帝下落的论辩，赞同王鸿绪《明史稿》对建文帝下落主张"崩死宫中"的观点，那么史仲彬也就不可能有跟随建文帝逊国出亡之事。但是，史仲彬后人则依据诸多野史记载，极力主张史仲彬随建文帝逊国出亡，并要求修志时对此进行刊改。沈彤反对后来刊改《史仲彬传》，认为史仲彬事迹，应该尊崇正史，而反对盲从野史的记载，认为是不严谨之举。

此外，清代官修《明史》，成于众人之手，修纂时间较长，修史过程中又存在诸多忌讳，造成明代史事有意缺载或遗漏，甚至历代正史常出现的一些谬误，《明史》仍然未能避免。后来，学者对《明史》进行纠缪订误、补充缺漏，产生了许多卓然可观的成果。另外，也有一些学者，他们也关注《明史》的记载，并就不足之处，提出他们的批评意见。如，沈彤在《都督洪公祖烈传》后发表评论云：

> 余始观《殉国汇编》，知都督以守浦城死。及观《苏州先辈小传》，复知其历官，率才与节，并既得礼部郎洪琮所撰《家传》观之，乃悉其前后事之详。琮撰《都督传》，本于其冢孙琦所述《行状》，末叙死节事。又其门人与仆所亲见闻者，较他书其可信者多，故今采琮语为本，以作传。至《明史》传郑为虹、黄大鹏，俱不及都督之死。殆史馆无琮传，诸书或有焉，而莫之信故耶。若浙斜塘洪氏《谱》谓：都督归老芦墟，是但闻其罢归于福王时，

---

① 潘耒：《请广秘府书籍以光文治疏》，《遂初堂文集》卷七，《四库全书存目丛书》本。

第八章　从文化认同视角探讨《明史》修纂的影响及启示

而不闻其入闽后之死节也。若以是而疑之，过矣。①

沈彤参考洪琮撰《都督传》及洪琦所述《行状》，并根据其门人和自己的见闻，得知《殉国汇编》记载之谬误，明了洪祖烈殉节死难事之原委。遂以洪琮传为蓝本，作《都督洪公祖烈传》，记载其于顺治三年（1646）八月入闽后殉节死难事，以补《明史》记载之缺漏。顺治九年（1652），明末清初著名诗人吴伟业撰《绥寇纪略》，专门考证和记载明末李自成农民起义军事迹和明朝灭亡。后来，该书被征入史馆，其中诸多传记和事实考证，被《明史》相关传记采纳，充分体现出官修史书与私家修史之间的密切联系。②

乾隆初年，全祖望率先对殿本《明史》记载不足之处进行了检讨，撰写了大量南明历史人物的墓志、传记、行状资料，为进一步研究明史及南明史提供了珍贵的史料。③此后，由于清廷文网甚密，学人怕触及忌讳，故而对《明史》鲜有批评者，褒奖多而贬低少。随后，乾隆帝在南明史和明季忠义人物的重大问题上，与其父祖相比有了新的认识和变化。清官方认同南明福王的历史地位，将明朝灭亡时间下延至顺治二年（1645）五月南明福王被执时，下令在《御批通鉴辑览》中予以记载，后附《唐桂二王本末》。而对于明末殉国死难诸臣，则持"各为其主"的忠君标准，肯定明末殉节诸臣的历史地位，赐谥褒奖。与此相反，对于投降清朝之人则一概予以贬低，认为他们腼颜苟活、不知羞耻，进退无据，下令国史馆编《贰臣传》。但须注意的是，清官方对南明殉国诸臣的评价发生变化之后，对于殿本《明史》不足之处，四库馆臣在刊修时并未予以校正和改动，而是在《御批通鉴辑览》《御定资治通鉴纲目三编》《钦定胜朝殉节诸臣录》《大清一统志》及各省通志诸书内予以记载。如，诸书记载明末清初全国殉国诸臣共三千六百多人，这有力地补充了《明史》对于殉国诸臣记载之缺略。如，乾隆四十年（1775），

---

① 沈彤：《都督洪公祖烈传》，《果堂集》卷十，《四库全书》本。另外，冢孙：嫡长孙。
② 为避免重复，不再赘述，可参见前面的相关章节论述。
③ 参见笔者：《全祖望与〈明史〉关系探论》，《古籍整理研究学刊》2014年第6期。

文化认同视角下的清代《明史》修纂研究

乾隆帝下令修缮史可法祠墓，并绘制其遗像，刻石于祠中。《明史》《御批通鉴辑览》记载史可法在清军攻破扬州城时，不屈被执而死，但并未涉及亲王以洪承畴为例，劝降史可法之事。据王士禛《池北偶谈》卷七"史阁部"条中进一步补充史可法不屈而死的细节：

> 康熙二十年，吴江吴汉槎兆骞自宁古塔归京师。驻防将军安某者，老将也，语之曰："子归，可语史馆诸君，昔王师下江南，破扬州时，吾在行间，亲见城破时，一官人戴巾衣氅，骑一驴，诣军营。自云：'我史阁部也。'亲王引与坐，劝之降，以洪承畴为比。史但摇首云：'我此来只办一死，但虑死不明耳。'王百方劝谕，终不从，乃就死。此吾所目击者，史书不可屈却此人云。"①

王士禛记载了吴兆骞转达驻防将军安某所言亲王劝降史可法事，安某希望史官秉笔直书，将史可法从容就义之举载入《明史》，不可冤枉此人。王士禛将之记入《池北偶谈》内，可补《明史》记载之缺略。许多明代世家大族后裔纷纷把他们家藏资料交给王士禛，或请王士禛转交他们的家藏资料给史馆，希望史官将他们祖先真实事迹载入《明史》。尤其值得说明的是，乾隆帝在其统治时期，彻底解决了清初以来官方对南明历史讳莫如深的重大问题，将历史与现实有机地结合起来，通过清理重大历史问题为现实服务，要求广大臣民"忠君"，以实现清廷统治的巩固。

值得一提的是，四库馆臣在编修《四库全书》，大凡涉及明代相关问题，也参考《明史》的观点或纠正其谬误。一方面以《明史》记录为准绳；另一方面纠正《明史》记载的某些谬误，因此也应视为清代官修《明史》之成果。如，《四库全书总目》卷四十九以《明史》记载为依据，指出谷应泰《明史纪事本末》沿袭野史记载之误。如，记载建文帝逊国和懿安皇后逃入成国公府邸，这一问题在修史过程中，经由史官详细考辨后进行了澄清，馆臣对该书

---

① 王士禛著，靳斯仁点校："史阁部"，《池北偶谈》卷七，中华书局1982年版，第157—158页。

第八章 从文化认同视角探讨《明史》修纂的影响及启示

进行提要时,指出其沿袭野史之误,所举的例子,就是参照史官见解和《明史》的记载。又如,《四库全书总目》收入(明)田汝成《炎徼纪闻》四卷(浙江巡抚采进本),提要时标明"事迹具《明史·文苑传》"。为避免重复,不再详细赘述。此外,《明史》成于众人之手,记载难免有一些错误或互相抵牾之处,四库馆臣在参考其他史料,或提要某部著作的时候,对发现《明史》记载的某些谬误,随时予以纠正并在提要中说明。如,《明史·艺文志》将算术类归入小学,《四库全书总目》将算术类归入天文类,并在天文算法类小序中予以说明:"惟算术、天文相为表里,《明史·艺文志》以算术入小学类,是古之算术,非今之算术也。今核其实,与天文类从焉。"① 此外,有些学者私下还对《明史》中的某些问题发表自己的看法,可补《明史》的不足。如,夏燮撰《明通鉴》,其书大多征引《明史》《明史纪事本末》《明实录》及明代野史资料,他重新审视《明史》记载之不足和缺略,对《明史》补充史事、纠谬订误。如,他认为《明史·张居正传》远不及《明史纪事本末》据事直书。他在《与朱莲洋明经论修〈明通鉴〉书》中说:

> 江陵当国,功过不掩,訾之固非,扬之亦非。《明史》所载,似不如《纪事本末》之据事直书,为得其实。至于结冯保,构新郑,固不能为之词。而至援高拱自撰之《病榻遗言》,则直是死无对证语。高、张二人易地为之,仍是一流人物。今但取正史可信者书之,而闰月顾命等词,一律删汰,以成信史,五也。②

夏燮在书中,与朱航论及修《明通鉴》书中的相关问题。该书最有价值之处是补撰南明史事,纠正《明史》因某些忌讳而语焉不详或漏记之弊病。如,夏燮对张煌言未入《明史》、沈寿民不附《黄道周传》中,顾杲未列入《吴应

---

① 《四库全书总目》卷一百六。
② 夏燮著,王日根、李一平、李珽、李秉乾等校点:《义例》,《明通鉴》卷首,岳麓书社1999年版,第3页。夏燮《明通鉴》为明代编年史书,对《明史》进行一些纠正,还保存了一些珍贵资料。

文化认同视角下的清代《明史》修纂研究

箕传》提出批评，他在《明通鉴》卷首《义例》中指出：

> 《明史》叙事详核，用笔谨严，自欧阳公《五代史》后，罕有其比。惟所记甲申以后事颇略，而张煌言不为立传，未免如刘道原所讥韩通者。煌言流离海上，与宋之陆秀夫相似；就刑杭城，与宋之文天祥相似。若其身膏斧锧，距我大清定鼎已二十年，疾风劲草，足以收拾残明之局，为史可法以后之一人。列之《忠义传》犹非其例，况无传乎！至如太湖义旅，但载云间，山寨殷顽，不登只字，以及沈寿民不附《黄道周传》中，顾杲不列《吴应箕传》后，次则不无可议者耳。①

对于《明史》关于易代之际记载史事的简略，夏燮与朱航书信中提出要对殉难诸臣详其事迹，博采《明季北略》《绎史》《绥寇纪略》及甲申以后之野史，使他们登之简册，"以劝千秋忠义"。他在与朱航书中说："甲申之变，正史语焉不详，所记殉难诸臣亦多遗漏，宜博采《明季北略》《绎史》《绥寇纪略》及甲申以后之野史，必使身殉社稷之大小臣工悉取而登之简策，以劝千秋忠义，十也。"② 清末，孙静庵又广泛搜集有关明遗民的旧闻、稗官野史、家乘、墓志、逸闻逸事，辑成《明遗民录》四十八卷，该书一共收录明遗民八百余人，原名为《明史补遗》，后改成《明遗民录》，于清亡后出版。孙静庵从狭隘的"夷夏观念"出发，不满清代统治下对私人修史的钳制，尤其以吴炎、潘柽章《明史记》未成并被庄氏史狱牵连致死为憾，发出"天不祚明，亡其国，并亡其史"的感叹！孙静庵借辑录此书，大力褒扬明遗民气节，用以宣扬其反清排满的思想，但它无疑可以弥补《明史》记载之漏略与不足，也可为研究清初明遗民提供了丰富的资料。此外，《明史》最

---

① 夏燮著，王日根、李一平、李斑、李秉乾等校点：《明通鉴》卷首，岳麓书社1999年版，第12页。
② 夏燮著，王日根、李一平、李斑、李秉乾等校点：《与朱莲洋明经论修〈明通鉴〉书》，《明通鉴》卷首，岳麓书社1999年版，第4页。

第八章　从文化认同视角探讨《明史》修纂的影响及启示

后不列《道学传》，而只立《儒林传》，将王守仁归入大传，王派弟子归入《儒林传》，体现了史馆善于博采众长的优点。①

此外，全祖望对明清之际的历史非常谙熟，其在《鲒埼亭集》《鲒埼亭集外编》中有大量篇幅论及和辩证南明史事，有一些参考《明史》，有一些则辩证时人对明清之际历史记载的谬误。如，他在《鲒埼亭集外编》卷四十七《答诸生问〈思复堂集〉贴》中辩证谢秦臻（字时裎）非殉节时说："时裎是遗民，然是遇盗索金不遂，被拷投水死，非蹈海死也。谢氏子弟欲附之殉难之列，乃以致诳世，而梨洲信之，遂比之皇甫东生，念鲁又袭之。"②考皇甫明子，字东生。据清人厉鹗《宋诗纪事》卷七十八记载说："皇甫明子，字东生，四明人，性豪宕，乘小舟，挂布帆，载琴、尊、书籍、钓具，往来江湖。至元丙子，发狂蹈海。"③黄宗羲以为谢秦臻在明清易代之际殉难，并以皇甫明子蹈海事相类比，邵廷采又加以沿袭。笔者查谢秦臻并未入《明史》，也未入志书和《钦定胜朝殉节诸臣录》内，抑或参考了全祖望的辩证，这就是文化认同的力量在史志编纂过程中的体现。

二、文化认同对清代官修《明史》的启示

清初，清朝统治者为了巩固统治，缓和满汉矛盾，屡次下诏征召明遗民，虽然有一些人如钱谦益、吴伟业等也短暂出仕清朝，但他们出仕时间都不长，归里后，他们至死都后悔入仕清朝，甚至对此抱恨终身。同时，他们通过著书立说，在诗文中表达了这样一种"屈节"之后的悔恨情绪，认为是一生无法雪洗的污点。如，清初，陈之遴入仕清朝，因自身被卷入党争旋涡，便想着凭借吴伟业名望壮大自己的声势，因此极力推荐吴伟业入仕，许多明遗民对此均持反对态度。顺治十年（1653），吴伟业被迫应诏北上，次

---

① 笔者：《〈明史·王守仁传〉编纂考论》，《史学集刊》2007年第3期。
② 全祖望：《答诸生问〈思复堂集〉贴》，《鲒埼亭集外编》卷四十七，《四部丛刊》本。
③ 厉鹗：《宋诗纪事》卷七十八，《四库全书》本。

文化认同视角下的清代《明史》修纂研究

年,授予秘书院侍讲,后升任国子监祭酒。顺治十三年(1656)归里。康熙十年(1671),吴伟业在病危期间,曾经写下《临终诗四首》,其中一首云:"忍死偷生廿载余,而今罪孽怎消除?受恩欠债需填补,纵比鸿毛也不如。"又一首诗云:"胸中恶气久漫漫,触事难平任结蟠。魄垒怎消医怎识,唯将痛苦付汍澜。"[①]吴伟业作为清初诗坛上著名的诗人,其在临死之前,对他短暂仕清之举作了真诚地自省与忏悔。其所著《绥寇纪略》《梅村集》,后来也被收入《四库全书》。清初,龚鼎孳被人们戏称为"闯来则降闯,满来则降满",其人其行,为清人所不齿。乾隆帝下令将其与钱谦益等载入《贰臣传乙编》,认为他们进退无据,恬不知耻。此外,清初某些"贰臣"也参与了清代官修史书的编纂工作,但他们备受世人的谴责而内心多有不安,他们对自身所谓"失节"之举,真诚地忏悔。

中国传统文化中尤其强调儒家纲常伦理之道,而君臣关系被列入三纲之首,"君为臣纲",就是要求臣子忠于一君,"不仕二姓"。明清易代之际,先前已在明朝出仕为官,旋即转而出仕清朝者,大多会面临社会舆论的强烈谴责,谴责他们的"失节"之举,他们为世人所诟病和不齿。与之相反,如果在明朝没有出仕,受君恩,出仕清朝就是一种自由之举,则不会受到社会舆论的谴责。足见,清初对士子"出处"上的严苛要求,并形成一种评判士子气节的标准。因此,吴伟业等人的这种难以调和的矛盾心理,无疑深刻地彰显着传统文化精神在士人心理留下的烙印。因此,有的史官无意于仕途,故对与修《明史》,心中仍存顾虑,观望态度也就在所难免了。他们怕遭来有悖"忠君"道德的谴责。如,汪琬中"鸿博"后,入史馆参与修史。入史馆六十日,"杜门请假告归者,殆逾一年"。前后时间共一年零两个月,其完成《拟明史列传》二十四卷,上缴史馆后,旋即请求归里。他在《〈拟明史列传〉自序》中表达了他这样忧虑复杂的心情:

---

① 吴伟业:《临终诗四首》,《梅村家藏稿》卷二十,《四部丛刊》本。吴伟业晚年整理其诗文,未将入清后诗文收入《梅村集》中,将可能触犯忌讳的诗文另行收入《梅村家藏稿》。

第八章　从文化认同视角探讨《明史》修纂的影响及启示

又况才、学、识三者俱不逮古人，而悉列著述之林，如琬之区区，其能免于评议已乎！琬又衰老且病，蹉跎一出，几丧廉耻。计入史馆才六十日，杜门请告者，殆逾一年，始得放归，故所撰止于如此。然而舛错迭见，缺略时有，欲无得罪于古人，盖其难矣！既已录上史馆，及归，而犹不能不藏弆此稿者，非敢望名山其人，如史迁所说也。孤位苟禄，迁延岁月，亦聊以志愧云尔！①

汪琬所言"蹉跎一出，几丧廉耻"，深刻地表达他的难言苦衷，道出了清初士子入仕清朝的复杂心情。

在中国历史上，少数民族入主中原建立政权，认同汉文化并不断调适自身的文化，才能更好地论证政权的合法性，也才能使政权长治久安。对此，元代许衡对此谈得非常清楚，他在条陈《时务五事》中详细论述了少数民族入主中原，建立政权，要想长治久安，就必须实行"汉法"，即承认或认同汉文化。他于《时务五事》之一"立国规摹一"中说：

古今立国规模，虽各不同，然其大要在得天下心……国朝土宇旷远，诸民相杂，俗既不同，论难遽定。考之前代，北方奄有中夏，必行汉法，可以长久，故后魏、辽、金历年最多。其他不能实行汉法，皆乱亡相继，史册具载，昭昭可见也。国朝仍处远漠，无事论此，必若今日形势，非用汉法不可也。②

许衡强调少数民族政权必须学习汉法，促进民族融合，其政权才能实现长治久安。他进一步指出："必若今日形势，非用汉法不可也。"苏天爵编《元文类》卷十三收入许衡《时务五事》内容更为全面。许衡在总结历史经验教训的基础上，建议元主应该坚定地学习汉文化，推行汉法，才能使政权长治久安。他详细总结了中国历史上少数民族建立的政权及享国情

---

① 汪琬：《〈拟明史列传〉自序》，《尧峰文钞》卷三十，《四库全书》本。
② 许衡：《时务五事》，《鲁斋遗书》卷七，《四库全书》本。另外，直庐，旧时侍臣值宿之处。

371

文化认同视角下的清代《明史》修纂研究

况：后魏十六帝传国一百七十一年，辽九帝传国二百一十八年，金九帝传国一百一十八年，前赵三主传国二十五年，后赵六主传国三十二年，前燕三主传国三十四年，前秦五主传国四十四年，后秦三主传国三十四年，南燕二主传国十二年，南凉三主传国十八年，西秦四主传国四十七年，后燕四主传国二十五年，胡夏三主传国二十五年，然后得出结论：其中后魏、辽、金享国最久，主要在于学习汉文化、推行汉法的结果，而其他政权不学习汉文化、不行汉法，"皆乱亡相继"，享国最短。① 这对后来的清朝统治无疑具有借鉴意义。清朝构建了"多元一体"的文化格局，而且清官修《明史》引起了社会广泛的关注，成为文化认同与史书修纂有机结合的典范，充分彰显出史学活动与社会政治之间的密切关系。如，康熙四十一年（1702）三月初五，江南道监察御史张瑗上书建议销毁划平魏忠贤墓，得到康熙帝允许。② 张瑗认为《明史》修纂之时，已将明季忠臣传记入于《明史》，以表彰忠义；魏忠贤碑墓不应该存留，应"仆其碑，划平其墓"。另外，《明史》最后没有设立《道学传》。后来，清朝国史馆修国史，阮元主张仿照《明史》，不设立《道学传》。另外，李元度在编《国朝先正事略》时，凡例中规定所录遗老熊鱼山（熊开元）、方密之（方以智）等事迹，已入《明史》者，不再重复登录。③ 此外，《四库全书》也仿《明史·艺文志》体例，于经部下专设"四书"类，体现了朱熹《四书章句集注》自宋以后成为科举考试的标准，同时也充分体现了宋代理学重义理的学术特征。

清代历史文化认同是非常深入的，波及上至皇帝、满族贵族、官僚、八旗子弟，下至普通的满族民众，在清廷军事征服、禁止通婚、保护满族文

---

① 许衡：《时务五事》，收入苏天爵编：《元文类》卷十三，《四库全书》本。
② 关于张瑗的上书内容，收录于王士禛《香祖笔记》卷一，《四库全书》本。
③ 李元度编，易孟醇点校：《国朝先正事略·凡例》，岳麓书社1991年版，第3页。另，查《乾隆十四八年销毁书目》（《清代档案史料丛编》第7册，中华书局1980年版，第259页）中注明禁毁熊开元《鱼山剩稿》二本，禁毁原因为："系明熊开元所撰奏疏杂文，共7卷。查此书多崇祯间疏议，语涉干碍，应毁。"又查黄虞稷：《千顷堂书目》卷二十七著录。

第八章　从文化认同视角探讨《明史》修纂的影响及启示

化等诸多举措之下,依然未能阻止满、汉文化之间不断融合的趋势。清朝正是基于深层的历史文化认同,实现了对统一的多民族国家的长久有效统治,并延续了中华文化的多样性与统一性。

结　　语

　　本书结合清初至中叶的历史实际，深入研究清朝文化认同与清代官修《明史》之间的互动关系。清初至中叶，随着清朝文化认同的逐步深入，清朝官方十分强调承接或延续儒家"道统"，极力推崇程朱理学，确立官方统治思想，并最终完成清朝享有或延续宋、元、明相合相续之"正统"谱系的理论建构。足以表明，清朝官方十分强调清朝承接或延续宋、元、明一脉相承的"道统"与"正统"，并没有将清朝置于历代"正统"政权之外，甚至最终从理论上摒弃承接辽、金统。事实表明，清朝官方没有仅仅从满洲族源或与辽、金朝民族关系出发，论证清朝承接或延续辽、金之统，反而认为辽、金无统可承，强调清朝承接宋、元、明相合相续的"正统"谱系，而不承接或延续不合不续之辽、金统。对此，乾隆帝十分认同元代学者杨维桢在《三史正统辨》一文中力主"道统在宋""正统"归宋及"元承宋统"之重要思想，充分认识这一思想有利于论证清朝享有"正统"，特下诏于杨维桢《东维子集》内补录《三史正统辨》，将《命馆臣录存杨维桢〈正统辨〉谕》及杨维桢《三史正统辨》两文冠于《东维子集》卷首及陶宗仪《辍耕录》卷首，一并收入《四库全书》。由此可知，清朝建立了与大一统疆域相适应的"多元一体"文化格局，实质性地超越了汉族狭隘的"华夷之辨""夷夏之防"观念，与此同时，汉族士大夫对清朝的向心力逐渐加强、对清朝统治的

结　语

认同也基本上完成。本书研究的意义主要体现在以下四个方面：

第一，全面、深入地阐述了清初至中叶文化认同的历史背景、清初至中叶清官方文化认同的建构、清初至中叶清官方文化认同的实践、《明史》修纂过程中对清朝文化认同的阐述、《明史》修纂方式所反映的清朝文化认同观念、清官方对《明史》纂修官群体的整合、四库本《明史》对清朝文化认同的深化、从文化认同视角探讨《明史》修纂的影响及启示，进一步深入分析清代在政治、文化上与前代之间一脉相承之处，体现清官方与修史人员如何在文化互动与妥协之下，最终完成了明代历史的集体记忆与书写——《明史》。

第二，深入分析史学活动与社会政治之间的密切互动关系。在研究过程中，力求突破传统史学史的做法，广泛搜集研究资料，拓展新的研究视域，尽量如实、客观地反映清朝文化认同与官修《明史》之间的密切关联，尤其突破了单纯的"汉化"或"满化"的二分法路径来研究清史，尽量从文化认同视角研究清初至中叶历史发展进程与官修《明史》之间的互动关系，提供大量例证，予以论说，力求做到"论从史出"。

第三，将清代官修《明史》活动置于清初至中叶的文化认同的历史背景下进行考察，尤其注重分析纂修官的遴选原则、家世背景、纂修官之间修史互动、纂修官修史贡献，目的在于突出清官方对纂修官群体的整合情况。力求如实、客观地反映文化认同对清朝缓和满、汉民族矛盾及巩固统治的重要意义。

第四，从文化认同视角分析《明史》刊行之后的社会影响，探究四库本《明史》的得失兼及清人对《明史》的赞誉与批评，反映出乾隆时期清朝文化认同的进一步深化，与此同时，从乾隆时期大量南明史著述的彻查和禁毁中，可以看出清朝专制主义中央集权发展到登峰造极的地步，反映出清朝由盛转衰的历史发展趋势。

综上所述，清朝与中国历史上少数民族建立的政权相比，在文化认同

文化认同视角下的清代《明史》修纂研究

上远迈前代少数民族政权，才能实质性地超越汉族狭隘的"夷夏之辨""夷夏大防"观念。清朝前期完成了疆域大一统的政治格局，逐步建立起"多元一体"文化格局，使二者之间相互映衬，相得益彰，才进一步奠定了清朝统治的根基。清官方十分强调与前代之间在"道统""正统"上的延续关系，并没有自外于中原"正统"王朝，由此体现出清朝官方深层的历史文化认同。

参 考 文 献

历史文献和近人著作

1. （元）许有壬：《圭塘小稿》，《四库全书》本。

2. （元）陶宗仪：《辍耕录》，《四库全书》本。

3. （元）杨维桢：《东维子集》，《四库全书》本。

4. （旧题）（清）万斯同：《明史稿》，《续修四库全书》本。

5. （清）王鸿绪编：《横云山人明史稿》，敬慎堂刊本。

6. （清）汤斌：《汤子遗书》，《四库全书》本。

7. （清）汤斌，（清）田兰芳评：《汤文正公史稿》（《汤潜庵先生拟明史稿》），康熙二十七年刻本。

8. （清）徐乾学：《憺园集》，《续修四库全书》本。

9. （清）施闰章：《学余堂文集》，《四库全书》本。

10. （清）王源：《居业堂文集》，《续修四库全书》本。

11. （清）毛奇龄：《西河集》，《四库全书》本。

12. （清）汪琬：《尧峰文钞》，《四库全书》本。

13. （清）姜宸英：《湛园集》，《四库全书》本。

14. （清）朱彝尊：《曝书亭集》，《四部丛刊》本。

15.（清）顾炎武：《亭林余集》，《四部丛刊》本。

16.（清）方苞：《望溪集》，《四库全书》本。

17.（清）潘耒：《遂初堂文集》，《四库全书存目丛书》本。

18.（清）陆奎勋：《陆堂文集》，《四库全书存目丛书》本。

19.（清）汪由敦：《松泉文集》，《四库全书》本。

20.（清）全祖望：《鲒埼亭集外编》，《四部丛刊》本。

21.（清）冯甦撰，胡正武点校：《见闻随笔》，收入（清）宋世荦辑：《台州丛书甲集》本，上海古籍出版社2013年版。

22.（清）戴名世：《南山集》，《续修四库全书》本。

23.（清）陈廷敬：《午亭文编》，《四库全书》本。

24.（清）陆陇其：《三鱼堂文集》，《四库全书》本。

25.（清）吴伟业：《梅村集》，《四库全书》本。

26.（清）吴伟业：《绥寇纪略》，《四库全书》本。

27. 李晋华：《明史纂修考》，哈佛燕京学社1933年版。

28. 梁启超：《饮冰室文集（之九）》，中华书局1936年版。

29. 董允辉编著：《中国正史编纂法》，正中书局1936年版。

30.（清）顾炎武著，华忱之点校：《顾亭林诗文集》，中华书局1959年版。

31. 陈守实：《明史考证抉微》，台北学生书局1968年版。

32.（清）张廷玉等：《明史》，中华书局1974年版。

33.（元）脱脱等撰：《宋史》，中华书局1977年版。

34.（清）赵尔巽等：《清史稿》，中华书局1977年版。

35.（清）方苞著，刘季高校点：《方苞集》，上海古籍出版社1983年版。

36. 中国第一历史档案馆整理：《康熙起居注》，中华书局1984年版。

37.《明实录》，上海书店1984年版。

38.《清实录》，中华书局1985—1987年版。

39.（清）王士祯著，赵伯陶点校：《古夫于亭杂录》，中华书局1988年版。

40. 黄爱平：《四库全书纂修研究》，中国人民大学出版社1989年版。

41. ［美］A·W·恒慕义主编，中国人民大学《清代名人传略》翻译组译：《清代名人传略》，青海人民出版社1990年版。

42. （清）李颙撰，陈俊民点校：《二曲集》，中华书局1996年版。

43. 清国史馆编：《清国史》，中华书局1993年版。

44. 饶宗颐：《中国史学上之正统论》，上海远东出版社1996年版。

45. 张书才主编：《纂修四库全书档案》，上海古籍出版社1997年版。

46. 姜胜利：《清人明史学探研》，南开大学出版社1997年版。

47. 尚小明：《学人游幕与清代学术》，社会科学文献出版社1999年版。

48. 赵园：《明清之际士大夫研究》，北京大学出版社1999年版。

49. 周积明：《文化视野下的〈四库全书总目〉》，中国青年出版社2001年版。

50. 汪文学：《正统论——发现东方政治智慧》，陕西人民出版社2002年版。

51. 朱端强：《万斯同与〈明史〉修纂纪年》，中华书局2004年版。

52. 何冠彪：《生与死：明季士大夫的抉择》，台湾联经出版事业有限股份公司2005年版。

53. 张海洋：《中国的多元文化与中国人的认同》，民族出版社2006年版。

54. 朱端强：《布衣史官——万斯同传》，浙江人民出版社2006年版。

55. 张传峰：《〈四库全书总目〉学术思想研究》，学林出版社2007年版。

56. 孙卫国：《王世贞史学研究》，人民文学出版社2006年版。

57. 乔治忠：《中国官方史学与私家史学》，北京图书馆出版社2008年版。

58. 阚红柳：《清初私家修史研究——以史家群体为研究对象》，人民出版社2008年版。

59. 陈晓华：《"四库总目学"史研究》，商务印书馆2008年版。

60. 王记录：《清代史馆与清代政治》，人民出版社2009年版。

61. ［美］史景迁：《康熙：重构一位中国皇帝的内心世界》，广西师范大学出版社2011年版。

62. ［美］史景迁:《雍正王朝之大义觉迷》,广西师范大学出版社 2011 年版。

63. 陈永明:《清代前期的政治认同与历史书写》,上海古籍出版社 2011 年版。

64. 瞿林东主编:《历史文化认同与中国统一多民族国家》(5 卷册),河北人民出版社 2013 年版。

65. 乔治忠、朱洪斌编:《增订中国史学史资料编年》(清代卷),商务印书馆 2013 年版。

66. 何俊:《南宋儒学建构》,上海人民出版社 2013 年版。

67. 黄兴进:《皇帝、儒生与孔庙》,生活·读书·新知三联书店 2014 年版。

68. 吴航:《清代南明史撰述研究》,天津人民出版社 2015 年版。

研究论文

1. 黄云眉:《〈明史〉编纂考略》,《金陵学报》1931 年 1 卷 2 期。

2. 吴晗:《〈明史〉小评》,《图书评论》1933 年 1 卷 9 期。

3. 周骏富:《〈明史·艺文志〉渊源考》,《图书馆学报》1967 年第 8 期。

4. 许青松:《〈明史〉残稿介绍》,《中国历史博物馆馆刊》1982 年第 4 期。

5. 何珍如:《〈明史食货志〉的源流》,《中国历史博物馆馆刊》1982 年第 4 期。

6. 黄爱平:《王鸿绪与〈明史〉纂修——王鸿绪"窜改"、"攘窃"说质疑》,《史学史研究》1984 年第 1 期。

7. 黄爱平:《万斯同与〈明史〉的纂修》,《史学集刊》1984 年第 3 期。

8. 黄爱平:《〈明史〉稿本考略》,《文献》1984 年第 4 期。

9. 朱端强:《姜宸英与〈明史·刑法志〉》,《南开史学》1987 年第 1 期。

10. 暴鸿昌:《论清初私撰明史风气》,《史学集刊》1990 年第 1 期。

11. 乔治忠:《清朝的修史制度及其特点》,《南开史学》1991 年第 1 期。

12. 姜胜利:《清初的经世致用史学》,《天津社会科学》1991 年第 3 期。

13. 汤燕宁:《汤斌与〈明史〉的纂修》,《紫禁城》1991 年第 3 期。

14. 曹铁:《〈明史〉与〈明史稿〉史料价值的比较研究》,《河南图书馆学刊》

1991 年第 3 期。

15. 乔治忠：《清高宗的史学思想》，《中国史研究》1992 年第 1 期。

16. 王兴亚：《汤斌与〈明史稿〉述论》，《河南图书馆学刊》1992 年第 1 期。

17. 朱端强：《万斯同史学平议》，《云南师范大学学报》1992 年第 4 期。

18. 赵刚：《康熙博学鸿词科与清初政治变迁》，《故宫博物院学刊》1993 年第 1 期。

19. 方祖猷：《天一阁藏万斯同〈明史稿〉考述》，《清史研究》1993 年第 2 期。

20. ［美］魏伟森著，何隽译：《宋明清儒学派争论与〈明史〉的编纂》，《杭州大学学报》1994 年第 1 期。

21. 朱端强：《万斯同〈历代史表〉考论》，《云南师范大学学报》1994 年第 6 期。

22. 王嘉川：《徐元文与〈明史〉纂修》，《史学史研究》1995 年第 2 期。

23. 杨海英：《康熙博学鸿儒考》，《历史档案》1996 年第 1 期。

24. 姜胜利：《清代明史史料学》，《史学史研究》1996 年第 3 期。

25. 朱端强：《万斯同与〈明史〉修纂思想条辨》，《南开大学学报》1996 年第 4 期。

26. 赵连稳：《黄宗羲与〈明史〉的编纂》，《山东师范大学学报》1996 年第 5 期。

27. 姜胜利：《清人文献中的明史史料拾补》，《史学史研究》1997 年第 1 期。

28. 孙卫国：《清官修〈明史〉与王世贞》，《史学史研究》1999 年第 2 期。

29. 何冠彪：《顺治朝〈明史〉编纂考》，《大陆杂志》1999 年第 2 期。

30. 乔治忠、杨艳秋：《〈四库全书〉本〈明史〉发覆》，《清史研究》1999 年第 4 期。

31. 竺金琳：《康熙与朱子学》，硕士学位论文，复旦大学，2000 年。

32. 曹江红：《黄宗羲与〈明史·道学传〉的废置》，《中国社会科学院研究生院学报》2002 年第 1 期。

33. 黄爱平：《清代康雍乾三帝的统治思想与文化选择》，《中国社会科学院研究生院学报》2001 年第 4 期。

34. 侯德仁：《杨椿与〈明史〉、〈明史纲目〉的纂修》，《南开大学学报》2002 年第 5 期。

35. 姜胜利：《明遗民与清初明史学》，《安徽大学学报》2003 年第 1 期。

36. 李传印、陈得媛：《康熙帝与〈明史〉》，《求是学刊》2003 年第 1 期。

37. 王记录：《论〈明史〉编修二题》，《史学史研究》2003 年第 2 期。

38. 乔治忠：《论清顺治朝与康熙初期对〈明史〉的纂修——兼与香港大学何冠彪博士商榷》，《河北学刊》2003 年第 3 期。

39. 薛新力：《〈明史·艺文志〉编纂考》，收入王春瑜主编：《明史论丛（二）》，兰州大学出版社 2003 年版。

40. 洪应萱：《对〈明史〉修纂的再思考》，《经济与社会发展》2004 年第 2 期。

41. 孔定芳：《明遗民与"博学鸿儒科"》，《浙江学刊》2006 年第 2 期。

42. 孔定芳：《"博学鸿儒科"与晚年顾炎武》，《学海》2006 年第 3 期。

43. 赖玉芹：《论博学鸿儒〈明史〉之独特价值》，《湖北大学学报》2006 年第 4 期。

44. 朱端强：《清顺治朝〈明史〉修纂史事考论》，《云南民族大学学报》2006 年第 5 期。

45. 张亚权：《"博学鸿词"研究的回顾与展望》，《江海学刊》2006 年第 5 期。

46. 江湄：《"正统论"的演变及其文化功能》，《学习与探索》2008 年第 4 期。

47. 孙卫国：《清修〈明史〉与朝鲜之反映》，《学术月刊》2008 年第 4 期。

48. 刘方玲：《得国之正到承统之正：清史中的正统论》，《求索》2008 年第 9 期。

49. 朱端强：《略谈〈明史〉万斯同私定稿和修订稿》，《河南师范大学学报》2009 年第 1 期。

50. 虞浩旭：《万斯同的气节与〈明史〉的编修》，《河南师范大学学报》2009 年第 1 期。

51. 姜胜利：《20 世纪〈明史〉研究成就巡礼》，《南开学报》（哲学社会科学版）2009 年第 6 期。

52. 阚红柳：《清初史学史上的贰臣——兼谈贰臣的社会义化功能》，《学术研究》2009 年第 8 期。

53. 魏书娟：《二十世纪〈明史〉纂修研究》，《兰台世界》2011 年第 6 期。

54. 屈宁、王曼：《清初官修〈明史〉与私修明史之间的互动关系》，《人文杂志》2012 年第 5 期。

55. 吴航：《清朝官修〈明史〉南明历史纂修的讨论》，《史学史研究》2013 年第 1 期。

56. 吴航、李慧慧：《官修〈明史〉的幕后功臣读后》，《中国史研究动态》2013 年第 4 期。

57. 潘志和：《康熙上谕与〈明史〉成书——试析康熙朝〈明史〉未能成书的原因》，《广州城市职业学院学报》2013 年第 4 期。

58. 瞿林东：《道统治统与历史文化认同》，《群言》2005 年第 4 期。

59. 王秀玲：《清朝历代帝王祭祀与民族国家认同》，《前沿》2015 年第 5 期。

60. 王晴佳撰，胡萧伯译：《中国史学的元叙述：以"文化中国"说考察正统论之意涵》，《江海学刊》2017 年第 1 期。

61. 孙卫国：《清官修〈明史〉对万历朝鲜之役的历史书写》，《历史研究》2018 年第 5 期。

后　记

　　本书为本人主持的 2013 年国家社会科学基金西部项目——"文化认同视角下的清代《明史》修纂研究"（13XZS001）同名专著。从 2013 年项目立项到 2020 年书稿的最终面世，自己取得的一点成绩与进步，离不开老师、同学、朋友及家人一如既往的厚爱与支持！在本书即将交付给人民出版社出版之际，谨致以我最诚挚的敬意与衷心的感谢！

　　我要感谢项目组成员朱端强教授、白云教授和杨明蕊老师的帮助！我的硕导朱端强教授一直以来非常关心我的学术进步与成长，从指导我完成硕士论文——《康熙朝"博学鸿词科"述论》到帮助我完成项目研究，十余年来给予我无私的帮助！在项目研究过程中，每每遇到问题，我都会向朱老师请教，朱老师循循善诱，教导有方。2016 年年底，我准备项目结项时，先请教朱老师审阅拟提交的资料，他提出了一些非常好的意见，为项目结项，严格把好关。2018 年年底，我准备将书稿提交人民出版社之前，再请朱老师审阅相关材料，他在百忙之中抽出宝贵时间，对书稿的提纲、内容简介提出一些修改意见。在此，向朱老师致以深深的敬意与感谢！项目组成员白云教授为项目的申报成功提供了许多帮助，与此同时，白云教授还积极组织 2013 年底在昆明举办的项目开题报告会，特别邀请了云南大学韩杰教授、云南师范大学何跃教授、云南师范大学周智生教授参加项目开题报告会。三

后　记

位专家在项目开题报告会上，提出了许多好的建议，还给我提供了一些重要参考文献。开题报告会取得了实质性的突破与收获，为我后来顺利推进项目研究奠定了基础。在此，向白老师和三位专家表示感谢！2015年1月中旬，项目组成员杨明蕊老师与我一起去北京大学、中国国家图书馆搜集资料。在此，向杨明蕊老师表示感谢！

我要感谢南开大学姜胜利教授对我的提携与帮助！我于2004年9月至2007年7月，师从姜胜利教授，攻读史学理论及史学史专业博士学位。读博三年期间，姜老师一直耐心、专业地指导我完成博士论文——《〈明史〉纂修官现存初拟稿研究》的撰写，帮助我顺利通过博士论文答辩！三年的求学经历与收获，为我以后在博士论文基础上进行拓展研究奠定了良好的基础。工作之后，经三年多时间对博士论文进行修改与完善，我出版了第一部专著——《官修〈明史〉的幕后功臣》（人民出版社2011年版）。十余年来，姜老师在学术上给予我无私的帮助与指导，使我逐步确立起学术自觉与自信。在我主持项目研究期间，有机会参加了南开大学主办的三次学术会议，先后提交了三篇会议论文：《施闰章与〈明史〉修纂考》《文化认同视角下清朝正统论建构》《论清代前期道统在正统建构中的地位》，通过广泛听取和吸收专家学者的建议，进一步拓宽了自己项目研究的视野与思路，后来将三篇论文作进一步完善之后，有机地融入本书之中。姜老师还对书稿还提出了一些修改意见，使我有意识地进一步完善书稿。在此，再次向姜老师表示最诚挚的敬意与感谢！

我要感谢南开大学的乔治忠教授、孙卫国教授及北京师范大学的瞿林东教授、陈其泰教授的提携与帮助！无论在十余年的求学生涯中，还是在工作之后，对我提携与帮助颇多，在此一并表示感谢！

我要感谢红河学院历史系范德伟教授、黄绍文教授给予我的帮助！他们在百忙之中，抽出宝贵时间，认真审阅我拟提交的结项资料，提出了一些珍贵的修改意见，有助于我顺利完成项目结项和书稿的完善工作。

我要感谢江苏师范大学的戴辉博士、红河学院的曾美珠博士，他们与我交流较多，不吝向我提出项目研究需要关注的问题，有时还提供一些珍贵资料，提出建设性意见，使得书稿不断得到充实与完善，在此，一并致以感谢！

我要感谢我的朋友覃影博士和鲁海菊博士，无论在生活中，还是在学术成长路上，她们一直给予我无私的帮助与支持，鼓励我不断迎接挑战，砥砺我不断前行。在此，一并表示感谢！

本书受到国家社会科学基金项目资助、2019年度云南省哲学社会科学学术著作出版专项经费资助出版，谨致谢忱！

我要感谢我的家人，多年以来对我默默地支持与付出！天不遂人愿，我的母亲于2019年2月1日去世，时至今日，她和蔼可亲的音容笑貌时常浮现在我眼前，养育之恩无以为报，实为一生憾事！在此，谨将本书献给我已故的父母，以此表达女儿对他们的无尽哀思！

最后，我要感谢我的爱人杨林，多年来一直对我默默地支持与无私地付出，他积极主动承担家里的事务，使儿子杨家祯健康茁壮地成长，使我更加专心从事于教学科研工作。

段润秀
2020年6月1日

责任编辑：贺　畅
文字编辑：周　颖
封面设计：石笑梦
版式设计：胡欣欣
责任校对：吕　飞

图书在版编目(CIP)数据

文化认同视角下的清代《明史》修纂研究/段润秀 著. —北京：
人民出版社,2020.10
ISBN 978－7－01－022136－6

Ⅰ.①文… Ⅱ.①段… Ⅲ.①《明史》-编辑工作-研究-中国-清代
Ⅳ.①K248.07

中国版本图书馆CIP数据核字(2020)第086226号

文化认同视角下的清代《明史》修纂研究
WENHUA RENTONG SHIJIAOXIA DE QINGDAI MINGSHI XIUZUAN YANJIU

段润秀　著

人民出版社 出版发行
(100706　北京市东城区隆福寺街99号)

天津文林印务有限公司印刷　新华书店经销
2020年10月第1版　2020年10月北京第1次印刷
开本:710毫米×1000毫米 1/16　印张:24.5
字数:336千字

ISBN 978－7－01－022136－6　定价:89.00元

邮购地址 100706　北京市东城区隆福寺街99号
人民东方图书销售中心　电话 (010)65250042　65289539

版权所有·侵权必究
凡购买本社图书,如有印制质量问题,我社负责调换。
服务电话:(010)65250042